301
GERMAN VERBS

301

GERMAN VERBS

fully conjugated in all the tenses

Alphabetically arranged

by

Henry Strutz

Formerly Associate Professor of Languages
S.U.N.Y., Agricultural & Technical College
Alfred, New York

BARRON'S

BARRON'S EDUCATIONAL SERIES, INC.
New York • London • Toronto • Sydney

All inquiries should be addressed to:
Barron's Educational Series, Inc.
250 Wireless Boulevard
Hauppauge, New York 11788

Library of Congress Catalog Card No. 81-20582

International Standard Book No. 0-8120-2498-2

Library of Congress Cataloging in Publication Data

Strutz, Henry.
  301 German verbs.

  Includes indexes.
  1. German language — Verb — Tables, lists, etc.
I. Title. II. Title: Three hundred one German verbs.
PF3271.S84   438.2'421   81-20582
ISBN 0-8120-2498-2   AACR2

PRINTED IN THE UNITED STATES OF AMERICA

789   800   13 12 11 10 9

CONTENTS

FOREWORD

The verb is a very important part of speech; it denotes action or state of being. The noted American historian and poet, Carl Sandburg, once declared that the Civil War was fought over a verb, namely whether it was correct to say "The United States *is*" or "The United States *are*."

For each of the 301 verbs listed in this book, the student will find the principal parts of each verb at the top of the page. The principal parts consist of:

1. the Infinitive
2. the third person singular of the Past Tense
3. the Past Participle (preceded by 'ist' for 'sein' verbs)
4. the third person singular of the Present Tense

EXAMPLE: ENGLISH: *to speak, spoke, spoken, speaks*

GERMAN: *sprechen, sprach, gesprochen, spricht*

These are the basic forms of the verb and should be memorized, especially in the case of the irregular or strong verbs, i.e., verbs which change the stem vowel of the Infinitive to form the Past Tense and whose Past Participle ends in 'en'. More than one-half the verbs in this book are strong or irregular verbs.

Weak or regular verbs do not change the stem vowel of the Infinitive to form the Past Tense but merely add the ending 'te' (plus personal endings in the second person singular and the three persons of the plural). Past Participles of weak verbs end in 't'.

EXAMPLE: ENGLISH: *to play, played, played, plays*

GERMAN: *spielen, spielte, gespielt, spielt*

Both English and German have strong and weak verbs.

With the exception of a small group of verbs called irregular weak verbs (in some texts called mixed verbs or 'hybrids'—see index), verbs in German are either weak or strong. The strong or irregular verbs are not as difficult to learn as it might seem, if it is remembered that most of them can be classified into seven major groups. For example, the verbs *bleiben, leihen, meiden, preisen, reiben, scheiden, scheinen, schreien, schweigen, steigen, treiben, verzeihen, weisen*, etc., all follow the same pattern as *schreiben* in their principal parts:

schreiben, schrieb, geschrieben, schreibt

There are six other major groupings (the "Ablautsreihen") of the strong verbs with which the student should familiarize himself from his textbook and classroom drill. He will then agree that the English author, H. H. Munro (Saki), exaggerated the difficulty of German verbs when, in his story "Tobermory," he told of a professor who had to flee England after a cat, which he had trained to talk, compromised the weekend guests at an English manor house by revealing their secrets which it (the cat) had overheard. A few weeks thereafter, the newspapers reported that the professor had been found dead in the Dresden Zoo in Germany. Upon hearing this news, one of the guests, who had been embarrassed by the activities of the professor and his remarkable cat, commented that it served the professor right if he was trying to teach the poor animals those horrible German irregular verbs.

Below the principal parts, the student will find the Imperative or Command Form. Since there are three ways of saying *you* in German (*du, ihr* and *Sie*) there are thus three ways of giving commands to people. The first form of the Imperative is the *du* or familiar singular form which ends in *e* in most cases, although this *e* is frequently dropped in colloquial speech. The second form is the *ihr* or Familiar Plural Imperative. It is exactly the same as the *ihr* form (second person plural) of the Present Tense. The polite or *Sie* Imperative (called in some texts the Conventional or Formal Imperative) is simply the infinitive plus *Sie*, except for the imper. of *sein*, which is *seien Sie!*

The fully conjugated forms of the six tenses of the Indicative will be found on the left hand side of each page. These six tenses state a fact, or, in their interrogative (question) form, ask a question about a fact. The student is referred to his grammar for more detailed information concerning the use of these tenses: the idiomatic use of the Present for the Future; the use of the Present Perfect in colloquial speech and in non-connected narratives where English uses the past; the Future and Future Perfect used idiomatically to express probability; the very important matter of 'sein' and intransitive verbs, etc.

The rest of each page is devoted to the tenses of the Subjunctive mood, which is used to denote unreality, possibility, doubt in the mind of the speaker, etc. For information concerning the use of the

Subjunctive (indirect discourse; the use of the Past Subjunctive or Present Subjunctive II for the Conditional,etc.), the student is again referred to his grammar.

There are four "Times" in the Subjunctive: Present, Past, Future, and Future Perfect time Each of these "Times" has a primary and a secondary form (indicated by I and II in many grammars). This more recent classification of the forms of the Subjunctive corresponds better to its actual use. However, since some grammars still use the traditional names for the tenses of the Subjunctive (which parallel the names for the tenses of the Indicative), they have been given in parentheses. The form *ginge*, for example, may be called the Imperfect or Past Subjunctive of *gehen* in some books. In most grammars published today, however, it will be called the Present Subjunctive Secondary (II). The student will find *ginge* listed in this book under Subjunctive, Present Time, Secondary. The alternate designation Imperfect Subjunctive is also given in parentheses.

The Present Participle of the verb (i.e. *dancing* dolls, *flying* saucers, *singing* dogs) has been omitted, since in almost all cases it merely adds a *d* to the infinitive. The student should remember that the Present Participle is used only adjectivally (as in the above examples) or adverbially. Verbal nouns are expressed in German by the infinitive: *das Tanzen*—dancing; *das Fliegen*—flying; *das Singen*—singing.

German verbs can often be combined with prefixes. The matter of prefixes is of great importance. The index therefore devotes considerable attention to them, although, of necessity, it is by no means complete in its listings of verbs which can be combined with prefixes. There are three groups of prefixes: the separable, inseparable and doubtful prefixes.

In the case of separable prefix verbs (see *sich an-ziehen*), the prefix is placed at the end of the clause in the Present and Past Tenses (except in subordinate clauses). The Past Participle is written as one word, with the prefix in front of the Past Participle of the verb itself (*angezogen*).

In the case of verbs beginning with an inseparable prefix (*be, ent, emp, er, ge, ver, zer* etc.), the Past Participle does not begin with *ge*.

The third group, the doubtful prefixes, is infrequently encountered, except for a few verbs like *übersetzen* and *wiederholen*. See *wiederholen* (to repeat) and *wieder-holen* (bring again). These prefixes are: *durch, hinter, um, unter, über*, and *wieder*. They are called "doubtful" because when used literally (pronounced with the stress on the prefix) the prefix separates as with separable prefix verbs; when used figuratively, they are conjugated like inseparable prefix verbs.

Word order is an extremely important topic in German. The basic rule is that the verb is always the second unit of a simple declarative sentence. The student is again referred to his grammar for rules on Normal (subject-verb), Inverted (verb-subject) and Transposed (in subordinate clauses) Word Order. Infinitives dependent on modal-auxiliaries and when used in the Future Tense are placed at the end of the clause. For these and many other points concerning the use of German verbs, the pertinent chapters in the student's grammar must be consulted.

It is hoped that this book will prove a useful adjunct to the regular classroom text and thereby facilitate the study of German.

Henry Strutz

TENSES AND MOODS IN GERMAN, WITH ENGLISH EQUIVALENTS

German	English
Infinitiv (Nennform)	Infinitive
Imperativ (Befehlsform)	Imperative or Command
Präsens (Gegenwart)	Present Indicative
Imperfekt (Vergangenheit)	Past or Imperfect Indicative
Perfekt (vollendete Gegenwart)	Present Perfect Indicative
Plusquamperfekt (vollendete Vergangenheit)	Pluperfect or Past Perfect Indicative
Futur, I (Zukunft)	Future Indicative
Futur, II (vollendete Zukunft)	Future Perfect Indicative
Konjunktiv (Möglichkeitsform) Präsens	Present Subjunctive, primary (Pres. Subj.)
Konjunktiv Imperfekt	Present Subjunctive, secondary (Past Subjunctive)
Konjunktiv Perfekt	Past Subjunctive, primary (Perfect Subjunctive)
Konjunktiv Plusquamperfekt	Past Subjunctive, secondary (Pluperf. Subj.)
Konjunktiv Futur, I	Future Subjunctive, primary (Future Subjunctive)
Konjunktiv Futur, II	Future Perfect Subj., primary (Fut. Perf. Subj.)
Konditional (Bedingungsform)	Future Subjunctive, secondary (Pres. Conditional)
Konditional Perfekt	Future Perfect Subjunctive, secondary (Past Conditional)

SAMPLE ENGLISH VERB CONJUGATION

speak

PRINC. PARTS: to speak, spoke, spoken, speaks
IMPERATIVE: speak

	INDICATIVE	SUBJUNCTIVE	
		PRIMARY	SECONDARY
		Present Time	
	Present	*(Pres. Subj.)*	*(Imperf. Subj.)*
I	speak (am speaking, do speak)	speak (may speak)	spoke (might or would speak)
you	speak	speak	spoke
he (she, it)	speaks	speak	spoke
we	speak	speak	spoke
you	speak	speak	spoke
they	speak	speak	spoke
	Imperfect		
I	spoke (was speaking, did speak)		
you	spoke		
he (she, it)	spoke		
we	spoke		
you	spoke		
they	spoke		
		Past Time	
	Perfect	*(Perf. Subj.)*	*(Pluperf. Subj.)*
I	have spoken (spoke)	have spoken (may have spoken)	had spoken (might or would have spoken)
you	have spoken	have spoken	had spoken
he (she, it)	has spoken	have spoken	had spoken
we	have spoken	have spoken	had spoken
you	have spoken	have spoken	had spoken
they	have spoken	have spoken	had spoken
		have spoken	had spoken
	Pluperfect		
I	had spoken		
you	had spoken		
he (she, it)	had spoken		
we	had spoken		
you	had spoken		
they	had spoken		
		Future Time	
	Future	*(Fut. Subj.)*	*(Pres. Conditional)*
I	shall speak	shall speak (may speak)	should speak
you	will speak	will speak	would speak
he (she, it)	will speak	will speak	would speak
we	shall speak	shall speak	should speak
you	will speak	will speak	would speak
they	will speak	will speak	would speak
		Future Perfect Time	
	Future Perfect	*(Fut. Perf. Subj.)*	*(Past Conditional)*
I	shall have spoken	shall (would, may) have spoken	should have spoken
you	will have spoken	will have spoken	would have spoken
he (she, it)	will have spoken	will have spoken	would have spoken
we	shall have spoken	shall have spoken	should have spoken
you	will have spoken	will have spoken	would have spoken
they	will have spoken	will have spoken	would have spoken

SAMPLE GERMAN VERB CONJUGATION

PRINC. PARTS: sprechen, sprach, gesprochen, spricht
IMPERATIVE: sprich!, sprecht!, sprechen Sie!

sprechen
to speak, talk

	INDICATIVE		SUBJUNCTIVE	
			PRIMARY	SECONDARY

Present Time

	Present		*(Pres. Subj.)*	*(Imperf. Subj.)*
ich	sprech E		sprech E	spräch E
du	sprich ST		sprech EST	spräch EST
er	sprich T		sprech E	spräch E
wir	sprech EN		sprech EN	spräch EN
ihr	sprech T		sprech ET	spräch ET
sie	sprech EN		sprech EN	spräch EN

Imperfect

ich	sprach	
du	sprach	ST
er	sprach	
wir	sprach	EN
ihr	sprach	T
sie	sprach	EN

Past Time

	Perfect	*(Perf. Subj.)*	*(Pluperf. Subj.)*
ich	habe gesprochen	habe gesprochen	hätte gesprochen
du	hast gesprochen	habest gesprochen	hättest gesprochen
er	hat gesprochen	habe gesprochen	hätte gesprochen
wir	haben gesprochen	haben gesprochen	hätten gesprochen
ihr	habt gesprochen	habet gesprochen	hättet gesprochen
sie	haben gesprochen	haben gesprochen	hätten gesprochen

Pluperfect

ich	hatte gesprochen
du	hattest gesprochen
er	hatte gesprochen
wir	hatten gesprochen
ihr	hattet gesprochen
sie	hatten gesprochen

Future Time

	Future	*(Fut. Subj.)*	*(Pres. Conditional)*
ich	werde sprechen	werde sprechen	würde sprechen
du	wirst sprechen	werdest sprechen	würdest sprechen
er	wird sprechen	werde sprechen	würde sprechen
wir	werden sprechen	werden sprechen	würden sprechen
ihr	werdet sprechen	werdet sprechen	würdet sprechen
sie	werden sprechen	werden sprechen	würden sprechen

Future Perfect Time

	Future Perfect	*(Fut. Perf. Subj.)*	*(Past Conditional)*
ich	werde gesprochen haben	werde gesprochen haben	würde gesprochen haben
du	wirst gesprochen haben	werdest gesprochen haben	würdest gesprochen haben
er	wird gesprochen haben	werde gesprochen haben	würde gesprochen haben
wir	werden gesprochen haben	werden gesprochen haben	würden gesprochen haben
ihr	werdet gesprochen haben	werdet gesprochen haben	würdet gesprochen haben
sie	werden gesprochen haben	werden gesprochen haben	würden gesprochen haben

to be loved

PRINC. PARTS: to be loved, was loved, has been loved, is loved
IMPERATIVE: be loved

	INDICATIVE	SUBJUNCTIVE	
		PRIMARY	SECONDARY
		Present Time	
	Present	*(Pres. Subj.)*	*(Imperf. Subj.)*
I	am loved	may be loved	were loved (might or would be loved)
you	are loved	may be loved	were loved
he (she, it)	is loved	may be loved	were loved
we	are loved	may be loved	were loved
you	are loved	may be loved	were loved
they	are loved	may be loved	were loved
	Imperfect		
I	was loved		
you	were loved		
he (she, it)	was loved		
we	were loved		
you	were loved		
they	were loved		
		Past Time	
	Perfect	*(Perf. Subj.)*	*(Pluperf. Subj.)*
I	have been loved (was loved)	may have been loved	had been loved (might or would have been loved)
you	have been loved	may have been loved	had been loved
he (she, it)	has been loved	may have been loved	had been loved
we	have been loved	may have been loved	had been loved
you	have been loved	may have been loved	had been loved
they	have been loved	may have been loved	had been loved
	Pluperfect		
I	had been loved		
you	had been loved		
he (she, it)	had been loved		
we	had been loved		
you	had been loved		
they	had been loved		
		Future Time	
	Future	*(Fut. Subj.)*	*(Pres. Conditional)*
I	shall be loved	shall be loved (may be loved)	should be loved
you	will be loved	will be loved	would be loved
he (she, it)	will be loved	will be loved	would be loved
we	shall be loved	shall be loved	should be loved
you	will be loved	will be loved	would be loved
they	will be loved	will be loved	would be loved
		Future Perfect Time	
	Future Perfect	*(Fut. Perf. Subj.)*	*(Past Conditional)*
I	shall have been loved	shall (may, would) have been loved	should have been loved
you	will have been loved	will have been loved	would have been loved
he (she, it)	will have been loved	will have been loved	would have been loved
we	shall have been loved	shall have been loved	should have been loved
you	will have been loved	will have been loved	would have been loved
they	will have been loved	will have been loved	would have been loved

SAMPLE GERMAN VERB CONJUGATION — PASSIVE VOICE

PRINC. PARTS: geliebt werden, wurde geliebt, ist geliebt
worden, wird geliebt

IMPERATIVE: werde geliebt!, werdet geliebt!,
werden Sie geliebt!

geliebt werden
to be loved

	INDICATIVE	SUBJUNCTIVE	
		PRIMARY	SECONDARY

Present Time

	Present	*(Pres. Subj.)*	*(Imperf. Subj.)*
ich	werde geliebt	werde geliebt	würde geliebt
du	wirst geliebt	werdest geliebt	würdest geliebt
er	wird geliebt	werde geliebt	würde geliebt
wir	werden geliebt	werden geliebt	würden geliebt
ihr	werdet geliebt	werdet geliebt	würdet geliebt
sie	werden geliebt	werden geliebt	würden geliebt

	Imperfect
ich	wurde geliebt
du	wurdest geliebt
er	wurde geliebt
wir	wurden geliebt
ihr	wurdet geliebt
sie	wurden geliebt

Past Time

	Perfect	*(Perf. Subj.)*	*(Pluperf. Subj.)*
ich	bin geliebt worden	sei geliebt worden	wäre geliebt worden
du	bist geliebt worden	seiest geliebt worden	wärest geliebt worden
er	ist geliebt worden	sei geliebt worden	wäre geliebt worden
wir	sind geliebt worden	seien geliebt worden	wären geliebt worden
ihr	seid geliebt worden	seiet geliebt worden	wäret geliebt worden
sie	sind geliebt worden	seien geliebt worden	wären geliebt worden

	Pluperfect
ich	war geliebt worden
du	warst geliebt worden
er	war geliebt worden
wir	waren geliebt worden
ihr	wart geliebt worden
sie	waren geliebt worden

Future Time

	Future	*(Fut. Subj.)*	*(Pres. Conditional)*
ich	werde geliebt werden	werde geliebt werden	würde geliebt werden
du	wirst geliebt werden	werdest geliebt werden	würdest geliebt werden
er	wird geliebt werden	werde geliebt werden	würde geliebt werden
wir	werden geliebt werden	werden geliebt werden	würden geliebt werden
ihr	werdet geliebt werden	werdet geliebt werden	würdet geliebt werden
sie	werden geliebt werden	werden geliebt werden	würden geliebt werden

Future Perfect Time

	Future Perfect	*(Fut. Perf. Subj.)*	*(Past Conditional)*
ich	werde geliebt worden sein	werde geliebt worden sein	würde geliebt worden sein
du	wirst geliebt worden sein	werdest geliebt worden sein	würdest geliebt worden sein
er	wird geliebt worden sein	werde geliebt worden sein	würde geliebt worden sein
wir	werden geliebt worden sein	werden geliebt worden sein	würden geliebt worden sein
ihr	werdet geliebt worden sein	werdet geliebt worden sein	würdet geliebt worden sein
sie	werden geliebt worden sein	werden geliebt worden sein	würden geliebt worden sein

PRINCIPAL PARTS OF
SOME STRONG VERBS

Most verbs, in English and in German, are weak, i.e. they do not change their stem vowel but merely add a suffix to form the past tense. In English this suffix is "ed." In German it is "te."

EXAMPLE:

	Infinitive	Imperfect	Past Participle
English:	to play	played	played
German:	spielen	spielte	gespielt

Such verbs are called "weak" or regular because the verb itself does not do the "work" of showing the change to past time, but instead relies upon a suffix to do it.

In the case of strong verbs, however, in English and German, the verb itself accomplishes the change to past time by changing its stem vowel.

EXAMPLE:

	Infinitive	Imperfect	Past Participle
English:	to sing	sang	sung
German:	singen	sang	gesungen

The *Ablautsreihen* will not be discussed as such, since the subject is fraught with much philology with which the student need not be burdened. It will, nevertheless, aid in the learning of strong verbs to know that most of them can be classified according to their pattern of change.

PRINCIPAL PARTS OF SOME STRONG VERBS

Arranged According to Pattern of Change

I INFINITIVE	PAST (IMPERFECT)	PAST PARTICIPLE	3RD SINGULAR PRESENT
ei	**i**	**i**	**ei**
A beißen—*to cut*	biß	gebissen	beißt
gleichen—*to equal*	glich	geglichen	gleicht
gleiten*—*to glide*	glitt	ist geglitten	gleitet
greifen—*to seize*	griff	gegriffen	greift
kneifen—*to pinch*	kniff	gekniffen	kneift
leiden—*to suffer*	litt	gelitten	leidet
pfeifen—*to whistle*	pfiff	gepfiffen	pfeift
reißen—*to tear*	riß	gerissen	reißt
schleichen—*to sneak*	schlich	ist geschlichen	schleicht
schleifen—*to polish*	schliff	geschliffen	schleift
schmeißen—*to fling*	schmiß	geschmissen	schmeißt
schneiden—*to cut*	schnitt	geschnitten	schneidet
schreiten—*to stride*	schritt	ist geschritten	schreitet
streichen—*to stroke*	strich	gestrichen	streicht
streiten—*to quarrel*	stritt	gestritten	streitet
weichen—to yield	wich	ist gewichen	weicht

* THE WEAK FORMS: gleiten, gleitete, ist gegleitet, gleitet, are less frequently found

I	INFINITIVE	PAST (IMPERFECT)	PAST PARTICIPLE	3RD SINGULAR PRESENT
	ei	**ie**	**ie**	**ei**
B	bleiben—*to remain*	blieb	ist geblieben	bleibt
	gedeihen—*to thrive*	gedieh	ist gediehen	gedeiht
	leihen—*to lend*	lieh	geliehen	leiht
	meiden—*to avoid*	mied	gemieden	meidet
	preisen—*to praise*	pries	gepriesen	preist
	reiben—*to rub*	rieb	gerieben	reibt
	scheiden-—*to separate*	schied	geschieden	scheidet
	scheinen—*to shine, seem*	schien	geschienen	scheint
	schreiben—*to write*	schrieb	geschrieben	schreibt
	schreien—*to scream*	schrie	geschrieen	schreit
	schweigen—*to be silent*	schwieg	geschwiegen	schweigt
	speien—*to spew*	spie	gespieen	speit
	steigen—*to climb*	stieg	ist gestiegen	steigt
	treiben—*to drive*	trieb	getrieben	treibt
	weisen—*to point out*	wies	gewiesen	weist

II	INFINITIVE	PAST (IMPERFECT)	PAST PARTICIPLE	3RD SINGULAR PRESENT
	ie	**o***	**o***	**ie**
	biegen—*to bend*	bog	gebogen	biegt
	bieten—*to offer*	bot	geboten	bietet
	fliegen—*to fly*	flog	ist geflogen	fliegt
	fliehen—*to flee*	floh	ist geflohen	flieht
	fließen—*to flow*	floß	ist geflossen	fließt
	frieren—*to freeze*	fror	gefroren	friert
	genießen—*to enjoy*	genoß	genossen	genießt
	gießen—*to pour*	goß	gegossen	gießt
	kriechen—*to creep*	kroch	ist gekrochen	kriecht
	riechen—*to smell*	roch	gerochen	riecht
	schieben—*to push*	schob	geschoben	schiebt
	schießen—*to shoot*	schoß	geschossen	schießt
	schließen—*to close*	schloß	geschlossen	schließt
	wiegen—*to weigh*	wog	gewogen	wiegt
	ziehen—*to pull*	zog **	gezogen **	zieht

**(Note change to *g* from *h* of infinitive in Past Tense and Past Participle)

* When one consonant follows *o* in the Past Tense and in the Past Participle, the *o* is a long *o*. When two consonants follow (ß is a double consonant), the *o* is short.

xvi

Other verbs which follow this pattern but do not have "ie" in the infinitive are:

saufen—*to drink*	soff	gesoffen	säuft
saugen—*to suck*	sog	gesogen	saugt
heben—*to lift*	hob	gehoben	hebt

Exception

liegen—*to lie*	lag	gelegen	liegt

III	INFINITIVE	PAST (IMPERFECT)	PAST PARTICIPLE	3RD SINGULAR PRESENT
	i	**a**	**u**	**i**
A	binden—*to bind*	band	gebunden	bindet
	dringen—*to urge*	drang	ist gedrungen	dringt
	finden—*to find*	fand	gefunden	findet
	gelingen—*to succeed*	gelang	ist gelungen	gelingt
	klingen—*to ring*	klang	geklungen	klingt
	ringen—*to struggle*	rang	gerungen	ringt
	schwingen—*to swing*	schwang	geschwungen	schwingt
	singen—*to sing*	sang	gesungen	singt
	springen—*to jump*	sprang	ist gesprungen	springt
	stinken—*to stink*	stank	gestunken	stinkt
	trinken—*to drink*	trank	getrunken	trinkt
	zwingen—*to force*	zwang	gezwungen	zwingt
	i	**a**	**o**	**i**
B	beginnen—*to begin*	begann	begonnen	beginnt
	gewinnen—*to win*	gewann	gewonnen	gewinnt
	rinnen—*to run*	rann	ist geronnen	rinnt
	schwimmen—*to swim*	schwamm	ist geschwommen	schwimmt
	sinnen—*to meditate*	sann	gesonnen	sinnt
	spinnen—*to spin*	spann	gesponnen	spinnt

IV INFINITIVE	PAST (IMPERFECT)	PAST PARTICIPLE	3RD SINGULAR PRESENT
e	**a**	**e**	**i, ie, e**

A

essen—*to eat*	aß	gegessen	ißt
geben—*to give*	gab	gegeben	gibt
genesen—*to recover*	genas	ist genesen	genest
geschehen—*to happen*	geschah	ist geschehen	geschieht
lesen—*to read*	las	gelesen	liest
messen—*to measure*	maß	gemessen	mißt
sehen—*to see*	sah	gesehen	sieht
treten—*to step*	trat	ist getreten	tritt
vergessen—*to forget*	vergaß	vergessen	vergißt

e	**a**	**o**	**i, ie**

B

befehlen—*to order*	befahl	befohlen	befiehlt
bergen—*to save*	barg	geborgen	birgt
brechen—*to break*	brach	gebrochen	bricht
empfehlen—*to recommend*	empfahl	empfohlen	empfiehlt
helfen—*to help*	half	geholfen	hilft
nehmen—*to take*	nahm	genommen	nimmt
sprechen—*to speak*	sprach	gesprochen	spricht
stehlen—*to steal*	stahl	gestohlen	stiehlt
sterben—*to die*	starb	ist gestorben	stirbt
treffen—*to meet, hit*	traf	getroffen	trifft
verderben—*to spoil*	verdarb	verdorben	verdirbt
werben—*to solicit*	warb	geworben	wirbt
werfen—*to throw*	warf	geworfen	wirft

V INFINITIVE	PAST (IMPERFECT)	PAST PARTICIPLE	3RD SINGULAR PRESENT
a	**u**	**a**	**ä, a**

backen—*to bake*	buk	gebacken	bäckt
fahren—*to travel*	fuhr	ist gefahren	fährt
graben—*to dig*	grub	gegraben	gräbt
schaffen—*to create*	schuf	geschaffen	schafft
schlagen—*to beat*	schlug	geschlagen	schlägt
tragen—*to carry*	trug	getragen	trägt
wachsen—*to grow*	wuchs	ist gewachsen	wächst
waschen—*to wash*	wusch	gewaschen	wäscht

VI INFINITIVE	PAST (IMPERFECT)	PAST PARITCIPLE	3RD SINGULAR PRESENT
a	**ie**	**a**	**ä**
blasen—*to blow*	blies	geblasen	bläst
braten—*to roast*	briet	gebraten	brät
fallen—*to fall*	fiel	ist gefallen	fällt
halten—*to hold*	hielt	gehalten	hält
lassen—*to let*	ließ	gelassen	läßt
raten—*to advise*	riet	geraten	rät
schlafen—*to sleep*	schlief	geschlafen	schläft

The following verbs, because they have the same change in the Past, and show the same vowel in the infinitive and past participle, are also listed in Group VI:

heißen—*to be called*	hieß	geheißen	heißt
laufen—*to run*	lief	ist gelaufen	läuft
rufen—*to call*	rief	gerufen	ruft
stoßen—*to push*	stieß	gestoßen	stößt

Irregular Verbs Which Do Not Fit into the Other Patterns

VII INFINITIVE	PAST (IMPERFECT)	PAST PARTICIPLE	3RD SINGULAR PRESENT
gehen—*to go*	ging	ist gegangen	geht
haben—*to have*	hatte	gehabt	hat
kommen—*to come*	kam	ist gekommen	kommt
sein—*to be*	war	ist gewesen	ist
tun—*to do*	tat	getan	tut
werden—*to become*	wurde	ist geworden	wird

Principal Parts of Modal Auxiliaries

dürfen—*to be permitted*	durfte	gedurft, dürfen*	darf
können—*to be able*	konnte	gekonnt, können*	kann
mögen—*to like*	mochte	gemocht, mögen*	mag
müssen—*to have to*	mußte	gemußt, müssen*	muß
sollen—*to be supposed to*	sollte	gesollt, sollen*	soll
wollen—*to want*	wollte	gewollt, wollen*	will

* When immediately preceded by an infinitive.

Principal Parts of Irregular Mixed Verbs and *Wissen*

These verbs are called "mixed" because they have the characteristics of both weak and strong verbs. Like weak verbs, they add "te" endings to the past tense, and their past participles end in 't.' They also, in the manner of strong verbs, change the stem vowel of the infinitive in the past tense and in the past participle.

INFINITIVE	PAST (IMPERFECT)	PAST PARTICIPLE	3RD SINGULAR PRESENT
brennen—*to burn*	brannte	gebrannt	brennt
bringen—*to bring*	brachte	gebracht	bringt
denken—*to think*	dachte	gedacht	denkt
kennen—*to know*	kannte	gekannt	kennt
nennen—*to name*	nannte	genannt	nennt
rennen—*to run*	rannte	gerannt	rennt
senden—*to send*	sandte	gesandt	sendet
wenden—*to turn*	wandte	gewandt	wendet
wissen—*to know* (*a fact*)	wußte	gewußt	weiß

301
GERMAN VERBS

achten

PRINC. PARTS: achten, achtete, geachtet, achtet
IMPERATIVE: achte!, achtet!, achten Sie!

to pay attention to,
respect, *heed*

INDICATIVE	SUBJUNCTIVE	
	PRIMARY	SECONDARY
	Present Time	
Present	*(Pres. Subj.)*	*(Imperf. Subj.)*
ich achte	achte	achtete
du achtest	achtest	achtetest
er achtet	achte	achtete
wir achten	achten	achteten
ihr achtet	achtet	achtetet
sie achten	achten	achteten

Imperfect
ich achtete
du achtetest
er achtete
wir achteten
ihr achtetet
sie achteten

	Past Time	
Perfect	*(Perf. Subj.)*	*(Pluperf. Subj.)*
ich habe geachtet	habe geachtet	hätte geachtet
du hast geachtet	habest geachtet	hättest geachtet
er hat geachtet	habe geachtet	hätte geachtet
wir haben geachtet	haben geachtet	hätten geachtet
ihr habt geachtet	habet geachtet	hättet geachtet
sie haben geachtet	haben geachtet	hätten geachtet

Pluperfect
ich hatte geachtet
du hattest geachtet
er hatte geachtet
wir hatten geachtet
ihr hattet geachtet
sie hatten geachtet

	Future Time	
Future	*(Fut. Subj.)*	*(Pres. Conditional)*
ich werde achten	werde achten	würde achten
du wirst achten	werdest achten	würdest achten
er wird achten	werde achten	würde achten
wir werden achten	werden achten	würden achten
ihr werdet achten	werdet achten	würdet achten
sie werden achten	werden achten	würden achten

	Future Perfect Time	
Future Perfect	*(Fut. Perf. Subj.)*	*(Past Conditional)*
ich werde geachtet haben	werde geachtet haben	würde geachtet haben
du wirst geachtet haben	werdest geachtet haben	würdest geachtet haben
er wird geachtet haben	werde geachtet haben	würde geachtet haben
wir werden geachtet haben	werden geachtet haben	würden geachtet haben
ihr werdet geachtet haben	werdet geachtet haben	würdet geachtet haben
sie werden geachtet haben	werden geachtet haben	würden geachtet haben

ankommen
to arrive; succeed;
matter

PRINC. PARTS: ankommen, kam an, ist angekommen, kommt an

IMPERATIVE: komme an!, kommt an!, kommen Sie an!

	INDICATIVE	SUBJUNCTIVE	
		PRIMARY	SECONDARY
		Present Time	
	Present	(*Pres. Subj.*)	(*Imperf. Subj.*)
ich	komme an	komme an	käme an
du	kommst an	kommest an	kämest an
er	kommt an	komme an	käme an
wir	kommen an	kommen an	kämen an
ihr	kommt an	kommet an	kämet an
sie	kommen an	kommen an	kämen an
	Imperfect		
ich	kam an		
du	kamst an		
er	kam an		
wir	kamen an		
ihr	kamt an		
sie	kamen an		
		Past Time	
	Perfect	(*Perf. Subj.*)	(*Pluperf. Subj.*)
ich	bin angekommen	sei angekommen	wäre angekommen
du	bist angekommen	seiest angekommen	wärest angekommen
er	ist angekommen	sei angekommen	wäre angekommen
wir	sind angekommen	seien angekommen	wären angekommen
ihr	seid angekommen	seiet angekommen	wäret angekommen
sie	sind angekommen	seien angekommen	wären angekommen
	Pluperfect		
ich	war angekommen		
du	warst angekommen		
er	war angekommen		
wir	waren angekommen		
ihr	wart angekommen		
sie	waren angekommen		
		Future Time	
	Future	(*Fut. Subj.*)	(*Pres. Conditional*)
ich	werde ankommen	werde ankommen	würde ankommen
du	wirst ankommen	werdest ankommen	würdest ankommen
er	wird ankommen	werde ankommen	würde ankommen
wir	werden ankommen	werden ankommen	würden ankommen
ihr	werdet ankommen	werdet ankommen	würdet ankommen
sie	werden ankommen	werden ankommen	würden ankommen
		Future Perfect Time	
	Future Perfect	(*Fut. Perf. Subj.*)	(*Past Conditional*)
ich	werde angekommen sein	werde angekommen sein	würde angekommen sein
du	wirst angekommen sein	werdest angekommen sein	würdest angekommen sein
er	wird angekommen sein	werde angekommen sein	würde angekommen sein
wir	werden angekommen sein	werden angekommen sein	würden angekommen sein
ihr	werdet angekommen sein	werdet angekommen sein	würdet angekommen sein
sie	werden angekommen sein	werden angekommen sein	würden angekommen sein

2

PRINC. PARTS: antworten, antwortete, geantwortet, antwortet
IMPERATIVE: antworte!, antwortet!, antworten Sie!

to answer, reply

INDICATIVE	SUBJUNCTIVE	
	PRIMARY	SECONDARY

Present Time

	Present	*(Pres. Subj.)*	*(Imperf. Subj.)*
ich	antworte	antworte	antwortete
du	antwortest	antwortest	antwortetest
er	antwortet	antworte	antwortete
wir	antworten	antworten	antworteten
ihr	antwortet	antwortet	antwortetet
sie	antworten	antworten	antworteten

	Imperfect
ich	antwortete
du	antwortetest
er	antwortete
wir	antworteten
ihr	antwortetet
sie	antworteten

Past Time

	Perfect	*(Perf. Subj.)*	*(Pluperf. Subj.)*
ich	habe geantwortet	habe geantwortet	hätte geantwortet
du	hast geantwortet	habest geantwortet	hättest geantwortet
er	hat geantwortet	habe geantwortet	hätte geantwortet
wir	haben geantwortet	haben geantwortet	hätten geantwortet
ihr	habt geantwortet	habet geantwortet	hättet geantwortet
sie	haben geantwortet	haben geantwortet	hätten geantwortet

	Pluperfect
ich	hatte geantwortet
du	hattest geantwortet
er	hatte geantwortet
wir	hatten geantwortet
ihr	hattet geantwortet
sie	hatten geantwortet

Future Time

	Future	*(Fut. Subj.)*	*(Pres. Conditional)*
ich	werde antworten	werde antworten	würde antworten
du	wirst antworten	werdest antworten	würdest antworten
er	wird antworten	werde antworten	würde antworten
wir	werden antworten	werden antworten	würden antworten
ihr	werdet antworten	werdet antworten	würdet antworten
sie	werden antworten	werden antworten	würden antworten

Future Perfect Time

	Future Perfect	*(Fut. Perf. Subj.)*	*(Past Conditional)*
ich	werde geantwortet haben	werde geantwortet haben	würde geantwortet haben
du	wirst geantwortet haben	werdest geantwortet haben	würdest geantwortet haben
er	wird geantwortet haben	werde geantwortet haben	würde geantwortet haben
wir	werden geantwortet haben	werden geantwortet haben	würden geantwortet haben
ihr	werdet geantwortet haben	werdet geantwortet haben	würdet geantwortet haben
sie	werden geantwortet haben	werden geantwortet haben	würden geantwortet haben

3

sich anziehen

to get dressed

PRINC. PARTS: sich anziehen, zog sich an,
sich angezogen, zieht sich an
IMPERATIVE: ziehe dich an!, zieht euch an!, ziehen Sie
sich an!

	INDICATIVE		SUBJUNCTIVE	
			PRIMARY	SECONDARY
			Present Time	
	Present		(*Pres. Subj.*)	(*Imperf. Subj.*)
ich	ziehe mich an		ziehe mich an	zöge mich an
du	ziehst dich an		ziehest dich an	zögest dich an
er	zieht sich an		ziehe sich an	zöge sich an
wir	ziehen uns an		ziehen uns an	zögen uns an
ihr	zieht euch an		ziehet euch an	zöget euch an
sie	ziehen sich an		ziehen sich an	zögen sich an
	Imperfect			
ich	zog mich an			
du	zogst dich an			
er	zog sich an			
wir	zogen uns an			
ihr	zogt euch an			
sie	zogen sich an			
			Past Time	
	Perfect		(*Perf. Subj.*)	(*Pluperf. Subj.*)
ich	habe mich angezogen		habe mich angezogen	hätte mich angezogen
du	hast dich angezogen		habest dich angezogen	hättest dich angezogen
er	hat sich angezogen		habe sich angezogen	hätte sich angezogen
wir	haben uns angezogen		haben uns angezogen	hätten uns angezogen
ihr	habt euch angezogen		habet euch angezogen	hättet euch angezogen
sie	haben sich angezogen		haben sich angezogen	hätten sich angezogen
	Pluperfect			
ich	hatte mich angezogen			
du	hattest dich angezogen			
er	hatte sich angezogen			
wir	hatten uns angezogen			
ihr	hattet euch angezogen			
sie	hatten sich angezogen			
			Future Time	
	Future		(*Fut. Subj.*)	(*Pres. Conditional*)
ich	werde mich anziehen		werde mich anziehen	würde mich anziehen
du	wirst dich anziehen		werdest dich anziehen	würdest dich anziehen
er	wird sich anziehen		werde sich anziehen	würde sich anziehen
wir	werden uns anziehen		werden uns anziehen	würden uns anziehen
ihr	werdet euch anziehen		werdet euch anziehen	würdet euch anziehen
sie	werden sich anziehen		werden sich anziehen	würden sich anziehen
			Future Perfect Time	
	Future Perfect		(*Fut. Perf. Subj.*)	(*Past Conditional*)
ich	werde mich angezogen haben		werde mich angezogen haben	würde mich angezogen haben
du	wirst dich angezogen haben		werdest dich angezogen haben	würdest dich angezogen haben
er	wird sich angezogen haben		werde sich angezogen haben	würde sich angezogen haben
wir	werden uns angezogen haben		werden uns angezogen haben	würden uns angezogen haben
ihr	werdet euch angezogen haben		werdet euch angezogen haben	würdet euch angezogen haben
sie	werden sich angezogen haben		werden sich angezogen haben	würden sich angezogen haben

PRINC. PARTS: arbeiten, arbeitete, gearbeitet, arbeitet
IMPERATIVE: arbeite!, arbeitet!, arbeiten Sie!

INDICATIVE	SUBJUNCTIVE	
	PRIMARY	SECONDARY
	Present Time	
Present	*(Pres. Subj.)*	*(Imperf. Subj.)*
ich arbeite	arbeite	arbeitete
du arbeitest	arbeitest	arbeitetest
er arbeitet	arbeite	arbeitete
wir arbeiten	arbeiten	arbeiteten
ihr arbeitet	arbeitet	arbeitetet
sie arbeiten	arbeiten	arbeiteten

Imperfect

ich arbeitete
du arbeitetest
er arbeitete
wir arbeiteten
ihr arbeitetet
sie arbeiteten

	Past Time	
Perfect	*(Perf. Subj.)*	*(Pluperf. Subj.)*
ich habe gearbeitet	habe gearbeitet	hätte gearbeitet
du hast gearbeitet	habest gearbeitet	hättest gearbeitet
er hat gearbeitet	habe gearbeitet	hätte gearbeitet
wir haben gearbeitet	haben gearbeitet	hätten gearbeitet
ihr habt gearbeitet	habet gearbeitet	hättet gearbeitet
sie haben gearbeitet	haben gearbeitet	hätten gearbeitet

Pluperfect

ich hatte gearbeitet
du hattest gearbeitet
er hatte gearbeitet
wir hatten gearbeitet
ihr hattet gearbeitet
sie hatten gearbeitet

	Future Time	
Future	*(Fut. Subj.)*	*(Pres. Conditional)*
ich werde arbeiten	werde arbeiten	würde arbeiten
du wirst arbeiten	werdest arbeiten	würdest arbeiten
er wird arbeiten	werde arbeiten	würde arbeiten
wir werden arbeiten	werden arbeiten	würden arbeiten
ihr werdet arbeiten	werdet arbeiten	würdet arbeiten
sie werden arbeiten	werden arbeiten	würden arbeiten

	Future Perfect Time	
Future Perfect	*(Fut. Perf. Subj.)*	*(Past Conditional)*
ich werde gearbeitet haben	werde gearbeitet haben	würde gearbeitet haben
du wirst gearbeitet haben	werdest gearbeitet haben	würdest gearbeitet haben
er wird gearbeitet haben	werde gearbeitet haben	würde gearbeitet haben
wir werden gearbeitet haben	werden gearbeitet haben	würden gearbeitet haben
ihr werdet gearbeitet haben	werdet gearbeitet haben	würdet gearbeitet haben
sie werden gearbeitet haben	werden gearbeitet haben	würden gearbeitet haben

atmen

to breathe

	INDICATIVE	SUBJUNCTIVE	
		PRIMARY	SECONDARY
		Present Time	
	Present	*(Pres. Subj.)*	*(Imperf. Subj.)*
ich	atme	atme	atmete
du	atmest	atmest	atmetest
er	atmet	atme	atmete
wir	atmen	atmen	atmeten
ihr	atmet	atmet	atmetet
sie	atmen	atmen	atmeten
	Imperfect		
ich	atmete		
du	atmetest		
er	atmete		
wir	atmeten		
ihr	atmetet		
sie	atmeten		
		Past Time	
	Perfect	*(Perf. Subj.)*	*(Pluperf. Subj.)*
ich	habe geatmet	habe geatmet	hätte geatmet
du	hast geatmet	habest geatmet	hättest geatmet
er	hat geatmet	habe geatmet	hätte geatmet
wir	haben geatmet	haben geatmet	hätten geatmet
ihr	habt geatmet	habet geatmet	hättet geatmet
sie	haben geatmet	haben geatmet	hätten geatmet
	Pluperfect		
ich	hatte geatmet		
du	hattest geatmet		
er	hatte geatmet		
wir	hatten geatmet		
ihr	hattet geatmet		
sie	hatten geatmet		
		Future Time	
	Future	*(Fut. Subj.)*	*(Pres. Conditional)*
ich	werde atmen	werde atmen	würde atmen
du	wirst atmen	werdest atmen	würdest atmen
er	wird atmen	werde atmen	würde atmen
wir	werden atmen	werden atmen	würden atmen
ihr	werdet atmen	werdet atmen	würdet atmen
sie	werden atmen	werden atmen	würden atmen
		Future Perfect Time	
	Future Perfect	*(Fut. Perf. Subj.)*	*(Past Conditional)*
ich	werde geatmet haben	werde geatmet haben	würde geatmet haben
du	wirst geatmet haben	werdest geatmet haben	würdest geatmet haben
er	wird geatmet haben	werde geatmet haben	würde geatmet haben
wir	werden geatmet haben	werden geatmet haben	würden geatmet haben
ihr	werdet geatmet haben	werdet geatmet haben	würdet geatmet haben
sie	werden geatmet haben	werden geatmet haben	würden geatmet haben

INDICATIVE	SUBJUNCTIVE	
	PRIMARY	SECONDARY
	Present Time	
Present	*(Pres. Subj.)*	*(Imperf. Subj.)*
ich halte auf	halte auf	hielte auf
du hältst auf	haltest auf	hieltest auf
er hält auf	halte auf	hielte auf
wir halten auf	halten auf	hielten auf
ihr haltet auf	haltet auf	hieltet auf
sie halten auf	halten auf	hielten auf
Imperfect		
ich hielt auf		
du hieltest auf		
er hielt auf		
wir hielten auf		
ihr hieltet auf		
sie hielten auf	*Past Time*	
Perfect	*(Perf. Subj.)*	*(Pluperf. Subj.)*
ich habe aufgehalten	habe aufgehalten	hätte aufgehalten
du hast aufgehalten	habest aufgehalten	hättest aufgehalten
er hat aufgehalten	habe aufgehalten	hätte aufgehalten
wir haben aufgehalten	haben aufgehalten	hätten aufgehalten
ihr habt aufgehalten	habet aufgehalten	hättet aufgehalten
sie haben aufgehalten	haben aufgehalten	hätten aufgehalten
Pluperfect		
ich hatte aufgehalten		
du hattest aufgehalten		
er hatte aufgehalten		
wir hatten aufgehalten		
ihr hattet aufgehalten		
sie hatten aufgehalten	*Future Time*	
Future	*(Fut. Subj.)*	*(Pres. Conditional)*
ich werde aufhalten	werde aufhalten	würde aufhalten
du wirst aufhalten	werdest aufhalten	würdest aufhalten
er wird aufhalten	werde aufhalten	würde aufhalten
wir werden aufhalten	werden aufhalten	würden aufhalten
ihr werdet aufhalten	werdet aufhalten	würdet aufhalten
sie werden aufhalten	werden aufhalten	würden aufhalten
	Future Perfect Time	
Future Perfect	*(Fut. Perf. Subj.)*	*(Past Conditional)*
ich werde aufgehalten haben	werde aufgehalten haben	würde aufgehalten haben
du wirst aufgehalten haben	werdest aufgehalten haben	würdest aufgehalten haben
er wird aufgehalten haben	werde aufgehalten haben	würde aufgehalten haben
wir werden aufgehalten haben	werden aufgehalten haben	würden aufgehalten haben
ihr werdet aufgehalten haben	werdet aufgehalten haben	würdet aufgehalten haben
sie werden aufgehalten haben	werden aufgehalten haben	würden aufgehalten haben

7

auskommen

to come out; have enough of,
make do; get along with

PRINC. PARTS: auskommen, kam aus, ist
ausgekommen, kommt aus
IMPERATIVE: komme aus!, kommt aus!,
kommen Sie aus!

	INDICATIVE	SUBJUNCTIVE	
		PRIMARY	SECONDARY
		Present Time	
	Present	*(Pres. Subj.)*	*(Imperf. Subj.)*
ich	komme aus	komme aus	käme aus
du	kommst aus	kommest aus	kämest aus
er	kommt aus	komme aus	käme aus
wir	kommen aus	kommen aus	kämen aus
ihr	kommt aus	kommet aus	kämet aus
sie	kommen aus	kommen aus	kämen aus
	Imperfect		
ich	kam aus		
du	kamst aus		
er	kam aus		
wir	kamen aus		
ihr	kamt aus		
sie	kamen aus		
		Past Time	
	Perfect	*(Perf. Subj.)*	*(Pluperf. Subj.)*
ich	bin ausgekommen	sei ausgekommen	wäre ausgekommen
du	bist ausgekommen	seiest ausgekommen	wärest ausgekommen
er	ist ausgekommen	sei ausgekommen	wäre ausgekommen
wir	sind ausgekommen	seien ausgekommen	wären ausgekommen
ihr	seid ausgekommen	seiet ausgekommen	wäret ausgekommen
sie	sind ausgekommen	seien ausgekommen	wären ausgekommen
	Pluperfect		
ich	war ausgekommen		
du	warst ausgekommen		
er	war ausgekommen		
wir	waren ausgekommen		
ihr	wart ausgekommen		
sie	waren ausgekommen		
		Future Time	
	Future	*(Fut. Subj.)*	*(Pres. Conditional)*
ich	werde auskommen	werde auskommen	würde auskommen
du	wirst auskommen	werdest auskommen	würdest auskommen
er	wird auskommen	werde auskommen	würde auskommen
wir	werden auskommen	werden auskommen	würden auskommen
ihr	werdet auskommen	werdet auskommen	würdet auskommen
sie	werden auskommen	werden auskommen	würden auskommen
		Future Perfect Time	
	Future Perfect	*(Fut. Perf. Subj.)*	*(Past Conditional)*
ich	werde ausgekommen sein	werde ausgekommen sein	würde ausgekommen sein
du	wirst ausgekommen sein	werdest ausgekommen sein	würdest ausgekommen sein
er	wird ausgekommen sein	werde ausgekommen sein	würde ausgekommen sein
wir	werden ausgekommen sein	werden ausgekommen sein	würden ausgekommen sein
ihr	werdet ausgekommen sein	werdet ausgekommen sein	würdet ausgekommen sein
sie	werden ausgekommen sein	werden ausgekommen sein	würden ausgekommen sein

PRINC. PARTS: ausstellen, stellte aus, ausgestellt,
stellt aus

IMPERATIVE: stelle aus!, stellt aus!, stellen Sie aus!

*to exhibit, expose;
write out*

INDICATIVE	SUBJUNCTIVE	
	PRIMARY	SECONDARY

Present Time

Present	(Pres. Subj.)	(Imperf. Subj.)
ich stelle aus	stelle aus	stellte aus
du stellst aus	stellest aus	stelltest aus
er stellt aus	stelle aus	stellte aus
wir stellen aus	stellen aus	stellten aus
ihr stellt aus	stellet aus	stelltet aus
sie stellen aus	stellen aus	stellten aus

Imperfect		
ich stellte aus		
du stelltest aus		
er stellte aus		
wir stellten aus		
ihr stelltet aus		
sie stellten aus		

Past Time

Perfect	(Perf. Subj.)	(Pluperf. Subj.)
ich habe ausgestellt	habe ausgestellt	hätte ausgestellt
du hast ausgestellt	habest ausgestellt	hättest ausgestellt
er hat ausgestellt	habe ausgestellt	hätte ausgestellt
wir haben ausgestellt	haben ausgestellt	hätten ausgestellt
ihr habt ausgestellt	habet ausgestellt	hättet ausgestellt
sie haben ausgestellt	haben ausgestellt	hätten ausgestellt

Pluperfect		
ich hatte ausgestellt		
du hattest ausgestellt		
er hatte ausgestellt		
wir hatten ausgestellt		
ihr hattet ausgestellt		
sie hatten ausgestellt		

Future Time

Future	(Fut. Subj.)	(Pres. Conditional)
ich werde ausstellen	werde ausstellen	würde ausstellen
du wirst ausstellen	werdest ausstellen	würdest ausstellen
er wird ausstellen	werde ausstellen	würde ausstellen
wir werden ausstellen	werden ausstellen	würden ausstellen
ihr werdet ausstellen	werdet ausstellen	würdet ausstellen
sie werden ausstellen	werden ausstellen	würden ausstellen

Future Perfect Time

Future Perfect	(Fut. Perf. Subj.)	(Past Conditional)
ich werde ausgestellt haben	werde ausgestellt haben	würde ausgestellt haben
du wirst ausgestellt haben	werdest ausgestellt haben	würdest ausgestellt haben
er wird ausgestellt haben	werde ausgestellt haben	würde ausgestellt haben
wir werden ausgestellt haben	werden ausgestellt haben	würden ausgestellt haben
ihr werdet ausgestellt haben	werdet ausgestellt haben	würdet ausgestellt haben
sie werden ausgestellt haben	werden ausgestellt haben	würden ausgestellt haben

9

sich ausziehen

to get undressed

PRINC. PARTS: sich ausziehen, zog sich aus, hat sich aus-
gezogen, zieht sich aus
IMPERATIVE: ziehe dich aus!, zieht euch aus! ziehen Sie
sich aus!

	INDICATIVE	SUBJUNCTIVE PRIMARY	SECONDARY

	Present	*(Pres. Subj.)*	*(Imperf. Subj.)*
ich	ziehe mich aus	ziehe mich aus	zöge mich aus
du	ziehst dich aus	ziehest dich aus	zögest dich aus
er	zieht sich aus	ziehe sich aus	zöge sich aus
wir	ziehen uns aus	ziehen uns aus	zögen uns aus
ihr	zieht euch aus	ziehet euch aus	zöget euch aus
sie	ziehen sich aus	ziehen sich aus	zögen sich aus

Present Time appears above the Imperf. Subj./Pres. Subj. columns.

	Imperfect
ich	zog mich aus
du	zogst dich aus
er	zog sich aus
wir	zogen uns aus
ihr	zogt euch aus
sie	zogen sich aus

Past Time

	Perfect	*(Perf. Subj.)*	*(Pluperf. Subj.)*
ich	habe mich ausgezogen	habe mich ausgezogen	hätte mich ausgezogen
du	hast dich ausgezogen	habest dich ausgezogen	hättest dich ausgezogen
er	hat sich ausgezogen	habe sich ausgezogen	hätte sich ausgezogen
wir	haben uns ausgezogen	haben uns ausgezogen	hätten uns ausgezogen
ihr	habt euch ausgezogen	habet euch ausgezogen	hättet euch ausgezogen
sie	haben sich ausgezogen	haben sich ausgezogen	hätten sich ausgezogen

	Pluperfect
ich	hatte mich ausgezogen
du	hattest dich ausgezogen
er	hatte sich ausgezogen
wir	hatten uns ausgezogen
ihr	hattet euch ausgezogen
sie	hatten sich ausgezogen

Future Time

	Future	*(Fut. Subj.)*	*(Pres. Conditional)*
ich	werde mich ausziehen	werde mich ausziehen	würde mich ausziehen
du	wirst dich ausziehen	werdest dich ausziehen	würdest dich ausziehen
er	wird sich ausziehen	werde sich ausziehen	würde sich ausziehen
wir	werden uns ausziehen	werden uns ausziehen	würden uns ausziehen
ihr	werdet euch ausziehen	werdet euch ausziehen	würdet euch ausziehen
sie	werden sich ausziehen	werden sich ausziehen	würden sich ausziehen

Future Perfect Time

	Future Perfect	*(Fut. Perf. Subj.)*	*(Past Conditional)*
ich	werde mich ausgezogen haben	werde mich ausgezogen haben	würde mich ausgezogen haben
du	wirst dich ausgezogen haben	werdest dich ausgezogen haben	würdest dich ausgezogen haben
er	wird sich ausgezogen haben	werde sich ausgezogen haben	würde sich ausgezogen haben
wir	werden uns ausgezogen haben	werden uns ausgezogen haben	würden uns ausgezogen haben
ihr	werdet euch ausgezogen haben	werdet euch ausgezogen haben	würdet euch ausgezogen haben
sie	werden sich ausgezogen haben	werden sich ausgezogen haben	würden sich ausgezogen haben

PRINC. PARTS: backen, buk (backte), bäckt
IMPERATIVE: backe!, backt!, backen Sie!

INDICATIVE	SUBJUNCTIVE	
	PRIMARY	SECONDARY

Present Time

Present	(Pres. Subj.)	(Imperf. Subj.)	
ich backe	backe	büke	backte
du bäckst	backest	bükest	backtest
er bäckt	backe	büke *or* backte	
wir backen	backen	büken	backten
ihr backt	backet	büket	backtet
sie backen	backen	büken	backten

Imperfect	
ich buk	backte
du bukst	backtest
er buk *or* backte	
wir buken	backten
ihr bukt	backtet
sie buken	backten

Past Time

Perfect	(Perf. Subj.)	(Pluperf. Subj.)
ich habe gebacken	habe gebacken	hätte gebacken
du hast gebacken	habest gebacken	hättest gebacken
er hat gebacken	habe gebacken	hätte gebacken
wir haben gebacken	haben gebacken	hätten gebacken
ihr habt gebacken	habet gebacken	hättet gebacken
sie haben gebacken	haben gebacken	hätten gebacken

Pluperfect
ich hatte gebacken
du hattest gebacken
er hatte gebacken
wir hatten gebacken
ihr hattet gebacken
sie hatten gebacken

Future Time

Future	(Fut. Subj.)	(Pres. Conditional)
ich werde backen	werde backen	würde backen
du wirst backen	werdest backen	würdest backen
er wird backen	werde backen	würde backen
wir werden backen	werden backen	würden backen
ihr werdet backen	werdet backen	würdet backen
sie werden backen	werden backen	würden backen

Future Perfect Time

Future Perfect	(Fut. Perf. Subj.)	(Past Conditional)
ich werde gebacken haben	werde gebacken haben	würde gebacken haben
du wirst gebacken haben	werdest gebacken haben	würdest gebacken haben
er wird gebacken haben	werde gebacken haben	würde gebacken haben
wir werden gebacken haben	werden gebacken haben	würden gebacken haben
ihr werdet gebacken haben	werdet gebacken haben	würdet gebacken haben
sie werden gebacken haben	werden gebacken haben	würden gebacken haben

baden

to bathe

PRINC. PARTS: baden, badete, gebadet, badet
IMPERATIVE: bade!, badet!, baden Sie!

INDICATIVE	SUBJUNCTIVE	
	PRIMARY	SECONDARY

Present Time

	Present	*(Pres. Subj.)*	*(Imperf. Subj.)*
ich	bade	bade	badete
du	badest	badest	badetest
er	badet	bade	badete
wir	baden	baden	badeten
ihr	badet	badet	badetet
sie	baden	baden	badeten

	Imperfect
ich	badete
du	badetest
er	badete
wir	badeten
ihr	badetet
sie	badeten

Past Time

	Perfect	*(Perf. Subj.)*	*(Pluperf. Subj.)*
ich	habe gebadet	habe gebadet	hätte gebadet
du	hast gebadet	habest gebadet	hättest gebadet
er	hat gebadet	habe gebadet	hätte gebadet
wir	haben gebadet	haben gebadet	hätten gebadet
ihr	habt gebadet	habet gebadet	hättet gebadet
sie	haben gebadet	haben gebadet	hätten gebadet

	Pluperfect
ich	hatte gebadet
du	hattest gebadet
er	hatte gebadet
wir	hatten gebadet
ihr	hattet gebadet
sie	hatten gebadet

Future Time

	Future	*(Fut. Subj.)*	*(Pres. Conditional)*
ich	werde baden	werde baden	würde baden
du	wirst baden	werdest baden	würdest baden
er	wird baden	werde baden	würde baden
wir	werden baden	werden baden	würden baden
ihr	werdet baden	werdet baden	würdet baden
sie	werden baden	werden baden	würden baden

Future Perfect Time

	Future Perfect	*(Fut. Perf. Subj.)*	*(Past Conditional)*
ich	werde gebadet haben	werde gebadet haben	würde gebadet haben
du	wirst gebadet haben	werdest gebadet haben	würdest gebadet haben
er	wird gebadet haben	werde gebadet haben	würde gebadet haben
wir	werden gebadet haben	werden gebadet haben	würden gebadet haben
ihr	werdet gebadet haben	werdet gebadet haben	würdet gebadet haben
sie	werden gebadet haben	werden gebadet haben	würden gebadet haben

PRINC. PARTS: bauen, baute, gebaut, baut
IMPERATIVE: baue!, baut!, bauen Sie!

*to build, construct, cultivate,
mine*

INDICATIVE	SUBJUNCTIVE	
	PRIMARY	SECONDARY
	Present Time	
Present	*(Pres. Subj.)*	*(Imperf. Subj.)*
ich baue	baue	baute
du baust	bauest	bautest
er baut	baue	baute
wir bauen	bauen	bauten
ihr baut	bauet	bautet
sie bauen	bauen	bauten

Imperfect
ich baute
du bautest
er baute
wir bauten
ihr bautet
sie bauten

	Past Time	
Perfect	*(Perf. Subj.)*	*(Pluperf. Subj.)*
ich habe gebaut	habe gebaut	hätte gebaut
du hast gebaut	habest gebaut	hättest gebaut
er hat gebaut	habe gebaut	hätte gebaut
wir haben gebaut	haben gebaut	hätten gebaut
ihr habt gebaut	habet gebaut	hättet gebaut
sie haben geabut	haben gebaut	hätten gebaut

Pluperfect
ich hatte gebaut
du hattest gebaut
er hatte gebaut
wir hatten gebaut
ihr hattet gebaut
sie hatten gebaut

	Future Time	
Future	*(Fut. Subj.)*	*(Pres. Conditional)*
ich werde bauen	werde bauen	würde bauen
du wirst bauen	werdest bauen	würdest bauen
er wird bauen	werde bauen	würde bauen
wir werden bauen	werden bauen	würden bauen
ihr werdet bauen	werdet bauen	würdet bauen
sie werden bauen	werden bauen	würden bauen

	Future Perfect Time	
Future Perfect	*(Fut. Perf. Subj.)*	*(Past Conditional)*
ich werde gebaut haben	werde gebaut haben	würde gebaut haben
du wirst gebaut haben	werdest gebaut haben	würdest gebaut haben
er wird gebaut haben	werde gebaut haben	würde gebaut haben
wir werden gebaut haben	werden gebaut haben	würden gebaut haben
ihr werdet gebaut haben	werdet gebaut haben	würdet gebaut haben
sie werden gebaut haben	werden gebaut haben	würden gebaut haben

beben

to tremble, quake

PRINC. PARTS: beben, bebte, gebebt, bebt
IMPERATIVE: bebe!, bebt!, beben Sie!

INDICATIVE	SUBJUNCTIVE	
	PRIMARY	SECONDARY
	Present Time	
Present	*(Pres. Subj.)*	*(Imperf. Subj.)*
ich bebe	bebe	bebte
du bebst	bebest	bebtest
er bebt	bebe	bebte
wir beben	beben	bebten
ihr bebt	bebet	bebtet
sie beben	beben	bebten

Imperfect
ich bebte
du bebtest
er bebte
wir bebten
ihr bebtet
sie bebten

		Past Time	
Perfect		*(Perf. Subj.)*	*(Pluperf. Subj.)*
ich	habe gebebt	habe gebebt	hätte gebebt
du	hast gebebt	habest gebebt	hättest gebebt
er	hat gebebt	habe gebebt	hätte gebebt
wir	haben gebebt	haben gebebt	hätten gebebt
ihr	habt gebebt	habet gebebt	hättet gebebt
sie	haben gebebt	haben gebebt	hätten gebebt

Pluperfect	
ich	hatte gebebt
du	hattest gebebt
er	hatte gebebt
wir	hatten gebebt
ihr	hattet gebebt
sie	hatten gebebt

		Future Time	
Future		*(Fut. Subj.)*	*(Pres. Conditional)*
ich	werde beben	werde beben	würde beben
du	wirst beben	werdest beben	würdest beben
er	wird beben	werde beben	würde beben
wir	werden beben	werden beben	würden beben
ihr	werdet beben	werdet beben	würdet beben
sie	werden beben	werden beben	würden beben

		Future Perfect Time	
Future Perfect		*(Fut. Perf. Subj.)*	*(Past Conditional)*
ich	werde gebebt haben	werde gebebt haben	würde gebebt haben
du	wirst gebebt haben	werdest gebebt haben	würdest gebebt haben
er	wird gebebt haben	werde gebebt haben	würde gebebt haben
wir	werden gebebt haben	werden gebebt haben	würden gebebt haben
ihr	werdet gebebt haben	werdet gebebt haben	würdet gebebt haben
sie	werden gebebt haben	werden gebebt haben	würden gebebt haben

14

PRINC. PARTS: bedeuten, bedeutete, bedeutet, bedeutet
IMPERATIVE: bedeute!, bedeutet!, bedeuten Sie!

to mean, signify

INDICATIVE	SUBJUNCTIVE	
	PRIMARY	SECONDARY
	Present Time	
Present	*(Pres. Subj.)*	*(Imperf. Subj.)*
ich bedeute	bedeute	bedeutete
du bedeutest	bedeutest	bedeutetest
er bedeutet	bedeute	bedeutete
wir bedeuten	bedeuten	bedeuteten
ihr bedeutet	bedeutet	bedeutetet
sie bedeuten	bedeuten	bedeuteten

Imperfect

ich bedeutete
du bedeutetest
er bedeutete
wir bedeuteten
ihr bedeutetet
sie bedeuteten

	Past Time	
Perfect	*(Perf. Subj.)*	*(Pluperf. Subj.)*
ich habe bedeutet	habe bedeutet	hätte bedeutet
du hast bedeutet	habest bedeutet	hättest bedeutet
er hat bedeutet	habe bedeutet	hätte bedeutet
wir haben bedeutet	haben bedeutet	hätten bedeutet
ihr habt bedeutet	habet bedeutet	hättet bedeutet
sie haben bedeutet	haben bedeutet	hätten bedeutet

Pluperfect

ich hatte bedeutet
du hattest bedeutet
er hatte bedeutet
wir hatten bedeutet
ihr hattet bedeutet
sie hatten bedeutet

	Future Time	
Future	*(Fut. Subj.)*	*(Pres. Conditional)*
ich werde bedeuten	werde bedeuten	würde bedeuten
du wirst bedeuten	werdest bedeuten	würdest bedeuten
er wird bedeuten	werde bedeuten	würde bedeuten
wir werden bedeuten	werden bedeuten	würden bedeuten
ihr werdet bedeuten	werdet bedeuten	würdet bedeuten
sie werden bedeuten	werden bedeuten	würden bedeuten

	Future Perfect Time	
Future Perfect	*(Fut. Perf. Subj.)*	*(Past Conditional)*
ich werde bedeutet haben	werde bedeutet haben	würde bedeutet haben
du wirst bedeutet haben	werdest bedeutet haben	würdest bedeutet haben
er wird bedeutet haben	werde bedeutet haben	würde bedeutet haben
wir werden bedeutet haben	werden bedeutet haben	würden bedeutet haben
ihr werdet bedeutet haben	werdet bedeutet haben	würdet bedeutet haben
sie werden bedeutet haben	werden bedeutet haben	würden bedeutet haben

sich bedienen

to help oneself; make use of something

PRINC. PARTS: sich bedienen, bediente sich, hat sich bedient, bedient sich
IMPERATIVE: bediene dich!, bedient euch!, bedienen Sie sich!

	INDICATIVE	SUBJUNCTIVE	
		PRIMARY	SECONDARY
		Present Time	
	Present	*(Pres. Subj.)*	*(Imperf. Subj.)*
ich	bediene mich	bediene mich	bediente mich
du	bedienst dich	bedienest dich	bedientest dich
er	bedient sich	bediene sich	bediente sich
wir	bedienen uns	bedienen uns	bedienten uns
ihr	bedient euch	bedienet euch	bedientet euch
sie	bedienen sich	bedienen sich	bedienten sich
	Imperfect		
ich	bediente mich		
du	bedientest dich		
er	bediente sich		
wir	bedienten uns		
ihr	bedientet euch		
sie	bedienten sich		
		Past Time	
	Perfect	*(Perf. Subj.)*	*(Pluperf. Subj.)*
ich	habe mich bedient	habe mich bedient	hätte mich bedient
du	hast dich bedient	habest dich bedient	hättest dich bedient
er	hat sich bedient	habe sich bedient	hätte sich bedient
wir	haben uns bedient	haben uns bedient	hätten uns bedient
ihr	habt euch bedient	habet euch bedient	hättet euch bedient
sie	haben sich bedient	haben sich bedient	hätten sich bedient
	Pluperfect		
ich	hatte mich bedient		
du	hattest dich bedient		
er	hatte sich bedient		
wir	hatten uns bedient		
ihr	hattet euch bedient		
sie	hatten sich bedient		
		Future Time	
	Future	*(Fut. Subj.)*	*(Pres. Conditional)*
ich	werde mich bedienen	werde mich bedienen	würde mich bedienen
du	wirst dich bedienen	werdest dich bedienen	würdest dich bedienen
er	wird sich bedienen	werde sich bedienen	würde sich bedienen
wir	werden uns bedienen	werden uns bedienen	würden uns bedienen
ihr	werdet euch bedienen	werdet euch bedienen	würdet euch bedienen
sie	werden sich bedienen	werden sich bedienen	würden sich bedienen
		Future Perfect Time	
	Future Perfect	*(Fut. Perf. Subj.)*	*(Past Conditional)*
ich	werde mich bedient haben	werde mich bedient haben	würde mich bedient haben
du	wirst dich bedient haben	werdest dich bedient haben	würdest dich bedient haben
er	wird sich bedient haben	werde sich bedient haben	würde sich bedient haben
wir	werden uns bedient haben	werden uns bedient haben	würden uns bedient haben
ihr	werdet euch bedient haben	werdet euch bedient haben	würdet euch bedient haben
sie	werden sich bedient haben	werden sich bedient haben	würden sich bedient haben

PRINC. PARTS: sich beeilen, beeilte sich, hat sich beeilt, beeilt sich
IMPERATIVE: beeile dich!, beeilt euch!, beeilen Sie sich!

to hurry

INDICATIVE	SUBJUNCTIVE	
	PRIMARY	SECONDARY

Present Time

Present	*(Pres. Subj.)*	*(Imperf. Subj.)*
ich beeile mich	beeile mich	beeilte mich
du beeilst dich	beeilest dich	beeiltest dich
er beeilt sich	beeile sich	beeilte sich
wir beeilen uns	beeilen uns	beeilten uns
ihr beeilt euch	beeilet euch	beeiltet euch
sie beeilen sich	beeilen sich	beeilten sich

Imperfect

ich beeilte mich
du beeiltest dich
er beeilte sich
wir beeilten uns
ihr beeiltet euch
sie beeilten sich

Past Time

Perfect	*(Perf. Subj.)*	*(Pluperf. Subj.)*
ich habe mich beeilt	habe mich beeilt	hätte mich beeilt
du hast dich beeilt	habest dich beeilt	hättest dich beeilt
er hat sich beeilt	habe sich beeilt	hätte sich beeilt
wir haben uns beeilt	haben uns beeilt	hätten uns beeilt
ihr habt euch beeilt	habet euch beeilt	hättet euch beeilt
sie haben sich beeilt	haben sich beeilt	hätten sich beeilt

Pluperfect

ich hatte mich beeilt
du hattest dich beeilt
er hatte sich beeilt
wir hatten uns beeilt
ihr hattet euch beeilt
sie hatten sich beeilt

Future Time

Future	*(Fut. Subj.)*	*(Pres. Conditional)*
ich werde mich beeilen	werde mich beeilen	würde mich beeilen
du wirst dich beeilen	werdest dich beeilen	würdest dich beeilen
er wird sich beeilen	werde sich beeilen	würde sich beeilen
wir werden uns beeilen	werden uns beeilen	würden uns beeilen
ihr werdet euch beeilen	werdet euch beeilen	würdet euch beeilen
sie werden sich beeilen	werden sich beeilen	würden sich beeilen

Future Perfect Time

Future Perfect	*(Fut. Perf. Subj.)*	*(Past Conditional)*
ich werde mich beeilt haben	werde mich beeilt haben	würde mich beeilt haben
du wirst dich beeilt haben	werdest dich beeilt haben	würdest dich beeilt haben
er wird sich beeilt haben	werde sich beeilt haben	würde sich beeilt haben
wir werden uns beeilt haben	werden uns beeilt haben	würden uns beeilt haben
ihr werdet euch beeilt haben	werdet euch beeilt haben	würdet euch beeilt haben
sie werden sich beeilt haben	werden sich beeilt haben	würden sich beeilt haben

17

befehlen

to order, command

PRINC. PARTS: befehlen, befahl, befohlen, befiehlt
IMPERATIVE: befiehl!, befehlt!, befehlen Sie!

	INDICATIVE	SUBJUNCTIVE	
		PRIMARY	SECONDARY
		Present Time	
	Present	*(Pres. Subj.)*	*(Imperf. Subj.)*
ich	befehle	befehle	beföhle
du	befiehlst	befehlest	beföhlest
er	befiehlt	befehle	beföhle
wir	befehlen	befehlen	beföhlen
ihr	befehlt	befehlet	beföhlet
sie	befehlen	befehlen	beföhlen

	Imperfect
ich	befahl
du	befahlst
er	befahl
wir	befahlen
ihr	befahlt
sie	befahlen

			Past Time	
	Perfect		*(Perf. Subj.)*	*(Pluperf. Subj.)*
ich	habe befohlen		habe befohlen	hätte befohlen
du	hast befohlen		habest befohlen	hättest befohlen
er	hat befohlen		habe befohlen	hätte befohlen
wir	haben befohlen		haben befohlen	hätten befohlen
ihr	habt befohlen		habet befohlen	hättet befohlen
sie	haben befohlen		haben befohlen	hätten befohlen

	Pluperfect
ich	hatte befohlen
du	hattest befohlen
er	hatte befohlen
wir	hatten befohlen
ihr	hattet befohlen
sie	hatten befohlen

		Future Time	
	Future	*(Fut. Subj.)*	*(Pres. Conditional)*
ich	werde befehlen	werde befehlen	würde befehlen
du	wirst befehlen	werdest befehlen	würdest befehlen
er	wird befehlen	werde befehlen	würde befehlen
wir	werden befehlen	werden befehlen	würden befehlen
ihr	werdet befehlen	werdet befehlen	würdet befehlen
sie	werden befehlen	werden befehlen	würden befehlen

		Future Perfect Time	
	Future Perfect	*(Fut. Perf. Subj.)*	*(Past Conditional)*
ich	werde befohlen haben	werde befohlen haben	würde befohlen haben
du	wirst befohlen haben	werdest befohlen haben	würdest befohlen haben
er	wird befohlen haben	werde befohlen haben	würde befohlen haben
wir	werden befohlen haben	werden befohlen haben	würden befohlen haben
ihr	werdet befohlen haben	werdet befohlen haben	würdet befohlen haben
sie	werden befohlen haben	werden befohlen haben	würden befohlen haben

PRINC. PARTS: sich befinden, befand sich, hat sich befunden, befindet sich

IMPERATIVE: befinde dich!, befindet euch!, befinden Sie sich!

to be, find oneself, feel

INDICATIVE	SUBJUNCTIVE	
	PRIMARY	SECONDARY

Present Time

	Present	*(Pres. Subj.)*	*(Imperf. Subj.)*
ich	befinde mich	befinde mich	befände mich
du	befindest dich	befindest dich	befändest dich
er	befindet sich	befinde sich	befände sich
wir	befinden uns	befinden uns	befänden uns
ihr	befindet euch	befindet euch	befändet euch
sie	befinden sich	befinden sich	befänden sich

	Imperfect
ich	befand mich
du	befandest dich
er	befand sich
wir	befanden uns
ihr	befandet euch
sie	befanden sich

Past Time

	Perfect	*(Perf. Subj.)*	*(Pluperf. Subj.)*
ich	habe mich befunden	habe mich befunden	hätte mich befunden
du	hast dich befunden	habest dich befunden	hättest dich befunden
er	hat sich befunden	habe sich befunden	hätte sich befunden
wir	haben uns befunden	haben uns befunden	hätten uns befunden
ihr	habt euch befunden	habet euch befunden	hättet euch befunden
sie	haben sich befunden	haben sich befunden	hätten sich befunden

	Pluperfect
ich	hatte mich befunden
du	hattest dich befunden
er	hatte sich befunden
wir	hatten uns befunden
ihr	hattet euch befunden
sie	hatten sich befunden

Future Time

	Future	*(Fut. Subj.)*	*(Pres. Conditional)*
ich	werde mich befinden	werde mich befinden	würde mich befinden
du	wirst dich befinden	werdest dich befinden	würdest dich befinden
er	wird sich befinden	werde sich befinden	würde sich befinden
wir	werden uns befinden	werden uns befinden	würden uns befinden
ihr	werdet euch befinden	werdet euch befinden	würdet euch befinden
sie	werden sich befinden	werden sich befinden	würden sich befinden

Future Perfect Time

	Future Perfect	*(Fut. Perf. Subj.)*	*(Past Conditional)*
ich	werde mich befunden haben	werde mich befunden haben	würde mich befunden haben
du	wirst dich befunden haben	werdest dich befunden haben	würdest dich befunden haben
er	wird sich befunden haben	werde sich befunden haben	würde sich befunden haben
wir	werden uns befunden haben	werden uns befunden haben	würden uns befunden haben
ihr	werdet euch befunden haben	werdet euch befunden haben	würdet euch befunden haben
sie	werden sich befunden haben	werden sich befunden haben	würden sich befunden haben

19

befreien

to liberate, set free; exempt

PRINC. PARTS: befreien, befreite, befreit, befreit
IMPERATIVE: befreie!, befreit!, befreien Sie!

INDICATIVE		SUBJUNCTIVE	
		PRIMARY	SECONDARY
		Present Time	
	Present	*(Pres. Subj.)*	*(Imperf. Subj.)*
ich	befreie	befreie	befreite
du	befreist	befreiest	befreitest
er	befreit	befreie	befreite
wir	befreien	befreien	befreiten
ihr	befreit	befreiet	befreitet
sie	befreien	befreien	befreiten
	Imperfect		
ich	befreite		
du	befreitest		
er	befreite		
wir	befreiten		
ihr	befreitet		
sie	befreiten		
		Past Time	
	Perfect	*(Perf. Subj.)*	*(Pluperf. Subj.)*
ich	habe befreit	habe befreit	hätte befreit
du	hast befreit	habest befreit	hättest befreit
er	hat befreit	habe befreit	hätte befreit
wir	haben befreit	haben befreit	hätten befreit
ihr	habt befreit	habet befreit	hättet befreit
sie	haben befreit	haben befreit	hätten befreit
	Pluperfect		
ich	hatte befreit		
du	hattest befreit		
er	hatte befreit		
wir	hatten befreit		
ihr	hattet befreit		
sie	hatten befreit		
		Future Time	
	Future	*(Fut. Subj.)*	*(Pres. Conditional)*
ich	werde befreien	werde befreien	würde befreien
du	wirst befreien	werdest befreien	würdest befreien
er	wird befreien	werde befreien	würde befreien
wir	werden befreien	werden befreien	würden befreien
ihr	werdet befreien	werdet befreien	würdet befreien
sie	werden befreien	werden befreien	würden befreien
		Future Perfect Time	
	Future Perfect	*(Fut. Perf. Subj.)*	*(Past Conditional)*
ich	werde befreit haben	werde befreit haben	würde befreit haben
du	wirst befreit haben	werdest befreit haben	würdest befreit haben
er	wird befreit haben	werde befreit haben	würde befreit haben
wir	werden befreit haben	werden befreit haben	würden befreit haben
ihr	werdet befreit haben	werdet befreit haben	würdet befreit haben
sie	werden befreit haben	werden befreit haben	würden befreit haben

begegnen

PRINC. PARTS: begegnen, begegnete, ist begegnet, begegnet
IMPERATIVE: begegne!, begegnet!, begegnen Sie!

to meet

INDICATIVE		SUBJUNCTIVE	
		PRIMARY	SECONDARY
		Present Time	
Present		*(Pres. Subj.)*	*(Imperf. Subj.)*
ich	begegne	begegne	begegnete
du	begegnest	begegnest	begegnetest
er	begegnet	begegne	begegnete
wir	begegnen	begegnen	begegneten
ihr	begegnet	begegnet	begegnetet
sie	begegnen	begegnen	begegneten

	Imperfect
ich	begegnete
du	begegnetest
er	begegnete
wir	begegneten
ihr	begegnetet
sie	begegneten

			Past Time	
	Perfect	*(Perf. Subj.)*		*(Pluperf. Subj.)*
ich	bin begegnet	sei begegnet		wäre begegnet
du	bist begegnet	seiest begegnet		wärest begegnet
er	ist begegnet	sei begegnet		wäre begegnet
wir	sind begegnet	seien begegnet		wären begegnet
ihr	seid begegnet	seiet begegnet		wäret begegnet
sie	sind begegnet	seien begegnet		wären begegnet

	Pluperfect
ich	war begegnet
du	warst begegnet
er	war begegnet
wir	waren begegnet
ihr	wart begegnet
sie	waren begegnet

			Future Time	
	Future	*(Fut. Subj.)*		*(Pres. Conditional)*
ich	werde begegnen	werde begegnen		würde begegnen
du	wirst begegnen	werdest begegnen		würdest begegnen
er	wird begegnen	werde begegnen		würde begegnen
wir	werden begegnen	werden begegnen		würden begegnen
ihr	werdet begegnen	werdet begegnen		würdet begegnen
sie	werden begegnen	werden begegnen		würden begegnen

			Future Perfect Time	
	Future Perfect	*(Fut. Perf. Subj.)*		*(Past Conditional)*
ich	werde begegnet sein	werde begegnet sein		würde begegnet sein
du	wirst begegnet sein	werdest begegnet sein		würdest begegnet sein
er	wird begegnet sein	werde begegnet sein		würde begegnet sein
wir	werden begegnet sein	werden begegnet sein		würden begegnet sein
ihr	werdet begegnet sein	werdet begegnet sein		würdet begegnet sein
sie	werden begegnet sein	werden begegnet sein		würden begegnet sein

beginnen
to begin

PRINC. PARTS: beginnen, begann, begonnen, beginnt
IMPERATIVE: beginne!, beginnt! beginnen Sie!

INDICATIVE	SUBJUNCTIVE	
	PRIMARY	SECONDARY

Present Time

	Present	(Pres. Subj.)	(Imperf. Subj.)
ich	beginne	beginne	begönne *
du	beginnst	beginnest	begönnest
er	beginnt	beginne	begönne
wir	beginnen	beginnen	begönnen
ihr	beginnt	beginnet	begönnet
sie	beginnen	beginnen	begönnen

	Imperfect
ich	begann
du	begannst
er	begann
wir	begannen
ihr	begannt
sie	begannen

Past Time

	Perfect	(Perf. Subj.)	(Pluperf. Subj.)
ich	habe begonnen	habe begonnen	hätte begonnen
du	hast begonnen	habest begonnen	hättest begonnen
er	hat begonnen	habe begonnen	hätte begonnen
wir	haben begonnen	haben begonnen	hätten begonnen
ihr	habt begonnen	habet begonnen	hättet begonnen
sie	haben begonnen	haben begonnen	hätten begonnen

	Pluperfect
ich	hatte begonnen
du	hattest begonnen
er	hatte begonnen
wir	hatten begonnen
ihr	hattet begonnen
sie	hatten begonnen

Future Time

	Future	(Fut. Subj.)	(Pres. Conditional)
ich	werde beginnen	werde beginnen	würde beginnen
du	wirst beginnen	werdest beginnen	würdest beginnen
er	wird beginnen	werde beginnen	würde beginnen
wir	werden beginnen	werden beginnen	würden beginnen
ihr	werdet beginnen	werdet beginnen	würdet beginnen
sie	werden beginnen	werden beginnen	würden beginnen

Future Perfect Time

	Future Perfect	(Fut. Perf. Subj.)	(Past Conditional)
ich	werde begonnen haben	werde begonnen haben	würde begonnen haben
du	wirst begonnen haben	werdest begonnen haben	würdest begonnen haben
er	wird begonnen haben	werde begonnen haben	würde begonnen haben
wir	werden begonnen haben	werden begonnen haben	würden begonnen haben
ihr	werdet begonnen haben	werdet begonnen haben	würdet begonnen haben
sie	werden begonnen haben	werden begonnen haben	würden begonnen haben

*The forms begänne, begännest, etc. are less frequently found.

22

PRINC. PARTS: begleiten, begleitete, begleitet, begleitet
IMPERATIVE: begleite!, begleitet!, begleiten Sie!

to accompany

INDICATIVE	SUBJUNCTIVE	
	PRIMARY	SECONDARY

Present Time

	Present	*(Pres. Subj.)*	*(Imperf. Subj.)*
ich	begleite	begleite	begleitete
du	begleitest	begleitest	begleitetest
er	begleitet	begleite	begleitete
wir	begleiten	begleiten	begleiteten
ihr	begleitet	begleitet	begleitetet
sie	begleiten	begleiten	begleiteten

	Imperfect
ich	begleitete
du	begleitetest
er	begleitete
wir	begleiteten
ihr	begleitetet
sie	begleiteten

Past Time

	Perfect	*(Perf. Subj.)*	*(Pluperf. Subj.)*
ich	habe begleitet	habe begleitet	hätte begleitet
du	hast begleitet	habest begleitet	hättest begleitet
er	hat begleitet	habe begleitet	hätte begleitet
wir	haben begleitet	haben begleitet	hätten begleitet
ihr	habt begleitet	habet begleitet	hättet begleitet
sie	haben begleitet	haben begleitet	hätten begleitet

	Pluperfect
ich	hatte begleitet
du	hattest begleitet
er	hatte begleitet
wir	hatten begleitet
ihr	hattet begleitet
sie	hatten begleitet

Future Time

	Future	*(Fut. Subj.)*	*(Pres. Conditional)*
ich	werde begleiten	werde begleiten	würde begleiten
du	wirst begleiten	werdest begleiten	würdest begleiten
er	wird begleiten	werde begleiten	würde begleiten
wir	werden begleiten	werden begleiten	würden begleiten
ihr	werdet begleiten	werdet begleiten	würdet begleiten
sie	werden begleiten	werden begleiten	würden begleiten

Future Perfect Time

	Future Perfect	*(Fut. Perf. Subj.)*	*(Past Conditional)*
ich	werde begleitet haben	werde begleitet haben	würde begleitet haben
du	wirst begleitet haben	werdest begleitet haben	würdest begleitet haben
er	wird begleitet haben	werde begleitet haben	würde begleitet haben
wir	werden begleitet haben	werden begleitet haben	würden begleitet haben
ihr	werdet begleitet haben	werdet begleitet haben	würdet begleitet haben
sie	werden begleitet haben	werden begleitet haben	würden begleitet haben

23

behalten

to retain, keep

PRINC. PARTS: behalten, behielt, behalten, behält
IMPERATIVE: behalte!, behaltet!, behalten Sie!

INDICATIVE		SUBJUNCTIVE	
		PRIMARY	SECONDARY
		Present Time	
	Present	(*Pres. Subj.*)	(*Imperf. Subj.*)
ich	behalte	behalte	behielte
du	behältst	behaltest	behieltest
er	behält	behalte	behielte
wir	behalten	behalten	behielten
ihr	behaltet	behaltet	behieltet
sie	behalten	behalten	behielten
	Imperfect		
ich	behielt		
du	behieltest		
er	behielt		
wir	behielten		
ihr	behieltet		
sie	behielten		
		Past Time	
	Perfect	(*Perf. Subj.*)	(*Pluperf. Subj.*)
ich	habe behalten	habe behalten	hätte behalten
du	hast behalten	habest behalten	hättest behalten
er	hat behalten	habe behalten	hätte behalten
wir	haben behalten	haben behalten	hätten behalten
ihr	habt behalten	habet behalten	hättet behalten
sie	haben behalten	haben behalten	hätten behalten
	Pluperfect		
ich	hatte behalten		
du	hattest behalten		
er	hatte behalten		
wir	hatten behalten		
ihr	hattet behalten		
sie	hatten behalten		
		Future Time	
	Future	(*Fut. Subj.*)	(*Pres. Conditional*)
ich	werde behalten	werde behalten	würde behalten
du	wirst behalten	werdest behalten	würdest behalten
er	wird behalten	werde behalten	würde behalten
wir	werden behalten	werden behalten	würden behalten
ihr	werdet behalten	werdet behalten	würdet behalten
sie	werden behalten	werden behalten	würden behalten
		Future Perfect Time	
	Future Perfect	(*Fut. Perf. Subj.*)	(*Past Conditional*)
ich	werde behalten haben	werde behalten haben	würde behalten haben
du	wirst behalten haben	werdest behalten haben	würdest behalten haben
er	wird behalten haben	werde behalten haben	würde behalten haben
wir	werden behalten haben	werden behalten haben	würden behalten haben
ihr	werdet behalten haben	werdet behalten haben	würdet behalten haben
sie	werden behalten haben	werden behalten haben	würden behalten haben

PRINC. PARTS: beißen, biß, gebissen, beißt
IMPERATIVE: beiße!, beißt!, beißen Sie!

INDICATIVE	SUBJUNCTIVE	
	PRIMARY	SECONDARY

Present Time

	Present	*(Pres. Subj.)*	*(Imperf. Subj.)*
ich	beiße	beiße	bisse
du	beißt	beißest	bissest
er	beißt	beiße	bisse
wir	beißen	beißen	bissen
ihr	beißt	beißet	bisset
sie	beißen	beißen	bissen

	Imperfect
ich	biß
du	bissest
er	biß
wir	bissen
ihr	bißt
sie	bissen

Past Time

	Perfect	*(Perf. Subj.)*	*(Pluperf. Subj.)*
ich	habe gebissen	habe gebissen	hätte gebissen
du	hast gebissen	habest gebissen	hättest gebissen
er	hat gebissen	habe gebissen	hätte gebissen
wir	haben gebissen	haben gebissen	hätten gebissen
ihr	habt gebissen	habet gebissen	hättet gebissen
sie	haben gebissen	haben gebissen	hätten gebissen

	Pluperfect
ich	hatte gebissen
du	hattest gebissen
er	hatte gebissen
wir	hatten gebissen
ihr	hattet gebissen
sie	hatten gebissen

Future Time

	Future	*(Fut. Subj.)*	*(Pres. Conditional)*
ich	werde beißen	werde beißen	würde beißen
du	wirst beißen	werdest beißen	würdest beißen
er	wird beißen	werde beißen	würde beißen
wir	werden beißen	werden beißen	würden beißen
ihr	werdet beißen	werdet beißen	würdet beißen
sie	werden beißen	werden beißen	würden beißen

Future Perfect Time

	Future Perfect	*(Fut. Perf. Subj.)*	*(Past Conditional)*
ich	werde gebissen haben	werde gebissen haben	würde gebissen haben
du	wirst gebissen haben	werdest gebissen haben	würdest gebissen haben
er	wird gebissen haben	werde gebissen haben	würde gebissen haben
wir	werden gebissen haben	werden gebissen haben	würden gebissen haben
ihr	werdet gebissen haben	werdet gebissen haben	würdet gebissen haben
sie	werden gebissen haben	werden gebissen haben	würden gebissen haben

bejahen

to answer in the affirmative,
agree, assent

PRINC. PARTS: bejahen, bejahte, bejaht, bejaht
IMPERATIVE: bejahe!, bejaht!, bejahen Sie!

INDICATIVE	SUBJUNCTIVE	
	PRIMARY	SECONDARY
	Present Time	
Present	*(Pres. Subj.)*	*(Imperf. Subj.)*
ich bejahe	bejahe	bejahte
du bejahst	bejahest	bejahtest
er bejaht	bejahe	bejahte
wir bejahen	bejahen	bejahten
ihr bejaht	bejahet	bejahtet
sie bejahen	bejahen	bejahten
Imperfect		
ich bejahte		
du bejahtest		
er bejahte		
wir bejahten		
ihr bejahtet		
sie bejahten		
	Past Time	
Perfect	*(Perf. Subj.)*	*(Pluperf. Subj.)*
ich habe bejaht	habe bejaht	hätte bejaht
du hast bejaht	habest bejaht	hättest bejaht
er hat bejaht	habe bejaht	hätte bejaht
wir haben bejaht	haben bejaht	hätten bejaht
ihr habt bejaht	habet bejaht	hättet bejaht
sie haben bejaht	haben bejaht	hätten bejaht
Pluperfect		
ich hatte bejaht		
du hattest bejaht		
er hatte bejaht		
wir hatten bejaht		
ihr hattet bejaht		
sie hatten bejaht		
	Future Time	
Future	*(Fut. Subj.)*	*(Pres. Conditional)*
ich werde bejahen	werde bejahen	würde bejahen
du wirst bejahen	werdest bejahen	würdest bejahen
er wird bejahen	werde bejahen	würde bejahen
wir werden bejahen	werden bejahen	würden bejahen
ihr werdet bejahen	werdet bejahen	würdet bejahen
sie werden bejahen	werden bejahen	würden bejahen
	Future Perfect Time	
Future Perfect	*(Fut. Perf. Subj.)*	*(Past Conditional)*
ich werde bejaht haben	werde bejaht haben	würde bejaht haben
du wirst bejaht haben	werdest bejaht haben	würdest bejaht haben
er wird bejaht haben	werde bejaht haben	würde bejaht haben
wir werden bejaht haben	werden bejaht haben	würden bejaht haben
ihr werdet bejaht haben	werdet bejaht haben	würdet bejaht haben
sie werden bejaht haben	werden bejaht haben	würden bejaht haben

PRINC. PARTS: bekehren, bekehrte, bekehrt, bekehrt
IMPERATIVE: bekehre!, bekehrt!, bekehren Sie!

INDICATIVE	SUBJUNCTIVE	
	PRIMARY	SECONDARY
	Present Time	
Present	*(Pres. Subj.)*	*(Imperf. Subj.)*
ich bekehre	bekehre	bekehrte
du bekehrst	bekehrest	bekehrtest
er bekehrt	bekehre	bekehrte
wir bekehren	bekehren	bekehrten
ihr bekehrt	bekehret	bekehrtet
sie bekehren	bekehren	bekehrten

Imperfect
ich bekehrte
du bekehrtest
er bekehrte
wir bekehrten
ihr bekehrtet
sie bekehrten

	Past Time	
Perfect	*(Perf. Subj.)*	*(Pluperf. Subj.)*
ich habe bekehrt	habe bekehrt	hätte bekehrt
du hast bekehrt	habest bekehrt	hättest bekehrt
er hat bekehrt	habe bekehrt	hätte bekehrt
wir haben bekehrt	haben bekehrt	hätten bekehrt
ihr habt bekehrt	habet bekehrt	hättet bekehrt
sie haben bekehrt	haben bekehrt	hätten bekehrt

Pluperfect
ich hatte bekehrt
du hattest bekehrt
er hatte bekehrt
wir hatten bekehrt
ihr hattet bekehrt
sie hatten bekehrt

	Future Time	
Future	*(Fut. Subj.)*	*(Pres. Conditional)*
ich werde bekehren	werde bekehren	würde bekehren
du wirst bekehren	werdest bekehren	würdest bekehren
er wird bekehren	werde bekehren	würde bekehren
wir werden bekehren	werden bekehren	würden bekehren
ihr werdet bekehren	werdet bekehren	würdet bekehren
sie werden bekehren	werden bekehren	würden bekehren

	Future Perfect Time	
Future Perfect	*(Fut. Perf. Subj.)*	*(Past Conditional)*
ich werde bekehrt haben	werde bekehrt haben	würde bekehrt haben
du wirst bekehrt haben	werdest bekehrt haben	würdest bekehrt haben
er wird bekehrt haben	werde bekehrt haben	würde bekehrt hapen
wir werden bekehrt haben	werden bekehrt haben	würden bekehrt haben
ihr werdet bekehrt haben	werdet bekehrt haben	würdet bekehrt haben
sie werden bekehrt haben	werden bekehrt haben	würden bekehrt haben

bekommen

1. to get, receive; PRINC. PARTS: bekommen, bekam, bekommen, bekommt
2. to agree with, suit* IMPERATIVE: bekomme!, bekommt!, bekommen Sie!

	INDICATIVE	SUBJUNCTIVE	
		PRIMARY	SECONDARY
		Present Time	
	Present	*(Pres. Subj.)*	*(Imperf. Subj.)*
ich	bekomme	bekomme	bekäme
du	bekommst	bekommest	bekämest
er	bekommt	bekomme	bekäme
wir	bekommen	bekommen	bekämen
ihr	bekommt	bekommet	bekämet
sie	bekommen	bekommen	bekämen
	Imperfect		
ich	bekam		
du	bekamst		
er	bekam		
wir	bekamen		
ihr	bekamt		
sie	bekamen		
		Past Time	
	Perfect	*(Perf. Subj.)*	*(Pluperf. Subj.)*
ich	habe bekommen	habe bekommen	hätte bekommen
du	hast bekommen	habest bekommen	hättest bekommen
er	hat bekommen	habe bekommen	hätte bekommen
wir	haben bekommen	haben bekommen	hätten bekommen
ihr	habt bekommen	habet bekommen	hättet bekommen
sie	haben bekommen	haben bekommen	hätten bekommen
	Pluperfect		
ich	hatte bekommen		
du	hattest bekommen		
er	hatte bekommen		
wir	hatten bekommen		
ihr	hattet bekommen		
sie	hatten bekommen		
		Future Time	
	Future	*(Fut. Subj.)*	*(Pres. Conditional)*
ich	werde bekommen	werde bekommen	würde bekommen
du	wirst bekommen	werdest bekommen	würdest bekommen
er	wird bekommen	werde bekommen	würde bekommen
wir	werden bekommen	werden bekommen	würden bekommen
ihr	werdet bekommen	werdet bekommen	würdet bekommen
sie	werden bekommen	werden bekommen	würden bekommen
		Future Perfect Time	
	Future Perfect	*(Fut. Perf. Subj.)*	*(Past Conditional)*
ich	werde bekommen haben	werde bekommen haben	würde bekommen haben
du	wirst bekommen haben	werdest bekommen haben	würdest bekommen haben
er	wird bekommen haben	werde bekommen haben	würde bekommen haben
wir	werden bekommen haben	werden bekommen haben	würden bekommen haben
ihr	werdet bekommen haben	werdet bekommen haben	würdet bekommen haben
sie	werden bekommen haben	werden bekommen haben	würden bekommen haben

In this meaning *bekommen* is conjugated with *sein*, usually impersonally.
EXAMPLE: *Das ist ihm gut bekommen.*

28

beleidigen

to insult, offend

INDICATIVE	SUBJUNCTIVE	
	PRIMARY	SECONDARY

Present Time

	Present	*(Pres. Subj.)*	*(Imperf. Subj.)*
ich	beleidige	beleidige	beleidigte
du	beleidigst	beleidigest	beleidigtest
er	beleidigt	beleidige	beleidigte
wir	beleidigen	beleidigen	beleidigten
ihr	beleidigt	beleidiget	beleidigtet
sie	beleidigen	beleidigen	beleidigten

	Imperfect
ich	beleidigte
du	beleidigtest
er	beleidigte
wir	beleidigten
ihr	beleidigtet
sie	beleidigten

Past Time

	Perfect	*(Perf. Subj.)*	*(Pluperf. Subj.)*
ich	habe beleidigt	habe beleidigt	hätte beleidigt
du	hast beleidigt	habest beleidigt	hättest beleidigt
er	hat beleidigt	habe beleidigt	hätte beleidigt
wir	haben beleidigt	haben beleidigt	hätten beleidigt
ihr	habt beleidigt	habet beleidigt	hättet beleidigt
sie	haben beleidigt	haben beleidigt	hätten beleidigt

	Pluperfect
ich	hatte beleidigt
du	hattest beleidigt
er	hatte beleidigt
wir	hatten beleidigt
ihr	hattet beleidigt
sie	hatten beleidigt

Future Time

	Future	*(Fut. Subj.)*	*(Pres. Conditional)*
ich	werde beleidigen	werde beleidigen	würde beleidigen
du	wirst beleidigen	werdest beleidigen	würdest beleidigen
er	wird beleidigen	werde beleidigen	würde beleidigen
wir	werden beleidigen	werden beleidigen	würden beleidigen
ihr	werdet beleidigen	werdet beleidigen	würdet beleidigen
sie	werden beleidigen	werden beleidigen	würden beleidigen

Future Perfect Time

	Future Perfect	*(Fut. Perf. Subj.)*	*(Past Conditional)*
ich	werde beleidigt haben	werde beleidigt haben	würde beleidigt haben
du	wirst beleidigt haben	werdest beleidigt haben	würdest beleidigt haben
er	wird beleidigt haben	werde beleidigt haben	würde beleidigt haben
wir	werden beleidigt haben	werden beleidigt haben	würden beleidigt haben
ihr	werdet beleidigt haben	werdet beleidigt haben	würdet beleidigt haben
sie	werden beleidigt haben	werden beleidigt haben	würden beleidigt haben

bellen

to bark, bay

PRINC. PARTS: bellen, bellte, gebellt, bellt
IMPERATIVE: belle!, bellt!, bellen Sie!

INDICATIVE	SUBJUNCTIVE	
	PRIMARY	SECONDARY

Present Time

	Present	(Pres. Subj.)	(Imperf. Subj.)
ich	belle	belle	bellte
du	bellst	bellest	belltest
er	bellt	belle	bellte
wir	bellen	bellen	bellten
ihr	bellt	bellet	belltest
sie	bellen	bellen	bellten

	Imperfect
ich	bellte
du	belltest
er	bellte
wir	bellten
ihr	belltet
sie	bellten

Past Time

	Perfect	(Perf. Subj.)	(Pluperf. Subj.)
ich	habe gebellt	habe gebellt	hätte gebellt
du	hast gebellt	habest gebellt	hättest gebellt
er	hat gebellt	habe gebellt	hätte gebellt
wir	haben gebellt	haben gebellt	hätten gebellt
ihr	habt gebellt	habet gebellt	hättet gebellt
sie	haben gebellt	haben gebellt	hätten gebellt

	Pluperfect
ich	hatte gebellt
du	hattest gebellt
er	hatte gebellt
wir	hatten gebellt
ihr	hattet gebellt
sie	hatten gebellt

Future Time

	Future	(Fut. Subj.)	(Pres. Conditional)
ich	werde bellen	werde bellen	würde bellen
du	wirst bellen	werdest bellen	würdest bellen
er	wird bellen	werde bellen	würde bellen
wir	werden bellen	werden bellen	würden bellen
ihr	werdet bellen	werdet bellen	würdet bellen
sie	werden bellen	werden bellen	würden bellen

Future Perfect Time

	Future Perfect	(Fut. Perf. Subj.)	(Past Conditional)
ich	werde gebellt haben	werde gebellt haben	würde gebellt haben
du	wirst gebellt haben	werdest gebellt haben	würdest gebellt haben
er	wird gebellt haben	werde gebellt haben	würde gebellt haben
wir	werden gebellt haben	werden gebellt haben	würden gebellt haben
ihr	werdet gebellt haben	werdet gebellt haben	würdet gebellt haben
sie	werden gebellt haben	werden gebellt haben	würden gebellt haben

PRINC. PARTS: berichten, berichtete, berichtet, berichtet
IMPERATIVE: berichte!, berichtet!, berichten Sie!

INDICATIVE	SUBJUNCTIVE	
	PRIMARY	SECONDARY
	Present Time	
Present	*(Pres. Subj.)*	*(Imperf. Subj.)*
ich berichte	berichte	berichtete
du berichtest	berichtest	berichtetest
er berichtet	berichte	berichtete
wir berichten	berichten	berichteten
ihr berichtet	berichtet	berichtetet
sie berichten	berichten	berichteten

Imperfect
ich berichtete
du berichtetest
er berichtete
wir berichteten
ihr berichtetet
sie berichteten

	Past Time	
Perfect	*(Perf. Subj.)*	*(Pluperf. Subj.)*
ich habe berichtet	habe berichtet	hätte berichtet
du hast berichtet	habest berichtet	hättest berichtet
er hat berichtet	habe berichtet	hätte berichtet
wir haben berichtet	haben berichtet	hätten berichtet
ihr habt berichtet	habet berichtet	hättet berichtet
sie haben berichtet	haben berichtet	hätten berichtet

Pluperfect
ich hatte berichtet
du hattest berichtet
er hatte berichtet
wir hatten berichtet
ihr hattet berichtet
sie hatten berichtet

	Future Time	
Future	*(Fut. Subj.)*	*(Pres. Conditional)*
ich werde berichten	werde berichten	würde berichten
du wirst berichten	werdest berichten	würdest berichten
er wird berichten	werde berichten	würde berichten
wir werden berichten	werden berichten	würden berichten
ihr werdet berichten	werdet berichten	würdet berichten
sie werden berichten	werden berichten	würden berichten

	Future Perfect Time	
Future Perfect	*(Fut. Perf. Subj.)*	*(Past Conditional)*
ich werde berichtet haben	werde berichtet haben	würde berichtet haben
du wirst berichtet haben	werdest berichtet haben	würdest berichtet haben
er wird berichtet haben	werde berichtet haben	würde berichtet haben
wir werden berichtet haben	werden berichtet haben	würden berichtet haben
ihr werdet berichtet haben	werdet berichtet haben	würdet berichtet haben
sie werden berichtet haben	werden berichtet haben	würden berichtet haben

besitzen

to possess, own

PRINC. PARTS: besitzen, besaß, besessen, besitzt
IMPERATIVE: besitze!, besitzt!, besitzen Sie!

INDICATIVE	SUBJUNCTIVE	
	PRIMARY	SECONDARY
	Present Time	
Present	*(Pres. Subj.)*	*(Imperf. Subj.)*
ich besitze	besitze	besäße
du besitzt	besitzest	besäßest
er besitzt	besitze	besäße
wir besitzen	besitzen	besäßen
ihr besitzt	besitzet	besäßet
sie besitzen	besitzen	besäßen

Imperfect
ich besaß
du besaßest
er besaß
wir besaßen
ihr besaßt
sie besaßen

		Past Time	
Perfect	*(Perf. Subj.)*	*(Pluperf. Subj.)*
ich habe besessen	habe besessen	hätte besessen
du hast besessen	habest besessen	hättest besessen
er hat besessen	habe besessen	hätte besessen
wir haben besessen	haben besessen	hätten besessen
ihr habt besessen	habet besessen	hättet besessen
sie haben besessen	haben besessen	hätten besessen

Pluperfect
ich hatte besessen
du hattest besessen
er hatte besessen
wir hatten besessen
ihr hattet besessen
sie hatten besessen

	Future Time	
Future	*(Fut. Subj.)*	*(Pres. Conditional)*
ich werde besitzen	werde besitzen	würde besitzen
du wirst besitzen	werdest besitzen	würdest besitzen
er wird besitzen	werde besitzen	würde besitzen
wir werden besitzen	werden besitzen	würden besitzen
ihr werdet besitzen	werdet besitzen	würdet besitzen
sie werden besitzen	werden besitzen	würden besitzen

	Future Perfect Time	
Future Perfect	*(Fut. Perf. Subj.)*	*(Past Conditional)*
ich werde besessen haben	werde besessen haben	würde besessen haben
du wirst besessen haben	werdest besessen haben	würdest besessen haben
er wird besessen haben	werde besessen haben	würde besessen haben
wir werden besessen haben	werden besessen haben	würden besessen haben
ihr werdet besessen haben	werdet besessen haben	würdet besessen haben
sie werden besessen haben	werden besessen haben	würden besessen haben

bestellen

PRINC. PARTS: bestellen, bestellte, bestellt,
bestellt
IMPERATIVE: bestelle!, bestellt!, bestellen Sie!

to order (goods); arrange;
deliver

	INDICATIVE		SUBJUNCTIVE	
			PRIMARY	SECONDARY
	Present		*Present Time*	
			(Pres. Subj.)	(Imperf. Subj.)
ich	bestelle		bestelle	bestellte
du	bestellst		bestellest	bestelltest
er	bestellt		bestelle	bestellte
wir	bestellen		bestellen	bestellten
ihr	bestellt		bestellet	bestelltet
sie	bestellen		bestellen	bestellten
	Imperfect			
ich	bestellte			
du	bestelltest			
er	bestellte			
wir	bestellten			
ihr	bestelltet			
sie	bestellten			
	Perfect		*Past Time*	
			(Perf. Subj.)	(Pluperf. Subj.)
ich	habe bestellt		habe bestellt	hätte bestellt
du	hast bestellt		habest bestellt	hättest bestellt
er	hat bestellt		habe bestellt	hätte bestellt
wir	haben bestellt		haben bestellt	hätten bestellt
ihr	habt bestellt		habet bestellt	hättet bestellt
sie	haben bestellt		haben bestellt	hätten bestellt
	Pluperfect			
ich	hatte bestellt			
du	hattest bestellt			
er	hatte bestellt			
wir	hatten bestellt			
ihr	hattet bestellt			
sie	hatten bestellt			
	Future		*Future Time*	
			(Fut. Subj.)	(Pres. Conditional)
ich	werde bestellen		werde bestellen	würde bestellen
du	wirst bestellen		werdest bestellen	würdest bestellen
er	wird bestellen		werde bestellen	würde bestellen
wir	werden bestellen		werden bestellen	würden bestellen
ihr	werdet bestellen		werdet bestellen	würdet bestellen
sie	werden bestellen		werden bestellen	würden bestellen
	Future Perfect		*Future Perfect Time*	
			(Fut. Perf. Subj.)	(Past Conditional)
ich	werde bestellt haben		werde bestellt haben	würde bestellt haben
du	wirst bestellt haben		werdest bestellt haben	würdest bestellt haben
er	wird bestellt haben		werde bestellt haben	würde bestellt haben
wir	werden bestellt haben		werden bestellt haben	würden bestellt haben
ihr	werdet bestellt haben		werdet bestellt haben	würdet bestellt haben
sie	werden bestellt haben		werden bestellt haben	würden bestellt haben

33

besuchen

to visit, attend

PRINC. PARTS: besuchen, besuchte, besucht, besucht
IMPERATIVE: besuche!, besucht!, besuchen Sie!

	INDICATIVE	SUBJUNCTIVE	
		PRIMARY	SECONDARY
	Present	*Present Time* (*Pres. Subj.*)	(*Imperf. Subj.*)
ich	besuche	besuche	besuchte
du	besuchst	besuchest	besuchtest
er	besucht	besuche	besuchte
wir	besuchen	besuchen	besuchten
ihr	besucht	besuchet	besuchtet
sie	besuchen	besuchen	besuchten
	Imperfect		
ich	besuchte		
du	besuchtest		
er	besuchte		
wir	besuchten		
ihr	besuchtet		
sie	besuchten		
	Perfect	*Past Time* (*Perf. Subj.*)	(*Pluperf. Subj.*)
ich	habe besucht	habe besucht	hätte besucht
du	hast besucht	habest besucht	hättest besucht
er	hat besucht	habe besucht	hätte besucht
wir	haben besucht	haben besucht	hätten besucht
ihr	habt besucht	habet besucht	hättet besucht
sie	haben besucht	haben besucht	hätten besucht
	Pluperfect		
ich	hatte besucht		
du	hattest besucht		
er	hatte besucht		
wir	hatten besucht		
ihr	hattet besucht		
sie	hatten besucht		
	Future	*Future Time* (*Fut. Subj.*)	(*Pres. Conditional*)
ich	werde besuchen	werde besuchen	würde besuchen
du	wirst besuchen	werdest besuchen	würdest besuchen
er	wird besuchen	werde besuchen	würde besuchen
wir	werden besuchen	werden besuchen	würden besuchen
ihr	werdet besuchen	werdet besuchen	würdet besuchen
sie	werden besuchen	werden besuchen	würden besuchen
	Future Perfect	*Future Perfect Time* (*Fut. Perf. Subj.*)	(*Past Conditional*)
ich	werde besucht haben	werde besucht haben	würde besucht haben
du	wirst besucht haben	werdest besucht haben	würdest besucht haben
er	wird besucht haben	werde besucht haben	würde besucht haben
wir	werden besucht haben	werden besucht haben	würden besucht haben
ihr	werdet besucht haben	werdet besucht haben	würdet besucht haben
sie	werden besucht haben	werden besucht haben	würden besucht haben

34

PRINC. PARTS: beten, betete, gebetet, betet
IMPERATIVE: bete!, betet!, beten Sie!

INDICATIVE	SUBJUNCTIVE	
	PRIMARY	SECONDARY

Present Time

	Present	*(Pres. Subj.)*	*(Imperf. Subj.)*
ich	bete	bete	betete
du	betest	betest	betetest
er	betet	bete	betete
wir	beten	beten	beteten
ihr	betet	betet	betetet
sie	beten	beten	beteten

	Imperfect
ich	betete
du	betetest
er	betete
wir	beteten
ihr	betetet
sie	beteten

Past Time

	Perfect	*(Perf. Subj.)*	*(Pluperf. Subj.)*
ich	habe gebetet	habe gebetet	hätte gebetet
du	hast gebetet	habest gebetet	hättest gebetet
er	hat gebetet	habe gebetet	hätte gebetet
wir	haben gebetet	haben gebetet	hätten gebetet
ihr	habet gebetet	habet gebetet	hättet gebetet
sie	haben gebetet	haben gebetet	hätten gebetet

	Pluperfect
ich	hatte gebetet
du	hattest gebetet
er	hatte gebetet
wir	hatten gebetet
ihr	hattet gebetet
sie	hatten gebetet

Future Time

	Future	*(Fut. Subj.)*	*(Pres. Conditional)*
ich	werde beten	werde beten	würde beten
du	wirst beten	werdest beten	würdest beten
er	wird beten	werde beten	würde beten
wir	werden beten	werden beten	würden beten
ihr	werdet beten	werdet beten	würdet beten
sie	werden beten	werden beten	würden beten

Future Perfect Time

	Future Perfect	*(Fut. Perf. Subj.)*	*(Past Conditional)*
ich	werde gebetet haben	werde gebetet haben	würde gebetet haben
du	wirst gebetet haben	werdest gebetet haben	würdest gebetet haben
er	wird gebetet haben	werde gebetet haben	würde gebetet haben
wir	werden gebetet haben	werden gebetet haben	würden gebetet haben
ihr	werdet gebetet haben	werdet gebetet haben	würdet gebetet haben
sie	werden gebetet haben	werden gebetet haben	würden gebetet haben

betrügen

to deceive, cheat

INDICATIVE	SUBJUNCTIVE	
	PRIMARY	SECONDARY

Present Time

	Present	*(Pres. Subj.)*	*(Imperf. Subj.)*
ich	betrüge	betrüge	betröge
du	betrügst	betrügest	betrögest
er	betrügt	betrüge	betröge
wir	betrügen	betrügen	betrögen
ihr	betrügt	betrüget	betröget
sie	betrügen	betrügen	betrögen

	Imperfect
ich	betrog
du	betrogst
er	betrog
wir	betrogen
ihr	betrogt
sie	betrogen

Past Time

	Perfect	*(Perf. Subj.)*	*(Pluperf. Subj.)*
ich	habe betrogen	habe betrogen	hätte betrogen
du	hast betrogen	habest betrogen	hättest betrogen
er	hat betrogen	habe betrogen	hätte betrogen
wir	haben betrogen	haben betrogen	hätten betrogen
ihr	habt betrogen	habet betrogen	hättet betrogen
sie	haben betrogen	haben betrogen	hätten betrogen

	Pluperfect
ich	hatte betrogen
du	hattest betrogen
er	hatte betrogen
wir	hatten betrogen
ihr	hattet betrogen
sie	hatten betrogen

Future Time

	Future	*(Fut. Subj.)*	*(Pres. Conditional)*
ich	werde betrügen	werde betrügen	würde betrügen
du	wirst betrügen	werdest betrügen	würdest betrügen
er	wird betrügen	werde betrügen	würde betrügen
wir	werden betrügen	werden betrügen	würden betrügen
ihr	werdet betrügen	werdet betrügen	würdet betrügen
sie	werden betrügen	werden betrügen	würden betrügen

Future Perfect Time

	Future Perfect	*(Fut. Perf. Subj.)*	*(Past Conditional)*
ich	werde betrogen haben	werde betrogen haben	würde betrogen haben
du	wirst betrogen haben	werdest betrogen haben	würdest betrogen haben
er	wird betrogen haben	werde betrogen haben	würde betrogen haben
wir	werden betrogen haben	werden betrogen haben	würden betrogen haben
ihr	werdet betrogen haben	werdet betrogen haben	würdet betrogen haben
sie	werden betrogen haben	werden betrogen haben	würden betrogen haben

PRINC. PARTS: bieten, bot, geboten, bietet
IMPERATIVE: biete!, bietet!, bieten Sie!

to offer, bid

INDICATIVE	SUBJUNCTIVE	
	PRIMARY	SECONDARY
	Present Time	
Present	*(Pres. Subj.)*	*(Imperf. Subj.)*
ich biete	biete	böte
du bietest	bietest	bötest
er bietet	biete	bötet
wir bieten	bieten	böten
ihr bietet	bietet	bötet
sie bieten	bieten	böten

Imperfect

ich bot
du botest
er bot
wir boten
ihr botet
sie boten

Past Time		
Perfect	*(Perf. Subj.)*	*(Pluperf. Subj.)*
ich habe geboten	habe geboten	hätte geboten
du hast geboten	habest geboten	hättest geboten
er hat geboten	habe geboten	hätte geboten
wir haben geboten	haben geboten	hätten geboten
ihr habt geboten	habet geboten	hättet geboten
sie haben geboten	haben geboten	hätten geboten

Pluperfect

ich hatte geboten
du hattest geboten
er hatte geboten
wir hatten geboten
ihr hattet geboten
sie hatten geboten

Future Time		
Future	*(Fut. Subj.)*	*(Pres. Conditional)*
ich werde bieten	werde bieten	würde bieten
du wirst bieten	werdest bieten	würdest bieten
er wird bieten	werde bieten	würde bieten
wir werden bieten	werden bieten	würden bieten
ihr werdet bieten	werdet bieten	würdet bieten
sie werden bieten	werden bieten	würden bieten

Future Perfect Time		
Future Perfect	*(Fut. Perf. Subj.)*	*(Past Conditional)*
ich werde geboten haben	werde geboten haben	würde geboten haben
du wirst geboten haben	werdest geboten haben	würdest geboten haben
er wird geboten haben	werde geboten haben	würde geboten haben
wir werden geboten haben	werden geboten haben	würden geboten haben
ihr werdet geboten haben	werdet geboten haben	würdet geboten haben
sie werden geboten haben	werden geboten haben	würden geboten haben

binden

to bind, tie

PRINC. PARTS: binden, band, gebunden, bindet
IMPERATIVE: binde!, bindet!, binden Sie!

	INDICATIVE	SUBJUNCTIVE	
		PRIMARY	SECONDARY

Present Time

	Present	*(Pres. Subj.)*	*(Imperf. Subj.)*
ich	binde	binde	bände
du	bindest	bindest	bändest
er	bindet	binde	bände
wir	binden	binden	bänden
ihr	bindet	bindet	bändet
sie	binden	binden	bänden

	Imperfect
ich	band
du	bandest
er	band
wir	banden
ihr	bandet
sie	banden

Past Time

	Perfect	*(Perf. Subj.)*	*(Pluperf. Subj.)*
ich	habe gebunden	habe gebunden	hätte gebunden
du	hast gebunden	habest gebunden	hättest gebunden
er	hat gebunden	habe gebunden	hätte gebunden
wir	haben gebunden	haben gebunden	hätten gebunden
ihr	habt gebunden	habet gebunden	hättet gebunden
sie	haben gebunden	haben gebunden	hätten gebunden

	Pluperfect
ich	hatte gebunden
du	hattest gebunden
er	hatte gebunden
wir	hatten gebunden
ihr	hattet gebunden
sie	hatten gebunden

Future Time

	Future	*(Fut. Subj.)*	*(Pres. Conditional)*
ich	werde binden	werde binden	würde binden
du	wirst binden	werdest binden	würdest binden
er	wird binden	werde binden	würde binden
wir	werden binden	werden binden	würden binden
ihr	werdet binden	werdet binden	würdet binden
sie	werden binden	werden binden	würden binden

Future Perfect Time

	Future Perfect	*(Fut. Perf. Subj.)*	*(Past Conditional)*
ich	werde gebunden haben	werde gebunden haben	würde gebunden haben
du	wirst gebunden haben	werdest gebunden haben	würdest gebunden haben
er	wird gebunden haben	werde gebunden haben	würde gebunden haben
wir	werden gebunden haben	werden gebunden haben	würden gebunden haben
ihr	werdet gebunden haben	werdet gebunden haben	würdet gebunden haben
sie	werden gebunden haben	werden gebunden haben	würden gebunden haben

bitten

PRINC. PARTS: bitten, bat, gebeten, bittet
IMPERATIVE: bitte!, bittet!, bitten Sie!　*to ask (for), request, beg, intercede*

INDICATIVE	SUBJUNCTIVE	
	PRIMARY	SECONDARY

Present Time

Present	*(Pres. Subj.)*	*(Imperf. Subj.)*
ich bitte	bitte	bäte
du bittest	bittest	bätest
er bittet	bitte	bäte
wir bitten	bitten	bäten
ihr bittet	bittet	bätet
sie bitten	bitten	bäten

Imperfect

ich	bat
du	batest
er	bat
wir	baten
ihr	batet
sie	baten

Past Time

Perfect	*(Perf. Subj.)*	*(Pluperf. Subj.)*
ich habe gebeten	habe gebeten	hätte gebeten
du hast gebeten	habest gebeten	hättest gebeten
er hat gebeten	habe gebeten	hätte gebeten
wir haben gebeten	haben gebeten	hätten gebeten
ihr habt gebeten	habet gebeten	hättet gebeten
sie haben gebeten	haben gebeten	hätten gebeten

Pluperfect

ich	hatte gebeten
du	hattest gebeten
er	hatte gebeten
wir	hatten gebeten
ihr	hattet gebeten
sie	hatten gebeten

Future Time

Future	*(Fut. Subj.)*	*(Pres. Conditional)*
ich werde bitten	werde bitten	würde bitten
du wirst bitten	werdest bitten	würdest bitten
er wird bitten	werde bitten	würde bitten
wir werden bitten	werden bitten	würden bitten
ihr werdet bitten	werdet bitten	würdet bitten
sie werden bitten	werden bitten	würden bitten

Future Perfect Time

Future Perfect	*(Fut. Perf. Subj.)*	*(Past Conditional)*
ich werde gebeten haben	werde gebeten haben	würde gebeten haben
du wirst gebeten haben	werdest gebeten haben	würdest gebeten haben
er wird gebeten haben	werde gebeten haben	würde gebeten haben
wir werden gebeten haben	werden gebeten haben	würden gebeten haben
ihr werdet gebeten haben	werdet gebeten haben	würdet gebeten haben
sie werden gebeten haben	werden gebeten haben	würden gebeten haben

blasen

to blow, to play a wind or
brass instrument

PRINC. PARTS: blasen, blies, geblasen, bläst
IMPERATIVE: blase!, blast!, blasen Sie!

	INDICATIVE	SUBJUNCTIVE	
		PRIMARY	SECONDARY
		Present Time	
	Present	*(Pres. Subj.)*	*(Imperf. Subj.)*
ich	blase	blase	bliese
du	bläst	blasest	bliesest
er	bläst	blase	bliese
wir	blasen	blasen	bliesen
ihr	blast	blaset	blieset
sie	blasen	blasen	bliesen

	Imperfect
ich	blies
du	bliesest
er	blies
wir	bliesen
ihr	bliest
sie	bliesen

		Past Time	
	Perfect	*(Perf. Subj.)*	*(Pluperf. Subj.)*
ich	habe geblasen	habe geblasen	hätte geblasen
du	hast geblasen	habest geblasen	hättest geblasen
er	hat geblasen	habe geblasen	hätte geblasen
wir	haben geblasen	haben geblasen	hätten geblasen
ihr	habt geblasen	habet geblasen	hättet geblasen
sie	haben geblasen	haben geblasen	hätten geblasen

	Pluperfect
ich	hatte geblasen
du	hattest geblasen
er	hatte geblasen
wir	hatten geblasen
ihr	hattet geblasen
sie	hatten geblasen

		Future Time	
	Future	*(Fut. Subj.)*	*(Pres. Conditional)*
ich	werde blasen	werde blasen	würde blasen
du	wirst blasen	werdest blasen	würdest blasen
er	wird blasen	werde blasen	würde blasen
wir	werden blasen	werden blasen	würden blasen
ihr	werdet blasen	werdet blasen	würdet blasen
sie	werden blasen	werden blasen	würden blasen

		Future Perfect Time	
	Future Perfect	*(Fut. Perf. Subj.)*	*(Past Conditional)*
ich	werde geblasen haben	werde geblasen haben	würde geblasen haben
du	wirst geblasen haben	werdest geblasen haben	würdest geblasen haben
er	wird geblasen haben	werde geblasen haben	würde geblasen haben
wir	werden geblasen haben	werden geblasen haben	würden geblasen haben
ihr	werdet geblasen haben	werdet geblasen haben	würdet geblasen haben
sie	werden geblasen haben	werden geblasen haben	würden geblasen haben

PRINC. PARTS: bleiben, blieb, ist geblieben, bleibt
IMPERATIVE: bleibe!, bleibt!, bleiben Sie!

INDICATIVE	SUBJUNCTIVE	
	PRIMARY	SECONDARY
	Present Time	
Present	*(Pres. Subj.)*	*(Imperf. Subj.)*
ich bleibe	bleibe	bliebe
du bleibst	bleibest	bliebest
er bleibt	bleibe	bliebe
wir bleiben	bleiben	blieben
ihr bleibt	bleibet	bliebet
sie bleiben	bleiben	blieben

Imperfect
ich blieb
du bliebst
er blieb
wir blieben
ihr bliebt
sie blieben

	Past Time	
Perfect	*(Perf. Subj.)*	*(Pluperf. Subj.)*
ich bin geblieben	sei geblieben	wäre geblieben
du bist geblieben	seiest geblieben	wärest geblieben
er ist geblieben	sei geblieben	wäre geblieben
wir sind geblieben	seien geblieben	wären geblieben
ihr seid geblieben	seiet geblieben	wäret geblieben
sie sind geblieben	seien geblieben	wären geblieben

Pluperfect
ich war geblieben
du warst geblieben
er war geblieben
wir waren geblieben
ihr wart geblieben
sie waren geblieben

	Future Time	
Future	*(Fut. Subj.)*	*(Pres. Conditional)*
ich werde bleiben	werde bleiben	würde bleiben
du wirst bleiben	werdest bleiben	würdest bleiben
er wird bleiben	werde bleiben	würde bleiben
wir werden bleiben	werden bleiben	würden bleiben
ihr werdet bleiben	werdet bleiben	würdet bleiben
sie werden bleiben	werden bleiben	würden bleiben

	Future Perfect Time	
Future Perfect	*(Fut. Perf. Subj.)*	*(Past Conditional)*
ich werde geblieben sein	werde geblieben sein	würde geblieben sein
du wirst geblieben sein	werdest geblieben sein	würdest geblieben sein
er wird geblieben sein	werde geblieben sein	würde geblieben sein
wir werden geblieben sein	werden geblieben sein	würden geblieben sein
ihr werdet geblieben sein	werdet geblieben sein	würdet geblieben sein
sie werden geblieben sein	werden geblieben sein	würden geblieben sein

blicken

to look, *glance*

PRINC. PARTS: blicken, blickte, geblickt, blickt
IMPERATIVE: blicke!, blickt!, blicken Sie!

	INDICATIVE	SUBJUNCTIVE	
		PRIMARY	SECONDARY
		Present Time	
	Present	(*Pres. Subj.*)	(*Imperf. Subj.*)
ich	blicke	blicke	blickte
du	blickst	blickest	blicktest
er	blickt	blicke	blickte
wir	blicken	blicken	blickten
ihr	blickt	blicket	blicktet
sie	blicken	blicken	blickten
	Imperfect		
ich	blickte		
du	blicktest		
er	blickte		
wir	blickten		
ihr	blicktet		
sie	blickten		
		Past Time	
	Perfect	(*Perf. Subj.*)	(*Pluperf. Subj.*)
ich	habe geblickt	habe geblickt	hätte geblickt
du	hast geblickt	habest geblickt	hättest geblickt
er	hat geblickt	habe geblickt	hätte geblickt
wir	haben geblickt	haben geblickt	hätten geblickt
ihr	habt geblickt	habet geblickt	hättet geblickt
sie	haben geblickt	haben geblickt	hätten geblickt
	Pluperfect		
ich	hatte geblickt		
du	hattest geblickt		
er	hatte geblickt		
wir	hatten geblickt		
ihr	hattet geblickt		
sie	hatten geblickt		
		Future Time	
	Future	(*Fut. Subj.*)	(*Pres. Conditional*)
ich	werde blicken	werde blicken	würde blicken
du	wirst blicken	werdest blicken	würdest blicken
er	wird blicken	werde blicken	würde blicken
wir	werden blicken	werden blicken	würden blicken
ihr	werdet blicken	werdet blicken	würdet blicken
sie	werden blicken	werden blicken	würden blicken
		Future Perfect Time	
	Future Perfect	(*Fut. Perf. Subj.*)	(*Past Conditional*)
ich	werde geblickt haben	werde geblickt haben	würde geblickt haben
du	wirst geblickt haben	werdest geblickt haben	würdest geblickt haben
er	wird geblickt haben	werde geblickt haben	würde geblickt haben
wir	werden geblickt haben	werden geblickt haben	würden geblickt haben
ihr	werdet geblickt haben	werdet geblickt haben	würdet geblickt haben
sie	werden geblickt haben	werden geblickt haben	würden geblickt haben

PRINC. PARTS: blühen, blühte, geblüht, blüht
IMPERATIVE: blühe!, blüht!, blühen Sie!

to bloom, flower, flourish

INDICATIVE	SUBJUNCTIVE	
	PRIMARY	SECONDARY
	Present Time	
Present	*(Pres. Subj.)*	*(Imperf. Subj.)*
ich blühe	blühe	blühte
du blühst	blühest	blühtest
er blüht	blühe	blühte
wir blühen	blühen	blühten
ihr blüht	blühet	blühtet
sie blühen	blühen	blühten

Imperfect
ich blühte
du blühtest
er blühte
wir blühten
ihr blühtet
sie blühten

	Past Time	
Perfect	*(Perf. Subj.)*	*(Pluperf. Subj.)*
ich habe geblüht	habe geblüht	hätte geblüht
du hast geblüht	habest geblüht	hättest geblüht
er hat geblüht	habe geblüht	hätte geblüht
wir haben geblüht	haben geblüht	hätten geblüht
ihr habt geblüht	habet geblüht	hättet geblüht
sie haben geblüht	haben geblüht	hätten geblüht

Pluperfect
ich hatte geblüht
du hattest geblüht
er hatte geblüht
wir hatten geblüht
ihr hattet geblüht
sie hatten geblüht

	Future Time	
Future	*(Fut. Subj.)*	*(Pres. Conditional)*
ich werde blühen	werde blühen	würde blühen
du wirst blühen	werdest blühen	würdest blühen
er wird blühen	werde blühen	würde blühen
wir werden blühen	werden blühen	würden blühen
ihr werdet blühen	werdet blühen	würdet blühen
sie werden blühen	werden blühen	würden blühen

	Future Perfect Time	
Future Perfect	*(Fut. Perf. Subj.)*	*(Past Conditional)*
ich werde geblüht haben	werde geblüht haben	würde geblüht haben
du wirst geblüht haben	werdest geblüht haben	würdest geblüht haben
er wird geblüht haben	werde geblüht haben	würde geblüht haben
wir werden geblüht haben	werden geblüht haben	würden geblüht haben
ihr werdet geblüht haben	werdet geblüht haben	würdet geblüht haben
sie werden geblüht haben	werden geblüht haben	würden geblüht haben

braten

to roast

PRINC. PARTS: braten, briet, gebraten, brät
IMPERATIVE: brate!, bratet!, braten Sie!

	INDICATIVE	PRIMARY	SUBJUNCTIVE SECONDARY

Present / Present Time

	Present	(Pres. Subj.)	(Imperf. Subj.)
ich	brate	brate	briete
du	brätst	bratest	brietest
er	brät	brate	briete
wir	braten	braten	brieten
ihr	bratet	bratet	brietet
sie	braten	braten	brieten

Imperfect

ich	briet
du	brietst
er	briet
wir	brieten
ihr	brietet
sie	brieten

Perfect / Past Time

	Perfect	(Perf. Subj.)	(Pluperf. Subj.)
ich	habe gebraten	habe gebraten	hätte gebraten
du	hast gebraten	habest gebraten	hättest gebraten
er	hat gebraten	habe gebraten	hätte gebraten
wir	haben gebraten	haben gebraten	hätten gebraten
ihr	habt gebraten	habet gebraten	hättet gebraten
sie	haben gebraten	haben gebraten	hätten gebraten

Pluperfect

ich	hatte gebraten
du	hattest gebraten
er	hatte gebraten
wir	hatten gebraten
ihr	hattet gebraten
sie	hatten gebraten

Future / Future Time

	Future	(Fut. Subj.)	(Pres. Conditional)
ich	werde braten	werde braten	würde braten
du	wirst braten	werdest braten	würdest braten
er	wird braten	werde braten	würde braten
wir	werden braten	werden braten	würden braten
ihr	werdet braten	werdet braten	würdet braten
sie	werden braten	werden braten	würden braten

Future Perfect / Future Perfect Time

	Future Perfect	(Fut. Perf. Subj.)	(Past Conditional)
ich	werde gebraten haben	werde gebraten haben	würde gebraten haben
du	wirst gebraten haben	werdest gebraten haben	würdest gebraten haben
er	wird gebraten haben	werde gebraten haben	würde gebraten haben
wir	werden gebraten haben	werden gebraten haben	würden gebraten haben
ihr	werdet gebraten haben	werdet gebraten haben	würdet gebraten haben
sie	werden gebraten haben	werden gebraten haben	würden gebraten haben

PRINC. PARTS: brauchen, brauchte, gebraucht, braucht
IMPERATIVE: brauche!, braucht!, brauchen Sie!

INDICATIVE	SUBJUNCTIVE	
	PRIMARY	SECONDARY

Present Time

	Present	(Pres. Subj.)	(Imperf. Subj.)
ich	brauche	brauche	brauchte
du	brauchst	brauchest	brauchtest
er	braucht	brauche	brauchte
wir	brauchen	brauchen	brauchten
ihr	braucht	brauchet	brauchtet
sie	brauchen	brauchen	brauchten

	Imperfect
ich	brauchte
du	brauchtest
er	brauchte
wir	brauchten
ihr	brauchtet
sie	brauchten

Past Time

	Perfect	(Perf. Subj.)	(Pluperf. Subj.)
ich	habe gebraucht	habe gebraucht	hätte gebraucht
du	hast gebraucht	habest gebraucht	hättest gebraucht
er	hat gebraucht	habe gebraucht	hätte gebraucht
wir	haben gebraucht	haben gebraucht	hätten gebraucht
ihr	habt gebraucht	habet gebraucht	hättet gebraucht
sie	haben gebraucht	haben gebraucht	hätten gebraucht

	Pluperfect
ich	hatte gebraucht
du	hattest gebraucht
er	hatte gebraucht
wir	hatten gebraucht
ihr	hattet gebraucht
sie	hatten gebraucht

Future Time

	Future	(Fut. Subj.)	(Pres. Conditional)
ich	werde brauchen	werde brauchen	würde brauchen
du	wirst brauchen	werdest brauchen	würdest brauchen
er	wird brauchen	werde brauchen	würde brauchen
wir	werden brauchen	werden brauchen	würden brauchen
ihr	werdet brauchen	werdet brauchen	würdet brauchen
sie	werden brauchen	werden brauchen	würden brauchen

Future Perfect Time

	Future Perfect	(Fut. Perf. Subj.)	(Past Conditional)
ich	werde gebraucht haben	werde gebraucht haben	würde gebraucht haben
du	wirst gebraucht haben	werdest gebraucht haben	würdest gebraucht haben
er	wird gebraucht haben	werde gebraucht haben	würde gebraucht haben
wir	werden gebraucht haben	werden gebraucht haben	würden gebraucht haben
ihr	werdet gebraucht haben	werdet gebraucht haben	würdet gebraucht haben
sie	werden gebraucht haben	werden gebraucht haben	würden gebraucht haben

brauen

to brew

PRINC. PARTS: brauen, braute, gebraut, braut
IMPERATIVE: braue!, braut!, brauen Sie!

INDICATIVE	SUBJUNCTIVE	
	PRIMARY	SECONDARY

	Present	(Pres. Subj.)	(Imperf. Subj.)
	Present Time		
ich	braue	braue	braute
du	braust	brauest	brautest
er	braut	braue	braute
wir	brauen	brauen	brauten
ihr	braut	brauet	brautet
sie	brauen	brauen	brauten

Imperfect

ich	braute
du	brautest
er	braute
wir	brauten
ihr	brautet
sie	brauten

Past Time

	Perfect	(Perf. Subj.)	(Pluperf. Subj.)
ich	habe gebraut	habe gebraut	hätte gebraut
du	hast gebraut	habest gebraut	hättest gebraut
er	hat gebraut	habe gebraut	hätte gebraut
wir	haben gebraut	haben gebraut	hätten gebraut
ihr	habt gebraut	habet gebraut	hättet gebraut
sie	haben gebraut	haben gebraut	hätten gebraut

Pluperfect

ich	hatte gebraut
du	hattest gebraut
er	hatte gebraut
wir	hatten gebraut
ihr	hattet gebraut
sie	hatten gebraut

Future Time

	Future	(Fut. Subj.)	(Pres. Conditional)
ich	werde brauen	werde brauen	würde brauen
du	wirst brauen	werdest brauen	würdest brauen
er	wird brauen	werde brauen	würde brauen
wir	werden brauen	werden brauen	würden brauen
ihr	werdet brauen	werdet brauen	würdet brauen
sie	werden brauen	werden brauen	würden brauen

Future Perfect Time

	Future Perfect	(Fut. Perf. Subj.)	(Past Conditional)
ich	werde gebraut haben	werde gebraut haben	würde gebraut haben
du	wirst gebraut haben	werdest gebraut haben	würdest gebraut haben
er	wird gebraut haben	werde gebraut haben	würde gebraut haben
wir	werden gebraut haben	werden gebraut haben	würden gebraut haben
ihr	werdet gebraut haben	werdet gebraut haben	würdet gebraut haben
sie	werden gebraut haben	werden gebraut haben	würden gebraut haben

brausen

PRINC. PARTS: brausen, brauste, gebraust, braust
IMPERATIVE: brause!, braust!, brausen Sie!

to storm, roar;
take a shower

	INDICATIVE	SUBJUNCTIVE	
		PRIMARY	SECONDARY
		Present Time	
	Present	*(Pres. Subj.)*	*(Imperf. Subj.)*
ich	brause	brause	brauste
du	braust	brausest	braustest
er	braust	brause	brauste
wir	brausen	brausen	brausten
ihr	braust	brauset	braustet
sie	brausen	brausen	brausten

	Imperfect
ich	brauste
du	braustest
er	brauste
wir	brausten
ihr	braustet
sie	brausten

			Past Time	
	Perfect	*(Perf. Subj.)*	*(Pluperf. Subj.)*	
ich	habe gebraust	habe gebraust	hätte gebraust
du	hast gebraust	habest gebraust	hättest gebraust
er	hat gebraust	habe gebraust	hätte gebraust
wir	haben gebraust	haben gebraust	hätten gebraust
ihr	habt gebraust	habet gebraust	hättet gebraust
sie	haben gebraust	haben gebraust	hätten gebraust

	Pluperfect
ich	hatte gebraust
du	hattest gebraust
er	hatte gebraust
wir	hatten gebraust
ihr	hattet gebraust
sie	hatten gebraust

			Future Time	
	Future	*(Fut. Subj.)*	*(Pres. Conditional)*	
ich	werde brausen	werde brausen	würde brausen
du	wirst brausen	werdest brausen	würdest brausen
er	wird brausen	werde brausen	würde brausen
wir	werden brausen	werden brausen	würden brausen
ihr	werdet brausen	werdet brausen	würdet brausen
sie	werden brausen	werden brausen	würden brausen

			Future Perfect Time	
	Future Perfect	*(Fut. Perf. Subj.)*	*(Past Conditional)*	
ich	werde gebraust haben	werde gebraust haben	würde gebraust haben
du	wirst gebraust haben	werdest gebraust haben	würdest gebraust haben
er	wird gebraust haben	werde gebraust haben	würde gebraust haben
wir	werden gebraust haben	werden gebraust haben	würden gebraust haben
ihr	werdet gebraust haben	werdet gebraust haben	würdet gebraust haben.
sie	werden gebraust haben	werden gebraust haben	würden gebraust haben

47

brechen
to break

PRINC. PARTS: brechen, brach, gebrochen, bricht
IMPERATIVE: brich!, brecht!, brechen Sie!

	INDICATIVE		SUBJUNCTIVE	
			PRIMARY	SECONDARY
			Present Time	
	Present		*(Pres. Subj.)*	*(Imperf. Subj.)*
ich	breche		breche	bräche
du	brichst		brechest	brächest
er	bricht		breche	bräche
wir	brechen		brechen	brächen
ihr	brecht		brechet	brächet
sie	brechen		brechen	brächen
	Imperfect			
ich	brach			
du	brachst			
er	brach			
wir	brachen			
ihr	bracht			
sie	brachen			
	Perfect		**Past Time**	
			(Perf. Subj.)	*(Pluperf. Subj.)*
ich	habe gebrochen		habe gebrochen	hätte gebrochen
du	hast gebrochen		habest gebrochen	hättest gebrochen
er	hat gebrochen		habe gebrochen	hätte gebrochen
wir	haben gebrochen		haben gebrochen	hätten gebrochen
ihr	habt gebrochen		habet gebrochen	hättet gebrochen
sie	haben gebrochen		haben gebrochen	hätten gebrochen
	Pluperfect			
ich	hatte gebrochen			
du	hattest gebrochen			
er	hatte gebrochen			
wir	hatten gebrochen			
ihr	hattet gebrochen			
sie	hatten gebrochen			
	Future		**Future Time**	
			(Fut. Subj.)	*(Pres. Conditional)*
ich	werde brechen		werde brechen	würde brechen
du	wirst brechen		werdest brechen	würdest brechen
er	wird brechen		werde brechen	würde brechen
wir	werden brechen		werden brechen	würden brechen
ihr	werdet brechen		werdet brechen	würdet brechen
sie	werden brechen		werden brechen	würden brechen
	Future Perfect		**Future Perfect Time**	
			(Fut. Perf. Subj.)	*(Past Conditional)*
ich	werde gebrochen haben		werde gebrochen haben	würde gebrochen haben
du	wirst gebrochen haben		werdest gebrochen haben	würdest gebrochen haben
er	wird gebrochen haben		werde gebrochen haben	würde gebrochen haben
wir	werden gebrochen haben		werden gebrochen haben	würden gebrochen haben
ihr	werdet gebrochen haben		werdet gebrochen haben	würdet gebrochen haben
sie	werden gebrochen haben		werden gebrochen haben	würden gebrochen haben

PRINC. PARTS: brennen, brannte, gebrannt, brennt
IMPERATIVE: brenne!, brennt!, brennen Sie!

brennen
to burn

INDICATIVE	SUBJUNCTIVE	
	PRIMARY	SECONDARY

Present Time

Present	*(Pres. Subj.)*	*(Imperf. Subj.)*
ich brenne	brenne	brennte
du brennst	brennest	brenntest
er brennt	brenne	brennte
wir brennen	brennen	brennten
ihr brennt	brennet	brenntet
sie brennen	brennen	brennten

Imperfect
ich brannte
du branntest
er brannte
wir brannten
ihr branntet
sie brannten

Past Time

Perfect	*(Perf. Subj.)*	*(Pluperf. Subj.)*
ich habe gebrannt	habe gebrannt	hätte gebrannt
du hast gebrannt	habest gebrannt	hättest gebrannt
er hat gebrannt	habe gebrannt	hätte gebrannt
wir haben gebrannt	haben gebrannt	hätten gebrannt
ihr habt gebrannt	habet gebrannt	hättet gebrannt
sie haben gebrannt	haben gebrannt	hätten gebrannt

Pluperfect
ich hatte gebrannt
du hattest gebrannt
er hatte gebrannt
wir hatten gebrannt
ihr hattet gebrannt
sie hatten gebrannt

Future Time

Future	*(Fut. Subj.)*	*(Pres. Conditional)*
ich werde brennen	werde brennen	würde brennen
du wirst brennen	werdest brennen	würdest brennen
er wird brennen	werde brennen	würde brennen
wir werden brennen	werden brennen	würden brennen
ihr werdet brennen	werdet brennen	würdet brennen
sie werden brennen	werden brennen	würden brennen

Future Perfect Time

Future Perfect	*(Fut. Perf. Subj.)*	*(Past Conditional)*
ich werde gebrannt haben	werde gebrannt haben	würde gebrannt haben
du wirst gebrannt haben	werdest gebrannt haben	würdest gebrannt haben
er wird gebrannt haben	werde gebrannt haben	würde gebrannt haben
wir werden gebrannt haben	werden gebrannt haben	würden gebrannt haben
ihr werdet gebrannt haben	werdet gebrannt haben	würdet gebrannt haben
sie werden gebrannt haben	werden gebrannt haben	würden gebrannt haben

bringen

to bring, convey

PRINC. PARTS: bringen, brachte, gebracht, bringt
IMPERATIVE: bringe!, bringt!, bringen Sie!

INDICATIVE	SUBJUNCTIVE	
	PRIMARY	SECONDARY
	Present Time	
Present	*(Pres. Subj.)*	*(Imperf. Subj.)*
ich bringe	bringe	brächte
du bringst	bringest	brächtest
er bringt	bringe	brächte
wir bringen	bringen	brächten
ihr bringt	bringet	brächtet
sie bringen	bringen	brächten

Imperfect

ich	brachte
du	brachtest
er	brachte
wir	brachten
ihr	brachtet
sie	brachten

		Past Time	
Perfect	*(Perf. Subj.)*	*(Pluperf. Subj.)*	
ich habe gebracht	habe gebracht	hätte gebracht	
du hast gebracht	habest gebracht	hättest gebracht	
er hat gebracht	habe gebracht	hätte gebracht	
wir haben gebracht	haben gebracht	hätten gebracht	
ihr habt gebracht	habet gebracht	hättet gebracht	
sie haben gebracht	haben gebracht	hätten gebracht	

Pluperfect

ich	hatte gebracht
du	hattest gebracht
er	hatte gebracht
wir	hatten gebracht
ihr	hattet gebracht
sie	hatten gebracht

		Future Time	
Future	*(Fut. Subj.)*	*(Pres. Conditional)*	
ich werde bringen	werde bringen	würde bringen	
du wirst bringen	werdest bringen	würdest bringen	
er wird bringen	werde bringen	würde bringen	
wir werden bringen	werden bringen	würden bringen	
ihr werdet bringen	werdet bringen	würdet bringen	
sie werden bringen	werden bringen	würden bringen	

		Future Perfect Time	
Future Perfect	*(Fut. Perf. Subj.)*	*(Past Conditional)*	
ich werde gebracht haben	werde gebracht haben	würde gebracht haben	
du wirst gebracht haben	werdest gebracht haben	würdest gebracht haben	
er wird gebracht haben	werde gebracht haben	würde gebracht haben	
wir werden gebracht haben	werden gebracht haben	würden gebracht haben	
ihr werdet gebracht haben	werdet gebracht haben	würdet gebracht haben	
sie werden gebracht haben	werden gebracht haben	würden gebracht haben	

PRINC. PARTS: danken, dankte, gedankt, dankt
IMPERATIVE: danke!, dankt!, danken Sie!

to thank

INDICATIVE	SUBJUNCTIVE	
	PRIMARY	SECONDARY
	Present Time	
Present	*(Pres. Subj.)*	*(Imperf. Subj.)*
ich danke	danke	dankte
du dankst	dankest	danktest
er dankt	danke	dankte
wir danken	danken	dankten
ihr dankt	danket	danktet
sie danken	danken	dankten

Imperfect
ich dankte
du danktest
er dankte
wir dankten
ihr danktet
sie dankten

	Past Time	
Perfect	*(Perf. Subj.)*	*(Pluperf. Subj.)*
ich habe gedankt	habe gedankt	hätte gedankt
du hast gedankt	habest gedankt	hättest gedankt
er hat gedankt	habe gedankt	hätte gedankt
wir haben gedankt	haben gedankt	hätten gedankt
ihr habt gedankt	habet gedankt	hättet gedankt
sie haben gedankt	haben gedankt	hätten gedankt

Pluperfect
ich hatte gedankt
du hattest gedankt
er hatte gedankt
wir hatten gedankt
ihr hattet gedankt
sie hatten gedankt

	Future Time	
Future	*(Fut. Subj.)*	*(Pres. Conditional)*
ich werde danken	werde danken	würde danken
du wirst danken	werdest danken	würdest danken
er wird danken	werde danken	würde danken
wir werden danken	werden danken	würden danken
ihr werdet danken	werdet danken	würdet danken
sie werden danken	werden danken	würden danken

	Future Perfect Time	
Future Perfect	*(Fut. Perf. Subj.)*	*(Past Conditional)*
ich werde gedankt haben	werde gedankt haben	würde gedankt haben
du wirst gedankt haben	werdest gedankt haben	würdest gedankt haben
er wird gedankt haben	werde gedankt haben	würde gedankt haben
wir werden gedankt haben	werden gedankt haben	würden gedankt haben
ihr werdet gedankt haben	werdet gedankt haben	würdet gedankt haben
sie werden gedankt haben	werden gedankt haben	würden gedankt haben

decken

to cover, set (a table)

PRINC. PARTS: decken, deckte, gedeckt, deckt
IMPERATIVE: decke!, deckt!, decken Sie!

INDICATIVE	SUBJUNCTIVE	
	PRIMARY	SECONDARY
	Present Time	
Present	*(Pres. Subj.)*	*(Imperf. Subj.)*
ich decke	decke	deckte
du deckst	deckest	decktest
er deckt	decke	deckte
wir decken	decken	deckten
ihr deckt	decket	decktet
sie decken	decken	deckten

Imperfect	
ich deckte	
du decktest	
er deckte	
wir deckten	
ihr decktet	
sie deckten	

	Past Time	
Perfect	*(Perf. Subj.)*	*(Pluperf. Subj.)*
ich habe gedeckt	habe gedeckt	hätte gedeckt
du hast gedeckt	habest gedeckt	hättest gedeckt
er hat gedeckt	habe gedeckt	hätte gedeckt
wir haben gedeckt	haben gedeckt	hätten gedeckt
ihr habt gedeckt	habet gedeckt	hättet gedeckt
sie haben gedeckt	haben gedeckt	hätten gedeckt

Pluperfect	
ich hatte gedeckt	
du hattest gedeckt	
er hatte gedeckt	
wir hatten gedeckt	
ihr hattet gedeckt	
sie hatten gedeckt	

	Future Time	
Future	*(Fut. Subj.)*	*(Pres. Conditional)*
ich werde decken	werde decken	würde decken
du wirst decken	werdest decken	würdest decken
er wird decken	werde decken	würde decken
wir werden decken	werden decken	würden decken
ihr werdet decken	werdet decken	würdet decken
sie werden decken	werden decken	würden decken

	Future Perfect Time	
Future Perfect	*(Fut. Perf. Subj.)*	*(Past Conditional)*
ich werde gedeckt haben	werde gedeckt haben	würde gedeckt haben
du wirst gedeckt haben	werdest gedeckt haben	würdest gedeckt haben
er wird gedeckt haben	werde gedeckt haben	würde gedeckt haben
wir werden gedeckt haben	werden gedeckt haben	würden gedeckt haben
ihr werdet gedeckt haben	werdet gedeckt haben	würdet gedeckt haben
sie werden gedeckt haben	werden gedeckt haben	würden gedeckt haben

denken
to think

INDICATIVE	SUBJUNCTIVE	
	PRIMARY	SECONDARY
	Present Time	
Present	*(Pres. Subj.)*	*(Imperf. Subj.)*
ich denke	denke	dächte
du denkst	denkest	dächtest
er denkt	denke	dächte
wir denken	denken	dächten
ihr denkt	denket	dächtet
sie denken	denken	dächten

Imperfect
ich dachte
du dachtest
er dachte
wir dachten
ihr dachtet
sie dachten

	Past Time	
Perfect	*(Perf. Subj.)*	*(Pluperf. Subj.)*
ich habe gedacht	habe gedacht	hätte gedacht
du hast gedacht	habest gedacht	hättest gedacht
er hat gedacht	habe gedacht	hätte gedacht
wir haben gedacht	haben gedacht	hätten gedacht
ihr habt gedacht	habet gedacht	hättet gedacht
sie haben gedacht	haben gedacht	hätten gedacht

Pluperfect
ich hatte gedacht
du hattest gedacht
er hatte gedacht
wir hatten gedacht
ihr hattet gedacht
sie hatten gedacht

	Future Time	
Future	*(Fut. Subj.)*	*(Pres. Conditional)*
ich werde denken	werde denken	würde denken
du wirst denken	werdest denken	würdest denken
er wird denken	werde denken	würde denken
wir werden denken	werden denken	würden denken
ihr werdet denken	werdet denken	würdet denken
sie werden denken	werden denken	würden denken

	Future Perfect Time	
Future Perfect	*(Fut. Perf. Subj.)*	*(Past Conditional)*
ich werde gedacht haben	werde gedacht haben	würde gedacht haben
du wirst gedacht haben	werdest gedacht haben	würdest gedacht haben
er wird gedacht haben	werde gedacht haben	würde gedacht haben
wir werden gedacht haben	werden gedacht haben	würden gedacht haben
ihr werdet gedacht haben	werdet gedacht haben	würdet gedacht haben
sie werden gedacht haben	werden gedacht haben	würden gedacht haben

dienen

to serve

PRINC. PARTS: dienen, diente, gedient, dient
IMPERATIVE: diene!, dient!, dienen Sie!

INDICATIVE	SUBJUNCTIVE	
	PRIMARY	SECONDARY
	Present Time	
Present	*(Pres. Subj.)*	*(Imperf. Subj.)*
ich diene	diene	diente
du dienst	dienest	dientest
er dient	diene	diente
wir dienen	dienen	dienten
ihr dient	dienet	dientet
sie dienen	dienen	dienten

Imperfect

ich diente
du dientest
er diente
wir dienten
ihr dientet
sie dienten

	Past Time	
Perfect	*(Perf. Subj.)*	*(Pluperf. Subj.)*
ich habe gedient	habe gedient	hätte gedient
du hast gedient	habest gedient	hättest gedient
er hat gedient	habe gedient	hätte gedient
wir haben gedient	haben gedient	hätten gedient
ihr habt gedient	habet gedient	hättet gedient
sie haben gedient	haben gedient	hätten gedient

Pluperfect

ich hatte gedient
du hattest gedient
er hatte gedient
wir hatten gedient
ihr hattet gedient
sie hatten gedient

	Future Time	
Future	*(Fut. Subj.)*	*(Pres. Conditional)*
ich werde dienen	werde dienen	würde dienen
du wirst dienen	werdest dienen	würdest dienen
er wird dienen	werde dienen	würde dienen
wir werden dienen	werden dienen	würden dienen
ihr werdet dienen	werdet dienen	würdet dienen
sie werden dienen	werden dienen	würden dienen

	Future Perfect Time	
Future Perfect	*(Fut. Perf. Subj.)*	*(Past Conditional)*
ich werde gedient haben	werde gedient haben	würde gedient haben
du wirst gedient haben	werdest gedient haben	würdest gedient haben
er wird gedient haben	werde gedient haben	würde gedient haben
wir werden gedient haben	werden gedient haben	würden gedient haben
ihr werdet gedient haben	werdet gedient haben	würdet gedient haben
sie werden gedient haben	werden gedient haben	würden gedient haben

PRINC. PARTS: drucken, druckte, gedruckt, druckt
IMPERATIVE: drucke!, druckt!, drucken Sie!

INDICATIVE	SUBJUNCTIVE	
	PRIMARY	SECONDARY
	Present Time	
Present	*(Pres. Subj.)*	*(Imperf. Subj.)*
ich drucke	drucke	druckte
du druckst	druckest	drucktest
er druckt	drucke	druckte
wir drucken	drucken	druckten
ihr druckt	drucket	drucktet
sie drucken	drucken	druckten

Imperfect
ich druckte
du drucktest
er druckte
wir druckten
ihr drucktet
sie druckten

	Past Time	
Perfect	*(Perf. Subj.)*	*(Pluperf. Subj.)*
ich habe gedruckt	habe gedruckt	hätte gedruckt
du hast gedruckt	habest gedruckt	hättest gedruckt
er hat gedruckt	habe gedruckt	hätte gedruckt
wir haben gedruckt	haben gedruckt	hätten gedruckt
ihr habt gedruckt	habet gedruckt	hättet gedruckt
sie haben gedruckt	haben gedruckt	hätten gedruckt

Pluperfect
ich hatte gedruckt
du hattest gedruckt
er hatte gedruckt
wir hatten gedruckt
ihr hattet gedruckt
sie hatten gedruckt

	Future Time	
Future	*(Fut. Subj.)*	*(Pres. Conditional)*
ich werde drucken	werde drucken	würde drucken
du wirst drucken	werdest drucken	würdest drucken
er wird drucken	werde drucken	würde drucken
wir werden drucken	werden drucken	würden drucken
ihr werdet drucken	werdet drucken	würdet drucken
sie werden drucken	werden drucken	würden drucken

	Future Perfect Time	
Future Perfect	*(Fut. Perf. Subj.)*	*(Past Conditional)*
ich werde gedruckt haben	werde gedruckt haben	würde gedruckt haben
du wirst gedruckt haben	werdest gedruckt haben	würdest gedruckt haben
er wird gedruckt haben	werde gedruckt haben	würde gedruckt haben
wir werden gedruckt haben	werden gedruckt haben	würden gedruckt haben
ihr werdet gedruckt haben	werdet gedruckt haben	würdet gedruckt haben
sie werden gedruckt haben	werden gedruckt haben	würden gedruckt haben

dürfen

to be permitted,
be allowed, may

PRINC. PARTS: dürfen, durfte, gedurft,* darf
IMPERATIVE: not used

INDICATIVE	SUBJUNCTIVE	
	PRIMARY	SECONDARY

Present Time

	Present	(Pres. Subj.)	(Imperf. Subj.)
ich	darf	dürfe	dürfte
du	darfst	dürfest	dürftest
er	darf	dürfe	dürfte
wir	dürfen	dürfen	dürften
ihr	dürft	dürfet	dürftet
sie	dürfen	dürfen	dürften

	Imperfect
ich	durfte
du	durftest
er	durfte
wir	durften
ihr	durftet
sie	durften

Past Time

	Perfect	(Perf. Subj.)	(Pluperf. Subj.)
ich	habe gedurft	habe gedurft	hätte gedurft
du	hast gedurft	habest gedurft	hättest gedurft
er	hat gedurft	habe gedurft	hätte gedurft
wir	haben gedurft	haben gedurft	hätten gedurft
ihr	habt gedurft	habet gedurft	hättet gedurft
sie	haben gedurft	haben gedurft	hätten gedurft

	Pluperfect
ich	hatte gedurft
du	hattest gedurft
er	hatte gedurft
wir	hatten gedurft
ihr	hattet gedurft
sie	hatten gedurft

Future Time

	Future	(Fut. Subj.)	(Pres. Conditional)
ich	werde dürfen	werde dürfen	würde dürfen
du	wirst dürfen	werdest dürfen	würdest dürfen
er	wird dürfen	werde dürfen	würde dürfen
wir	werden dürfen	werden dürfen	würden dürfen
ihr	werdet dürfen	werdet dürfen	würdet dürfen
sie	werden dürfen	werden dürfen	würden dürfen

Future Perfect Time

	Future Perfect	(Fut. Perf. Subj.)	(Past Conditional)
ich	werde gedurft haben	werde gedurft haben	würde gedurft haben
du	wirst gedurft haben	werdest gedurft haben	würdest gedurft haben
er	wird gedurft haben	werde gedurft haben	würde gedurft haben
wir	werden gedurft haben	werden gedurft haben	würden gedurft haben
ihr	werdet gedurft haben	werdet gedurft haben	würdet gedurft haben
sie	werden gedurft haben	werden gedurft haben	würden gedurft haben

*Dürfen when preceded by an infinitive. See sprechen dürfen.

UNIVERSITY
BOOKSTORE
U OF U CAMPUS

```
   2395   1 12 1547
SALES ID: 1511
2192341 SKU MDSE
 EX              -3.95%
1766267 SKU MDSE

                  5.50%
 SUBTTL           1.55
 TAX              0.10

 TOTAL            1.65


 CASH             2.00
 CHANGE           0.35
```

10/21/89 10:46 SALE

UNIVERSITY
BOOKSTORE
U OF U CAMPUS

2295   1 12 1547
SALES ID: 1511
2152341 SKU MDSE
EX   -3.35x
1766247 SKU MDSE
5.30x
SUBTTL   1.55
TAX   0.10

TOTAL   1.65

CASH   2.00
CHANGE   0.35

10/21/89 10:46 SALE

RECEIPT & PICTURE ID
REQUIRED FOR ALL REFUNDS

PRINC. PARTS: dürsten, dürstete, gedürstet, dürstet
IMPERATIVE: dürste!, dürstet!, dürsten Sie!

to thirst, be thirsty

INDICATIVE	SUBJUNCTIVE	
	PRIMARY	SECONDARY
	Present Time	
Present	*(Pres. Subj.)*	*(Imperf. Subj.)*
ich dürste	dürste	dürstete
du dürstest	dürstest	dürstetest
er dürstet	dürste	dürstete
wir dürsten	dürsten	dürsteten
ihr dürstet	dürstet	dürstetet
sie dürsten	dürsten	dürsteten
Imperfect		
ich dürstete		
du dürstetest		
er dürstete		
wir dürsteten		
ihr dürstetet		
sie dürsteten	*Past Time*	
Perfect	*(Perf. Subj.)*	*(Pluperf. Subj.)*
ich habe gedürstet	habe gedürstet	hätte gedürstet
du hast gedürstet	habest gedürstet	hättest gedürstet
er hat gedürstet	habe gedürstet	hätte gedürstet
wir haben gedürstet	haben gedürstet	hätten gedürstet
ihr habt gedürstet	habet gedürstet	hättet gedürstet
sie haben gedürstet	haben gedürstet	hätten gedürstet
Pluperfect		
ich hatte gedürstet		
du hattest gedürstet		
er hatte gedürstet		
wir hatten gedürstet		
ihr hattet gedürstet		
sie hatten gedürstet	*Future Time*	
Future	*(Fut. Subj.)*	*(Pres. Conditional)*
ich werde dürsten	werde dürsten	würde dürsten
du wirst dürsten	werdest dürsten	würdest dürsten
er wird dürsten	werde dürsten	würde dürsten
wir werden dürsten	werden dürsten	würden dürsten
ihr werdet dürsten	werdet dürsten	würdet dürsten
sie werden dürsten	werden dürsten	würden dürsten
	Future Perfect Time	
Future Perfect	*(Fut. Perf. Subj.)*	*(Past Conditional)*
ich werde gedürstet haben	werde gedürstet haben	würde gedürstet haben
du wirst gedürstet haben	werdest gedürstet haben	würdest gedürstet haben
er wird gedürstet haben	werde gedürstet haben	würde gedürstet haben
wir werden gedürstet haben	werden gedürstet haben	würden gedürstet haben
ihr werdet gedürstet haben	werdet gedürstet haben	würdet gedürstet haben
sie werden gedürstet haben	werden gedürstet haben	würden gedürstet haben

* The unumlauted forms **dursten, durstete, gedurstet, durstet,** are less frequently encountered.

ehren

to honor; esteem

PRINC. PARTS: ehren, ehrte, geehrt, ehrt
IMPERATIVE: ehre!, ehrt!, ehren Sie!

INDICATIVE	SUBJUNCTIVE	
	PRIMARY	SECONDARY

Present Time

	Present	(*Pres. Subj.*)	(*Imperf. Subj.*)
ich	ehre	ehre	ehrte
du	ehrst	ehrest	ehrtest
er	ehrt	ehre	ehrte
wir	ehren	ehren	ehrten
ihr	ehrt	ehret	ehrtet
sie	ehren	ehren	ehrten

	Imperfect
ich	ehrte
du	ehrtest
er	ehrte
wir	ehrten
ihr	ehrtet
sie	ehrten

Past Time

	Perfect	(*Perf. Subj.*)	(*Pluperf. Subj.*)
ich	habe geehrt	habe geehrt	hätte geehrt
du	hast geehrt	habest geehrt	hättest geehrt
er	hat geehrt	habe geehrt	hätte geehrt
wir	haben geehrt	haben geehrt	hätten geehrt
ihr	habt geehrt	habet geehrt	hättet geehrt
sie	haben geehrt	haben geehrt	hätten geehrt

	Pluperfect
ich	hatte geehrt
du	hattest geehrt
er	hatte geehrt
wir	hatten geehrt
ihr	hattet geehrt
sie	hatten geehrt

Future Time

	Future	(*Fut. Subj.*)	(*Pres. Conditional*)
ich	werde ehren	werde ehren	würde ehren
du	wirst ehren	werdest ehren	würdest ehren
er	wird ehren	werde ehren	würde ehren
wir	werden ehren	werden ehren	würden ehren
ihr	werdet ehren	werdet ehren	würdet ehren
sie	werden ehren	werden ehren	würden ehren

Future Perfect Time

	Future Perfect	(*Fut. Perf. Subj.*)	(*Past Conditional*)
ich	werde geehrt haben	werde geehrt haben	würde geehrt haben
du	wirst geehrt haben	werdest geehrt haben	würdest geehrt haben
er	wird geehrt haben	werde geehrt haben	würde geehrt haben
wir	werden geehrt haben	werden geehrt haben	würden geehrt haben
ihr	werdet geehrt haben	werdet geehrt haben	würdet geehrt haben
sie	werden geehrt haben	werden geehrt haben	würden geehrt haben

58

PRINC. PARTS: empfangen, empfing, empfangen, empfängt
IMPERATIVE: empfange!, empfangt!, empfangen Sie!

to receive

INDICATIVE	SUBJUNCTIVE	
	PRIMARY	SECONDARY

Present Time

Present	*(Pres. Subj.)*	*(Imperf. Subj.)*
ich empfange	empfange	empfinge
du empfängst	empfangest	empfingest
er empfängt	empfange	empfinge
wir empfangen	empfangen	empfingen
ihr empfangt	empfanget	empfinget
sie empfangen	empfangen	empfingen

Imperfect
ich empfing
du empfingst
er empfing
wir empfingen
ihr empfingt
sie empfingen

Past Time

Perfect	*(Perf. Subj.)*	*(Pluperf. Subj.)*
ich habe empfangen	habe empfangen	hätte empfangen
du hast empfangen	habest empfangen	hättest empfangen
er hat empfangen	habe empfangen	hätte empfangen
wir haben empfangen	haben empfangen	hätten empfangen
ihr habt empfangen	habet empfangen	hättet empfangen
sie haben empfangen	haben empfangen	hätten empfangen

Pluperfect
ich hatte empfangen
du hattest empfangen
er hatte empfangen
wir hatten empfangen
ihr hattet empfangen
sie hatten empfangen

Future Time

Future	*(Fut. Subj.)*	*(Pres. Conditional)*
ich werde empfangen	werde empfangen	würde empfangen
du wirst empfangen	werdest empfangen	würdest empfangen
er wird empfangen	werde empfangen	würde empfangen
wir werden empfangen	werden empfangen	würden empfangen
ihr werdet empfangen	werdet empfangen	würdet empfangen
sie werden empfangen	werden empfangen	würden empfangen

Future Perfect Time

Future Perfect	*(Fut. Perf. Subj.)*	*(Past Conditional)*
ich werde empfangen haben	werde empfangen haben	würde empfangen haben
du wirst empfangen haben	werdest empfangen haben	würdest empfangen haben
er wird empfangen haben	werde empfangen haben	würde empfangen haben
wir werden empfangen haben	werden empfangen haben	würden empfangen haben
ihr werdet empfangen haben	werdet empfangen haben	würdet empfangen haben
sie werden empfangen haben	werden empfangen haben	würden empfangen haben

empfehlen
to recommend

PRINC. PARTS: empfehlen, empfahl, empfohlen, empfiehlt
IMPERATIVE: empfiehl!, empfehlt!, empfehlen Sie!

INDICATIVE		SUBJUNCTIVE	
		PRIMARY	SECONDARY

Present Time

	Present	(Pres. Subj.)	(Imperf. Subj.)	
ich	empfehle	empfehle	empföhle	empfähle
du	empfiehlst	empfehlest	empföhlest	empfählest
er	empfiehlt	empfehle	empföhle	empfähle
wir	empfehlen	empfehlen	empföhlen *or*	empfählen
ihr	empfehlt	empfehlet	empföhlet	empfählet
sie	empfehlen	empfehlen	empföhlen	empfählen

	Imperfect
ich	empfahl
du	empfahlst
er	empfahl
wir	empfahlen
ihr	empfahlt
sie	empfahlen

Past Time

	Perfect	(Perf. Subj.)	(Pluperf. Subj.)
ich	habe empfohlen	habe empfohlen	hätte empfohlen
du	hast empfohlen	habest empfohlen	hättest empfohlen
er	hat empfohlen	habe empfohlen	hätte empfohlen
wir	haben empfohlen	haben empfohlen	hätten empfohlen
ihr	habt empfohlen	habet empfohlen	hättet empfohlen
sie	haben empfohlen	haben empfohlen	hätten empfohlen

	Pluperfect
ich	hatte empfohlen
du	hattest empfohlen
er	hatte empfohlen
wir	hatten empfohlen
ihr	hattet empfohlen
sie	hatten empfohlen

Future Time

	Future	(Fut. Subj.)	(Pres. Conditional)
ich	werde empfehlen	werde empfehlen	würde empfehlen
du	wirst empfehlen	werdest empfehlen	würdest empfehlen
er	wird empfehlen	werde empfehlen	würde empfehlen
wir	werden empfehlen	werden empfehlen	würden empfehlen
ihr	werdet empfehlen	werdet empfehlen	würdet empfehlen
sie	werden empfehlen	werden empfehlen	würden empfehlen

Future Perfect Time

	Future Perfect	(Fut. Perf. Subj.)	(Past Conditional)
ich	werde empfohlen haben	werde empfohlen haben	würde empfohlen haben
du	wirst empfohlen haben	werdest empfohlen haben	würdest empfohlen haben
er	wird empfohlen haben	werde empfohlen haben	würde empfohlen haben
wir	werden empfohlen haben	werden empfohlen haben	würden empfohlen haben
ihr	werdet empfohlen haben	werdet empfohlen haben	würdet empfohlen haben
sie	werden empfohlen haben	werden empfohlen haben	würden empfohlen haben

entfernen

PRINC. PARTS: entfernen, entfernte, entfernt, entfernt
IMPERATIVE: entferne!, entfernt!, entfernen Sie!

to remove, make distant

INDICATIVE	SUBJUNCTIVE	
	PRIMARY	SECONDARY
	Present Time	
Present	*(Pres. Subj.)*	*(Imperf. Subj.)*
ich entferne	entferne	entfernte
du entfernst	entfernest	entferntest
er entfernt	entferne	entfernte
wir entfernen	entfernen	entfernten
ihr entfernt	entfernet	entferntet
sie entfernen	entfernen	entfernten
Imperfect		
ich entfernte		
du entferntest		
er entfernte		
wir entfernten		
ihr entferntet		
sie entfernten		
	Past Time	
Perfect	*(Perf. Subj.)*	*(Pluperf. Subj.)*
ich habe entfernt	habe entfernt	hätte entfernt
du hast entfernt	habest entfernt	hättest entfernt
er hat entfernt	habe entfernt	hätte entfernt
wir haben entfernt	haben entfernt	hätten entfernt
ihr habt entfernt	habet entfernt	hättet entfernt
sie haben entfernt	haben entfernt	hätten entfernt
Pluperfect		
ich hatte entfernt		
du hattest entfernt		
er hatte entfernt		
wir hatten entfernt		
ihr hattet entfernt		
sie hatten entfernt		
	Future Time	
Future	*(Fut. Subj.)*	*(Pres. Conditional)*
ich werde entfernen	werde entfernen	würde entfernen
du wirst entfernen	werdest entfernen	würdest entfernen
er wird entfernen	werde entfernen	würde entfernen
wir werden entfernen	werden entfernen	würden entfernen
ihr werdet entfernen	werdet entfernen	würdet entfernen
sie werden entfernen	werden entfernen	würden entfernen
	Future Perfect Time	
Future Perfect	*(Fut. Perf. Subj.)*	*(Past Conditional)*
ich werde entfernt haben	werde entfernt haben	würde entfernt haben
du wirst entfernt haben	werdest entfernt haben	würdest entfernt haben
er wird entfernt haben	werde entfernt haben	würde entfernt haben
wir werden entfernt haben	werden entfernt haben	würden entfernt haben
ihr werdet entfernt haben	werdet entfernt haben	würdet entfernt haben
sie werden entfernt haben	werden entfernt haben	würden entfernt haben

enthalten

to contain, hold

PRINC. PARTS: enthalten,* enthielt, enthalten, enthält
IMPERATIVE: enthalte!, enthaltet!, enthalten Sie!

INDICATIVE	SUBJUNCTIVE	
	PRIMARY	SECONDARY
	Present Time	
Present	*(Pres. Subj.)*	*(Imperf. Subj.)*
ich enthalte	enthalte	enthielte
du enthältst	enthaltest	enthieltest
er enthält	enthalte	enthielte
wir enthalten	enthalten	enthielten
ihr enthaltet	enthaltet	enthieltet
sie enthalten	enthalten	enthielten
Imperfect		
ich enthielt		
du enthieltest		
er enthielt		
wir enthielten		
ihr enthieltet		
sie enthielten		
	Past Time	
Perfect	*(Perf. Subj.)*	*(Pluperf. Subj.)*
ich habe enthalten	habe enthalten	hätte enthalten
du hast enthalten	habest enthalten	hättest enthalten
er hat enthalten	habe enthalten	hätte enthalten
wir haben enthalten	haben enthalten	hätten enthalten
ihr habt enthalten	habet enthalten	hättet enthalten
sie haben enthalten	haben enthalten	hätten enthalten
Pluperfect		
ich hatte enthalten		
du hattest enthalten		
er hatte enthalten		
wir hatten enthalten		
ihr hattet enthalten		
sie hatten enthalten		
	Future Time	
Future	*(Fut. Subj.)*	*(Pres. Conditional)*
ich werde enthalten	werde enthalten	würde enthalten
du wirst enthalten	werdest enthalten	würdest enthalten
er wird enthalten	werde enthalten	würde enthalten
wir werden enthalten	werden enthalten	würden enthalten
ihr werdet enthalten	werdet enthalten	würdet enthalten
sie werden enthalten	werden enthalten	würden enthalten
	Future Perfect Time	
Future Perfect	*(Fut. Perf. Subj.)*	*(Past Conditional)*
ich werde enthalten haben	werde enthalten haben	würde enthalten haben
du wirst enthalten haben	werdest enthalten haben	würdest enthalten haben
er wird enthalten haben	werde enthalten haben	würde enthalten haben
wir werden enthalten haben	werden enthalten haben	würden enthalten haben
ihr werdet enthalten haben	werdet enthalten haben	würdet enthalten haben
sie werden enthalten haben	werden enthalten haben	würden enthalten haben

* the reflexive verb sich enthalten, enthielt sich, hat sich enthalten, enthält sich, means to abstain from

erfinden

PRINC. PARTS: erfinden, erfand, erfunden, erfindet
IMPERATIVE: erfinde!, erfindet!, erfinden Sie!

to invent, discover,
find out

INDICATIVE	SUBJUNCTIVE	
	PRIMARY	SECONDARY

Present Time

Present	*(Pres. Subj.)*	*(Imperf. Subj.)*
ich erfinde	erfinde	erfände
du erfindest	erfindest	erfändest
er erfindet	erfinde	erfände
wir erfinden	erfinden	erfänden
ihr erfindet	erfindet	erfändet
sie erfinden	erfinden	erfänden

Imperfect
ich erfand
du erfandst
er erfand
wir erfanden
ihr erfandet
sie erfanden

Past Time

Perfect	*(Perf. Subj.)*	*(Pluperf. Subj.)*
ich habe erfunden	habe erfunden	hätte erfunden
du hast erfunden	habest erfunden	hättest erfunden
er hat erfunden	habe erfunden	hätte erfunden
wir haben erfunden	haben erfunden	hätten erfunden
ihr habt erfunden	habet erfunden	hättet erfunden
sie haben erfunden	haben erfunden	hätten erfunden

Pluperfect
ich hatte erfunden
du hattest erfunden
er hatte erfunden
wir hatten erfunden
ihr hattet erfunden
sie hatten erfunden

Future Time

Future	*(Fut. Subj.)*	*(Pres. Conditional)*
ich werde erfinden	werde erfinden	würde erfinden
du wirst erfinden	werdest erfinden	würdest erfinden
er wird erfinden	werde erfinden	würde erfinden
wir werden erfinden	werden erfinden	würden erfinden
ihr werdet erfinden	werdet erfinden	würdet erfinden
sie werden erfinden	werden erfinden	würden erfinden

Future Perfect Time

Future Perfect	*(Fut. Perf. Subj.)*	*(Past Conditional)*
ich werde erfunden haben	werde erfunden haben	würde erfunden haben
du wirst erfunden haben	werdest erfunden haben	würdest erfunden haben
er wird erfunden haben	werde erfunden haben	würde erfunden haben
wir werden erfunden haben	werden erfunden haben	würden erfunden haben
ihr werdet erfunden haben	werdet erfunden haben	würdet erfunden haben
sie werden erfunden haben	werden erfunden haben	würden erfunden haben

63

erhalten

to obtain, receive, preserve

PRINC. PARTS: erhalten, erhielt, erhalten, erhält
IMPERATIVE: erhalte!, erhaltet!, erhalten Sie!

INDICATIVE	SUBJUNCTIVE	
	PRIMARY	SECONDARY

Present Time

	Present	*(Pres. Subj.)*	*(Imperf. Subj.)*
ich	erhalte	erhalte	erhielte
du	erhältst	erhaltest	erhieltest
er	erhält	erhalte	erhielte
wir	erhalten	erhalten	erhielten
ihr	erhaltet	erhaltet	erhieltet
sie	erhalten	erhalten	erhielten

	Imperfect
ich	erhielt
du	erhieltest
er	erhielt
wir	erhielten
ihr	erhieltet
sie	erhielten

Past Time

	Perfect	*(Perf. Subj.)*	*(Pluperf. Subj.)*
ich	habe erhalten	habe erhalten	hätte erhalten
du	hast erhalten	habest erhalten	hättest erhalten
er	hat erhalten	habe erhalten	hätte erhalten
wir	haben erhalten	haben erhalten	hätten erhalten
ihr	habt erhalten	habet erhalten	hättet erhalten
sie	haben erhalten	haben erhalten	hätten erhalten

	Pluperfect
ich	hatte erhalten
du	hattest erhalten
er	hatte erhalten
wir	hatten erhalten
ihr	hattet erhalten
sie	hatten erhalten

Future Time

	Future	*(Fut. Subj.)*	*(Pres. Conditional)*
ich	werde erhalten	werde erhalten	würde erhalten
du	wirst erhalten	werdest erhalten	würdest erhalten
er	wird erhalten	werde erhalten	würde erhalten
wir	werden erhalten	werden erhalten	würden erhalten
ihr	werdet erhalten	werdet erhalten	würdet erhalten
sie	werden erhalten	werden erhalten	würden erhalten

Future Perfect Time

	Future Perfect	*(Fut. Perf. Subj.)*	*(Past Conditional)*
ich	werde erhalten haben	werde erhalten haben	würde erhalten haben
du	wirst erhalten haben	werdest erhalten haben	würdest erhalten haben
er	wird erhalten haben	werde erhalten haben	würde erhalten haben
wir	werden erhalten haben	werden erhalten haben	würden erhalten haben
ihr	werdet erhalten haben	werdet erhalten haben	würdet erhalten haben
sie	werden erhalten haben	werden erhalten haben	würden erhalten haben

PRINC. PARTS: erwägen, erwog, erwogen, erwägt
IMPERATIVE: erwäge!, erwägt!, erwägen Sie!

to consider, ponder

	INDICATIVE	SUBJUNCTIVE	
		PRIMARY	SECONDARY
	Present	*Present Time* *(Pres. Subj.)*	*(Imperf. Subj.)*
ich	erwäge	erwäge	erwöge
du	erwägst	erwägest	erwögest
er	erwägt	erwäge	erwöge
wir	erwägen	erwägen	erwögen
ihr	erwägt	erwäget	erwöget
sie	erwägen	erwägen	erwögen

	Imperfect
ich	erwog
du	erwogst
er	erwog
wir	erwogen
ihr	erwogt
sie	erwogen

	Perfect	*Past Time* *(Perf. Subj.)*	*(Pluperf. Subj.)*
ich	habe erwogen	habe erwogen	hätte erwogen
du	hast erwogen	habest erwogen	hättest erwogen
er	hat erwogen	habe erwogen	hätte erwogen
wir	haben erwogen	haben erwogen	hätten erwogen
ihr	habt erwogen	habet erwogen	hättet erwogen
sie	haben erwogen	haben erwogen	hätten erwogen

	Pluperfect
ich	hatte erwogen
du	hattest erwogen
er	hatte erwogen
wir	hatten erwogen
ihr	hattet erwogen
sie	hatten erwogen

	Future	*Future Time* *(Fut. Subj.)*	*(Pres. Conditional)*
ich	werde erwägen	werde erwägen	würde erwägen
du	wirst erwägen	werdest erwägen	würdest erwägen
er	wird erwägen	werde erwägen	würde erwägen
wir	werden erwägen	werden erwägen	würden erwägen
ihr	werdet erwägen	werdet erwägen	würdet erwägen
sie	werden erwägen	werden erwägen	würden erwägen

	Future Perfect	*Future Perfect Time* *(Fut. Perf. Subj.)*	*(Past Conditional)*
ich	werde erwogen haben	werde erwogen haben	würde erwogen haben
du	wirst erwogen haben	werdest erwogen haben	würdest erwogen haben
er	wird erwogen haben	werde erwogen haben	würde erwogen haben
wir	werden erwogen haben	werden erwogen haben	würden erwogen haben
ihr	werdet erwogen haben	werdet erwogen haben	würdet erwogen haben
sie	werden erwogen haben	werden erwogen haben	würden erwogen haben

erzählen

to tell, relate

PRINC. PARTS: erzählen, erzählte, erzählt, erzählt
IMPERATIVE: erzähle!, erzählt!, erzählen Sie!

	INDICATIVE	SUBJUNCTIVE	
		PRIMARY	SECONDARY
		Present Time	
	Present	*(Pres. Subj.)*	*(Imperf. Subj.)*
ich	erzähle	erzähle	erzählte
du	erzählst	erzählest	erzähltest
er	erzählt	erzähle	erzählte
wir	erzählen	erzählen	erzählten
ihr	erzählt	erzählet	erzähltet
sie	erzählen	erzählen	erzählten

	Imperfect
ich	erzählte
du	erzähltest
er	erzählte
wir	erzählten
ihr	erzähltet
sie	erzählten

			Past Time	
	Perfect	*(Perf. Subj.)*	*(Pluperf. Subj.)*
ich	habe erzählt	habe erzählt	hätte erzählt
du	hast erzählt	habest erzählt	hättest erzählt
er	hat erzählt	habe erzählt	hätte erzählt
wir	haben erzählt	haben erzählt	hätten erzählt
ihr	habt erzählt	habet erzählt	hättet erzählt
sie	haben erzählt	haben erzählt	hätten erzählt

	Pluperfect
ich	hatte erzählt
du	hattest erzählt
er	hatte erzählt
wir	hatten erzählt
ihr	hattet erzählt
sie	hatten erzählt

			Future Time	
	Future	*(Fut. Subj.)*	*(Pres. Conditional)*
ich	werde erzählen	werde erzählen	würde erzählen
du	wirst erzählen	werdest erzählen	würdest erzählen
er	wird erzählen	werde erzählen	würde erzählen
wir	werden erzählen	werden erzählen	würden erzählen
ihr	werdet erzählen	werdet erzählen	würdet erzählen
sie	werden erzählen	werden erzählen	würden erzählen

			Future Perfect Time	
	Future Perfect	*(Fut. Perf. Subj.)*	*(Past Conditional)*
ich	werde erzählt haben	werde erzählt haben	würde erzählt haben
du	wirst erzählt haben	werdest erzählt haben	würdest erzählt haben
er	wird erzählt haben	werde erzählt haben	würde erzählt haben
wir	werden erzählt haben	werden erzählt haben	würden erzählt haben
ihr	werdet erzählt haben	werdet erzählt haben	würdet erzählt haben
sie	werden erzählt haben	werden erzählt haben	würden erzählt haben

PRINC. PARTS: essen, aß, gegessen, ißt
IMPERATIVE: iß!, eßt!, essen Sie!

essen

to eat

INDICATIVE	SUBJUNCTIVE	
	PRIMARY	SECONDARY
	Present Time	
Present	*(Pres. Subj.)*	*(Imperf. Subj.)*
ich esse	esse	äße
du ißt	essest	äßest
er ißt	esse	äße
wir essen	essen	äßen
ihr eßt	esset	äßet
sie essen	essen	äßen

Imperfect

ich aß
du aßest
er aß
wir aßen
ihr aßt
sie aßen

	Past Time	
Perfect	*(Perf. Subj.)*	*(Pluperf. Subj.)*
ich habe gegessen	habe gegessen	hätte gegessen
du hast gegessen	habest gegessen	hättest gegessen
er hat gegessen	habe gegessen	hätte gegessen
wir haben gegessen	haben gegessen	hätten gegessen
ihr habt gegessen	habet gegessen	hättet gegessen
sie haben gegessen	haben gegessen	hätten gegessen

Pluperfect

ich hatte gegessen
du hattest gegessen
er hatte gegessen
wir hatten gegessen
ihr hattet gegessen
sie hatten gegessen

	Future Time	
Future	*(Fut. Subj.)*	*(Pres. Conditional)*
ich werde essen	werde essen	würde essen
du wirst essen	werdest essen	würdest essen
er wird essen	werde essen	würde essen
wir werden essen	werden essen	würden essen
ihr werdet essen	werdet essen	würdet essen
sie werden essen	werden essen	würden essen

	Future Perfect Time	
Future Perfect	*(Fut. Perf. Subj.)*	*(Past Conditional)*
ich werde gegessen haben	werde gegessen haben	würde gegessen haben
du wirst gegessen haben	werdest gegessen haben	würdest gegessen haben
er wird gegessen haben	werde gegessen haben	würde gegessen haben
wir werden gegessen haben	werden gegessen haben	würden gegessen haben
ihr werdet gegessen haben	werdet gegessen haben	würdet gegessen haben
sie werden gegessen haben	werden gegessen haben	würden gegessen haben

fahren

to travel, drive, ride, go

PRINC. PARTS: fahren, fuhr, ist gefahren, fährt
IMPERATIVE: fahre!, fahrt!, fahren Sie!

INDICATIVE	SUBJUNCTIVE	
	PRIMARY	SECONDARY

Present Time

	Present	*(Pres. Subj.)*	*(Imperf. Subj.)*
ich	fahre	fahre	führe
du	fährst	fahrest	führest
er	fährt	fahre	führe
wir	fahren	fahren	führen
ihr	fahrt	fahret	führet
sie	fahren	fahren	führen

	Imperfect
ich	fuhr
du	fuhrst
er	fuhr
wir	fuhren
ihr	fuhrt
sie	fuhren

Past Time

	Perfect	*(Perf. Subj.)*	*(Pluperf. Subj.)*
ich	bin gefahren	sei gefahren	wäre gefahren
du	bist gefahren	seiest gefahren	wärest gefahren
er	ist gefahren	sei gefahren	wäre gefahren
wir	sind gefahren	seien gefahren	wären gefahren
ihr	seid gefahren	seiet gefahren	wäret gefahren
sie	sind gefahren	seien gefahren	wären gefahren

	Pluperfect
ich	war gefahren
du	warst gefahren
er	war gefahren
wir	waren gefahren
ihr	wart gefahren
sie	waren gefahren

Future Time

	Future	*(Fut. Subj.)*	*(Pres. Conditional)*
ich	werde fahren	werde fahren	würde fahren
du	wirst fahren	werdest fahren	würdest fahren
er	wird fahren	werde fahren	würde fahren
wir	werden fahren	werden fahren	würden fahren
ihr	werdet fahren	werdet fahren	würdet fahren
sie	werden fahren	werden fahren	würden fahren

Future Perfect Time

	Future Perfect	*(Fut. Perf. Subj.)*	*(Past Conditional)*
ich	werde gefahren sein	werde gefahren sein	würde gefahren sein
du	wirst gefahren sein	werdest gefahren sein	würdest gefahren sein
er	wird gefahren sein	werde gefahren sein	würde gefahren sein
wir	werden gefahren sein	werden gefahren sein	würden gefahren sein
ihr	werdet gefahren sein	werdet gefahren sein	würdet gefahren sein
sie	werden gefahren sein	werden gefahren sein	würden gefahren sein

PRINC. PARTS: fallen, fiel, ist gefallen, fällt
IMPERATIVE: falle!, fallt!, fallen Sie!

INDICATIVE	SUBJUNCTIVE	
	PRIMARY	SECONDARY
	Present Time	
Present	*(Pres. Subj.)*	*(Imperf. Subj.)*
ich falle	falle	fiele
du fällst	fallest	fielest
er fällt	falle	fiele
wir fallen	fallen	fielen
ihr fallt	fallet	fielet
sie fallen	fallen	fielen

Imperfect
ich fiel
du fielst
er fiel
wir fielen
ihr fielt
sie fielen

	Past Time	
Perfect	*(Perf. Subj.)*	*(Pluperf. Subj.)*
ich bin gefallen	sei gefallen	wäre gefallen
du bist gefallen	seiest gefallen	wärest gefallen
er ist gefallen	sei gefallen	wäre gefallen
wir sind gefallen	seien gefallen	wären gefallen
ihr seid gefallen	seiet gefallen	wäret gefallen
sie sind gefallen	seien gefallen	wären gefallen

Pluperfect
ich war gefallen
du warst gefallen
er war gefallen
wir waren gefallen
ihr wart gefallen
sie waren gefallen

	Future Time	
Future	*(Fut. Subj.)*	*(Pres. Conditional)*
ich werde fallen	werde fallen	würde fallen
du wirst fallen	werdest fallen	würdest fallen
er wird fallen	werde fallen	würde fallen
wir werden fallen	werden fallen	würden fallen
ihr werdet fallen	werdet fallen	würdet fallen
sie werden fallen	werden fallen	würden fallen

	Future Perfect Time	
Future Perfect	*(Fut. Perf. Subj.)*	*(Past Conditional)*
ich werde gefallen sein	werde gefallen sein	würde gefallen sein
du wirst gefallen sein	werdest gefallen sein	würdest gefallen sein
er wird gefallen sein	werde gefallen sein	würde gefallen sein
wir werden gefallen sein	werden gefallen sein	würden gefallen sein
ihr werdet gefallen sein	werdet gefallen sein	würdet gefallen sein
sie werden gefallen sein	werden gefallen sein	würden gefallen sein

falten

to fold

PRINC. PARTS: falten, faltete, gefaltet, faltet
IMPERATIVE: falte!, faltet!, falten Sie!

INDICATIVE		SUBJUNCTIVE	
		PRIMARY	SECONDARY
		Present Time	
Present		(*Pres. Subj.*)	(*Imperf. Subj.*)
ich	falte	falte	faltete
du	faltest	faltest	faltetest
er	faltet	falte	faltete
wir	falten	falten	falteten
ihr	faltet	faltet	faltetet
sie	falten	falten	falteten

Imperfect			
ich	faltete		
du	faltetest		
er	faltete		
wir	falteten		
ihr	faltetet		
sie	falteten		

		Past Time	
Perfect		(*Perf. Subj.*)	(*Pluperf. Subj.*)
ich	habe gefaltet	habe gefaltet	hätte gefaltet
du	hast gefaltet	habest gefaltet	hättest gefaltet
er	hat gefaltet	habe gefaltet	hätte gefaltet
wir	haben gefaltet	haben gefaltet	hätten gefaltet
ihr	habt gefaltet	habet gefaltet	hättet gefaltet
sie	haben gefaltet	haben gefaltet	hätten gefaltet

Pluperfect			
ich	hatte gefaltet		
du	hattest gefaltet		
er	hatte gefaltet		
wir	hatten gefaltet		
ihr	hattet gefaltet		
sie	hatten gefaltet		

		Future Time	
Future		(*Fut. Subj.*)	(*Pres. Conditional*)
ich	werde falten	werde falten	würde falten
du	wird falten	werdest falten	würdest falten
er	wirst falten	werde falten	würde falten
wir	werden falten	werden falten	würden falten
ihr	werdet falten	werdet falten	würdet falten
sie	werden falten	werden falten	würden falten

		Future Perfect Time	
Future Perfect		(*Fut. Perf. Subj.*)	(*Past Conditional*)
ich	werde gefaltet haben	werde gefaltet haben	würde gefaltet haben
du	wird gefaltet haben	werdest gefaltet haben	würdest gefaltet haben
er	wirst gefaltet haben	werde gefaltet haben	würde gefaltet haben
wir	werden gefaltet haben	werden gefaltet haben	würden gefaltet haben
ihr	werdet gefaltet haben	werdet gefaltet haben	würdet gefaltet haben
sie	werden gefaltet haben	werden gefaltet haben	würden gefaltet haben

PRINC. PARTS: fangen, fing, gefangen, fängt
IMPERATIVE: fange!, fangt!, fangen Sie!

INDICATIVE	SUBJUNCTIVE	
	PRIMARY	SECONDARY

Present Time

	Present	*(Pres. Subj.)*	*(Imperf. Subj.)*
ich	fange	fange	finge
du	fängst	fangest	fingest
er	fängt	fange	finge
wir	fangen	fangen	fingen
ihr	fangt	fanget	finget
sie	fangen	fangen	fingen

	Imperfect
ich	fing
du	fingst
er	fing
wir	fingen
ihr	fingt
sie	fingen

Past Time

	Perfect	*(Perf. Subj.)*	*(Pluperf. Subj.)*
ich	habe gefangen	habe gefangen	hätte gefangen
du	hast gefangen	habest gefangen	hättest gefangen
er	hat gefangen	habe gefangen	hätte gefangen
wir	haben gefangen	haben gefangen	hätten gefangen
ihr	habt gefangen	habet gefangen	hättet gefangen
sie	haben gefangen	haben gefangen	hätten gefangen

	Pluperfect
ich	hatte gefangen
du	hattest gefangen
er	hatte gefangen
wir	hatten gefangen
ihr	hattet gefangen
sie	hatten gefangen

Future Time

	Future	*(Fut. Subj.)*	*(Pres. Conditional)*
ich	werde fangen	werde fangen	würde fangen
du	wirst fangen	werdest fangen	würdest fangen
er	wird fangen	werde fangen	würde fangen
wir	werden fangen	werden fangen	würden fangen
ihr	werdet fangen	werdet fangen	würdet fangen
sie	werden fangen	werden fangen	würden fangen

Future Perfect Time

	Future Perfect	*(Fut. Perf. Subj.)*	*(Past Conditional)*
ich	werde gefangen haben	werde gefangen haben	würde gefangen haben
du	wirst gefangen haben	werdest gefangen haben	würdest gefangen haben
er	wird gefangen haben	werde gefangen haben	würde gefangen haben
wir	werden gefangen haben	werden gefangen haben	würden gefangen haben
ihr	werdet gefangen haben	werdet gefangen haben	würdet gefangen haben
sie	werden gefangen haben	werden gefangen haben	würden gefangen haben

fassen

to grasp, seize, contain,
conceive

PRINC. PARTS: fassen, faßte, gefaßt, faßt
IMPERATIVE: fasse!, faßt!, fassen Sie!

INDICATIVE	SUBJUNCTIVE	
	PRIMARY	SECONDARY

Present Time

	Present	(Pres. Subj.)	(Imperf. Subj.)
ich	fasse	fasse	faßte
du	faßt	fassest	faßtest
er	faßt	fasse	faßte
wir	fassen	fassen	faßten
ihr	faßt	fasset	faßtet
sie	fassen	fassen	faßten

	Imperfect
ich	faßte
du	faßtest
er	faßte
wir	faßten
ihr	faßtet
sie	faßten

Past Time

	Perfect	(Perf. Subj.)	(Pluperf. Subj.)
ich	habe gefaßt	habe gefaßt	hätte gefaßt
du	hast gefaßt	habest gefaßt	hättest gefaßt
er	hat gefaßt	habe gefaßt	hätte gefaßt
wir	haben gefaßt	haben gefaßt	hätten gefaßt
ihr	habt gefaßt	habet gefaßt	hättet gefaßt
sie	haben gefaßt	haben gefaßt	hätten gefaßt

	Pluperfect
ich	hatte gefaßt
du	hattest gefaßt
er	hatte gefaßt
wir	hatten gefaßt
ihr	hattet gefaßt
sie	hatten gefaßt

Future Time

	Future	(Fut. Subj.)	(Pres. Conditional)
ich	werde fassen	werde fassen	würde fassen
du	wirst fassen	werdest fassen	würdest fassen
er	wird fassen	werde fassen	würde fassen
wir	werden fassen	werden fassen	würden fassen
ihr	werdet fassen	werdet fassen	würdet fassen
sie	werden fassen	werden fassen	würden fassen

Future Perfect Time

	Future Perfect	(Fut. Perf. Subj.)	(Past Conditional)
ich	werde gefaßt haben	werde gefaßt haben	würde gefaßt haben
du	wirst gefaßt haben	werdest gefaßt haben	würdest gefaßt haben
er	wird gefaßt haben	werde gefaßt haben	würde gefaßt haben
wir	werden gefaßt haben	werden gefaßt haben	würden gefaßt haben
ihr	werdet gefaßt haben	werdet gefaßt haben	würdet gefaßt haben
sie	werden gefaßt haben	werden gefaßt haben	würden gefaßt haben

PRINC. PARTS: finden, fand, gefunden, findet
IMPERATIVE: finde!, findet!, finden Sie!

INDICATIVE	SUBJUNCTIVE	
	PRIMARY	SECONDARY

Present Time

	Present	(Pres. Subj.)	(Imperf. Subj.)
ich	finde	finde	fände
du	findest	findest	fändest
er	findet	finde	fände
wir	finden	finden	fänden
ihr	findet	findet	fändet
sie	finden	finden	fänden

	Imperfect
ich	fand
du	fandst
er	fand
wir	fanden
ihr	fandet
sie	fanden

Past Time

	Perfect	(Perf. Subj.)	(Pluperf. Subj.)
ich	habe gefunden	habe gefunden	hätte gefunden
du	hast gefunden	habest gefunden	hättest gefunden
er	hat gefunden	habe gefunden	hätte gefunden
wir	haben gefunden	haben gefunden	hätten gefunden
ihr	habt gefunden	habet gefunden	hättet gefunden
sie	haben gefunden	haben gefunden	hätten gefunden

	Pluperfect
ich	hatte gefunden
du	hattest gefunden
er	hatte gefunden
wir	hatten gefunden
ihr	hattet gefunden
sie	hatten gefunden

Future Time

	Future	(Fut. Subj.)	(Pres. Conditional)
ich	werde finden	werde finden	würde finden
du	wirst finden	werdest finden	würdest finden
er	wird finden	werde finden	würde finden
wir	werden finden	werden finden	würden finden
ihr	werdet finden	werdet finden	würdet finden
sie	werden finden	werden finden	würden finden

Future Perfect Time

	Future Perfect	(Fut. Perf. Subj.)	(Past Conditional)
ich	werde gefunden haben	werde gefunden haben	würde gefunden haben
du	wirst gefunden haben	werdest gefunden haben	würdest gefunden haben
er	wird gefunden haben	werde gefunden haben	würde gefunden haben
wir	werden gefunden haben	werden gefunden haben	würden gefunden haben
ihr	werdet gefunden haben	werdet gefunden haben	würdet gefunden haben
sie	werden gefunden haben	werden gefunden haben	würden gefunden haben

fliegen

to fly

PRINC. PARTS: fliegen, flog, ist geflogen, fliegt
IMPERATIVE: fliege!, fliegt!, fliegen Sie!

INDICATIVE	SUBJUNCTIVE	
	PRIMARY	SECONDARY

Present Time

	Present	*(Pres. Subj.)*	*(Imperf. Subj.)*
ich	fliege	fliege	flöge
du	fliegst	fliegest	flögest
er	fliegt	fliege	flöge
wir	fliegen	fliegen	flögen
ihr	fliegt	flieget	flöget
sie	fliegen	fliegen	flögen

	Imperfect
ich	flog
du	flogst
er	flog
wir	flogen
ihr	flogt
sie	flogen

Past Time

	Perfect	*(Perf. Subj.)*	*(Pluperf. Subj.)*
ich	bin geflogen	sei geflogen	wäre geflogen
du	bist geflogen	seiest geflogen	wärest geflogen
er	ist geflogen	sei geflogen	wäre geflogen
wir	sind geflogen	seien geflogen	wären geflogen
ihr	seid geflogen	seiet geflogen	wäret geflogen
sie	sind geflogen	seien geflogen	wären geflogen

	Pluperfect
ich	war geflogen
du	warst geflogen
er	war geflogen
wir	waren geflogen
ihr	wart geflogen
sie	waren geflogen

Future Time

	Future	*(Fut. Subj.)*	*(Pres. Conditional)*
ich	werde fliegen	werde fliegen	würde fliegen
du	wirst fliegen	werdest fliegen	würdest fliegen
er	wird fliegen	werde fliegen	würde fliegen
wir	werden fliegen	werden fliegen	würden fliegen
ihr	werdet fliegen	werdet fliegen	würdet fliegen
sie	werden fliegen	werden fliegen	würden fliegen

Future Perfect Time

	Future Perfect	*(Fut. Perf. Subj.)*	*(Past Conditional)*
ich	werde geflogen sein	werde geflogen sein	würde geflogen sein
du	wirst geflogen sein	werdest geflogen sein	würdest geflogen sein
er	wird geflogen sein	werde geflogen sein	würde geflogen sein
wir	werden geflogen sein	werden geflogen sein	würden geflogen sein
ihr	werdet geflogen sein	werdet geflogen sein	würdet geflogen sein
sie	werden geflogen sein	werden geflogen sein	würden geflogen sein

74

fliehen

to flee, shun, avoid

INDICATIVE		SUBJUNCTIVE	
		PRIMARY	SECONDARY
		Present Time	
	Present	*(Pres. Subj.)*	*(Imperf. Subj.)*
ich	fliehe	fliehe	flöhe
du	fliehst	fliehest	flöhest
er	flieht	fliehe	flöhe
wir	fliehen	fliehen	flöhen
ihr	flieht	fliehet	flöhet
sie	fliehen	fliehen	flöhen

	Imperfect
ich	floh
du	flohst
er	floh
wir	flohen
ihr	floht
sie	flohen

INDICATIVE		SUBJUNCTIVE	
		Past Time	
	Perfect	*(Perf. Subj.)*	*(Pluperf. Subj.)*
ich	bin geflohen	sei geflohen	wäre geflohen
du	bist geflohen	seiest geflohen	wärest geflohen
er	ist geflohen	sei geflohen	wäre geflohen
wir	sind geflohen	seien geflohen	wären geflohen
ihr	seid geflohen	seiet geflohen	wàret geflohen
sie	sind geflohen	seien geflohen	wären geflohen

	Pluperfect
ich	war geflohen
du	warst geflohen
er	war geflohen
wir	waren geflohen
ihr	wart geflohen
sie	waren geflohen

		Future Time	
	Future	*(Fut. Subj.)*	*(Pres. Conditional)*
ich	werde fliehen	werde fliehen	würde fliehen
du	wirst fliehen	werdest fliehen	würdest fliehen
er	wird fliehen	werde fliehen	würde fliehen
wir	werden fliehen	werden fliehen	würden fliehen
ihr	werdet fliehen	werdet fliehen	würdet fliehen
sie	werden fliehen	werden fliehen	würden fliehen

		Future Perfect Time	
	Future Perfect	*(Fut. Perf. Subj.)*	*(Past Conditional)*
ich	werde geflohen sein	werde geflohen sein	würde geflohen sein
du	wirst geflohen sein	werdest geflohen sein	würdest geflohen sein
er	wird geflohen sein	werde geflohen sein	würde geflohen sein
wir	werden geflohen sein	werden geflohen sein	würden geflohen sein
ihr	werdet geflohen sein	werdet geflohen sein	würdet geflohen sein
sie	werden geflohen sein	werden geflohen sein	würden geflohen sein

fließen
to flow

PRINC. PARTS: fließen,* floß, ist geflossen, fließt
IMPERATIVE: fließe!, fließt!, fließen Sie!**

	INDICATIVE		SUBJUNCTIVE	
			PRIMARY	SECONDARY
			Present Time	
	Present		*(Pres. Subj.)*	*(Imperf. Subj.)*
ich	fließe		fließe	flösse
du	fließt		fließest	flössest
er	fließt		fließe	flösse
wir	fließen		fließen	flössen
ihr	fließt		fließet	flösset
sie	fließen		fließen	flössen

	Imperfect
ich	floß
du	flossest
er	floß
wir	flossen
ihr	floßt
sie	flossen

			Past Time	
	Perfect		*(Perf. Subj.)*	*(Pluperf. Subj.)*
ich	bin geflossen		sei geflossen	wäre geflossen
du	bist geflossen		seiest geflossen	wärest geflossen
er	ist geflossen		sei geflossen	wäre geflossen
wir	sind geflossen		seien geflossen	wären geflossen
ihr	seid geflossen		seiet geflossen	wäret geflossen
sie	sind geflossen		seien geflossen	wären geflossen

	Pluperfect
ich	war geflossen
du	warst geflossen
er	war geflossen
wir	waren geflossen
ihr	wart geflossen
sie	waren geflossen

			Future Time	
	Future		*(Fut. Subj.)*	*(Pres. Conditional)*
ich	werde fließen		werde fließen	würde fließen
du	wirst fließen		werdest fließen	würdest fließen
er	wird fließen		werde fließen	würde fließen
wir	werden fließen		werden fließen	würden fließen
ihr	werdet fließen		werdet fließen	würdet fließen
sie	werden fließen		werden fließen	würden fließen

			Future Perfect Time	
	Future Perfect		*(Fut. Perf. Subj.)*	*(Past Conditional)*
ich	werde geflossen sein		werde geflossen sein	würde geflossen sein
du	wirst geflossen sein		werdest geflossen sein	würdest geflossen sein
er	wird geflossen sein		werde geflossen sein	würde geflossen sein
wir	werden geflossen sein		werden geflossen sein	würden geflossen sein
ihr	werdet geflossen sein		werdet geflossen sein	würdet geflossen sein
sie	werden geflossen sein		werden geflossen sein	würden geflossen sein

* Forms other than the third person are infrequently found.
** The imperative is unusual.

PRINC. PARTS: folgen, folgte, ist gefolgt, folgt
IMPERATIVE: folge!, folgt!, folgen Sie!

to follow

INDICATIVE	SUBJUNCTIVE	
	PRIMARY	SECONDARY
	Present Time	
Present	(*Pres. Subj.*)	(*Imperf. Subj.*)
ich folge	folge	folgte
du folgst	folgest	folgtest
er folgt	folge	folgte
wir folgen	folgen	folgten
ihr folgt	folget	folgtet
sie folgen	folgen	folgten

Imperfect
ich folgte
du folgtest
er folgte
wir folgten
ihr folgtet
sie folgten

	Past Time	
Perfect	(*Perf. Subj.*)	(*Pluperf. Subj.*)
ich bin gefolgt	sei gefolgt	wäre gefolgt
du bist gefolgt	seiest gefolgt	wärest gefolgt
er ist gefolgt	sei gefolgt	wäre gefolgt
wir sind gefolgt	seien gefolgt	wären gefolgt
ihr seid gefolgt	seiet gefolgt	wäret gefolgt
sie sind gefolgt	seien gefolgt	wären gefolgt

Pluperfect
ich war gefolgt
du warst gefolgt
er war gefolgt
wir waren gefolgt
ihr wart gefolgt
sie waren gefolgt

	Future Time	
Future	(*Fut. Subj.*)	(*Pres. Conditional*)
ich werde folgen	werde folgen	würde folgen
du wirst folgen	werdest folgen	würdest folgen
er wird folgen	werde folgen	würde folgen
wir werden folgen	werden folgen	würden foigen
ihr werdet folgen	werdet folgen	würdet folgen
sie werden folgen	werden folgen	würden folgen

	Future Perfect Time	
Future Perfect	(*Fut. Perf. Subj.*)	(*Past Conditional*)
ich werde gefolgt sein	werde gefolgt sein	würde gefolgt sein
du wirst gefolgt sein	werdest gefolgt sein	würdest gefolgt sein
er wird gefolgt sein	werde gefolgt sein	würde gefolgt sein
wir werden gefolgt sein	werden gefolgt sein	würden gefolgt sein
ihr werdet gefolgt sein	werdet gefolgt sein	würdet gefolgt sein
sie werden gefolgt sein	werden gefolgt sein	würden gefolgt sein

fragen

to ask (a question)

PRINC. PARTS: fragen, fragte, gefragt, fragt
IMPERATIVE: frage!, fragt!, fragen Sie!

	INDICATIVE	SUBJUNCTIVE	
		PRIMARY	SECONDARY
		Present Time	
	Present	*(Pres. Subj.)*	*(Imperf. Subj.)*
ich	frage	frage	fragte
du	fragst	fragest	fragtest
er	fragt	frage	fragte
wir	fragen	fragen	fragten
ihr	fragt	fraget	fragtet
sie	fragen	fragen	fragten

	Imperfect
ich	fragte
du	fragtest
er	fragte
wir	fragten
ihr	fragtet
sie	fragten

			Past Time	
	Perfect	*(Perf. Subj.)*	*(Pluperf. Subj.)*
ich	habe gefragt	habe gefragt	hätte gefragt
du	hast gefragt	habest gefragt	hättest gefragt
er	hat gefragt	habe gefragt	hätte gefragt
wir	haben gefragt	haben gefragt	hätten gefragt
ihr	habt gefragt	habet gefragt	hättet gefragt
sie	haben gefragt	haben gefragt	hätten gefragt

	Pluperfect
ich	hatte gefragt
du	hattest gefragt
er	hatte gefragt
wir	hatten gefragt
ihr	hattet gefragt
sie	hatten gefragt

			Future Time	
	Future	*(Fut. Subj.)*	*(Pres. Conditional)*
ich	werde fragen	werde fragen	würde fragen
du	wirst fragen	werdest fragen	würdest fragen
er	wird fragen	werde fragen	würde fragen
wir	werden fragen	werden fragen	würden fragen
ihr	werdet fragen	werdet fragen	würdet fragen
sie	werden fragen	werden fragen	würden fragen

			Future Perfect Time	
	Future Perfect	*(Fut. Perf. Subj.)*	*(Past Conditional)*
ich	werde gefragt haben	werde gefragt haben	würde gefragt haben
du	wirst gefragt haben	werdest gefragt haben	würdest gefragt haben
er	wird gefragt haben	werde gefragt haben	würde gefragt haben
wir	werden gefragt haben	werden gefragt haben	würden gefragt haben
ihr	werdet gefragt haben	werdet gefragt haben	würdet gefragt haben
sie	werden gefragt haben	werden gefragt haben	würden gefragt haben

PRINC. PARTS: fressen, fraß, gefressen, frißt
IMPERATIVE: friß!, freßt!, fressen Sie!

to eat, feed, devour

INDICATIVE	SUBJUNCTIVE	
	PRIMARY	SECONDARY

Present Time

	Present	*(Pres. Subj.)*	*(Imperf. Subj.)*
ich	fresse	fresse	fräße
du	frißt	fressest	fräßest
er	frißt	fresse	fräße
wir	fressen	fressen	fräßen
ihr	freßt	fresset	fräßet
sie	fressen	fressen	fräßen

	Imperfect
ich	fraß
du	fraßest
er	fraß
wir	fraßen
ihr	fraßt
sie	fraßen

Past Time

	Perfect	*(Perf. Subj.)*	*(Pluperf. Subj.)*
ich	habe gefressen	habe gefressen	hätte gefressen
du	hast gefressen	habest gefressen	hättest gefressen
er	hat gefressen	habe gefressen	hätte gefressen
wir	haben gefressen	haben gefressen	hätten gefressen
ihr	habt gefressen	habet gefressen	hättet gefressen
sie	haben gefressen	haben gefressen	hätten gefressen

	Pluperfect
ich	hatte gefressen
du	hattest gefressen
er	hatte gefressen
wir	hatten gefressen
ihr	hattet gefressen
sie	hatten gefressen

Future Time

	Future	*(Fut. Subj.)*	*(Pres. Conditional)*
ich	werde fressen	werde fressen	würde fressen
du	wirst fressen	werdest fressen	würdest fressen
er	wird fressen	werde fressen	würde fressen
wir	werden fressen	werden fressen	würden fressen
ihr	werdet fressen	werdet fressen	würdet fressen
sie	werden fressen	werden fressen	würden fressen

Future Perfect Time

	Future Perfect	*(Fut. Perf. Subj.)*	*(Past Conditional)*
ich	werde gefressen haben	werde gefressen haben	würde gefressen haben
du	wirst gefressen haben	werdest gefressen haben	würdest gefressen haben
er	wird gefressen haben	werde gefressen haben	würde gefressen haben
wir	werden gefressen haben	werden gefressen haben	würden gefressen haben
ihr	werdet gefressen haben	werdet gefressen haben	würdet gefressen haben
sie	werden gefressen haben	werden gefressen haben	würden gefressen haben

* Used for animals and humans who eat ravenously.

frühstücken

to eat breakfast

PRINC. PARTS: frühstücken, frühstückte, gefrühstückt, frühstückt

IMPERATIVE: frühstücke!, frühstückt!, frühstücken Sie!

INDICATIVE	SUBJUNCTIVE	
	PRIMARY	SECONDARY
	Present Time	
Present	*(Pres. Subj.)*	*(Imperf. Subj.)*
ich frühstücke	frühstücke	frühstückte
du frühstückst	frühstückest	frühstücktest
er frühstückt	frühstücke	frühstückte
wir frühstücken	frühstücken	frühstückten
ihr frühstückt	frühstücket	frühstücktet
sie frühstücken	frühstücken	frühstückten
Imperfect		
ich frühstückte		
du frühstücktest		
er frühstückte		
wir frühstückten		
ihr frühstücktet		
sie frühstückten	*Past Time*	
Perfect	*(Perf. Subj.)*	*(Pluperf. Subj.)*
ich habe gefrühstückt	habe gefrühstückt	hätte gefrühstückt
du hast gefrühstückt	habest gefrühstückt	hättest gefrühstückt
er hat gefrühstückt	habe gefrühstückt	hätte gefrühstückt
wir haben gefrühstückt	haben gefrühstückt	hätten gefrühstückt
ihr habt gefrühstückt	habet gefrühstückt	hättet gefrühstückt
sie haben gefrühstückt	haben gefrühstückt	hätten gefrühstückt
Pluperfect		
ich hatte gefrühstückt		
du hattest gefrühstückt		
er hatte gefrühstückt		
wir hatten gefrühstückt		
ihr hattet gefrühstückt		
sie hatten gefrühstückt	*Future Time*	
Future	*(Fut. Subj.)*	*(Pres. Conditional)*
ich werde frühstücken	werde frühstücken	würde frühstücken
du wirst frühstücken	werdest frühstücken	würdest frühstücken
er wird frühstücken	werde frühstücken	würde frühstücken
wir werden frühstücken	werden frühstücken	würden frühstücken
ihr werdet frühstücken	werdet frühstücken	würdet frühstücken
sie werden frühstücken	werden frühstücken	würden frühstücken
	Future Perfect Time	
Future Perfect	*(Fut. Perf. Subj.)*	*(Past Conditional)*
ich werde gefrühstückt haben	werde gefrühstückt haben	würde gefrühstückt haben
du wirst gefrühstückt haben	werdest gefrühstückt haben	würdest gefrühstückt haben
er wird gefrühstückt haben	werde gefrühstückt haben	würde gefrühstückt haben
wir werden gefrühstückt haben	werden gefrühstückt haben	würden gefrühstückt haben
ihr werdet gefrühstückt haben	werdet gefrühstückt haben	würdet gefrühstückt haben
sie werden gefrühstückt haben	werden gefrühstückt haben	würden gefrühstückt haben

fühlen

to feel, perceive

INDICATIVE	SUBJUNCTIVE	
	PRIMARY	SECONDARY
	Present Time	
Present	*(Pres. Subj.)*	*(Imperf. Subj.)*
ich fühle	fühle	fühlte
du fühlst	fühlest	fühltest
er fühlt	fühle	fühlte
wir fühlen	fühlen	fühlten
ihr fühlt	fühlet	fühltet
sie fühlen	fühlen	fühlten

Imperfect
ich fühlte
du fühltest
er fühlte
wir fühlten
ihr fühltet
sie fühlten

	Past Time	
Perfect	*(Perf. Subj.)*	*(Pluperf. Subj.)*
ich habe gefühlt	habe gefühlt	hätte gefühlt
du hast gefühlt	habest gefühlt	hättest gefühlt
er hat gefühlt	habe gefühlt	hätte gefühlt
wir haben gefühlt	haben gefühlt	hätten gefühlt
ihr habt gefühlt	habet gefühlt	hättet gefühlt
sie haben gefühlt	haben gefühlt	hätten gefühlt

Pluperfect
ich hatte gefühlt
du hattest gefühlt
er hatte gefühlt
wir hatten gefühlt
ihr hattet gefühlt
sie hatten gefühlt

	Future Time	
Future	*(Fut. Subj.)*	*(Pres. Conditional)*
ich werde fühlen	werde fühlen	würde fühlen
du wirst fühlen	werdest fühlen	würdest fühlen
er wird fühlen	werde fühlen	würde fühlen
wir werden fühlen	werden fühlen	würden fühlen
ihr werdet fühlen	werdet fühlen	würdet fühlen
sie werden fühlen	werden fühlen	würden fühlen

	Future Perfect Time	
Future Perfect	*(Fut. Perf. Subj.)*	*(Past Conditional)*
ich werde gefühlt haben	werde gefühlt haben	würde gefühlt haben
du wirst gefühlt haben	werdest gefühlt haben	würdest gefühlt haben
er wird gefühlt haben	werde gefühlt haben	würde gefühlt haben
wir werden gefühlt haben	werden gefühlt haben	würden gefühlt haben
ihr werdet gefühlt haben	werdet gefühlt haben	würdet gefühlt haben
sie werden gefühlt haben	werden gefühlt haben	würden gefühlt haben

81

führen

to lead

PRINC. PARTS: führen, führte, geführt, führt
IMPERATIVE: führe!, führt!, führen Sie!

	INDICATIVE	SUBJUNCTIVE	
		PRIMARY	SECONDARY

Present Time

	Present	*(Pres. Subj.)*	*(Imperf. Subj.)*
ich	führe	führe	führte
du	führst	führest	führtest
er	führt	führe	führte
wir	führen	führen	führten
ihr	führt	führet	führtet
sie	führen	führen	führten

	Imperfect
ich	führte
du	führtest
er	führte
wir	führten
ihr	führtet
sie	führten

Past Time

	Perfect	*(Perf. Subj.)*	*(Pluperf. Subj.)*
ich	habe geführt	habe geführt	hätte geführt
du	hast geführt	habest geführt	hättest geführt
er	hat geführt	habe geführt	hätte geführt
wir	haben geführt	haben geführt	hätten geführt
ihr	habt gebührt	habet geführt	hättet geführt
sie	haben geführt	haben geführt	hätten geführt

	Pluperfect
ich	hatte geführt
du	hattest geführt
er	hatte geführt
wir	hatten geführt
ihr	hattet geführt
sie	hatten geführt

Future Time

	Future	*(Fut. Subj.)*	*(Pres. Conditional)*
ich	werde führen	werde führen	würde führen
du	wirst führen	werdest führen	würdest führen
er	wird führen	werde führen	würde führen
wir	werden führen	werden führen	würden führen
ihr	werdet führen	werdet führen	würdet führen
sie	werden führen	werden führen	würden führen

Future Perfect Time

	Future Perfect	*(Fut. Perf. Subj.)*	*(Past Conditional)*
ich	werde geführt haben	werde geführt haben	würde geführt haben
du	wirst geführt haben	werdest geführt haben	würdest geführt haben
er	wird geführt haben	werde geführt haben	würde geführt haben
wir	werden geführt haben	werden geführt haben	würden geführt haben
ihr	werdet geführt haben	werdet geführt haben	würdet geführt haben
sie	werden geführt haben	werden geführt haben	würden geführt haben

PRINC. PARTS: füllen, füllte, gefüllt, füllt
IMPERATIVE: fülle!, füllt!, füllen Sie!

INDICATIVE	SUBJUNCTIVE	
	PRIMARY	SECONDARY

Present Time

	Present	*(Pres. Subj.)*	*(Imperf. Subj.)*
ich	fülle	fülle	füllte
du	füllst	füllest	fülltest
er	füllt	fülle	füllte
wir	füllen	füllen	füllten
ihr	füllt	füllet	fülltet
sie	füllen	füllen	füllten

	Imperfect
ich	füllte
du	fülltest
er	füllte
wir	füllten
ihr	fülltet
sie	füllten

Past Time

	Perfect	*(Perf. Subj.)*	*(Pluperf. Subj.)*
ich	habe gefüllt	habe gefüllt	hätte gefüllt
du	hast gefüllt	habest gefüllt	hättest gefüllt
er	hat gefüllt	habe gefüllt	hätte gefüllt
wir	haben gefüllt	haben gefüllt	hätten gefüllt
ihr	habt gefüllt	habet gefüllt	hättet gefüllt
sie	haben gefüllt	haben gefüllt	hätten gefüllt

	Pluperfect
ich	hatte gefüllt
du	hattest gefüllt
er	hatte gefüllt
wir	hatten gefüllt
ihr	hattet gefüllt
sie	hatten gefüllt

Future Time

	Future	*(Fut. Subj.)*	*(Pres. Conditional)*
ich	werde füllen	werde füllen	würde füllen
du	wirst füllen	werdest füllen	würdest füllen
er	wird füllen	werde füllen	würde füllen
wir	werden füllen	werden füllen	würden füllen
ihr	werdet füllen	werdet füllen	würdet füllen
sie	werden füllen	werden füllen	würden füllen

Future Perfect Time

	Future Perfect	*(Fut. Perf. Subj.)*	*(Past Conditional)*
ich	werde gefüllt haben	werde gefüllt haben	würde gefüllt haben
du	wirst gefüllt haben	werdest gefüllt haben	würdest gefüllt haben
er	wird gefüllt haben	werde gefüllt haben	würde gefüllt haben
wir	werden gefüllt haben	werden gefüllt haben	würden gefüllt haben
ihr	werdet gefüllt haben	werdet gefüllt haben	würdet gefüllt haben
sie	werden gefüllt haben	werden gefüllt haben	würden gefüllt haben

fürchten

to fear

PRINC. PARTS: fürchten, fürchtete, gefürchtet, fürchtet
IMPERATIVE: fürchte!, fürchtet!, fürchten Sie!

INDICATIVE	SUBJUNCTIVE	
	PRIMARY	SECONDARY

Present Time

Present	*(Pres. Subj.)*	*(Imperf. Subj.)*
ich fürchte	fürchte	fürchtete
du fürchtest	fürchtest	fürchtetest
er fürchtet	fürchte	fürchtete
wir fürchten	fürchten	fürchteten
ihr fürchtet	fürchtet	fürchtetet
sie fürchten	fürchten	fürchteten

Imperfect

ich	fürchtete
du	fürchtetest
er	fürchtete
wir	fürchteten
ihr	fürchtetet
sie	fürchteten

Past Time

Perfect	*(Perf. Subj.)*	*(Pluperf. Subj.)*
ich habe gefürchtet	habe gefürchtet	hätte gefürchtet
du hast gefürchtet	habest gefürchtet	hättest gefürchtet
er hat gefürchtet	habe gefürchtet	hätte gefürchtet
wir haben gefürchtet	haben gefürchtet	hätten gefürchtet
ihr habt gefürchtet	habet gefürchtet	hättet gefürchtet
sie haben gefürchtet	haben gefürchtet	hätten gefürchtet

Pluperfect

ich	hatte gefürchtet
du	hattest gefürchtet
er	hatte gefürchtet
wir	hatten gefürchtet
ihr	hattet gefürchtet
sie	hatten gefürchtet

Future Time

Future	*(Fut. Subj.)*	*(Pres. Conditional)*
ich werde fürchten	werde fürchten	würde fürchten
du wirst fürchten	werdest fürchten	würdest fürchten
er wird fürchten	werde fürchten	würde fürchten
wir werden fürchten	werden fürchten	würden fürchten
ihr werdet fürchten	werdet fürchten	würdet fürchten
sie werden fürchten	werden fürchten	würden fürchten

Future Perfect Time

Future Perfect	*(Fut. Perf. Subj.)*	*(Past Conditional)*
ich werde gefürchtet haben	werde gefürchtet haben	würde gefürchtet haben
du wirst gefürchtet haben	werdest gefürchtet haben	würdest gefürchtet haben
er wird gefürchtet haben	werde gefürchtet haben	würde gefürchtet haben
wir werden gefürchtet haben	werden gefürchtet haben	würden gefürchtet haben
ihr werdet gefürchtet haben	werdet gefürchtet haben	würdet gefürchtet haben
sie werden gefürchtet haben	werden gefürchtet haben	würden gefürchtet haben

PRINC. PARTS: geben, gab, gegeben, gibt
IMPERATIVE: gib!, gebt!, geben Sie!

geben

to give

INDICATIVE	SUBJUNCTIVE	
	PRIMARY	SECONDARY
	Present Time	
Present	*(Pres. Subj.)*	*(Imperf. Subj.)*
ich gebe	gebe	gäbe
du gibst	gebest	gäbest
er gibt	gebe	gäbe
wir geben	geben	gäben
ihr gebt	gebet	gäbet
sie geben	geben	gäben

Imperfect

ich gab
du gabst
er gab
wir gaben
ihr gabt
sie gaben

	Past Time	
Perfect	*(Perf. Subj.)*	*(Pluperf. Subj.)*
ich habe gegeben	habe gegeben	hätte gegeben
du hast gegeben	habest gegeben	hättest gegeben
er hat gegeben	habe gegeben	hätte gegeben
wir haben gegeben	haben gegeben	hätten gegeben
ihr habt gegeben	habet gegeben	hättet gegeben
sie haben gegeben	haben gegeben	hätten gegeben

Pluperfect

ich hatte gegeben
du hattest gegeben
er hatte gegeben
wir hatten gegeben
ihr hattet gegeben
sie hatten gegeben

	Future Time	
Future	*(Fut. Subj.)*	*(Pres. Conditional)*
ich werde geben	werde geben	würde geben
du wirst geben	werdest geben	würdest geben
er wird geben	werde geben	würde geben
wir werden geben	werden geben	würden geben
ihr werdet geben	werdet geben	würdet geben
sie werden geben	werden geben	würden geben

	Future Perfect Time	
Future Perfect	*(Fut. Perf. Subj.)*	*(Past Conditional)*
ich werde gegeben haben	werde gegeben haben	würde gegeben haben
du wirst gegeben haben	werdest gegeben haben	würdest gegeben haben
er wird gegeben haben	werde gegeben haben	würde gegeben haben
wir werden gegeben haben	werden gegeben haben	würden gegeben haben
ihr werdet gegeben haben	werdet gegeben haben	würdet gegeben haben
sie werden gegeben haben	werden gegeben haben	würden gegeben haben

gefallen

to be pleasing, like

PRINC. PARTS: gefallen, gefiel, gefallen, gefällt
IMPERATIVE: gefalle!, gefallt!, gefallen Sie!

INDICATIVE	SUBJUNCTIVE	
	PRIMARY	SECONDARY

Present Time

	Present	*(Pres. Subj.)*	*(Imperf. Subj.)*
ich	gefalle	gefalle	gefiele
du	gefällst	gefallest	gefielest
er	gefällt	gefalle	gefiele
wir	gefallen	gefallen	gefielen
ihr	gefallt	gefallet	gefielet
sie	gefallen	gefallen	gefielen

	Imperfect
ich	gefiel
du	gefielst
er	gefiel
wir	gefielen
ihr	gefielt
sie	gefielen

Past Time

	Perfect	*(Perf. Subj.)*	*(Pluperf. Subj.)*
ich	habe gefallen	habe gefallen	hätte gefallen
du	hast gefallen	habest gefallen	hättest gefallen
er	hat gefallen	habe gefallen	hätte gefallen
wir	haben gefallen	haben gefallen	hätten gefallen
ihr	habt gefallen	habet gefallen	hättet gefallen
sie	haben gefallen	haben gefallen	hätten gefallen

	Pluperfect
ich	hatte gefallen
du	hattest gefallen
er	hatte gefallen
wir	hatten gefallen
ihr	hattet gefallen
sie	hatten gefallen

Future Time

	Future	*(Fut. Subj.)*	*(Pres. Conditional)*
ich	werde gefallen	werde gefallen	würde gefallen
du	wirst gefallen	werdest gefallen	würdest gefallen
er	wird gefallen	werde gefallen	würde gefallen
wir	werden gefallen	werden gefallen	würden gefallen
ihr	werdet gefallen	werdet gefallen	würdet gefallen
sie	werden gefallen	werden gefallen	würden gefallen

Future Perfect Time

	Future Perfect	*(Fut. Perf. Subj.)*	*(Past Conditional)*
ich	werde gefallen haben	werde gefallen haben	würde gefallen haben
du	wirst gefallen haben	werdest gefallen haben	würdest gefallen haben
er	wird gefallen haben	werde gefallen haben	würde gefallen haben
wir	werden gefallen haben	werden gefallen haben	würden gefallen haben
ihr	werdet gefallen haben	werdet gefallen haben	würdet gefallen haben
sie	werden gefallen haben	werden gefallen haben	würden gefallen haben

PRINC. PARTS: gehen, ging, ist gegangen, geht
IMPERATIVE: gehe!, geht!, gehen Sie!

to go, walk

INDICATIVE	SUBJUNCTIVE	
	PRIMARY	SECONDARY

Present Time

Present	*(Pres. Subj.)*	*(Imperf. Subj.)*
ich gehe	gehe	ginge
du gehst	gehest	gingest
er geht	gehe	ginge
wir gehen	gehen	gingen
ihr geht	gehet	ginget
sie gehen	gehen	gingen

Imperfect
ich ging
du gingst
er ging
wir gingen
ihr gingt
sie gingen

Past Time

Perfect	*(Perf. Subj.)*	*(Pluperf. Subj.)*
ich bin gegangen	sei gegangen	wäre gegangen
du bist gegangen	seiest gegangen	wärest gegangen
er ist gegangen	sei gegangen	wäre gegangen
wir sind gegangen	seien gegangen	wären gegangen
ihr seid gegangen	seiet gegangen	wäret gegangen
sie sind gegangen	seien gegangen	wären gegangen

Pluperfect
ich war gegangen
du warst gegangen
er war gegangen
wir waren gegangen
ihr wart gegangen
sie waren gegangen

Future Time

Future	*(Fut. Subj.)*	*(Pres. Conditional)*
ich werde gehen	werde gehen	würde gehen
du wirst gehen	werdest gehen	würdest gehen
er wird gehen	werde gehen	würde gehen
wir werden gehen	werden gehen	würden gehen
ihr werdet gehen	werdet gehen	würdet gehen
sie werden gehen	werden gehen	würden gehen

Future Perfect Time

Future Perfect	*(Fut. Perf. Subj.)*	*(Past Conditional)*
ich werde gegangen sein	werde gegangen sein	würde gegangen sein
du wirst gegangen sein	werdest gegangen sein	würdest gegangen sein
er wird gegangen sein	werde gegangen sein	würde gegangen sein
wir werden gegangen sein	werden gegangen sein	würden gegangen sein
ihr werdet gegangen sein	werdet gegangen sein	würdet gegangen sein
sie werden gegangen sein	werden gegangen sein	würden gegangen sein

geliebt werden

to be loved

PRINC. PARTS: geliebt werden, wurde geliebt, ist geliebt
worden, wird geliebt
IMPERATIVE: werde geliebt!, werdet geliebt!,
werden Sie geliebt!

INDICATIVE		SUBJUNCTIVE	
		PRIMARY	SECONDARY
		Present Time	
	Present	*(Pres. Subj.)*	*(Imperf. Subj.)*
ich	werde geliebt	werde geliebt	würde geliebt
du	wirst geliebt	werdest geliebt	würdest geliebt
er	wird geliebt	werde geliebt	würde geliebt
wir	werden geliebt	werden geliebt	würden geliebt
ihr	werdet geliebt	werdet geliebt	würdet geliebt
sie	werden geliebt	werden geliebt	würden geliebt
	Imperfect		
ich	wurde geliebt		
du	wurdest geliebt		
er	wurde geliebt		
wir	wurden geliebt		
ihr	wurdet geliebt		
sie	wurden geliebt		
		Past Time	
	Perfect	*(Perf. Subj.)*	*(Pluperf. Subj.)*
ich	bin geliebt worden	sei geliebt worden	wäre geliebt worden
du	bist geliebt worden	seiest geliebt worden	wärest geliebt worden
er	ist geliebt worden	sei geliebt worden	wäre geliebt worden
wir	sind geliebt worden	seien geliebt worden	wären geliebt worden
ihr	seid geliebt worden	seiet geliebt worden	wäret geliebt worden
sie	sind geliebt worden	seien geliebt worden	wären geliebt worden
	Pluperfect		
ich	war geliebt worden		
du	warst geliebt worden		
er	war geliebt worden		
wir	waren geliebt worden		
ihr	wart geliebt worden		
sie	waren geliebt worden		
		Future Time	
	Future	*(Fut. Subj.)*	*(Pres. Conditional)*
ich	werde geliebt werden	werde geliebt werden	würde geliebt werden
du	wirst geliebt werden	werdest geliebt werden	würdest geliebt werden
er	wird geliebt werden	werde geliebt werden	würde geliebt werden
wir	werden geliebt werden	werden geliebt werden	würden geliebt werden
ihr	werdet geliebt werden	werdet geliebt werden	würdet geliebt werden
sie	werden geliebt werden	werden geliebt werden	würden geliebt werden
		Future Perfect Time	
	Future Perfect	*(Fut. Perf. Subj.)*	*(Past Conditional)*
ich	werde geliebt worden sein	werde geliebt worden sein	würde geliebt worden sein
du	wirst geliebt worden sein	werdest geliebt worden sein	würdest geliebt worden sein
er	wird geliebt worden sein	werde geliebt worden sein	würde geliebt worden sein
wir	werden geliebt worden sein	werden geliebt worden sein	würden geliebt worden sein
ihr	werdet geliebt worden sein	werdet geliebt worden sein	würdet geliebt worden sein
sie	werden geliebt worden sein	werden geliebt worden sein	würden geliebt worden sein

PRINC. PARTS: gelingen, gelang, ist gelungen, gelingt
IMPERATIVE: gelinge!, gelingt!, gelingen Sie!

	INDICATIVE	SUBJUNCTIVE	
		PRIMARY	SECONDARY
		Present Time	
	Present	*(Pres. Subj.)*	*(Imperf. Subj.)*
ich			
du			
es	gelingt (mir, dir, ihm, ihr, ihm, uns, euch, ihnen, Ihnen)	gelinge	gelänge
wir			
ihr			
sie	gelingen	gelingen	gelängen
ich	*Imperfect*		
du			
es	gelang		
wir			
ihr			
sie	gelangen		
		Past Time	
	Perfect	*(Perf. Subj.)*	*(Pluperf. Subj.)*
ich			
du			
es	ist gelungen	sei gelungen	wäre gelungen
wir			
ihr			
sie	sind gelungen	seien gelungen	wären gelungen
ich	*Pluperfect*		
du			
es	war gelungen		
wir			
ihr			
sie	waren gelungen		
		Future Time	
	Future	*(Fut. Subj.)*	*(Pres. Conditional)*
ich			
du			
es	wird gelingen	werde gelingen	würde gelingen
wir			
ihr			
sie	werden gelingen	werden gelingen	würden gelingen
		Future Perfect Time	
	Future Perfect	*(Fut. Perf. Subj.)*	*(Past Conditional)*
ich			
du			
es	wird gelungen sein	werde gelungen sein	würde gelungen sein
wir			
ihr			
sie	werden gelungen sein	werden gelungen sein	würden gelungen sein

* impersonal verb—only third person forms are used

89

genesen

to recover, convalesce

PRINC. PARTS: genesen, genas, ist genesen, genest
IMPERATIVE: genese!, genest!, genesen Sie!

	INDICATIVE	PRIMARY	SECONDARY
		SUBJUNCTIVE	
		Present Time	
	Present	*(Pres. Subj.)*	*(Imperf. Subj.)*
ich	genese	genese	genäse
du	genest	genesest	genäsest
er	genest	genese	genäse
wir	genesen	genesen	genäsen
ihr	genest	geneset	genäset
sie	genesen	genesen	genäsen

	Imperfect
ich	genas
du	genasest
er	genas
wir	genasen
ihr	genast
sie	genasen

			Past Time	
	Perfect	*(Perf. Subj.)*	*(Pluperf. Subj.)*
ich	bin genesen	sei genesen	wäre genesen
du	bist genesen	seiest genesen	wärest genesen
er	ist genesen	sei genesen	wäre genesen
wir	sind genesen	seien genesen	wären genesen
ihr	seid genesen	seiet genesen	wäret genesen
sie	sind genesen	seien genesen	wären genesen

	Pluperfect
ich	war genesen
du	warst genesen
er	war genesen
wir	waren genesen
ihr	wart genesen
sie	waren genesen

			Future Time	
	Future	*(Fut. Subj.)*	*(Pres. Conditional)*
ich	werde genesen	werde genesen	würde genesen
du	wirst genesen	werdest genesen	würdest genesen
er	wird genesen	werde genesen	würde genesen
wir	werden genesen	werden genesen	würden genesen
ihr	werdet genesen	werdet genesen	würdet genesen
sie	werden genesen	werden genesen	würden genesen

			Future Perfect Time	
	Future Perfect	*(Fut. Perf. Subj.)*	*(Past Conditional)*
ich	werde genesen sein	werde genesen sein	würde genesen sein
du	wirst genesen sein	werdest genesen sein	würdest genesen sein
er	wird genesen sein	werde genesen sein	würde genesen sein
wir	werden genesen sein	werden genesen sein	würden genesen sein
ihr	werdet genesen sein	werdet genesen sein	würdet genesen sein
sie	werden genesen sein	werden genesen sein	würden genesen sein

PRINC. PARTS: genießen, genoß, genossen, genießt
IMPERATIVE: genieße!, genießt!, genießen Sie!

INDICATIVE	SUBJUNCTIVE	
	PRIMARY	SECONDARY

Present Time

Present	*(Pres. Subj.)*	*(Imperf. Subj.)*
ich genieße	genieße	genösse
du genießt	genießest	genössest
er genießt	genieße	genösse
wir genießen	genießen	genössen
ihr genießt	genießet	genösset
sie genießen	genießen	genössen

Imperfect

ich	genoß
du	genossest
er	genoß
wir	genossen
ihr	genoßt
sie	genossen

Past Time

Perfect	*(Perf. Subj.)*	*(Pluperf. Subj.)*
ich habe genossen	habe genossen	hätte genossen
du hast genossen	habest genossen	hättest genossen
er hat genossen	habe genossen	hätte genossen
wir haben genossen	haben genossen	hätten genossen
ihr habt genossen	habet genossen	hättet genossen
sie haben genossen	haben genossen	hätten genossen

Pluperfect

ich	hatte genossen
du	hattest genossen
er	hatte genossen
wir	hatten genossen
ihr	hattet genossen
sie	hatten genossen

Future Time

Future	*(Fut. Subj.)*	*(Pres. Conditional)*
ich werde genießen	werde genießen	würde genießen
du wirst genießen	werdest genießen	würdest genießen
er wird genießen	werde genießen	würde genießen
wir werden genießen	werden genießen	würden genießen
ihr werdet genießen	werdet genießen	würdet genießen
sie werden genießen	werden genießen	würden genießen

Future Perfect Time

Future Perfect	*(Fut. Perf. Subj.)*	*(Past Conditional)*
ich werde genossen haben	werde genossen haben	würde genossen haben
du wirst genossen haben	werdest genossen haben	würdest genossen haben
er wird genossen haben	werde genossen haben	würde genossen haben
wir werden genossen haben	werden genossen haben	würden genossen haben
ihr werdet genossen haben	werdet genossen haben	würdet genossen haben
sie werden genossen haben	werden genossen haben	würden genossen haben

geschehen*

to happen, to take place,
to come to pass

PRINC. PARTS: geschehen, geschah, ist geschehen
IMPERATIVE: not used

	INDICATIVE	SUBJUNCTIVE	
		PRIMARY	SECONDARY
	Present	*Present Time* (Pres. Subj.)	(Imperf. Subj.)
ich			
du			
es	geschieht	geschehe	geschähe
wir			
ihr			
sie	geschehen	geschehen	geschähen
	Imperfect		
ich			
du			
es	geschah		
wir			
ihr			
sie	geschahen		
	Perfect	*Past Time* (Perf. Subj.)	(Pluperf. Subj.)
ich			
du			
es	ist geschehen	sei geschehen	wäre geschehen
wir			
ihr			
sie	sind geschehen	seien geschehen	wären geschehen
	Pluperfect		
ich			
du			
es	war geschehen		
wir			
ihr			
sie	waren geschehen		
	Future	*Future Time* (Fut. Subj.)	(Pres. Conditional)
ich			
du			
es	wird geschehen	werde geschehen	würde geschehen
wir			
ihr			
sie	werden geschehen	werden geschehen	würden geschehen
	Future Perfect	*Future Perfect Time* (Fut. Perf. Subj.)	(Past Conditional)
ich			
du			
es	wird geschehen sein	werde geschehen sein	würde geschehen sein
wir			
ihr			
sie	werden geschehen sein	werden geschehen sein	würden geschehen sein

* impersonal verb—only third person singular and plural are used

92

PRINC. PARTS: gewinnen, gewann, gewonnen, gewinnt
IMPERATIVE: gewinne!, gewinnt!, gewinnen Sie!

INDICATIVE	SUBJUNCTIVE	
	PRIMARY	SECONDARY
		Present Time
Present	*(Pres. Subj.)*	*(Imperf. Subj.)*
ich gewinne	gewinne	gewönne gewänne
du gewinnst	gewinnest	gewönnest gewännest
er gewinnt	gewinne	gewönne *or* gewänne
wir gewinnen	gewinnen	gewönnen gewännen
ihr gewinnt	gewinnet	gewönnet gewännet
sie gewinnen	gewinnen	gewönnen gewännen

Imperfect	
ich gewann	
du gewannst	
er gewann	
wir gewannen	
ihr gewannt	
sie gewannen	

		Past Time
Perfect	*(Perf. Subj.)*	*(Pluperf. Subj.)*
ich habe gewonnen	habe gewonnen	hätte gewonnen
du hast gewonnen	habest gewonnen	hättest gewonnen
er hat gewonnen	habe gewonnen	hätte gewonnen
wir haben gewonnen	haben gewonnen	hätten gewonnen
ihr habt gewonnen	habet gewonnen	hättet gewonnen
sie haben gewonnen	haben gewonnen	hätten gewonnen

Pluperfect
ich hatte gewonnen
du hattest gewonnen
er hatte gewonnen
wir hatten gewonnen
ihr hattet gewonnen
sie hatten gewonnen

		Future Time
Future	*(Fut. Subj.)*	*(Pres. Conditional)*
ich werde gewinnen	werde gewinnen	würde gewinnen
du wirst gewinnen	werdest gewinnen	würdest gewinnen
er wird gewinnen	werde gewinnen	würde gewinnen
wir werden gewinnen	werden gewinnen	würden gewinnen
ihr werdet gewinnen	werdet gewinnen	würdet gewinnen
sie werden gewinnen	werden gewinnen	würden gewinnen

		Future Perfect Time
Future Perfect	*(Fut. Perf. Subj.)*	*(Past Conditional)*
ich werde gewonnen haben	werde gewonnen haben	würde gewonnen haben
du wirst gewonnen haben	werdest gewonnen haben	würdest gewonnen haben
er wird gewonnen haben	werde gewonnen haben	würde gewonnen haben
wir werden gewonnen haben	werden gewonnen haben	würden gewonnen haben
ihr werdet gewonnen haben	werdet gewonnen haben	würdet gewonnen haben
sie werden gewonnen haben	werden gewonnen haben	würden gewonnen haben

sich gewöhnen

to become accustomed

	INDICATIVE	PRIMARY SUBJUNCTIVE	SECONDARY SUBJUNCTIVE
	Present	**Present Time** (*Pres. Subj.*)	(*Imperf. Subj.*)
ich	gewöhne mich	gewöhne mich	gewöhnte mich
du	gewöhnst dich	gewöhnest dich	gewöhntest dich
er	gewöhnt sich	gewöhne sich	gewöhnte sich
wir	gewöhnen uns	gewöhnen uns	gewöhnten uns
ihr	gewöhnt euch	gewöhnet euch	gewöhntet euch
sie	gewöhnen sich	gewöhnen sich	gewöhnten sich
	Imperfect		
ich	gewöhnte mich		
du	gewöhntest dich		
er	gewöhnte sich		
wir	gewöhnten uns		
ihr	gewöhntet euch		
sie	gewöhnten sich		
	Perfect	**Past Time** (*Perf. Subj.*)	(*Pluperf. Subj.*)
ich	habe mich gewöhnt	habe mich gewöhnt	hätte mich gewöhnt
du	hast dich gewöhnt	habest dich gewöhnt	hättest dich gewöhnt
er	hat sich gewöhnt	habe sich gewöhnt	hätte sich gewöhnt
wir	haben uns gewöhnt	haben uns gewöhnt	hätten uns gewöhnt
ihr	habt euch gewöhnt	habet euch gewöhnt	hättet euch gewöhnt
sie	haben sich gewöhnt	haben sich gewöhnt	hätten sich gewöhnt
	Pluperfect		
ich	hatte mich gewöhnt		
du	hattest dich gewöhnt		
er	hatte sich gewöhnt		
wir	hatten uns gewöhnt		
ihr	hattet euch gewöhnt		
sie	hatten sich gewöhnt		
	Future	**Future Time** (*Fut. Subj.*)	(*Pres. Conditional*)
ich	werde mich gewöhnen	werde mich gewöhnen	würde mich gewöhnen
du	wirst dich gewöhnen	werdest dich gewöhnen	würdest dich gewöhnen
er	wird sich gewöhnen	werde sich gewöhnen	würde sich gewöhnen
wir	werden uns gewöhnen	werden uns gewöhnen	würden uns gewöhnen
ihr	werdet euch gewöhnen	werdet euch gewöhnen	würdet euch gewöhnen
sie	werden sich gewöhnen	werden sich gewöhnen	würden sich gewöhnen
	Future Perfect	**Future Perfect Time** (*Fut. Perf. Subj.*)	(*Past Conditional*)
ich	werde mich gewöhnt haben	werde mich gewöhnt haben	würde mich gewöhnt haben
du	wirst dich gewöhnt haben	werdest dich gewöhnt haben	würdest dich gewöhnt haben
er	wird sich gewöhnt haben	werde sich gewöhnt haben	würde sich gewöhnt haben
wir	werden uns gewöhnt haben	werden uns gewöhnt haben	würden uns gewöhnt haben
ihr	werdet euch gewöhnt haben	werdet euch gewöhnt haben	würdet euch gewöhnt haben
sie	werden sich gewöhnt haben	werden sich gewöhnt haben	würden sich gewöhnt haben

PRINC. PARTS: gießen, goß, gegossen, gießt
IMPERATIVE: gieße!, gießt!, gießen Sie!

to pour, cast (metal)

INDICATIVE	SUBJUNCTIVE	
	PRIMARY	SECONDARY
	Present Time	
Present	*(Pres. Subj.)*	*(Imperf. Subj.)*
ich gieße	gieße	gösse
du gießt	gießest	gössest
er gießt	gieße	gösse
wir gießen	gießen	gössen
ihr gießt	gießet	gösset
sie gießen	gießen	gössen

Imperfect
ich goß
du gossest
er goß
wir gossen
ihr goßt
sie gossen

	Past Time	
Perfect	*(Perf. Subj.)*	*(Pluperf. Subj.)*
ich habe gegossen	habe gegossen	hätte gegossen
du hast gegossen	habest gegossen	hättest gegossen
er hat gegossen	habe gegossen	hätte gegossen
wir haben gegossen	haben gegossen	hätten gegossen
ihr habt gegossen	habet gegossen	hättet gegossen
sie haben gegossen	haben gegossen	hätten gegossen

Pluperfect
ich hatte gegossen
du hattest gegossen
er hatte gegossen
wir hatten gegossen
ihr hattet gegossen
sie hatten gegossen

	Future Time	
Future	*(Fut. Subj.)*	*(Pres. Conditional)*
ich werde gießen	werde gießen	würde gießen
du wirst gießen	werdest gießen	würdest gießen
er wird gießen	werde gießen	würde gießen
wir werden gießen	werden gießen	würden gießen
ihr werdet gießen	werdet gießen	würdet gießen
sie werden gießen	werden gießen	würden gießen

	Future Perfect Time	
Future Perfect	*(Fut. Perf. Subj.)*	*(Past Conditional)*
ich werde gegossen haben	werde gegossen haben	würde gegossen haben
du wirst gegossen haben	werdest gegossen haben	würdest gegossen haben
er wird gegossen haben	werde gegossen haben	würde gegossen haben
wir werden gegossen haben	werden gegossen haben	würden gegossen haben
ihr werdet gegossen haben	werdet gegossen haben	würdet gegossen haben
sie werden gegossen haben	werden gegossen haben	würden gegossen haben

glauben

to believe

PRINC. PARTS: glauben, glaubte, geglaubt, glaubt
IMPERATIVE: glaube!, glaubt!, glauben Sie!

	INDICATIVE	SUBJUNCTIVE	
		PRIMARY	SECONDARY
		Present Time	
	Present	*(Pres. Subj.)*	*(Imperf. Subj.)*
ich	glaube	glaube	glaubte
du	glaubst	glaubest	glaubtest
er	glaubt	glaube	glaubte
wir	glauben	glauben	glaubten
ihr	glaubt	glaubet	glaubtet
sie	glauben	glauben	glaubten

	Imperfect
ich	glaubte
du	glaubtest
er	glaubte
wir	glaubten
ihr	glaubtet
sie	glaubten

	Perfect	*(Perf. Subj.)*	*Past Time* *(Pluperf. Subj.)*
ich	habe geglaubt	habe geglaubt	hätte geglaubt
du	hast geglaubt	habest geglaubt	hättest geglaubt
er	hat geglaubt	habe geglaubt	hätte geglaubt
wir	haben geglaubt	haben geglaubt	hätten geglaubt
ihr	habt geglaubt	habet geglaubt	hättet geglaubt
sie	haben geglaubt	haben geglaubt	hätten geglaubt

	Pluperfect
ich	hatte geglaubt
du	hattest geglaubt
er	hatte geglaubt
wir	hatten geglaubt
ihr	hattet geglaubt
sie	hatten geglaubt

	Future	*(Fut. Subj.)*	*Future Time* *(Pres. Conditional)*
ich	werde glauben	werde glauben	würde glauben
du	wirst glauben	werdest glauben	würdest glauben
er	wird glauben	werde glauben	würde glauben
wir	werden glauben	werden glauben	würden glauben
ihr	werdet glauben	werdet glauben	würdet glauben
sie	werden glauben	werden glauben	würden glauben

	Future Perfect	*(Fut. Perf. Subj.)*	*Future Perfect Time* *(Past Conditional)*
ich	werde geglaubt haben	werde geglaubt haben	würde geglaubt haben
du	wirst geglaubt haben	werdest geglaubt haben	würdest geglaubt haben
er	wird geglaubt haben	werde geglaubt haben	würde geglaubt haben
wir	werden geglaubt haben	werden geglaubt haben	würden geglaubt haben
ihr	werdet geglaubt haben	werdet geglaubt haben	würdet geglaubt haben
sie	werden geglaubt haben	werden geglaubt haben	würden geglaubt haben

PRINC. PARTS: gleichen, glich, geglichen, gleicht
IMPERATIVE: gleiche!, gleicht!, gleichen Sie!

be like, resemble, equal

INDICATIVE	SUBJUNCTIVE	
	PRIMARY	SECONDARY
	Present Time	
Present	*(Pres. Subj.)*	*(Imperf. Subj.)*
ich gleiche	gleiche	gliche
du gleichst	gleichest	glichest
er gleicht	gleiche	gliche
wir gleichen	gleichen	glichen
ihr gleicht	gleichet	glichet
sie gleichen	gleichen	glichen

Imperfect
ich glich
du glichst
er glich
wir glichen
ihr glicht
sie glichen

	Past Time	
Perfect	*(Perf. Subj.)*	*(Pluperf. Subj.)*
ich habe geglichen	habe geglichen	hätte geglichen
du hast geglichen	habest geglichen	hättest geglichen
er hat geglichen	habe geglichen	hätte geglichen
wir haben geglichen	haben geglichen	hätten geglichen
ihr habt geglichen	habet geglichen	hättet geglichen
sie haben geglichen	haben geglichen	hätten geglichen

Pluperfect
ich hatte geglichen
du hattest geglichen
er hatte geglichen
wir hatten geglichen
ihr hattet geglichen
sie hatten geglichen

	Future Time	
Future	*(Fut. Subj.)*	*(Pres. Conditional)*
ich werde gleichen	werde gleichen	würde gleichen
du wirst gleichen	werdest gleichen	würdest gleichen
er wird gleichen	werde gleichen	würde gleichen
wir werden gleichen	werden gleichen	würden gleichen
ihr werdet gleichen	werdet gleichen	würdet gleichen
sie werden gleichen	werden gleichen	würden gleichen

	Future Perfect Time	
Future Perfect	*(Fut. Perf. Subj.)*	*(Past Conditional)*
ich werde geglichen haben	werde geglichen haben	würde geglichen haben
du wirst geglichen haben	werdest geglichen haben	würdest geglichen haben
er wird geglichen haben	werde geglichen haben	würde geglichen haben
wir werden geglichen haben	werden geglichen haben	würden geglichen haben
ihr werdet geglichen haben	werdet geglichen haben	würdet geglichen haben
sie werden geglichen haben	werden geglichen haben	würden geglichen haben

gleiten

to slide, glide

PRINC. PARTS: gleiten, glitt, ist geglitten, gleitet
IMPERATIVE: gleite!, gleitet!, gleiten Sie!

INDICATIVE	SUBJUNCTIVE	
	PRIMARY	SECONDARY
	Present Time	
Present	*(Pres. Subj.)*	*(Imperf. Subj.)*
ich gleite	gleite	glitte
du gleitest	gleitest	glittest
er gleitet	gleite	glitte
wir gleiten	gleiten	glitten
ihr gleitet	gleitet	glittet
sie gleiten	gleiten	glitten

Imperfect

ich glitt
du glittest
er glitt
wir glitten
ihr glittet
sie glitten

	Past Time	
Perfect	*(Perf. Subj.)*	*(Pluperf. Subj.)*
ich bin geglitten	sei geglitten	wäre geglitten
du bist geglitten	seiest geglitten	wärest geglitten
er ist geglitten	sei geglitten	wäre geglitten
wir sind geglitten	seien geglitten	wären geglitten
ihr seid geglitten	seiet geglitten	wäret geglitten
sie sind geglitten	seien geglitten	wären geglitten

ich war geglitten
du warst geglitten
er war geglitten
wir waren geglitten
ihr wart geglitten
sie waren geglitten

	Future Time	
Future	*(Fut. Subj.)*	*(Pres. Conditional)*
ich werde gleiten	werde gleiten	würde gleiten
du wirst gleiten	werdest gleiten	würdest gleiten
er wird gleiten	werde gleiten	würde gleiten
wir werden gleiten	werden gleiten	würden gleiten
ihr werdet gleiten	werdet gleiten	würdet gleiten
sie werden gleiten	werden gleiten	würden gleiten

	Future Perfect Time	
Future Perfect	*(Fut. Perf. Subj.)*	*(Past Conditional)*
ich werde geglitten sein	werde geglitten sein	würde geglitten sein
du wirst geglitten sein	werdest geglitten sein	würdest geglitten sein
er wird geglitten sein	werde geglitten sein	würde geglitten sein
wir werden geglitten sein	werden geglitten sein	würden geglitten sein
ihr werdet geglitten sein	werdet geglitten sein	würdet geglitten sein
sie werden geglitten sein	werden geglitten sein	würden geglitten sein

PRINC. PARTS: glühen, glühte, geglüht, glüht
IMPERATIVE: glühe!, glüht!, glühen Sie!

INDICATIVE	SUBJUNCTIVE	
	PRIMARY	SECONDARY
	Present Time	
Present	*(Pres. Subj.)*	*(Imperf. Subj.)*
ich glühe	glühe	glühte
du glühst	glühest	glühtest
er glüht	glühe	glühte
wir glühen	glühen	glühten
ihr glüht	glühet	glühtet
sie glühen	glühen	glühten

Imperfect

ich glühte
du glühtest
er glühte
wir glühten
ihr glühtet
sie glühten

	Past Time	
Perfect	*(Perf. Subj.)*	*(Pluperf. Subj.)*
ich habe geglüht	habe geglüht	hätte geglüht
du hast geglüht	habest geglüht	hättest geglüht
er hat geglüht	habe geglüht	hätte geglüht
wir haben geglüht	haben geglüht	hätten geglüht
ihr habt geglüht	habet geglüht	hättet geglüht
sie haben geglüht	haben geglüht	hätten geglüht

Pluperfect

ich hatte geglüht
du hattest geglüht
er hatte geglüht
wir hatten geglüht
ihr hattet geglüht
sie hatten geglüht

	Future Time	
Future	*(Fut. Subj.)*	*(Pres. Conditional)*
ich werde glühen	werde glühen	würde glühen
du wirst glühen	werdest glühen	würdest glühen
er wird glühen	werde glühen	würde glühen
wir werden glühen	werden glühen	würden glühen
ihr werdet glühen	werdet glühen	würdet glühen
sie werden glühen	werden glühen	würden glühen

	Future Perfect Time	
Future Perfect	*(Fut. Perf. Subj.)*	*(Past Conditional)*
ich werde geglüht haben	werde geglüht haben	würde geglüht haben
du wirst geglüht haben	werdest geglüht haben	würdest geglüht haben
er wird geglüht haben	werde geglüht haben	würde geglüht haben
wir werden geglüht haben	werden geglüht haben	würden geglüht haben
ihr werdet geglüht haben	werdet geglüht haben	würdet geglüht haben
sie werden geglüht haben	werden geglüht haben	würden geglüht haben

graben
to dig

PRINC. PARTS: graben, grub, gegraben, gräbt
IMPERATIVE: grabe!, grabt!, graben Sie!

INDICATIVE		SUBJUNCTIVE	
		PRIMARY	SECONDARY
		Present Time	
Present		*(Pres. Subj.)*	*(Imperf. Subj.)*
ich	grabe	grabe	grübe
du	gräbst	grabest	grübest
er	gräbt	grabe	grübe
wir	graben	graben	grüben
ihr	grabt	grabet	grübet
sie	graben	graben	grüben

	Imperfect
ich	grub
du	grubst
er	grub
wir	gruben
ihr	grubt
sie	gruben

				Past Time	
	Perfect		*(Perf. Subj.)*		*(Pluperf. Subj.)*
ich	habe gegraben	habe gegraben	hätte gegraben
du	hast gegraben	habest gegraben	hättest gegraben
er	hat gegraben	habe gegraben	hätte gegraben
wir	haben gegraben	haben gegraben	hätten gegraben
ihr	habt gegraben	habet gegraben	hättet gegraben
sie	haben gegraben	haben gegraben	hätten gegraben

	Pluperfect
ich	hatte gegraben
du	hattest gegraben
er	hatte gegraben
wir	hatten gegraben
ihr	hattet gegraben
sie	hatten gegraben

			Future Time	
	Future	*(Fut. Subj.)*	*(Pres. Conditional)*
ich	werde graben	werde graben	würde graben
du	wirst graben	werdest graben	würdest graben
er	wird graben	werde graben	würde graben
wir	werden graben	werden graben	würden graben
ihr	werdet graben	werdet graben	würdet graben
sie	werden graben	werden graben	würden graben

			Future Perfect Time	
	Future Perfect	*(Fut. Perf. Subj.)*	*(Past Conditional)*
ich	werde gegraben haben	werde gegraben haben	würde gegraben haben
du	wirst gegraben haben	werdest gegraben haben	würdest gegraben haben
er	wird gegraben haben	werde gegraben haben	würde gegraben haben
wir	werden gegraben haben	werden gegraben haben	würden gegraben haben
ihr	werdet gegraben haben	werdet gegraben haben	würdet gegraben haben
sie	werden gegraben haben	werden gegraben haben	würden gegraben haben

PRINC. PARTS: greifen, griff, gegriffen, greift
IMPERATIVE: greife!, greift!, greifen Sie!

to seize, grasp, grab

INDICATIVE	SUBJUNCTIVE	
	PRIMARY	SECONDARY

Present Time

	Present	*(Pres. Subj.)*	*(Imperf. Subj.)*
ich	greife	greife	griffe
du	greifst	greifest	griffest
er	greift	greife	griffe
wir	greifen	greifen	griffen
ihr	greift	greifet	griffet
sie	greifen	greifen	griffen

	Imperfect
ich	griff
du	griffst
er	griff
wir	griffen
ihr	grifft
sie	griffen

Past Time

	Perfect	*(Perf. Subj.)*	*(Pluperf. Subj.)*
ich	habe gegriffen	habe gegriffen	hätte gegriffen
du	hast gegriffen	habest gegriffen	hättest gegriffen
er	hat gegriffen	habe gegriffen	hätte gegriffen
wir	haben gegriffen	haben gegriffen	hätten gegriffen
ihr	habt gegriffen	habet gegriffen	hättet gegriffen
sie	haben gegriffen	haben gegriffen	hätten gegriffen

	Pluperfect
ich	hatte gegriffen
du	hattest gegriffen
er	hatte gegriffen
wir	hatten gegriffen
ihr	hattet gegriffen
sie	hatten gegriffen

Future Time

	Future	*(Fut. Subj.)*	*(Pres. Conditional)*
ich	werde greifen	werde greifen	würde greifen
du	wirst greifen	werdest greifen	würdest greifen
er	wird greifen	werde greifen	würde greifen
wir	werden greifen	werden greifen	würden greifen
ihr	werdet greifen	werdet greifen	würdet greifen
sie	werden greifen	werden greifen	würden greifen

Future Perfect Time

	Future Perfect	*(Fut. Perf. Subj.)*	*(Past Conditional)*
ich	werde gegriffen haben	werde gegriffen haben	würde gegriffen haben
du	wirst gegriffen haben	werdest gegriffen haben	würdest gegriffen haben
er	wird gegriffen haben	werde gegriffen haben	würde gegriffen haben
wir	werden gegriffen haben	werden gegriffen haben	würden gegriffen haben
ihr	werdet gegriffen haben	werdet gegriffen haben	würdet gegriffen haben
sie	werden gegriffen haben	werden gegriffen haben	würden gegriffen haben

grüßen

to greet, salute, send regards
or compliments

PRINC. PARTS: grüßen, grüßte, gegrüßt, grüßt
IMPERATIVE: grüße!, grüßt!, grüßen Sie!

INDICATIVE	SUBJUNCTIVE	
	PRIMARY	SECONDARY
	Present Time	
Present	*(Pres. Subj.)*	*(Imperf. Subj.)*
ich grüße	grüße	grüßte
du grüßt	grüßest	grüßtest
er grüßt	grüße	grüßte
wir grüßen	grüßen	grüßten
ihr grüßt	grüßet	grüßtet
sie grüßen	grüßen	grüßten

Imperfect

ich	grüßte
du	grüßtest
er	grüßte
wir	grüßten
ihr	grüßtet
sie	grüßten

		Past Time	
Perfect		*(Perf. Subj.)*	*(Pluperf. Subj.)*
ich	habe gegrüßt	habe gegrüßt	hätte gegrüßt
du	hast gegrüßt	habest gegrüßt	hättest gegrüßt
er	hat gegrüßt	habe gegrüßt	hätte gegrüßt
wir	haben gegrüßt	haben gegrüßt	hätten gegrüßt
ihr	habt gegrüßt	habet gegrüßt	hättet gegrüßt
sie	haben gegrüßt	haben gegrüßt	hätten gegrüßt

Pluperfect

ich	hatte gegrüßt
du	hattest gegrüßt
er	hatte gegrüßt
wir	hatten gegrüßt
ihr	hattet gegrüßt
sie	hatten gegrüßt

		Future Time	
Future		*(Fut. Subj.)*	*(Pres. Conditional)*
ich	werde grüßen	werde grüßen	würde grüßen
du	wirst grüßen	werdest grüßen	würdest grüßen
er	wird grüßen	werde grüßen	würde grüßen
wir	werden grüßen	werden grüßen	würden grüßen
ihr	werdet grüßen	werdet grüßen	würdet grüßen
sie	werden grüßen	werden grüßen	würden grüßen

		Future Perfect Time	
Future Perfect		*(Fut. Perf. Subj.)*	*(Past Conditional)*
ich	werde gegrüßt	werde gegrüßt haben	würde gegrüßt haben
du	wirst gegrüßt haben	werdest gegrüßt haben	würdest gegrüßt haben
er	wird gegrüßt haben	werde gegrüßt haben	würde gegrüßt haben
wir	werden gegrüßt haben	werden gegrüßt haben	würden gegrüßt haben
ihr	werdet gegrüßt haben	werdet gegrüßt haben	würdet gegrüßt haben
sie	werden gegrüßt haben	werden gegrüßt haben	würden gegrüßt haben

PRINC. PARTS: haben, hatte, gehabt, hat
IMPERATIVE: habe!, habt!, haben Sie!

INDICATIVE	SUBJUNCTIVE	
	PRIMARY	SECONDARY

Present Time

Present	*(Pres. Subj.)*	*(Imperf. Subj.)*
ich habe	habe	hätte
du hast	habest	hättest
er hat	habe	hätte
wir haben	haben	hätten
ihr habt	habet	hättet
sie haben	haben	hätten

Imperfect		
ich hatte		
du hattest		
er hatte		
wir hatten		
ihr hattet		
sie hatten		

Past Time

Perfect	*(Perf. Subj.)*	*(Pluperf. Subj.)*
ich habe gehabt	habe gehabt	hätte gehabt
du hast gehabt	habest gehabt	hättest gehabt
er hat gehabt	habe gehabt	hätte gehabt
wir haben gehabt	haben gehabt	hätten gehabt
ihr habt gehabt	habet gehabt	hättet gehabt
sie haben gehabt	haben gehabt	hätten gehabt

Pluperfect		
ich hatte gehabt		
du hattest gehabt		
er hatte gehabt		
wir hatten gehabt		
ihr hattet gehabt		
sie hatten gehabt		

Future Time

Future	*(Fut. Subj.)*	*(Pres. Conditional)*
ich werde haben	werde haben	würde haben
du wirst haben	werdest haben	würdest haben
er wird haben	werde haben	würde haben
wir werden haben	werden haben	würden haben
ihr werdet haben	werdet haben	würdet haben
sie werden haben	werden haben	würden haben

Future Perfect Time

Future Perfect	*(Fut. Perf. Subj.)*	*(Past Conditional)*
ich werde gehabt haben	werde gehabt haben	würde gehabt haben
du wirst gehabt haben	werdest gehabt haben	würdest gehabt haben
er wird gehabt haben	werde gehabt haben	würde gehabt haben
wir werden gehabt haben	werden gehabt haben	würden gehabt haben
ihr werdet gehabt haben	werdet gehabt haben	würdet gehabt haben
sie werden gehabt haben	werden gehabt haben	würden gehabt haben

halten

to hold, stop, keep, consider

PRINC. PARTS: halten, hielt, gehalten, hält
IMPERATIVE: halte!, haltet!, halten Sie!

INDICATIVE	SUBJUNCTIVE	
	PRIMARY	SECONDARY

Present Time

	Present	(Pres. Subj.)	(Imperf. Subj.)
ich	halte	halte	hielte
du	hältst	haltest	hieltest
er	hält	halte	hielte
wir	halten	halten	hielten
ihr	haltet	haltet	hieltet
sie	halten	halten	hielten

	Imperfect
ich	hielt
du	hieltest
er	hielt
wir	hielten
ihr	hieltet
sie	hielten

Past Time

	Perfect	(Perf. Subj.)	(Pluperf. Subj.)
ich	habe gehalten	habe gehalten	hätte gehalten
du	hast gehalten	habest gehalten	hättest gehalten
er	hat gehalten	habe gehalten	hätte gehalten
wir	haben gehalten	haben gehalten	hätten gehalten
ihr	habt gehalten	habet gehalten	hättet gehalten
sie	haben gehalten	haben gehalten	hätten gehalten

	Pluperfect
ich	hatte gehalten
du	hattest gehalten
er	hatte gehalten
wir	hatten gehalten
ihr	hattet gehalten
sie	hatten gehalten

Future Time

	Future	(Fut. Subj.)	(Pres. Conditional)
ich	werde halten	werde halten	würde halten
du	wirst halten	werdest halten	würdest halten
er	wird halten	werde halten	würde halten
wir	werden halten	werden halten	würden halten
ihr	werdet halten	werdet halten	würdet halten
sie	werden halten	werden halten	würden halten

Future Perfect Time

	Future Perfect	(Fut. Perf. Subj.)	(Past Conditional)
ich	werde gehalten haben	werde gehalten haben	würde gehalten haben
du	wirst gehalten haben	werdest gehalten haben	würdest gehalten haben
er	wird gehalten haben	werde gehalten haben	würde gehalten haben
wir	werden gehalten haben	werden gehalten haben	würden gehalten haben
ihr	werdet gehalten haben	werdet gehalten haben	würdet gehalten haben
sie	werden gehalten haben	werden gehalten haben	würden gehalten haben

PRINC. PARTS: hassen, haßte, gehaßt, haßt
IMPERATIVE: hasse!, haßt!, hassen Sie!

INDICATIVE	SUBJUNCTIVE	
	PRIMARY	SECONDARY

Present Time

	Present	*(Pres. Subj.)*	*(Imperf. Subj.)*
ich	hasse	hasse	haßte
du	haßt	hassest	haßtest
er	haßt	hasse	haßte
wir	hassen	hassen	haßten
ihr	haßt	hasset	haßtet
sie	hassen	hassen	haßten

	Imperfect
ich	haßte
du	haßtest
er	haßte
wir	haßten
ihr	haßtet
sie	haßten

Past Time

	Perfect	*(Perf. Subj.)*	*(Pluperf. Subj.)*
ich	habe gehaßt	habe gehaßt	hätte gehaßt
du	hast gehaßt	habest gehaßt	hättest gehaßt
er	hat gehaßt	habe gehaßt	hätte gehaßt
wir	haben gehaßt	haben gehaßt	hätten gehaßt
ihr	habt gehaßt	habet gehaßt	hättet gehaßt
sie	haben gehaßt	haben gehaßt	hätten gehaßt

	Pluperfect
ich	hatte gehaßt
du	hattest gehaßt
er	hatte gehaßt
wir	hatten gehaßt
ihr	hattet gehaßt
sie	hatten gehaßt

Future Time

	Future	*(Fut. Subj.)*	*(Pres. Conditional)*
ich	werde hassen	werde hassen	würde hassen
du	wirst hassen	werdest hassen	würdest hassen
er	wird hassen	werde hassen	würde hassen
wir	werden hassen	werden hassen	würden hassen
ihr	werdet hassen	werdet hassen	würdet hassen
sie	werden hassen	werden hassen	würden hassen

Future Perfect Time

	Future Perfect	*(Fut. Perf. Subj.)*	*(Past Conditional)*
ich	werde gehaßt haben	werde gehaßt haben	würde gehaßt haben
du	wirst gehaßt haben	werdest gehaßt haben	würdest gehaßt haben
er	wird gehaßt haben	werde gehaßt haben	würde gehaßt haben
wir	werden gehaßt haben	werden gehaßt haben	würden gehaßt haben
ihr	werdet gehaßt haben	werdet gehaßt haben	würdet gehaßt haben
sie	werden gehaßt haben	werden gehaßt haben	würden gehaßt haben

heiraten

to marry

PRINC. PARTS: heiraten, heiratete, geheiratet, heiratet
IMPERATIVE: heirate!, heiratet!, heiraten Sie!

INDICATIVE	SUBJUNCTIVE	
	PRIMARY	SECONDARY
	Present Time	
Present	*(Pres. Subj.)*	*(Imperf. Subj.)*
ich heirate	heirate	heiratete
du heiratest	heiratest	heiratetest
er heiratet	heirate	heiratete
wir heiraten	heiraten	heirateten
ihr heiratet	heiratet	heiratetet
sie heiraten	heiraten	heirateten
Imperfect		
ich heiratete		
du heiratetest		
er heiratete		
wir heirateten		
ihr heiratetet		
sie heirateten		
	Past Time	
Perfect	*(Perf. Subj.)*	*(Pluperf. Subj.)*
ich habe geheiratet	habe geheiratet	hätte geheiratet
du hast geheiratet	habest geheiratet	hättest geheiratet
er hat geheiratet	habe geheiratet	hätte geheiratet
wir haben geheiratet	haben geheiratet	hätten geheiratet
ihr habt geheiratet	habet geheiratet	hättet geheiratet
sie haben geheiratet	haben geheiratet	hätten geheiratet
Pluperfect		
ich hatte geheiratet		
du hattest geheiratet		
er hatte geheiratet		
wir hatten geheiratet		
ihr hattet geheiratet		
sie hatten geheiratet		
	Future Time	
Future	*(Fut. Subj.)*	*(Pres. Conditional)*
ich werde heiraten	werde heiraten	würde heiraten
du wirst heiraten	werdest heiraten	würdest heiraten
er wird heiraten	werde heiraten	würde heiraten
wir werden heiraten	werden heiraten	würden heiraten
ihr werdet heiraten	werdet heiraten	würdet heiraten
sie werden heiraten	werden heiraten	würden heiraten
	Future Perfect Time	
Future Perfect	*(Fut. Perf. Subj.)*	*(Past Conditional)*
ich werde geheiratet haben	werde geheiratet haben	würde geheiratet haben
du wirst geheiratet haben	werdest geheiratet haben	würdest geheiratet haben
er wird geheiratet haben	werde geheiratet haben	würde geheiratet haben
wir werden geheiratet haben	werden geheiratet haben	würden geheiratet haben
ihr werdet geheiratet haben	werdet geheiratet haben	würdet geheiratet haben
sie werden geheiratet haben	werden geheiratet haben	würden geheiratet haben

106

PRINC. PARTS: heißen, hieß, geheißen, heißt
IMPERATIVE: heiße!, heißt!, heißen Sie!   *to be called or named, command*

	INDICATIVE	SUBJUNCTIVE	
		PRIMARY	SECONDARY
			Present Time
	Present	*(Pres. Subj.)*	*(Imperf. Subj.)*
ich	heiße	heiße	hieße
du	heißt	heißest	hießest
er	heißt	heiße	hieße
wir	heißen	heißen	hießen
ihr	heißt	heißet	hießet
sie	heißen	heißen	hießen

	Imperfect
ich	hieß
du	hießest
er	hieß
wir	hießen
ihr	hießt
sie	hießen

			Past Time
	Perfect	*(Perf. Subj.)*	*(Pluperf. Subj.)*
ich	habe geheißen	habe geheißen	hätte geheißen
du	hast geheißen	habest geheißen	hättest geheißen
er	hat geheißen	habe geheißen	hätte geheißen
wir	haben geheißen	haben geheißen	hätten geheißen
ihr	habt geheißen	habet geheißen	hättet geheißen
sie	haben geheißen	haben geheißen	hätten geheißen

	Pluperfect
ich	hatte geheißen
du	hattest geheißen
er	hatte geheißen
wir	hatten geheißen
ihr	hattet geheißen
sie	hatten geheißen

			Future Time
	Future	*(Fut. Subj.)*	*(Pres. Conditional)*
ich	werde heißen	werde heißen	würde heißen
du	wirst heißen	werdest heißen	würdest heißen
er	wird heißen	werde heißen	würde heißen
wir	werden heißen	werden heißen	würden heißen
ihr	werdet heißen	werdet heißen	würdet heißen
sie	werden heißen	werden heißen	würden heißen

			Future Perfect Time
	Future Perfect	*(Fut. Perf. Subj.)*	*(Past Conditional)*
ich	werde geheißen haben	werde geheißen haben	würde geheißen haben
du	wirst geheißen haben	werdest geheißen haben	würdest geheißen haben
er	wird geheißen haben	werde geheißen haben	würde geheißen haben
wir	werden geheißen haben	werden geheißen haben	würden geheißen haben
ihr	werdet geheißen haben	werdet geheißen haben	würdet geheißen haben
sie	werden geheißen haben	werden geheißen haben	würden geheißen haben

107

heizen

to heat

PRINC. PARTS: heizen, heizte, geheizt, heizt
IMPERATIVE: heize!, heizt!, heizen Sie!

	INDICATIVE	SUBJUNCTIVE	
		PRIMARY	SECONDARY
		Present Time	
	Present	(*Pres. Subj.*)	(*Imperf. Subj.*)
ich	heize	heize	heizte
du	heizt	heizest	heiztest
er	heizt	heize	heizte
wir	heizen	heizen	heizten
ihr	heizt	heizet	heiztet
sie	heizen	heizen	heizten

	Imperfect
ich	heizte
du	heiztest
er	heizte
wir	heizten
ihr	heiztet
sie	heizten

			Past Time	
	Perfect	(*Perf. Subj.*)	(*Pluperf. Subj.*)
ich	habe geheizt	habe geheizt	hätte geheizt
du	hast geheizt	habest geheizt	hättest geheizt
er	hat geheizt	habe geheizt	hätte geheizt
wir	haben geheizt	haben geheizt	hätten geheizt
ihr	habt geheizt	habet geheizt	hättet geheizt
sie	haben geheizt	haben geheizt	hätten geheizt

	Pluperfect
ich	hatte geheizt
du	hattest geheizt
er	hatte geheizt
wir	hatten geheizt
ihr	hattet geheizt
sie	hatten geheizt

			Future Time	
	Future	(*Fut. Subj.*)	(*Pres. Conditional*)
ich	werde heizen	werde heizen	würde heizen
du	wirst heizen	werdest heizen	würdest heizen
er	wird heizen	werde heizen	würde heizen
wir	werden heizen	werden heizen	würden heizen
ihr	werdet heizen	werdet heizen	würdet heizen
sie	werden heizen	werden heizen	würden heizen

			Future Perfect Time	
	Future Perfect	(*Fut. Perf. Subj.*)	(*Past Conditional*)
ich	werde geheizt haben	werde geheizt haben	würde geheizt haben
du	wirst geheizt haben	werdest geheizt haben	würdest geheizt haben
er	wird geheizt haben	werde geheizt haben	würde geheizt haben
wir	werden geheizt haben	werden geheizt haben	würden geheizt haben
ihr	werdet geheizt haben	werdet geheizt haben	würdet geheizt haben
sie	werden geheizt haben	werden geheizt haben	würden geheizt haben

PRINC. PARTS: helfen, half, geholfen, hilft
IMPERATIVE: hilf!, helft!, helfen Sie!

to help, aid, assist

INDICATIVE	SUBJUNCTIVE	
	PRIMARY	SECONDARY
	Present Time	
Present	*(Pres. Subj.)*	*(Imperf. Subj.)*
ich helfe	helfe	hülfe
du hilfst	helfest	hülfest
er hilft	helfe	hülfe
wir helfen	helfen	hülfen
ihr helft	helfet	hülfet
sie helfen	helfen	hülfen

Imperfect
ich half
du halfst
er half
wir halfen
ihr halft
sie halfen

Perfect	*Past Time*	
	(Perf. Subj.)	*(Pluperf. Subj.)*
ich habe geholfen	habe geholfen	hätte geholfen
du hast geholfen	habest geholfen	hättest geholfen
er hat geholfen	habe geholfen	hätte geholfen
wir haben geholfen	haben geholfen	hätten geholfen
ihr habt geholfen	habet geholfen	hättet geholfen
sie haben geholfen	haben geholfen	hätten geholfen

Pluperfect
ich hatte geholfen
du hattest geholfen
er hatte geholfen
wir hatten geholfen
ihr hattet geholfen
sie hatten geholfen

Future	*Future Time*	
	(Fut. Subj.)	*(Pres. Conditional)*
ich werde helfen	werde helfen	würde helfen
du wirst helfen	werdest helfen	würdest helfen
er wird helfen	werde helfen	würde helfen
wir werden helfen	werden helfen	würden helfen
ihr werdet helfen	werdet helfen	würdet helfen
sie werden helfen	werden helfen	würden helfen

Future Perfect	*Future Perfect Time*	
	(Fut. Perf. Subj.)	*(Past Conditional)*
ich werde geholfen haben	werde geholfen haben	würde geholfen haben
du wirst geholfen haben	werdest geholfen haben	würdest geholfen haben
er wird geholfen haben	werde geholfen haben	würde geholfen haben
wir werden geholfen haben	werden geholfen haben	würden geholfen haben
ihr werdet geholfen haben	werdet geholfen haben	würdet geholfen haben
sie werden geholfen haben	werden geholfen haben	würden geholfen haben

hoffen

to hope, expect

PRINC. PARTS: hoffen, hoffte, gehofft, hofft
IMPERATIVE: hoffe!, hofft!, hoffen Sie!

INDICATIVE	SUBJUNCTIVE	
	PRIMARY	SECONDARY

Present Time

	Present	*(Pres. Subj.)*	*(Imperf. Subj.)*
ich	hoffe	hoffe	hoffte
du	hoffst	hoffest	hofftest
er	hofft	hoffe	hoffte
wir	hoffen	hoffen	hofften
ihr	hofft	hoffet	hofftet
sie	hoffen	hoffen	hofften

	Imperfect
ich	hoffte
du	hofftest
er	hoffte
wir	hofften
ihr	hofftet
sie	hofften

Past Time

	Perfect	*(Perf. Subj.)*	*(Pluperf. Subj.)*
ich	habe gehofft	habe gehofft	hätte gehofft
du	hast gehofft	habest gehofft	hättest gehofft
er	hat gehofft	habe gehofft	hätte gehofft
wir	haben gehofft	haben gehofft	hätten gehofft
ihr	habt gehofft	habet gehofft	hättet gehofft
sie	haben gehofft	haben gehofft	hätten gehofft

	Pluperfect
ich	hatte gehofft
du	hattest gehofft
er	hatte gehofft
wir	hatten gehofft
ihr	hattet gehofft
sie	hatten gehofft

Future Time

	Future	*(Fut. Subj.)*	*(Pres. Conditional)*
ich	werde hoffen	werde hoffen	würde hoffen
du	wirst hoffen	werdest hoffen	würdest hoffen
er	wird hoffen	werde hoffen	würde hoffen
wir	werden hoffen	werden hoffen	würden hoffen
ihr	werdet hoffen	werdet hoffen	würdet hoffen
sie	werden hoffen	werden hoffen	würden hoffen

Future Perfect Time

	Future Perfect	*(Fut. Perf. Subj.)*	*(Past Conditional)*
ich	werde gehofft haben	werde gehofft haben	würde gehofft haben
du	wirst gehofft haben	werdest gehofft haben	würdest gehofft haben
er	wird gehofft haben	werde gehofft haben	würde gehofft haben
wir	werden gehofft haben	werden gehofft haben	würden gehofft haben
ihr	werdet gehofft haben	werdet gehofft haben	würdet gehofft haben
sie	werden gehofft haben	werden gehofft haben	würden gehofft haben

PRINC. PARTS: hören, hörte, gehört, hört
IMPERATIVE: höre!, hört!, hören Sie!

INDICATIVE	SUBJUNCTIVE	
	PRIMARY	SECONDARY
	Present Time	
Present	*(Pres. Subj.)*	*(Imperf. Subj.)*
ich höre	höre	hörte
du hörst	hörest	hörtest
er hört	höre	hörte
wir hören	hören	hörten
ihr hört	höret	hörtet
sie hören	hören	hörten

Imperfect

ich hörte
du hörtest
er hörte
wir hörten
ihr hörtet
sie hörten

Past Time

Perfect	*(Perf. Subj.)*	*(Pluperf. Subj.)*
ich habe gehört	habe gehört	hätte gehört
du hast gehört	habest gehört	hättest gehört
er hat gehört	habe gehört	hätte gehört
wir haben gehört	haben gehört	hätten gehört
ihr habt gehört	habet gehört	hättet gehört
sie haben gehört	haben gehört	hätten gehört

Pluperfect

ich hatte gehört
du hattest gehört
er hatte gehört
wir hatten gehört
ihr hattet gehört
sie hatten gehört

Future Time

Future	*(Fut. Subj.)*	*(Pres. Conditional)*
ich werde hören	werde hören	würde hören
du wirst hören	werdest hören	würdest hören
er wird hören	werde hören	würde hören
wir werden hören	werden hören	würden hören
ihr werdet hören	werdet hören	würdet hören
sie werden hören	werden hören	würden hören

Future Perfect Time

Future Perfect	*(Fut. Perf. Subj.)*	*(Past Conditional)*
ich werde gehört haben	werde gehört haben	würde gehört haben
du wirst gehört haben	werdest gehört haben	würdest gehört haben
er wird gehört haben	werde gehört haben	würde gehört haben
wir werden gehört haben	werden gehört haben	würden gehört haben
ihr werdet gehört haben	werdet gehört haben	würdet gehört haben
sie werden gehört haben	werden gehört haben	würden gehört haben

interpretieren

to interpret

PRINC. PARTS: interpretieren, interpretierte, interpretiert, interpretiert
IMPERATIVE: interpretiere!, interpretiert!, interpretieren Sie!

INDICATIVE	SUBJUNCTIVE	
	PRIMARY	SECONDARY
	Present Time	
Present	*(Pres. Subj.)*	*(Imperf. Subj.)*
ich interpretiere	interpretiere	interpretierte
du interpretierst	interpretierest	interpretiertest
er interpretiert	interpretiere	interpretierte
wir interpretieren	interpretieren	interpretierten
ihr interpretiert	interpretieret	interpretiertet
sie interpretieren	interpretieren	interpretierten
Imperfect		
ich interpretierte		
du interpretiertest		
er interpretierte		
wir interpretierten		
ihr interpretiertet		
sie interpretierten	*Past Time*	
Perfect	*(Perf. Subj.)*	*(Pluperf. Subj.)*
ich habe interpretiert	habe interpretiert	hätte interpretiert
du hast interpretiert	habest interpretiert	hättest interpretiert
er hat interpretiert	habe interpretiert	hätte interpretiert
wir haben interpretiert	haben interpretiert	hätten interpretiert
ihr habt interpretiert	habet interpretiert	hättet interpretiert
sie haben interpretiert	haben interpretiert	hätten interpretiert
Pluperfect		
ich hatte interpretiert		
du hattest interpretiert		
er hatte interpretiert		
wir hatten interpretiert		
ihr hattet interpretiert		
sie hatten interpretiert	*Future Time*	
Future	*(Fut. Subj.)*	*(Pres. Conditional)*
ich werde interpretieren	werde interpretieren	würde interpretieren
du wirst interpretieren	werdest interpretieren	würdest interpretieren
er wird interpretieren	werde interpretieren	würde interpretieren
wir werden interpretieren	werden interpretieren	würden interpretieren
ihr werdet interpretieren	werdet interpretieren	würdet interpretieren
sie werden interpretieren	werden interpretieren	würden interpretieren
	Future Perfect Time	
Future Perfect	*(Fut. Perf. Subj.)*	*(Past Conditional)*
ich werde interpretiert haben	werde interpretiert haben	würde interpretiert haben
du wirst interpretiert haben	werdest interpretiert haben	würdest interpretiert haben
er wird interpretiert haben	werde interpretiert haben	würde interpretiert haben
wir werden interpretiert haben	werden interpretiert haben	würden interpretiert haben
ihr werdet interpretiert haben	werdet interpretiert haben	würdet interpretiert haben
sie werden interpretiert haben	werden interpretiert haben	würden interpretiert haben

to fight, struggle

INDICATIVE	SUBJUNCTIVE	
	PRIMARY	SECONDARY

Present Time

	Present	(*Pres. Subj.*)	(*Imperf. Subj.*)
ich	kämpfe	kämpfe	kämpfte
du	kämpfst	kämpfest	kämpftest
er	kämpft	kämpfe	kämpfte
wir	kämpfen	kämpfen	kämpften
ihr	kämpft	kämpfet	kämpftet
sie	kämpfen	kämpfen	kämpften

	Imperfect
ich	kämpfte
du	kämpftest
er	kämpfte
wir	kämpften
ihr	kämpftet
sie	kämpften

Past Time

	Perfect	(*Perf. Subj.*)	(*Pluperf. Subj.*)
ich	habe gekämpft	habe gekämpft	hätte gekämpft
du	hast gekämpft	habest gekämpft	hättest gekämpft
er	hat gekämpft	habe gekämpft	hätte gekämpft
wir	haben gekämpft	haben gekämpft	hätten gekämpft
ihr	habt gekämpft	habet gekämpft	hättet gekämpft
sie	haben gekämpft	haben gekämpft	hätten gekämpft

	Pluperfect
ich	hatte gekämpft
du	hattest gekämpft
er	hatte gekämpft
wir	hatten gekämpft
ihr	hattet gekämpft
sie	hatten gekämpft

Future Time

	Future	(*Fut. Subj.*)	(*Pres. Conditional*)
ich	werde kämpfen	werde kämpfen	würde kämpfen
du	wirst kämpfen	werdest kämpfen	würdest kämpfen
er	wird kämpfen	werde kämpfen	würde kämpfen
wir	werden kämpfen	werden kämpfen	würden kämpfen
ihr	werdet kämpfen	werdet kämpfen	würdet kämpfen
sie	werden kämpfen	werden kämpfen	würden kämpfen

Future Perfect Time

	Future Perfect	(*Fut. Perf. Subj.*)	(*Past Conditional*)
ich	werde gekämpft haben	werde gekämpft haben	würde gekämpft haben
du	wirst gekämpft haben	werdest gekämpft haben	würdest gekämpft haben
er	wird gekämpft haben	werde gekämpft haben	würde gekämpft haben
wir	werden gekämpft haben	werden gekämpft haben	würden gekämpft haben
ihr	werdet gekämpft haben	werdet gekämpft haben	würdet gekämpft haben
sie	werden gekämpft haben	werden gekämpft haben	würden gekämpft haben

kauen

to chew

PRINC. PARTS: kauen, kaute, gekaut, kaut
IMPERATIVE: kaue!, kaut!, kauen Sie!

INDICATIVE	SUBJUNCTIVE	
	PRIMARY	SECONDARY
	Present Time	
Present	*(Pres. Subj.)*	*(Imperf. Subj.)*
ich kaue	kaue	kaute
du kaust	kauest	kautest
er kaut	kaue	kaute
wir kauen	kauen	kauten
ihr kaut	kauet	kautet
sie kauen	kauen	kauten

Imperfect

ich kaute
du kautest
er kaute
wir kauten
ihr kautet
sie kauten

	Past Time	
Perfect	*(Perf. Subj.)*	*(Pluperf. Subj.)*
ich habe gekaut	habe gekaut	hätte gekaut
du hast gekaut	habest gekaut	hättest gekaut
er hat gekaut	habe gekaut	hätte gekaut
wir haben gekaut	haben gekaut	hätten gekaut
ihr habt gekaut	habet gekaut	hättet gekaut
sie haben gekaut	haben gekaut	hätten gekaut

Pluperfect

ich hatte gekaut
du hattest gekaut
er hatte gekaut
wir hatten gekaut
ihr hattet gekaut
sie hatten gekaut

	Future Time	
Future	*(Fut. Subj.)*	*(Pres. Conditional)*
ich werde kauen	werde kauen	würde kauen
du wirst kauen	werdest kauen	würdest kauen
er wird kauen	werde kauen	würde kauen
wir werden kauen	werden kauen	würden kauen
ihr werdet kauen	werdet kauen	würdet kauen
sie werden kauen	werden kauen	würden kauen

	Future Perfect Time	
Future Perfect	*(Fut. Perf. Subj.)*	*(Past Conditional)*
ich werde gekaut haben	werde gekaut haben	würde gekaut haben
du wirst gekaut haben	werdest gekaut haben	würdest gekaut haben
er wird gekaut haben	werde gekaut haben	würde gekaut haben
wir werden gekaut haben	werden gekaut haben	würden gekaut haben
ihr werdet gekaut haben	werdet gekaut haben	würdet gekaut haben
sie werden gekaut haben	werden gekaut haben	würden gekaut haben

PRINC. PARTS: kaufen, kaufte, gekauft, kauft
IMPERATIVE: kaufe!, kauft!, kaufen Sie!

INDICATIVE	SUBJUNCTIVE	
	PRIMARY	SECONDARY
	Present Time	
Present	*(Pres. Subj.)*	*(Imperf. Subj.)*
ich kaufe	kaufe	kaufte
du kaufst	kaufest	kauftest
er kauft	kaufe	kaufte
wir kaufen	kaufen	kauften
ihr kauft	kaufet	kauftet
sie kaufen	kaufen	kauften

Imperfect
ich kaufte
du kauftest
er kaufte
wir kauften
ihr kauftet
sie kauften

	Past Time	
Perfect	*(Perf. Subj.)*	*(Pluperf. Subj.)*
ich habe gekauft	habe gekauft	hätte gekauft
du hast gekauft	habest gekauft	hättest gekauft
er hat gekauft	habe gekauft	hätte gekauft
wir haben gekauft	haben gekauft	hätten gekauft
ihr habt gekauft	habet gekauft	hättet gekauft
sie haben gekauft	haben gekauft	hätten gekauft

Pluperfect
ich hatte gekauft
du hattest gekauft
er hatte gekauft
wir hatten gekauft
ihr hattet gekauft
sie hatten gekauft

	Future Time	
Future	*(Fut. Subj.)*	*(Pres. Conditional)*
ich werde kaufen	werde kaufen	würde kaufen
du wirst kaufen	werdest kaufen	würdest kaufen
er wird kaufen	werde kaufen	würde kaufen
wir werden kaufen	werden kaufen	würden kaufen
ihr werdet kaufen	werdet kaufen	würdet kaufen
sie werden kaufen	werden kaufen	würden kaufen

	Future Perfect Time	
Future Perfect	*(Fut. Perf. Subj.)*	*(Past Conditional)*
ich werde gekauft haben	werde gekauft haben	würde gekauft haben
du wirst gekauft haben	werdest gekauft haben	würdest gekauft haben
er wird gekauft haben	werde gekauft haben	würde gekauft haben
wir werden gekauft haben	werden gekauft haben	würden gekauft haben
ihr werdet gekauft haben	werdet gekauft haben	würdet gekauft haben
sie werden gekauft haben	werden gekauft haben	würden gekauft haben

kehren

to turn; sweep

PRINC. PARTS: kehren, kehrte, gekehrt, kehrt
IMPERATIVE: kehre!, kehrt!, kehren Sie!

INDICATIVE	SUBJUNCTIVE	
	PRIMARY	SECONDARY
		Present Time
Present	*(Pres. Subj.)*	*(Imperf. Subj.)*
ich kehre	kehre	kehrte
du kehrst	kehrest	kehrtest
er kehrt	kehre	kehrte
wir kehren	kehren	kehrten
ihr kehrt	kehret	kehrtet
sie kehren	kehren	kehrten

Imperfect
ich kehrte
du kehrtest
er kehrte
wir kehrten
ihr kehrtct
sie kehrten

		Past Time
Perfect	*(Perf. Subj.)*	*(Pluperf. Subj.)*
ich habe gekehrt	habe gekehrt	hätte gekehrt
du hast gekehrt	habest gekehrt	hättest gekehrt
er hat gekehrt	habe gekehrt	hätte gekehrt
wir haben gekehrt	haben gekehrt	hätten gekehrt
ihr habt gekehrt	habet gekehrt	hättet gekehrt
sie haben gekehrt	haben gekehrt	hätten gekehrt

Pluperfect
ich hatte gekehrt
du hattest gekehrt
er hatte gekehrt
wir hatten gekehrt
ihr hattet gekehrt
sie hatten gekehrt

		Future Time
Future	*(Fut. Subj.)*	*(Pres. Conditional)*
ich werde kehren	werde kehren	würde kehren
du wirst kehren	werdest kehren	würdest kehren
er wird kehren	werde kehren	würde kehren
wir werden kehren	werden kehren	würden kehren
ihr werdet kehren	werdet kehren	würdet kehren
sie werden kehren	werden kehren	würden kehren

		Future Perfect Time
Future Perfect	*(Fut. Perf. Subj.)*	*(Past Conditional)*
ich werde gekehrt haben	werde gekehrt haben	würde gekehrt haben
du wirst gekehrt haben	werdest gekehrt haben	würdest gekehrt haben
er wird gekehrt haben	werde gekehrt haben	würde gekehrt haben
wir werden gekehrt haben	werden gekehrt haben	würden gekehrt haben
ihr werdet gekehrt haben	werdet gekehrt haben	würdet gekehrt haben
sie werden gekehrt haben	werden gekehrt haben	würden gekehrt haben

kennen

PRINC. PARTS: kennen, kannte, gekannt, kennt
IMPERATIVE: kenne!, kennt!, kennen Sie!

to know (by acquaintance),
be familiar with

	INDICATIVE	SUBJUNCTIVE	
		PRIMARY	SECONDARY
		Present Time	
	Present	*(Pres. Subj.)*	*(Imperf. Subj.)*
ich	kenne	kenne	kennte
du	kennst	kennest	kenntest
er	kennt	kenne	kennte
wir	kennen	kennen	kennten
ihr	kennt	kennet	kenntet
sie	kennen	kennen	kennten

	Imperfect
ich	kannte
du	kanntest
er	kannte
wir	kannten
ihr	kanntet
sie	kannten

			Past Time	
	Perfect	*(Perf. Subj.)*	*(Pluperf. Subj.)*
ich	habe gekannt	habe gekannt	hätte gekannt
du	hast gekannt	habest gekannt	hättest gekannt
er	hat gekannt	habe gekannt	hätte gekannt
wir	haben gekannt	haben gekannt	hätten gekannt
ihr	habt gekannt	habet gekannt	hättet gekannt
sie	haben gekannt	haben gekannt	hätten gekannt

	Pluperfect
ich	hatte gekannt
du	hattest gekannt
er	hatte gekannt
wir	hatten gekannt
ihr	hattet gekannt
sie	hatten gekannt

			Future Time	
	Future	*(Fut. Subj.)*	*(Pres. Conditional)*
ich	werde kennen	werde kennen	würde kennen
du	wirst kennen	werdest kennen	würdest kennen
er	wird kennen	werde kennen	würde kennen
wir	werden kennen	werden kennen	würden kennen
ihr	werdet kennen	werdet kennen	würdet kennen
sie	werden kennen	werden kennen	würden kennen

			Future Perfect Time	
	Future Perfect	*(Fut. Perf. Subj.)*	*(Past Conditional)*
ich	werde gekannt haben	werde gekannt haben	würde gekannt haben
du	wirst gekannt haben	werdest gekannt haben	würdest gekannt haben
er	wird gekannt haben	werde gekannt haben	würde gekannt haben
wir	werden gekannt haben	werden gekannt haben	würden gekannt haben
ihr	werdet gekannt haben	werdet gekannt haben	würdet gekannt haben
sie	werden gekannt haben	werden gekannt haben	würden gekannt haben

117

klagen

to lament, complain of

PRINC. PARTS: klagen, klagte, geklagt, klagt
IMPERATIVE: klage!, klagt!, klagen Sie!

INDICATIVE	SUBJUNCTIVE	
	PRIMARY	SECONDARY
	Present Time	
Present	*(Pres. Subj.)*	*(Imperf. Subj.)*
ich klage	klage	klagte
du klagst	klagest	klagtest
er klagt	klage	klagte
wir klagen	klagen	klagten
ihr klagt	klaget	klagtet
sie klagen	klagen	klagten

Imperfect

ich klagte
du klagtest
er klagte
wir klagten
ihr klagtet
sie klagten

		Past Time	
Perfect	*(Perf. Subj.)*	*(Pluperf. Subj.)*
ich habe geklagt	habe geklagt	hätte geklagt
du hast geklagt	habest geklagt	hättest geklagt
er hat geklagt	habe geklagt	hätte geklagt
wir haben geklagt	haben geklagt	hätten geklagt
ihr habt geklagt	habet geklagt	hättet geklagt
sie haben geklagt	haben geklagt	hätten geklagt

Pluperfect

ich hatte geklagt
du hattest geklagt
er hatte geklagt
wir hatten geklagt
ihr hattet geklagt
sie hatten geklagt

		Future Time	
Future	*(Fut. Subj.)*	*(Pres. Conditional)*
ich werde klagen	werde klagen	würde klagen
du wirst klagen	werdest klagen	würdest klagen
er wird klagen	werde klagen	würde klagen
wir werden klagen	werden klagen	würden klagen
ihr werdet klagen	werdet klagen	würdet klagen
sie werden klagen	werden klagen	würden klagen

		Future Perfect Time	
Future Perfect	*(Fut. Perf. Subj.)*	*(Past Conditional)*
ich werde geklagt haben	werde geklagt haben	würde geklagt haben
du wirst geklagt haben	werdest geklagt haben	würdest geklagt haben
er wird geklagt haben	werde geklagt haben	würde geklagt haben
wir werden geklagt haben	werden geklagt haben	würden geklagt haben
ihr werdet geklagt haben	werdet geklagt haben	würdet geklagt haben
sie werden geklagt haben	werden geklagt haben	würden geklagt haben

kleben

PRINC. PARTS: kleben, klebte, geklebt, klebt
IMPERATIVE: klebe!, klebt!, kleben Sie!

to paste, stick

	INDICATIVE		SUBJUNCTIVE	
			PRIMARY	SECONDARY
			Present Time	
	Present		*(Pres. Subj.)*	*(Imperf. Subj.)*
ich	klebe		klebe	klebte
du	klebst		klebest	klebtest
er	klebt		klebe	klebte
wir	kleben		kleben	klebten
ihr	klebt		klebet	klebtet
sie	kleben		kleben	klebten

	Imperfect
ich	klebte
du	klebtest
er	klebte
wir	klebten
ihr	klebtet
sie	klebten

			Past Time	
	Perfect		*(Perf. Subj.)*	*(Pluperf. Subj.)*
ich	habe geklebt		habe geklebt	hätte geklebt
du	hast geklebt		habest geklebt	hättest geklebt
er	hat geklebt		habe geklebt	hätte geklebt
wir	haben geklebt		haben geklebt	hätten geklebt
ihr	habt geklebt		habet geklebt	hättet geklebt
sie	haben geklebt		haben geklebt	hätten geklebt

	Pluperfect
ich	hatte geklebt
du	hattest geklebt
er	hatte geklebt
wir	hatten geklebt
ihr	hattet geklebt
sie	hatten geklebt

			Future Time	
	Future		*(Fut. Subj.)*	*(Pres. Conditional)*
ich	werde kleben		werde kleben	würde kleben
du	wirst kleben		werdest kleben	würdest kleben
er	wird kleben		werde kleben	würde kleben
wir	werden kleben		werden kleben	würden kleben
ihr	werdet kleben		werdet kleben	würdet kleben
sie	werden kleben		werden kleben	würden kleben

			Future Perfect Time	
	Future Perfect		*(Fut. Perf. Subj.)*	*(Past Conditional)*
ich	werde geklebt haben		werde geklebt haben	würde geklebt haben
du	wirst geklebt haben		werdest geklebt haben	würdest geklebt haben
er	wird geklebt haben		werde geklebt haben	würde geklebt haben
wir	werden geklebt haben		werden geklebt haben	würden geklebt haben
ihr	werdet geklebt haben		werdet geklebt haben	würdet geklebt haben
sie	werden geklebt haben		werden geklebt haben	würden geklebt haben

119

klopfen

to knock, beat

PRINC. PARTS: klopfen, klopfte, geklopft, klopft
IMPERATIVE: klopfe!, klopft!, klopfen Sie!

INDICATIVE	SUBJUNCTIVE	
	PRIMARY	SECONDARY
	Present Time	
Present	(*Pres. Subj.*)	(*Imperf. Subj.*)
ich klopfe	klopfe	klopfte
du klopfst	klopfest	klopftest
er klopft	klopfe	klopfte
wir klopfen	klopfen	klopften
ihr klopft	klopfet	klopftet
sie klopfen	klopfen	klopften
Imperfect		
ich klopfte		
du klopftest		
er klopfte		
wir klopften		
ihr klopftet		
sie klopften		
	Past Time	
Perfect	(*Perf. Subj.*)	(*Pluperf. Subj.*)
ich habe geklopft	habe geklopft	hätte geklopft
du hast geklopft	habest geklopft	hättest geklopft
er hat geklopft	habe geklopft	hätte geklopft
wir haben geklopft	haben geklopft	hätten geklopft
ihr habt geklopft	habet geklopft	hättet geklopft
sie haben geklopft	haben geklopft	hätten geklopft
Pluperfect		
ich hatte geklopft		
du hattest geklopft		
er hatte geklopft		
wir hatten geklopft		
ihr hattet geklopft		
sie hatten geklopft		
	Future Time	
Future	(*Fut. Subj.*)	(*Pres. Conditional*)
ich werde klopfen	werde klopfen	würde klopfen
du wirst klopfen	werdest klopfen	würdest klopfen
er wird klopfen	werde klopfen	würde klopfen
wir werden klopfen	werden klopfen	würden klopfen
ihr werdet klopfen	werdet klopfen	würdet klopfen
sie werden klopfen	werden klopfen	würden klopfen
	Future Perfect Time	
Future Perfect	(*Fut. Perf. Subj.*)	(*Past Conditional*)
ich werde geklopft haben	werde geklopft haben	würde geklopft haben
du wirst geklopft haben	werdest geklopft haben	würdest geklopft haben
er wird geklopft haben	werde geklopft haben	würde geklopft haben
wir werden geklopft haben	werden geklopft haben	würden geklopft haben
ihr werdet geklopft haben	werdet geklopft haben	würdet geklopft haben
sie werden geklopft haben	werden geklopft haben	würden geklopft haben

PRINC. PARTS: kochen, kochte, gekocht, kocht
IMPERATIVE: koche!, kocht!, kochen Sie!

to cook, boil, seethe

	INDICATIVE		SUBJUNCTIVE	
			PRIMARY	SECONDARY
			Present Time	
	Present		*(Pres. Subj.)*	*(Imperf. Subj.)*
ich	koche		koche	kochte
du	kochst		kochest	kochtest
er	kocht		koche	kochte
wir	kochen		kochen	kochten
ihr	kocht		kochet	kochtet
sie	kochen		kochen	kochten

	Imperfect
ich	kochte
du	kochtest
er	kochte
wir	kochten
ihr	kochtet
sie	kochten

			Past Time	
	Perfect		*(Perf. Subj.)*	*(Pluperf. Subj.)*
ich	habe gekocht		habe gekocht	hätte gekocht
du	hast gekocht		habest gekocht	hättest gekocht
er	hat gekocht		habe gekocht	hätte gekocht
wir	haben gekocht		haben gekocht	hätten gekocht
ihr	habt gekocht		habet gekocht	hättet gekocht
sie	haben gekocht		haben gekocht	hätten gekocht

	Pluperfect
ich	hatte gekocht
du	hattest gekocht
er	hatte gekocht
wir	hatten gekocht
ihr	hattet gekocht
sie	hatten gekocht

			Future Time	
	Future		*(Fut. Subj.)*	*(Pres. Conditional)*
ich	werde kochen		werde kochen	würde kochen
du	wirst kochen		werdest kochen	würdest kochen
er	wird kochen		werde kochen	würde kochen
wir	werden kochen		werden kochen	würden kochen
ihr	werdet kochen		werdet kochen	würdet kochen
sie	werden kochen		werden kochen	würden kochen

			Future Perfect Time	
	Future Perfect		*(Fut. Perf. Subj.)*	*(Past Conditional)*
ich	werde gekocht haben		werde gekocht haben	würde gekocht haben
du	wirst gekocht haben		werdest gekocht haben	würdest gekocht haben
er	wird gekocht haben		werde gekocht haben	würde gekocht haben
wir	werden gekocht haben		werden gekocht haben	würden gekocht haben
ihr	werdet gekocht haben		werdet gekocht haben	würdet gekocht haben
sie	werden gekocht haben		werden gekocht haben	würden gekocht haben

kommen

to come

PRINC. PARTS: kommen, kam, ist gekommen, kommt
IMPERATIVE: komme!, kommt!, kommen Sie!

	INDICATIVE	SUBJUNCTIVE	
		PRIMARY	SECONDARY
		Present Time	
	Present	*(Pres. Subj.)*	*(Imperf. Subj.)*
ich	komme	komme	käme
du	kommst	kommest	kämest
er	kommt	komme	käme
wir	kommen	kommen	kämen
ihr	kommt	kommet	kämet
sie	kommen	kommen	kämen

	Imperfect
ich	kam
du	kamst
er	kam
wir	kamen
ihr	kamt
sie	kamen

	Perfect	*(Perf. Subj.)*	*(Pluperf. Subj.)*
		Past Time	
ich	bin gekommen	sei gekommen	wäre gekommen
du	bist gekommen	seiest gekommen	wärest gekommen
er	ist gekommen	sei gekommen	wäre gekommen
wir	sind gekommen	seien gekommen	wären gekommen
ihr	seid gekommen	seiet gekommen	wäret gekommen
sie	sind gekommen	seien gekommen	wären gekommen

	Pluperfect
ich	war gekommen
du	warst gekommen
er	war gekommen
wir	waren gekommen
ihr	wart gekommen
sie	waren gekommen

	Future	*(Fut. Subj.)*	*(Pres. Conditional)*
		Future Time	
ich	werde kommen	werde kommen	würde kommen
du	wirst kommen	werdest kommen	würdest kommen
er	wird kommen	werde kommen	würde kommen
wir	werden kommen	werden kommen	würden kommen
ihr	werdet kommen	werdet kommen	würdet kommen
sie	werden kommen	werden kommen	würden kommen

	Future Perfect	*(Fut. Perf. Subj.)*	*(Past Conditional)*
		Future Perfect Time	
ich	werde gekommen sein	werde gekommen sein	würde gekommen sein
du	wirst gekommen sein	werdest gekommen sein	würdest gekommen sein
er	wird gekommen sein	werde gekommen sein	würde gekommen sein
wir	werden gekommen sein	werden gekommen sein	würden gekommen sein
ihr	werdet gekommen sein	werdet gekommen sein	würdet gekommen sein
sie	werden gekommen sein	werden gekommen sein	würden gekommen sein

PRINC. PARTS: können, konnte, gekonnt (können
when immediately preceded by a
infinitive—see 'sprechen dürfen'), kann
IMPERATIVE:

to be able (can),
to know (a language
or how to do something)

INDICATIVE	SUBJUNCTIVE	
	PRIMARY	SECONDARY
	Present Time	
Present	(*Pres. Subj.*)	(*Imperf. Subj.*)
ich kann	könne	könnte
du kannst	könnest	könntest
er kann	könne	könnte
wir können	können	könnten
ihr könnt	könnet	könntet
sie können	können	könnten

Imperfect
ich konnte
du konntest
er konnte
wir konnten
ihr konntet
sie konnten

	Past Time	
Perfect	(*Perf. Subj.*)	(*Pluperf. Subj.*)
ich habe gekonnt	habe gekonnt	hätte gekonnt
du hast gekonnt	habest gekonnt	hättest gekonnt
er hat gekonnt	habe gekonnt	hätte gekonnt
wir haben gekonnt	haben gekonnt	hätten gekonnt
ihr habt gekonnt	habet gekonnt	hättet gekonnt
sie haben gekonnt	haben gekonnt	hätten gekonnt

Pluperfect
ich hatte gekonnt
du hattest gekonnt
er hatte gekonnt
wir hatten gekonnt
ihr hattet gekonnt
sie hatten gekonnt

	Future Time	
Future	(*Fut. Subj.*)	(*Pres. Conditional*)
ich werde können	werde können	würde können
du wirst können	werdest können	würdest können
er wird können	werde können	würde können
wir werden können	werden können	würden können
ihr werdet können	werdet können	würdet können
sie werden können	werden können	würden können

	Future Perfect Time	
Future Perfect	(*Fut. Perf. Subj.*)	(*Past Conditional*)
ich werde gekonnt haben	werde gekonnt haben	würde gekonnt haben
du wirst gekonnt haben	werdest gekonnt haben	würdest gekonnt haben
er wird gekonnt haben	werde gekonnt haben	würde gekonnt haben
wir werden gekonnt haben	werden gekonnt haben	würden gekonnt haben
ihr werdet gekonnt haben	werdet gekonnt haben	würdet gekonnt haben
sie werden gekonnt haben	werden gekonnt haben	würden gekonnt haben

kosten

to cost; taste, try

PRINC. PARTS: kosten, kostete, gekostet, kostet
IMPERATIVE: koste!, kostet!, kosten Sie!

INDICATIVE	SUBJUNCTIVE	
	PRIMARY	SECONDARY

	Present	(*Pres. Subj.*)	*Present Time* (*Imperf. Subj.*)
ich	koste	koste	kostete
du	kostest	kostest	kostetest
er	kostet	koste	kostete
wir	kosten	kosten	kosteten
ihr	kostet	kostet	kostetet
sie	kosten	kosten	kosteten

	Imperfect
ich	kostete
du	kostetest
er	kostete
wir	kosteten
ihr	kostetet
sie	kosteten

	Perfect	(*Perf. Subj.*)	*Past Time* (*Pluperf. Subj.*)
ich	habe gekostet	habe gekostet	hätte gekostet
du	hast gekostet	habest gekostet	hättest gekostet
er	hat gekostet	habe gekostet	hätte gekostet
wir	haben gekostet	haben gekostet	hätten gekostet
ihr	habt gekostet	habet gekostet	hättet gekostet
sie	haben gekostet	haben gekostet	hätten gekostet

	Pluperfect
ich	hatte gekostet
du	hattest gekostet
er	hatte gekostet
wir	hatten gekostet
ihr	hattet gekostet
sie	hatten gekostet

	Future	(*Fut. Subj.*)	*Future Time* (*Pres. Conditional*)
ich	werde kosten	werde kosten	würde kosten
du	wirst kosten	werdest kosten	würdest kosten
er	wird kosten	werde kosten	würde kosten
wir	werden kosten	werden kosten	würden kosten
ihr	werdet kosten	werdet kosten	würdet kosten
sie	werden kosten	werden kosten	würden kosten

	Future Perfect	(*Fut. Perf. Subj.*)	*Future Perfect Time* (*Past Conditional*)
ich	werde gekostet haben	werde gekostet haben	würde gekostet haben
du	wirst gekostet haben	werdest gekostet haben	würdest gekostet haben
er	wird gekostet haben	werde gekostet haben	würde gekostet haben
wir	werden gekostet haben	werden gekostet haben	würden gekostet haben
ihr	werdet gekostet haben	werdet gekostet haben	würdet gekostet haben
sie	werden gekostet haben	werden gekostet haben	würden gekostet haben

PRINC. PARTS: kriegen, kriegte, gekriegt, kriegt
IMPERATIVE: kriege!, kriegt!, kriegen Sie!

to get, obtain

INDICATIVE	SUBJUNCTIVE	
	PRIMARY	SECONDARY

Present Time

	Present	*(Pres. Subj.)*	*(Imperf. Subj.)*
ich	kriege	kriege	kriegte
du	kriegst	kriegest	kriegtest
er	kriegt	kriege	kriegte
wir	kriegen	kriegen	kriegten
ihr	kriegt	krieget	kriegtet
sie	kriegen	kriegen	kriegten

	Imperfect
ich	kriegte
du	kriegtest
er	kriegte
wir	kriegten
ihr	kriegtet
sie	kriegten

Past Time

	Perfect	*(Perf. Subj.)*	*(Pluperf. Subj.)*
ich	habe gekriegt	habe gekriegt	hätte gekriegt
du	hast gekriegt	habest gekriegt	hättest gekriegt
er	hat gekriegt	habe gekriegt	hätte gekriegt
wir	haben gekriegt	haben gekriegt	hätten gekriegt
ihr	habt gekriegt	habet gekriegt	hättet gekriegt
sie	haben gekriegt	haben gekriegt	hätten gekriegt

	Pluperfect
ich	hatte gekriegt
du	hattest gekriegt
er	hatte gekriegt
wir	hatten gekriegt
ihr	hattet gekriegt
sie	hatten gekriegt

Future Time

	Future	*(Fut. Subj.)*	*(Pres. Conditional)*
ich	werde kriegen	werde kriegen	würde kriegen
du	wirst kriegen	werdest kriegen	würdest kriegen
er	wird kriegen	werde kriegen	würde kriegen
wir	werden kriegen	werden kriegen	würden kriegen
ihr	werdet kriegen	werdet kriegen	würdet kriegen
sie	werden kriegen	werden kriegen	würden kriegen

Future Perfect Time

	Future Perfect	*(Fut. Perf. Subj.)*	*(Past Conditional)*
ich	werde gekriegt haben	werde gekriegt haben	würde gekriegt haben
du	wirst gekriegt haben	werdest gekriegt haben	würdest gekriegt haben
er	wird gekriegt haben	werde gekriegt haben	würde gekriegt haben
wir	werden gekriegt haben	werden gekriegt haben	würden gekriegt haben
ihr	werdet gekriegt haben	werdet gekriegt haben	würdet gekriegt haben
sie	werden gekriegt haben	werden gekriegt haben	würden gekriegt haben

125

lachen
to laugh

PRINC. PARTS: lachen, lachte, gelacht, lacht
IMPERATIVE: lache!. lacht!, lachen Sie!

INDICATIVE	SUBJUNCTIVE	
	PRIMARY	SECONDARY
	Present Time	
Present	*(Pres. Subj.)*	*(Imperf. Subj.)*
ich lache	lache	lachte
du lachst	lachest	lachtest
er lacht	lache	lachte
wir lachen	lachen	lachten
ihr lacht	lachet	lachtet
sie lachen	lachen	lachten

Imperfect
ich lachte
du lachtest
er lachte
wir lachten
ihr lachtet
sie lachten

	Past Time	
Perfect	*(Perf. Subj.)*	*(Pluperf. Subj.)*
ich habe gelacht	habe gelacht	hätte gelacht
du hast gelacht	habest gelacht	hättest gelacht
er hat gelacht	habe gelacht	hätte gelacht
wir haben gelacht	haben gelacht	hätten gelacht
ihr habt gelacht	habet gelacht	hättet gelacht
sie haben gelacht	haben gelacht	hätten gelacht

Pluperfect
ich hatte gelacht
du hattest gelacht
er hatte gelacht
wir hatten gelacht
ihr hattet gelacht
sie hatten gelacht

	Future Time	
Future	*(Fut. Subj.)*	*(Pres. Conditional)*
ich werde lachen	werde lachen	würde lachen
du wirst lachen	werdest lachen	würdest lachen
er wird lachen	werde lachen	würde lachen
wir werden lachen	werden lachen	würden lachen
ihr werdet lachen	werdet lachen	würdet lachen
sie werden lachen	werden lachen	würden lachen

	Future Perfect Time	
Future Perfect	*(Fut. Perf. Subj.)*	*(Past Conditional)*
ich werde gelacht haben	werde gelacht haben	würde gelacht haben
du wirst gelacht haben	werdest gelacht haben	würdest gelacht haben
er wird gelacht haben	werde gelacht haben	würde gelacht haben
wir werden gelacht haben	werden gelacht haben	würden gelacht haben
ihr werdet gelacht haben	werdet gelacht haben	würdet gelacht haben
sie werden gelacht haben	werden gelacht haben	würden gelacht haben

lassen

PRINC. PARTS: lassen, ließ,
         gelassen, läßt
IMPERATIVE: laß!, laßt!, lassen Sie!

to let, leave, allow, abandon
have something done (with infinitive)

INDICATIVE	SUBJUNCTIVE	
	PRIMARY	SECONDARY
	Present Time	
Present	*(Pres. Subj.)*	*(Imperf. Subj.)*
ich lasse	lasse	ließe
du läßt	lassest	ließest
er läßt	lasse	ließe
wir lassen	lassen	ließen
ihr laßt	lasset	ließet
sie lassen	lassen	ließen

Imperfect
ich ließ
du ließest
er ließ
wir ließen
ihr ließt
sie ließen

	Past Time	
Perfect	*(Perf. Subj.)*	*(Pluperf. Subj.)*
ich habe gelassen	habe gelassen	hätte gelassen
du hast gelassen	habest gelassen	hättest gelassen
er hat gelassen	habe gelassen	hätte gelassen
wir haben gelassen	haben gelassen	hätten gelassen
ihr habt gelassen	habet gelassen	hättet gelassen
sie haben gelassen	haben gelassen	hätten gelassen

Pluperfect
ich hatte gelassen
du hattest gelassen
er hatte gelassen
wir hatten gelassen
ihr hattet gelassen
sie hatten gelassen

	Future Time	
Future	*(Fut. Subj.)*	*(Pres. Conditional)*
ich werde lassen	werde lassen	würde lassen
du wirst lassen	werdest lassen	würdest lassen
er wird lassen	werde lassen	würde lassen
wir werden lassen	werden lassen	würden lassen
ihr werdet lassen	werdet lassen	würdet lassen
sie werden lassen	werden lassen	würden lassen

	Future Perfect Time	
Future Perfect	*(Fut. Perf. Subj.)*	*(Past Conditional)*
ich werde gelassen haben	werde gelassen haben	würde gelassen haben
du wirst gelassen haben	werdest gelassen haben	würdest gelassen haben
er wird gelassen haben	werde gelassen haben	würde gelassen haben
wir werden gelassen haben	werden gelassen haben	würden gelassen haben
ihr werdet gelassen haben	werdet gelassen haben	würdet gelassen haben
sie werden gelassen haben	werden gelassen haben	würden gelassen haben

laufen

to run, walk

PRINC. PARTS: laufen, lief, ist gelaufen, läuft
IMPERATIVE: laufe!, lauft!, laufen Sie!

	INDICATIVE	SUBJUNCTIVE	
		PRIMARY	SECONDARY
		Present Time	
	Present	*(Pres. Subj.)*	*(Imperf. Subj.)*
ich	laufe	laufe	liefe
du	läufst	laufest	liefest
er	läuft	laufe	liefe
wir	laufen	laufen	liefen
ihr	lauft	laufet	liefet
sie	laufen	laufen	liefen

	Imperfect
ich	lief
du	liefst
er	lief
wir	liefen
ihr	lieft
sie	liefen

		Past Time	
	Perfect	*(Perf. Subj.)*	*(Pluperf. Subj.)*
ich	bin gelaufen	sei gelaufen	wäre gelaufen
du	bist gelaufen	seiest gelaufen	wärest gelaufen
er	ist gelaufen	sei gelaufen	wäre gelaufen
wir	sind gelaufen	seien gelaufen	wären gelaufen
ihr	seid gelaufen	seiet gelaufen	wäret gelaufen
sie	sind gelaufen	seien gelaufen	wären gelaufen

	Pluperfect
ich	war gelaufen
du	warst gelaufen
er	war gelaufen
wir	waren gelaufen
ihr	wart gelaufen
sie	waren gelaufen

		Future Time	
	Future	*(Fut. Subj.)*	*(Pres. Conditional)*
ich	werde laufen	werde laufen	würde laufen
du	wirst laufen	werdest laufen	würdest laufen
er	wird laufen	werde laufen	würde laufen
wir	werden laufen	werden laufen	würden laufen
ihr	werdet laufen	werdet laufen	würdet laufen
sie	werden laufen	werden laufen	würden laufen

		Future Perfect Time	
	Future Perfect	*(Fut. Perf. Subj.)*	*(Past Conditional)*
ich	werde gelaufen sein	werde gelaufen sein	würde gelaufen sein
du	wirst gelaufen sein	werdest gelaufen sein	würdest gelaufen sein
er	wird gelaufen sein	werde gelaufen sein	würde gelaufen sein
wir	werden gelaufen sein	werden gelaufen sein	würden gelaufen sein
ihr	werdet gelaufen sein	werdet gelaufen sein	würdet gelaufen sein
sie	werden gelaufen sein	werden gelaufen sein	würden gelaufen sein

PRINC. PARTS: leben, lebte, gelebt, lebt
IMPERATIVE: lebe!, lebt!, leben Sie!

INDICATIVE	SUBJUNCTIVE	
	PRIMARY	SECONDARY
	Present Time	
Present	(*Pres. Subj.*)	(*Imperf. Subj.*)
ich lebe	lebe	lebte
du lebst	lebest	lebtest
er lebt	lebe	lebte
wir leben	leben	lebten
ihr lebt	lebet	lebtet
sie leben	leben	lebten

Imperfect
ich lebte
du lebtest
er lebte
wir lebten
ihr lebtet
sie lebten

		Past Time	
Perfect	(*Perf. Subj.*)	(*Pluperf. Subj.*)
ich habe gelebt	habe gelebt	hätte gelebt
du hast gelebt	habest gelebt	hättest gelebt
er hat gelebt	habe gelebt	hätte gelebt
wir haben gelebt	haben gelebt	hätten gelebt
ihr habt gelebt	habet gelebt	hättet gelebt
sie haben gelebt	haben gelebt	hätten gelebt

Pluperfect
ich hatte gelebt
du hattest gelebt
er hatte gelebt
wir hatten gelebt
ihr hattet gelebt
sie hatten gelebt

	Future Time	
Future	(*Fut. Subj.*)	(*Pres. Conditional*)
ich werde leben	werde leben	würde leben
du wirst leben	werdest leben	würdest leben
er wird leben	werde leben	würde leben
wir werden leben	werden leben	würden leben
ihr werdet leben	werdet leben	würdet leben
sie werden leben	werden leben	würden leben

	Future Perfect Time	
Future Perfect	(*Fut. Perf. Subj.*)	(*Past Conditional*)
ich werde gelebt haben	werde gelebt haben	würde gelebt haben
du wirst gelebt haben	werdest gelebt haben	würdest gelebt haben
er wird gelebt haben	werde gelebt haben	würde gelebt haben
wir werden gelebt haben	werden gelebt haben	würden gelebt haben
ihr werdet gelebt haben	werdet gelebt haben	würdet gelebt haben
sie werden gelebt haben	werden gelebt haben	würden gelebt haben

lecken

to lick; leak

PRINC. PARTS: lecken, leckte, geleckt, leckt
IMPERATIVE: lecke!, leckt!, lecken Sie!

INDICATIVE	SUBJUNCTIVE	
	PRIMARY	SECONDARY

Present Time

	Present	(*Pres. Subj.*)	(*Imperf. Subj.*)
ich	lecke	lecke	leckte
du	leckst	leckest	lecktest
er	leckt	lecke	leckte
wir	lecken	lecken	leckten
ihr	leckt	lecket	lecktet
sie	lecken	lecken	leckten

	Imperfect
ich	leckte
du	lecktest
er	leckte
wir	leckten
ihr	lecktet
sie	leckten

Past Time

	Perfect	(*Perf. Subj.*)	(*Pluperf. Subj.*)
ich	habe geleckt	habe geleckt	hätte geleckt
du	hast geleckt	habest geleckt	hättest geleckt
er	hat geleckt	habe geleckt	hätte geleckt
wir	haben geleckt	haben geleckt	hätten geleckt
ihr	habt geleckt	habet geleckt	hättet geleckt
sie	haben geleckt	haben geleckt	hätten geleckt

	Pluperfect
ich	hatte geleckt
du	hattest geleckt
er	hatte geleckt
wir	hatten geleckt
ihr	hattet geleckt
sie	hatten geleckt

Future Time

	Future	(*Fut. Subj.*)	(*Pres. Conditional*)
ich	werde lecken	werde lecken	würde lecken
du	wirst lecken	werdest lecken	würdest lecken
er	wird lecken	werde lecken	würde lecken
wir	werden lecken	werden lecken	würden lecken
ihr	werdet lecken	werdet lecken	würdet lecken
sie	werden lecken	werden lecken	würden lecken

Future Perfect Time

	Future Perfect	(*Fut. Perf. Subj.*)	(*Past Conditional*)
ich	werde geleckt haben	werde geleckt haben	würde geleckt haben
du	wirst geleckt haben	werdest geleckt haben	würdest geleckt haben
er	wird geleckt haben	werde geleckt haben	würde geleckt haben
wir	werden geleckt haben	werden geleckt haben	würden geleckt haben
ihr	werdet geleckt haben	werdet geleckt haben	würdet geleckt haben
sie	werden geleckt haben	werden geleckt haben	würden geleckt haben

PRINC. PARTS: legen, legte, gelegt, legt
IMPERATIVE: lege!, legt!, legen Sie!

to lay, put, place, deposit

INDICATIVE	SUBJUNCTIVE	
	PRIMARY	SECONDARY

Present Time

	Present	*(Pres. Subj.)*	*(Imperf. Subj.)*
ich	lege	lege	legte
du	legst	legest	legtest
er	legt	lege	legte
wir	legen	legen	legten
ihr	legt	leget	legtet
sie	legen	legen	legten

	Imperfect
ich	legte
du	legtest
er	legte
wir	legten
ihr	legtet
sie	legten

Past Time

	Perfect	*(Perf. Subj.)*	*(Pluperf. Subj.)*
ich	habe gelegt	habe gelegt	hätte gelegt
du	hast gelegt	habest gelegt	hättest gelegt
er	hat gelegt	habe gelegt	hätte gelegt
wir	haben gelegt	haben gelegt	hätten gelegt
ihr	habt gelegt	habet gelegt	hättet gelegt
sie	haben gelegt	haben gelegt	hätten gelegt

	Pluperfect
ich	hatte gelegt
du	hattest gelegt
er	hatte gelegt
wir	hatten gelegt
ihr	hattet gelegt
sie	hatten gelegt

Future Time

	Future	*(Fut. Subj.)*	*(Pres. Conditional)*
ich	werde legen	werde legen	würde legen
du	wirst legen	werdest legen	würdest legen
er	wird legen	werde legen	würde legen
wir	werden legen	werden legen	würden legen
ihr	werdet legen	werdet legen	würdet legen
sie	werden legen	werden legen	würden legen

Future Perfect Time

	Future Perfect	*(Fut. Perf. Subj.)*	*(Past Conditional)*
ich	werde gelegt haben	werde gelegt haben	würde gelegt haben
du	wirst gelegt haben	werdest gelegt haben	würdest gelegt haben
er	wird gelegt haben	werde gelegt haben	würde gelegt haben
wir	werden gelegt haben	werden gelegt haben	würden gelegt haben
ihr	werdet gelegt haben	werdet gelegt haben	würdet gelegt haben
sie	werden gelegt haben	werden gelegt haben	würden gelegt haben

lehren

to teach

PRINC. PARTS: lehren, lehrte, gelehrt, lehrt
IMPERATIVE: lehre!, lehrt!, lehren Sie!

INDICATIVE	SUBJUNCTIVE	
	PRIMARY	SECONDARY

Present Time

	Present	(Pres. Subj.)	(Imperf. Subj.)
ich	lehre	lehre	lehrte
du	lehrst	lehrest	lehrtest
er	lehrt	lehre	lehrte
wir	lehren	lehren	lehrten
ihr	lehrt	lehret	lehrtet
sie	lehren	lehren	lehrten

	Imperfect
ich	lehrte
du	lehrtest
er	lehrte
wir	lehrten
ihr	lehrtet
sie	lehrten

Past Time

	Perfect	(Perf. Subj.)	(Pluperf. Subj.)
ich	habe gelehrt	habe gelehrt	hätte gelehrt
du	hast gelehrt	habest gelehrt	hättest gelehrt
er	hat gelehrt	habe gelehrt	hätte gelehrt
wir	haben gelehrt	haben gelehrt	hätten gelehrt
ihr	habt gelehrt	habet gelehrt	hättet gelehrt
sie	haben gelehrt	haben gelehrt	hätten gelehrt

	Pluperfect
ich	hatte gelehrt
du	hattest gelehrt
er	hatte gelehrt
wir	hatten gelehrt
ihr	hattet gelehrt
sie	hatten gelehrt

Future Time

	Future	(Fut. Subj.)	(Pres. Conditional)
ich	werde lehren	werde lehren	würde lehren
du	wirst lehren	werdest lehren	würdest lehren
er	wird lehren	werde lehren	würde lehren
wir	werden lehren	werden lehren	würden lehren
ihr	werdet lehren	werdet lehren	würdet lehren
sie	werden lehren	werden lehren	würden lehren

Future Perfect Time

	Future Perfect	(Fut. Perf. Subj.)	(Past Conditional)
ich	werde gelehrt haben	werde gelehrt haben	würde gelehrt haben
du	wirst gelehrt haben	werdest gelehrt haben	würdest gelehrt haben
er	wird gelehrt haben	werde gelehrt haben	würde gelehrt haben
wir	werden gelehrt haben	werden gelehrt haben	würden gelehrt haben
ihr	werdet gelehrt haben	werdet gelehrt haben	würdet gelehrt haben
sie	werden gelehrt haben	werden gelehrt haben	würden gelehrt haben

PRINC. PARTS: leiden, litt, gelitten, leidet
IMPERATIVE: leide!, leidet!, leiden Sie!

to suffer

INDICATIVE	SUBJUNCTIVE	
	PRIMARY	SECONDARY

Present Time

	Present	*(Pres. Subj.)*	*(Imperf. Subj.)*
ich	leide	leide	litte
du	leidest	leidest	littest
er	leidet	leide	litte
wir	leiden	leiden	litten
ihr	leidet	leidet	littet
sie	leiden	leiden	litten

	Imperfect
ich	litt
du	littst
er	litt
wir	litten
ihr	littet
sie	litten

Past Time

	Perfect	*(Perf. Subj.)*	*(Pluperf. Subj.)*
ich	habe gelitten	habe gelitten	hätte gelitten
du	hast gelitten	habest gelitten	hättest gelitten
er	hat gelitten	habe gelitten	hätte gelitten
wir	haben gelitten	haben gelitten	hätten gelitten
ihr	habt gelitten	habet gelitten	hättet gelitten
sie	haben gelitten	haben gelitten	hätten gelitten

	Pluperfect
ich	hatte gelitten
du	hattest gelitten
er	hatte gelitten
wir	hatten gelitten
ihr	hattet gelitten
sie	hatten gelitten

Future Time

	Future	*(Fut. Subj.)*	*(Pres. Conditional)*
ich	werde leiden	werde leiden	würde leiden
du	wirst leiden	werdest leiden	würdest leiden
er	wird leiden	werde leiden	würde leiden
wir	werden leiden	werden leiden	würden leiden
ihr	werdet leiden	werdet leiden	würdet leiden
sie	werden leiden	werden leiden	würden leiden

Future Perfect Time

	Future Perfect	*(Fut. Perf. Subj.)*	*(Past Conditional)*
ich	werde gelitten haben	werde gelitten haben	würde gelitten haben
du	wirst gelitten haben	werdest gelitten haben	würdest gelitten haben
er	wird gelitten haben	werde gelitten haben	würde gelitten haben
wir	werden gelitten haben	werden gelitten haben	würden gelitten haben
ihr	werdet gelitten haben	werdet gelitten haben	würdet gelitten haben
sie	werden gelitten haben	werden gelitten haben	würden gelitten haben

lernen

to learn, study

PRINC. PARTS: lernen, lernte, gelernt, lernt
IMPERATIVE: lerne!, lernt!, lernen Sie!

INDICATIVE	SUBJUNCTIVE	
	PRIMARY	SECONDARY
	Present Time	
Present	*(Pres. Subj.)*	*(Imperf. Subj.)*
ich lerne	lerne	lernte
du lernst	lernest	lerntest
er lernt	lerne	lernte
wir lernen	lernen	lernten
ihr lernt	lernet	lerntet
sie lernen	lernen	lernten

Imperfect
ich lernte
du lerntest
er lernte
wir lernten
ihr lerntet
sie lernten

		Past Time	
Perfect	*(Perf. Subj.)*	*(Pluperf. Subj.)*
ich habe gelernt	habe gelernt	hätte gelernt
du hast gelernt	habest gelernt	hättest gelernt
er hat gelernt	habe gelernt	hätte gelernt
wir haben gelernt	haben gelernt	hätten gelernt
ihr habt gelernt	habet gelernt	hättet gelernt
sie haben gelernt	haben gelernt	hätten gelernt

Pluperfect
ich hatte gelernt
du hattest gelernt
er hatte gelernt
wir hatten gelernt
ihr hattet gelernt
sie hatten gelernt

		Future Time	
Future	*(Fut. Subj.)*	*(Pres. Conditional)*
ich werde lernen	werde lernen	würde lernen
du wirst lernen	werdest lernen	würdest lernen
er wird lernen	werde lernen	würde lernen
wir werden lernen	werden lernen	würden lernen
ihr werdet lernen	werdet lernen	würdet lernen
sie werden lernen	werden lernen	würden lernen

		Future Perfect Time	
Future Perfect	*(Fut. Perf. Subj.)*	*(Past Conditional)*
ich werde gelernt haben	werde gelernt haben	würde gelernt haben
du wirst gelernt haben	werdest gelernt haben	würdest gelernt haben
er wird gelernt haben	werde gelernt haben	würde gelernt haben
wir werden gelernt haben	werden gelernt haben	würden gelernt haben
ihr werdet gelernt haben	werdet gelernt haben	würdet gelernt haben
sie werden gelernt haben	werden gelernt haben	würden gelernt haben

134

PRINC. PARTS: lesen, las, gelesen, liest
IMPERATIVE: lies!, lest!, lesen Sie!

to read, gather

	INDICATIVE	SUBJUNCTIVE	
		PRIMARY	SECONDARY
		Present Time	
	Present	*(Pres. Subj.)*	*(Imperf. Subj.)*
ich	lese	lese	läse
du	liest	lesest	läsest
er	liest	lese	läse
wir	lesen	lesen	läsen
ihr	lest	leset	läset
sie	lesen	lesen	läsen

	Imperfect
ich	las
du	lasest
er	las
wir	lasen
ihr	last
sie	lasen

			Past Time	
	Perfect	*(Perf. Subj.)*	*(Pluperf. Subj.)*
ich	habe gelesen	habe gelesen	hätte gelesen
du	hast gelesen	habest gelesen	hättest gelesen
er	hat gelesen	habe gelesen	hätte gelesen
wir	haben gelesen	haben gelesen	hätten gelesen
ihr	habt gelesen	habet gelesen	hättet gelesen
sie	haben gelesen	haben gelesen	hätten gelesen

	Pluperfect
ich	hatte gelesen
du	hattest gelesen
er	hatte gelesen
wir	hatten gelesen
ihr	hattet gelesen
sie	hatten gelesen

			Future Time	
	Future	*(Fut. Subj.)*	*(Pres. Conditional)*
ich	werde lesen	werde lesen	würde lesen
du	wirst lesen	werdest lesen	würdest lesen
er	wird lesen	werde lesen	würde lesen
wir	werden lesen	werden lesen	würden lesen
ihr	werdet lesen	werdet lesen	würdet lesen
sie	werden lesen	werden lesen	würden lesen

			Future Perfect Time	
	Future Perfect	*(Fut. Perf. Subj.)*	*(Past Conditional)*
ich	werde gelesen haben	werde gelesen haben	würde gelesen haben
du	wirst gelesen haben	werdest gelesen haben	würdest gelesen haben
er	wird gelesen haben	werde gelesen haben	würde gelesen haben
wir	werden gelesen haben	werden gelesen haben	würden gelesen haben
ihr	werdet gelesen haben	werdet gelesen haben	würdet gelesen haben
sie	werden gelesen haben	werden gelesen haben	würden gelesen haben

lieben

to love

PRINC. PARTS: lieben, liebte, geliebt, liebt
IMPERATIVE: liebe!, liebt!, lieben Sie!

INDICATIVE	SUBJUNCTIVE	
	PRIMARY	SECONDARY

Present Time

	Present	*(Pres. Subj.)*	*(Imperf. Subj.)*
ich	liebe	liebe	liebte
du	liebst	liebest	liebtest
er	liebt	liebe	liebte
wir	lieben	lieben	liebten
ihr	liebt	liebet	liebtet
sie	lieben	lieben	liebten

	Imperfect
ich	liebte
du	liebtest
er	liebte
wir	liebten
ihr	liebtet
sie	liebten

Past Time

	Perfect	*(Perf. Subj.)*	*(Pluperf. Subj.)*
ich	habe geliebt	habe geliebt	hätte geliebt
du	hast geliebt	habest geliebt	hättest geliebt
er	hat geliebt	habe geliebt	hätte geliebt
wir	haben geliebt	haben geliebt	hätten geliebt
ihr	habt geliebt	habet geliebt	hättet geliebt
sie	haben geliebt	haben geliebt	hätten geliebt

	Pluperfect
ich	hatte geliebt
du	hattest geliebt
er	hatte geliebt
wir	hatten geliebt
ihr	hattet geliebt
sie	hatten geliebt

Future Time

	Future	*(Fut. Subj.)*	*(Pres. Conditional)*
ich	werde lieben	werde lieben	würde lieben
du	wirst lieben	werdest lieben	würdest lieben
er	wird lieben	werde lieben	würde lieben
wir	werden lieben	werden lieben	würden lieben
ihr	werdet lieben	werdet lieben	würdet lieben
sie	werden lieben	werden lieben	würden lieben

Future Perfect Time

	Future Perfect	*(Fut. Perf. Subj.)*	*(Past Conditional)*
ich	werde geliebt haben	werde geliebt haben	würde geliebt haben
du	wirst geliebt haben	werdest geliebt haben	würdest geliebt haben
er	wird geliebt haben	werde geliebt haben	würde geliebt haben
wir	werden geliebt haben	werden geliebt haben	würden geliebt haben
ihr	werdet geliebt haben	werdet geliebt haben	würdet geliebt haben
sie	werden geliebt haben	werden geliebt haben	würden geliebt haben

PRINC. PARTS: liegen, lag, gelegen, liegt
IMPERATIVE: liege!, liegt!, liegen Sie!

to lie, rest, be situated

INDICATIVE	SUBJUNCTIVE	
	PRIMARY	SECONDARY
	Present Time	
Present	*(Pres. Subj.)*	*(Imperf. Subj.)*
ich liege	liege	läge
du liegst	liegest	lägest
er liegt	liege	läge
wir liegen	liegen	lägen
ihr liegt	lieget	läget
sie liegen	liegen	lägen
Imperfect		
ich lag		
du lagst		
er lag		
wir lagen		
ihr lagt		
sie lagen		
	Past Time	
Perfect	*(Perf. Subj.)*	*(Pluperf. Subj.)*
ich habe gelegen	habe gelegen	hätte gelegen
du hast gelegen	habest gelegen	hättest gelegen
er hat gelegen	habe gelegen	hätte gelegen
wir haben gelegen	haben gelegen	hätten gelegen
ihr habt gelegen	habet gelegen	hättet gelegen
sie haben gelegen	haben gelegen	hätten gelegen
Pluperfect		
ich hatte gelegen		
du hattest gelegen		
er hatte gelegen		
wir hatten gelegen		
ihr hattet gelegen		
sie hatten gelegen		
	Future Time	
Future	*(Fut. Subj.)*	*(Pres. Conditional)*
ich werde liegen	werde liegen	würde liegen
du wirst liegen	werdest liegen	würdest liegen
er wird liegen	werde liegen	würde liegen
wir werden liegen	werden liegen	würden liegen
ihr werdet liegen	werdet liegen	würdet liegen
sie werden liegen	werden liegen	würden liegen
	Future Perfect Time	
Future Perfect	*(Fut. Perf. Subj.)*	*(Past Conditional)*
ich werde gelegen haben	werde gelegen haben	würde gelegen haben
du wirst gelegen haben	werdest gelegen haben	würdest gelegen haben
er wird gelegen haben	werde gelegen haben	würde gelegen haben
wir werden gelegen haben	werden gelegen haben	würden gelegen haben
ihr werdet gelegen haben	werdet gelegen haben	würdet gelegen haben
sie werden gelegen haben	werden gelegen haben	würden gelegen haben

loben

to praise

PRINC. PARTS: loben, lobte, gelobt, lobt
IMPERATIVE: lobe!, lobt!, loben Sie!

INDICATIVE	SUBJUNCTIVE	
	PRIMARY	SECONDARY
	Present Time	
Present	*(Pres. Subj.)*	*(Imperf. Subj.)*
ich lobe	lobe	lobte
du lobst	lobest	lobtest
er lobt	lobe	lobte
wir loben	loben	lobten
ihr lobt	lobet	lobtet
sie loben	loben	lobten

Imperfect

ich lobte
du lobtest
er lobte
wir lobten
ihr lobtet
sie lobten

	Past Time	
Perfect	*(Perf. Subj.)*	*(Pluperf. Subj.)*
ich habe gelobt	habe gelobt	hätte gelobt
du hast gelobt	habest gelobt	hättest gelobt
er hat gelobt	habe gelobt	hätte gelobt
wir haben gelobt	haben gelobt	hätten gelobt
ihr habt gelobt	habet gelobt	hättet gelobt
sie haben gelobt	haben gelobt	hätten gelobt

Pluperfect

ich hatte gelobt
du hattest gelobt
er hatte gelobt
wir hatten gelobt
ihr hattet gelobt
sie hatten gelobt

	Future Time	
Future	*(Fut. Subj.)*	*(Pres. Conditional)*
ich werde loben	werde loben	würde loben
du wirst loben	werdest loben	würdest loben
er wird loben	werde loben	würde loben
wir werden loben	werden loben	würden loben
ihr werdet loben	werdet loben	würdet loben
sie werden loben	werden loben	würden loben

	Future Perfect Time	
Future Perfect	*(Fut. Perf. Subj.)*	*(Past Conditional)*
ich werde gelobt haben	werde gelobt haben	würde gelobt haben
du wirst gelobt haben	werdest gelobt haben	würdest gelobt haben
er wird gelobt haben	werde gelobt haben	würde gelobt haben
wir werden gelobt haben	werden gelobt haben	würden gelobt haben
ihr werdet gelobt haben	werdet gelobt haben	würdet gelobt haben
sie werden gelobt haben	werden gelobt haben	würden gelobt haben

138

PRINC. PARTS: locken, lockte, gelockt, lockt
IMPERATIVE: locke!, lockt!, locken Sie!

to entice, allure, bait

INDICATIVE	SUBJUNCTIVE	
	PRIMARY	SECONDARY

Present Time

	Present	*(Pres. Subj.)*	*(Imperf. Subj.)*
ich	locke	locke	lockte
du	lockst	lockest	locktest
er	lockt	locke	lockte
wir	locken	locken	lockten
ihr	lockt	locket	locktet
sie	locken	locken	lockten

	Imperfect
ich	lockte
du	locktest
er	lockte
wir	lockten
ihr	locktet
sie	lockten

Past Time

	Perfect	*(Perf. Subj.)*	*(Pluperf. Subj.)*
ich	habe gelockt	habe gelockt	hätte gelockt
du	hast gelockt	habest gelockt	hättest gelockt
er	hat gelockt	habe gelockt	hätte gelockt
wir	haben gelockt	haben gelockt	hätten gelockt
ihr	habt gelockt	habet gelockt	hättet gelockt
sie	haben gelockt	haben gelockt	hätten gelockt

	Pluperfect
ich	hatte gelockt
du	hattest gelockt
er	hatte gelockt
wir	hatten gelockt
ihr	hattet gelockt
sie	hatten gelockt

Future Time

	Future	*(Fut. Subj.)*	*(Pres. Conditional)*
ich	werde locken	werde locken	würde locken
du	wirst locken	werdest locken	würdest locken
er	wird locken	werde locken	würde locken
wir	werden locken	werden locken	würden locken
ihr	werdet locken	werdet locken	würdet locken
sie	werden locken	werden locken	würden locken

Future Perfect Time

	Future Perfect	*(Fut. Perf. Subj.)*	*(Past Conditional)*
ich	werde gelockt haben	werde gelockt haben	würde gelockt haben
du	wirst gelockt haben	werdest gelockt haben	würdest gelockt haben
er	wird gelockt haben	werde gelockt haben	würde gelockt haben
wir	werden gelockt haben	werden gelockt haben	würden gelockt haben
ihr	werdet gelockt haben	werdet gelockt haben	würdet gelockt haben
sie	werden gelockt haben	werden gelockt haben	würden gelockt haben

lohnen

to reward, recompense

PRINC. PARTS: lohnen, lohnte, gelohnt, lohnt
IMPERATIVE: lohne!, lohnt!, lohnen Sie!

INDICATIVE	SUBJUNCTIVE	
	PRIMARY	SECONDARY

Present Time

	Present	(Pres. Subj.)	(Imperf. Subj.)
ich	lohne	lohne	lohnte
du	lohnst	lohnest	lohntest
er	lohnt	lohne	lohnte
wir	lohnen	lohnen	lohnten
ihr	lohnt	lohnet	lohntet
sie	lohnen	lohnen	lohnten

	Imperfect
ich	lohnte
du	lohntest
er	lohnte
wir	lohnten
ihr	lohntet
sie	lohnten

Past Time

	Perfect	(Perf. Subj.)	(Pluperf. Subj.)
ich	habe gelohnt	habe gelohnt	hätte gelohnt
du	hast gelohnt	habest gelohnt	hättest gelohnt
er	hat gelohnt	habe gelohnt	hätte gelohnt
wir	haben gelohnt	haben gelohnt	hätten gelohnt
ihr	habt gelohnt	habet gelohnt	hättet gelohnt
sie	haben gelohnt	haben gelohnt	hätten gelohnt

	Pluperfect
ich	hatte gelohnt
du	hattest gelohnt
er	hatte gelohnt
wir	hatten gelohnt
ihr	hattet gelohnt
sie	hatten gelohnt

Future Time

	Future	(Fut. Subj.)	(Pres. Conditional)
ich	werde lohnen	werde lohnen	würde lohnen
du	wirst lohnen	werdest lohnen	würdest lohnen
er	wird lohnen	werde lohnen	würde lohnen
wir	werden lohnen	werden lohnen	würden lohnen
ihr	werdet lohnen	werdet lohnen	würdet lohnen
sie	werden lohnen	werden lohnen	würden lohnen

Future Perfect Time

	Future Perfect	(Fut. Perf. Subj.)	(Past Conditional)
ich	werde gelohnt haben	werde gelohnt haben	würde gelohnt haben
du	wirst gelohnt haben	werdest gelohnt haben	würdest gelohnt haben
er	wird gelohnt haben	werde gelohnt haben	würde gelohnt haben
wir	werden gelohnt haben	werden gelohnt haben	würden gelohnt haben
ihr	werdet gelohnt haben	werdet gelohnt haben	würdet gelohnt haben
sie	werden gelohnt haben	werden gelohnt haben	würden gelohnt haben

140

lösen

to loosen, dissolve

INDICATIVE	SUBJUNCTIVE	
	PRIMARY	SECONDARY
	Present Time	
Present	*(Pres. Subj.)*	*(Imperf. Subj.)*
ich löse	löse	löste
du löst	lösest	löstest
er löst	löse	löste
wir lösen	lösen	lösten
ihr löst	löset	löstet
sie lösen	lösen	lösten

Imperfect

ich	löste
du	löstest
er	löste
wir	lösten
ihr	löstet
sie	lösten

		Past Time	
Perfect		*(Perf. Subj.)*	*(Pluperf. Subj.)*
ich	habe gelöst	habe gelöst	hätte gelöst
du	hast gelöst	habest gelöst	hättest gelöst
er	hat gelöst	habe gelöst	hätte gelöst
wir	haben gelöst	haben gelöst	hätten gelöst
ihr	habt gelöst	habet gelöst	hättet gelöst
sie	haben gelöst	haben gelöst	hätten gelöst

Pluperfect

ich	hatte gelöst
du	hattest gelöst
er	hatte gelöst
wir	hatten gelöst
ihr	hattet gelöst
sie	hatten gelöst

		Future Time	
Future		*(Fut. Subj.)*	*(Pres. Conditional)*
ich	werde lösen	werde lösen	würde lösen
du	wirst lösen	werdest lösen	würdest lösen
er	wird lösen	werde lösen	würde lösen
wir	werden lösen	werden lösen	würden lösen
ihr	werdet lösen	werdet lösen	würdet lösen
sie	werden lösen	werden lösen	würden lösen

		Future Perfect Time	
Future Perfect		*(Fut. Perf. Subj.)*	*(Past Conditional)*
ich	werde gelöst haben	werde gelöst haben	würde gelöst haben
du	wirst gelöst haben	werdest gelöst haben	würdest gelöst haben
er	wird gelöst haben	werde gelöst haben	würde gelöst haben
wir	werden gelöst haben	werden gelöst haben	würden gelöst haben
ihr	werdet gelöst haben	werdet gelöst haben	würdet gelöst haben
sie	werden gelöst haben	werden gelöst haben	würden gelöst haben

lügen

to tell a lie

PRINC. PARTS: lügen, log, gelogen, lügt
IMPERATIVE: lüge!, lügt!, lügen Sie!

	INDICATIVE		SUBJUNCTIVE	
			PRIMARY	SECONDARY
			Present Time	
	Present		*(Pres. Subj.)*	*(Imperf. Subj.)*
ich	lüge		lüge	löge
du	lügst		lügest	lögest
er	lügt		lüge	löge
wir	lügen		lügen	lögen
ihr	lügt		lüget	löget
sie	lügen		lügen	lögen

	Imperfect
ich	log
du	logst
er	log
wir	logen
ihr	logt
sie	logen

			Past Time	
	Perfect		*(Perf. Subj.)*	*(Pluperf. Subj.)*
ich	habe gelogen		habe gelogen	hätte gelogen
du	hast gelogen		habest gelogen	hättest gelogen
er	hat gelogen		habe gelogen	hätte gelogen
wir	haben gelogen		haben gelogen	hätten gelogen
ihr	habt gelogen		habet gelogen	hättet gelogen
sie	haben gelogen		haben gelogen	hätten gelogen

	Pluperfect
ich	hatte gelogen
du	hattest gelogen
er	hatte gelogen
wir	hatten gelogen
ihr	hattet gelogen
sie	hatten gelogen

			Future Time	
	Future		*(Fut. Subj.)*	*(Pres. Conditional)*
ich	werde lügen		werde lügen	würde lügen
du	wirst lügen		werdest lügen	würdest lügen
er	wird lügen		werde lügen	würde lügen
wir	werden lügen		werden lügen	würden lügen
ihr	werdet lügen		werdet lügen	würdet lügen
sie	werden lügen		werden lügen	würden lügen

			Future Perfect Time	
	Future Perfect		*(Fut. Perf. Subj.)*	*(Past Conditional)*
ich	werde gelogen haben		werde gelogen haben	würde gelogen haben
du	wirst gelogen haben		werdest gelogen haben	würdest gelogen haben
er	wird gelogen haben		werde gelogen haben	würde gelogen haben
wir	werden gelogen haben		werden gelogen haben	würden gelogen haben
ihr	werdet gelogen haben		werdet gelogen haben	würdet gelogen haben
sie	werden gelogen haben		werden gelogen haben	würden gelogen haben

PRINC. PARTS: machen, machte, gemacht, macht
IMPERATIVE: mache!, macht!, machen Sie!

to make, to do

INDICATIVE	SUBJUNCTIVE	
	PRIMARY	SECONDARY

Present Time

Present	*(Pres. Subj.)*	*(Imperf. Subj.)*
ich mache	mache	machte
du machst	machest	machtest
er macht	mache	machte
wir machen	machen	machten
ihr macht	machet	machtet
sie machen	machen	machten

Imperfect		
ich machte		
du machtest		
er machte		
wir machten		
ihr machtet		
sie machten		

Past Time

Perfect	*(Perf. Subj.)*	*(Pluperf. Subj.)*
ich habe gemacht	habe gemacht	hätte gemacht
du hast gemacht	habest gemacht	hättest gemacht
er hat gemacht	habe gemacht	hätte gemacht
wir haben gemacht	haben gemacht	hätten gemacht
ihr habt gemacht	habet gemacht	hättet gemacht
sie haben gemacht	haben gemacht	hätten gemacht

Pluperfect		
ich hatte gemacht		
du hattest gemacht		
er hatte gemacht		
wir hatten gemacht		
ihr hattet gemacht		
sie hatten gemacht		

Future Time

Future	*(Fut. Subj.)*	*(Pres. Conditional)*
ich werde machen	werde machen	würde machen
du wirst machen	werdest machen	würdest machen
er wird machen	werde machen	würde machen
wir werden machen	werden machen	würden machen
ihr werdet machen	werdet machen	würdet machen
sie werden machen	werden machen	würden machen

Future Perfect Time

Future Perfect	*(Fut. Perf. Subj.)*	*(Past Conditional)*
ich werde gemacht haben	werde gemacht haben	würde gemacht haben
du wirst gemacht haben	werdest gemacht haben	würdest gemacht haben
er wird gemacht haben	werde gemacht haben	würde gemacht haben
wir werden gemacht haben	werden gemacht haben	würden gemacht haben
ihr werdet gemacht haben	werdet gemacht haben	würdet gemacht haben
sie werden gemacht haben	werden gemacht haben	würden gemacht haben

mahlen

to mill, grind

PRINC. PARTS: mahlen, mahlte, gemahlen, mahlt
IMPERATIVE: mahle!, mahlt!, mahlen Sie!

INDICATIVE		SUBJUNCTIVE	
		PRIMARY	SECONDARY
			Present Time
	Present	*(Pres. Subj.)*	*(Imperf. Subj.)*
ich	mahle	mahle	mahlte
du	mahlst	mahlest	mahltest
er	mahlt	mahle	mahlte
wir	mahlen	mahlen	mahlten
ihr	mahlt	mahlet	mahltet
sie	mahlen	mahlen	mahlten

	Imperfect
ich	mahlte
du	mahltest
er	mahlte
wir	mahlten
ihr	mahltet
sie	mahlten

			Past Time	
	Perfect	*(Perf. Subj.)*	*(Pluperf. Subj.)*
ich	habe gemahlen	habe gemahlen	hätte gemahlen
du	hast gemahlen	habest gemahlen	hättest gemahlen
er	hat gemahlen	habe gemahlen	hätte gemahlen
wir	haben gemahlen	haben gemahlen	hätten gemahlen
ihr	habt gemahlen	habet gemahlen	hättet gemahlen
sie	haben gemahlen	haben gemahlen	hätten gemahlen

	Pluperfect
ich	hatte gemahlen
du	hattest gemahlen
er	hatte gemahlen
wir	hatten gemahlen
ihr	hattet gemahlen
sie	hatten gemahlen

			Future Time	
	Future	*(Fut. Subj.)*	*(Pres. Conditional)*
ich	werde mahlen	werde mahlen	würde mahlen
du	wirst mahlen	werdest mahlen	würdest mahlen
er	wird mahlen	werde mahlen	würde mahlen
wir	werden mahlen	werden mahlen	würden mahlen
ihr	werdet mahlen	werdet mahlen	würdet mahlen
sie	werden mahlen	werden mahlen	würden mahlen

			Future Perfect Time	
	Future Perfect	*(Fut. Perf. Subj.)*	*(Past Conditional)*
ich	werde gemahlen haben	werde gemahlen haben	würde gemahlen haben
du	wirst gemahlen haben	werdest gemahlen haben	würdest gemahlen haben
er	wird gemahlen haben	werde gemahlen haben	würde gemahlen haben
wir	werden gemahlen haben	werden gemahlen haben	würden gemahlen haben
ihr	werdet gemahlen haben	werdet gemahlen haben	würdet gemahlen haben
sie	werden gemahlen haben	werden gemahlen haben	würden gemahlen haben

PRINC. PARTS. malen, malte, gemalt, malt
IMPERATIVE: male!, malt!, malen Sie!

to paint, portray

	INDICATIVE	SUBJUNCTIVE	
		PRIMARY	SECONDARY
		Present Time	
	Present	*(Pres. Subj.)*	*(Imperf. Subj.)*
ich	male	male	malte
du	malst	malest	maltest
er	malt	male	malte
wir	malen	malen	malten
ihr	malt	malet	maltet
sie	malen	malen	malten

	Imperfect
ich	malte
du	maltest
er	malte
wir	malten
ihr	maltet
sie	malten

			Past Time	
	Perfect	*(Perf. Subj.)*	*(Pluperf. Subj.)*
ich	habe gemalt	habe gemalt	hätte gemalt
du	hast gemalt	habest gemalt	hättest gemalt
er	hat gemalt	habe gemalt	hätte gemalt
wir	haben gemalt	haben gemalt	hätten gemalt
ihr	habt gemalt	habet gemalt	hättet gemalt
sie	haben gemalt	haben gemalt	hätten gemalt

	Pluperfect
ich	hatte gemalt
du	hattest gemalt
er	hatte gemalt
wir	hatten gemalt
ihr	hattet gemalt
sie	hatten gemalt

			Future Time	
	Future	*(Fut. Subj.)*	*(Pres. Conditional)*
ich	werde malen	werde malen	würde malen
du	wirst malen	werdest malen	würdest malen
er	wird malen	werde malen	würde malen
wir	werden malen	werden malen	würden malen
ihr	werdet malen	werdet malen	würdet malen
sie	werden malen	werden malen	würden malen

			Future Perfect Time	
	Future Perfect	*(Fut. Perf. Subj.)*	*(Past Conditional)*
ich	werde gemalt haben	werde gemalt haben	würde gemalt haben
du	wirst gemalt haben	werdest gemalt haben	würdest gemalt haben
er	wird gemalt haben	werde gemalt haben	würde gemalt haben
wir	werden gemalt haben	werden gemalt haben	würden gemalt haben
ihr	werdet gemalt haben	werdet gemalt haben	würdet gemalt haben
sie	werden gemalt haben	werden gemalt haben	würden gemalt haben

meiden

to avoid, shun

PRINC. PARTS: meiden, mied, gemieden, meidet
IMPERATIVE: meide!, meidet!, meiden Sie!

	INDICATIVE		SUBJUNCTIVE	
			PRIMARY	SECONDARY
				Present Time
	Present		*(Pres. Subj.)*	*(Imperf. Subj.)*
ich	meide		meide	miede
du	meidest		meidest	miedest
er	meidet		meide	miede
wir	meiden		meiden	mieden
ihr	meidet		meidet	miedet
sie	meiden		meiden	mieden

	Imperfect
ich	mied
du	miedest
er	mied
wir	mieden
ihr	miedet
sie	mieden

	Perfect		*(Perf. Subj.)*	*Past Time* *(Pluperf. Subj.)*
ich	habe gemieden		habe gemieden	hätte gemieden
du	hast gemieden		habest gemieden	hättest gemieden
er	hat gemieden		habe gemieden	hätte gemieden
wir	haben gemieden		haben gemieden	hätten gemieden
ihr	habt gemieden		habet gemieden	hättet gemieden
sie	haben gemieden		haben gemieden	hätten gemieden

	Pluperfect
ich	hatte gemieden
du	hattest gemieden
er	hatte gemieden
wir	hatten gemieden
ihr	hattet gemieden
sie	hatten gemieden

	Future		*(Fut. Subj.)*	*Future Time* *(Pres. Conditional)*
ich	werde meiden		werde meiden	würde meiden
du	wirst meiden		werdest meiden	würdest meiden
er	wird meiden		werde meiden	würde meiden
wir	werden meiden		werden meiden	würden meiden
ihr	werdet meiden		werdet meiden	würdet meiden
sie	werden meiden		werden meiden	würden meiden

	Future Perfect		*(Fut. Perf. Subj.)*	*Future Perfect Time* *(Past Conditional)*
ich	werde gemieden haben		werde gemieden haben	würde gemieden haben
du	wirst gemieden haben		werdest gemieden haben	würdest gemieden haben
er	wird gemieden haben		werde gemieden haben	würde gemieden haben
wir	werden gemieden haben		werden gemieden haben	würden gemieden haben
ihr	werdet gemieden haben		werdet gemieden haben	würdet gemieden haben
sie	werden gemieden haben		werden gemieden haben	würden gemieden haben

146

PRINC. PARTS: meinen, meinte, gemeint, meint
IMPERATIVE: meine!, meint!, meinen Sie!

to be of the opinion,
think, mean

	INDICATIVE		SUBJUNCTIVE	
			PRIMARY	SECONDARY
			Present Time	
	Present		*(Pres. Subj.)*	*(Imperf. Subj.)*
ich	meine		meine	meinte
du	meinst		meinest	meintest
er	meint		meine	meinte
wir	meinen		meinen	meinten
ihr	meint		meinet	meintet
sie	meinen		meinen	meinten
	Imperfect			
ich	meinte			
du	meintest			
er	meinte			
wir	meinten			
ihr	meintet			
sie	meinten			
			Past Time	
	Perfect		*(Perf. Subj.)*	*(Pluperf. Subj.)*
ich	habe gemeint		habe gemeint	hätte gemeint
du	hast gemeint		habest gemeint	hättest gemeint
er	hat gemeint		habe gemeint	hätte gemeint
wir	haben gemeint		haben gemeint	hätten gemeint
ihr	habt gemeint		habet gemeint	hättet gemeint
sie	haben gemeint		haben gemeint	hätten gemeint
	Pluperfect			
ich	hatte gemeint			
du	hattest gemeint			
er	hatte gemeint			
wir	hatten gemeint			
ihr	hattet gemeint			
sie	hatten gemeint			
			Future Time	
	Future		*(Fut. Subj.)*	*(Pres. Conditional)*
ich	werde meinen		werde meinen	würde meinen
du	wirst meinen		werdest meinen	würdest meinen
er	wird meinen		werde meinen	würde meinen
wir	werden meinen		werden meinen	würden meinen
ihr	werdet meinen		werdet meinen	würdet meinen
sie	werden meinen		werden meinen	würden meinen
			Future Perfect Time	
	Future Perfect		*(Fut. Perf. Subj.)*	*(Past Conditional)*
ich	werde gemeint haben		werde gemeint haben	würde gemeint haben
du	wirst gemeint haben		werdest gemeint haben	würdest gemeint haben
er	wird gemeint haben		werde gemeint haben	würde gemeint haben
wir	werden gemeint haben		werden gemeint haben	würden gemeint haben
ihr	werdet gemeint haben		werdet gemeint haben	würdet gemeint haben
sie	werden gemeint haben		werden gemeint haben	würden gemeint haben

merken

to mark, note, perceive

PRINC. PARTS: merken, merkte, gemerkt, merkt
IMPERATIVE: merke!, merkt!, merken Sie!

	INDICATIVE	SUBJUNCTIVE	
		PRIMARY	SECONDARY
		Present Time	
	Present	*(Pres. Subj.)*	*(Imperf. Subj.)*
ich	merke	merke	merkte
du	merkst	merkest	merktest
er	merkt	merke	merkte
wir	merken	merken	merkten
ihr	merkt	merket	merktet
sie	merken	merken	merkten

	Imperfect
ich	merkte
du	merktest
er	merkte
wir	merkten
ihr	merktet
sie	merkten

		Past Time	
	Perfect	*(Perf. Subj.)*	*(Pluperf. Subj.)*
ich	habe gemerkt	habe gemerkt	hätte gemerkt
du	hast gemerkt	habest gemerkt	hättest gemerkt
er	hat gemerkt	habe gemerkt	hätte gemerkt
wir	haben gemerkt	haben gemerkt	hätten gemerkt
ihr	habt gemerkt	habet gemerkt	hättet gemerkt
sie	haben gemerkt	haben gemerkt	hätten gemerkt

	Pluperfect
ich	hatte gemerkt
du	hattest gemerkt
er	hatte gemerkt
wir	hatten gemerkt
ihr	hattet gemerkt
sie	hatten gemerkt

		Future Time	
	Future	*(Fut. Subj.)*	*(Pres. Conditional)*
ich	werde merken	werde merken	würde merken
du	wirst merken	werdest merken	würdest merken
er	wird merken	werde merken	würde merken
wir	werden merken	werden merken	würden merken
ihr	werdet merken	werdet merken	würdet merken
sie	werden merken	werden merken	würden merken

		Future Perfect Time	
	Future Perfect	*(Fut. Perf. Subj.)*	*(Past Conditional)*
ich	werde gemerkt haben	werde gemerkt haben	würde gemerkt haben
du	wirst gemerkt haben	werdest gemerkt haben	würdest gemerkt haben
er	wird gemerkt haben	werde gemerkt haben	würde gemerkt haben
wir	werden gemerkt haben	werden gemerkt haben	würden gemerkt haben
ihr	werdet gemerkt haben	werdet gemerkt haben	würdet gemerkt haben
sie	werden gemerkt haben	werden gemerkt haben	würden gemerkt haben

148

PRINC. PARTS: messen, maß, gemessen, mißt
IMPERATIVE: miß!, meßt!, messen Sie!

INDICATIVE	SUBJUNCTIVE	
	PRIMARY	SECONDARY

Present Time

	Present	*(Pres. Subj.)*	*(Imperf. Subj.)*
ich	messe	messe	mäße
du	mißt	messest	mäßest
er	mißt	messe	mäße
wir	messen	messen	mäßen
ihr	meßt	messet	mäßet
sie	messen	messen	mäßen

	Imperfect
ich	maß
du	maßest
er	maß
wir	maßen
ihr	maßt
sie	maßen

Past Time

	Perfect	*(Perf. Subj.)*	*(Pluperf. Subj.)*
ich	habe gemessen	habe gemessen	hätte gemessen
du	hast gemessen	habest gemessen	hättest gemessen
er	hat gemessen	habe gemessen	hätte gemessen
wir	haben gemessen	haben gemessen	hätten gemessen
ihr	habt gemessen	habet gemessen	hättet gemessen
sie	haben gemessen	haben gemessen	hätten gemessen

	Pluperfect
ich	hatte gemessen
du	hattest gemessen
er	hatte gemessen
wir	hatten gemessen
ihr	hattet gemessen
sie	hatten gemessen

Future Time

	Future	*(Fut. Subj.)*	*(Pres. Conditional)*
ich	werde messen	werde messen	würde messen
du	wirst messen	werdest messen	würdest messen
er	wird messen	werde messen	würde messen
wir	werden messen	werden messen	würden messen
ihr	werdet messen	werdet messen	würdet messen
sie	werden messen	werden messen	würden messen

Future Perfect Time

	Future Perfect	*(Fut. Perf. Subj.)*	*(Past Conditional)*
ich	werde gemessen haben	werde gemessen haben	würde gemessen haben
du	wirst gemessen haben	werdest gemessen haben	würdest gemessen haben
er	wird gemessen haben	werde gemessen haben	würde gemessen haben
wir	werden gemessen haben	werden gemessen haben	würden gemessen haben
ihr	werdet gemessen haben	werdet gemessen haben	würdet gemessen haben
sie	werden gemessen haben	werden gemessen haben	würden gemessen haben

mieten

to rent, hire

PRINC. PARTS: mieten, mietete, gemietet, mietet
IMPERATIVE: miete!, mietet!, mieten Sie!

INDICATIVE	SUBJUNCTIVE	
	PRIMARY	SECONDARY
	Present Time	
Present	*(Pres. Subj.)*	*(Imperf. Subj.)*
ich miete	miete	mietete
du mietest	mietest	mietetest
er mietet	miete	mietete
wir mieten	mieten	mieteten
ihr mietet	mietet	mietetet
sie mieten	mieten	mieteten

Imperfect
ich mietete
du mietetest
er mietete
wir mieteten
ihr mietetet
sie mieteten

	Past Time	
Perfect	*(Perf. Subj.)*	*(Pluperf. Subj.)*
ich habe gemietet	habe gemietet	hätte gemietet
du hast gemietet	habest gemietet	hättest gemietet
er hat gemietet	habe gemietet	hätte gemietet
wir haben gemietet	haben gemietet	hätten gemietet
ihr habt gemietet	habet gemietet	hättet gemietet
sie haben gemietet	haben gemietet	hätten gemietet

Pluperfect
ich hatte gemietet
du hattest gemietet
er hatte gemietet
wir hatten gemietet
ihr hattet gemietet
sie hatten gemietet

	Future Time	
Future	*(Fut. Subj.)*	*(Pres. Conditional)*
ich werde mieten	werde mieten	würde mieten
du wirst mieten	werdest mieten	würdest mieten
er wird mieten	werde mieten	würde mieten
wir werden mieten	werden mieten	würden mieten
ihr werdet mieten	werdet mieten	würdet mieten
sie werden mieten	werden mieten	würden mieten

	Future Perfect Time	
Future Perfect	*(Fut. Perf. Subj.)*	*(Past Conditional)*
ich werde gemietet haben	werde gemietet haben	würde gemietet haben
du wirst gemietet haben	werdest gemietet haben	würdest gemietet haben
er wird gemietet haben	werde gemietet haben	würde gemietet haben
wir werden gemietet haben	werden gemietet haben	würden gemietet haben
ihr werdet gemietet haben	werdet gemietet haben	würdet gemietet haben
sie werden gemietet haben	werden gemietet haben	würden gemietet haben

PRINC. PARTS: mögen, mochte, gemocht (mögen, when immediately preceded by an infinitive; see
'sprechen dürfen') mag

IMPERATIVE: not used

mögen
to like, want, may

INDICATIVE	SUBJUNCTIVE	
	PRIMARY	SECONDARY
	Present Time	
Present	*(Pres. Subj.)*	*(Imperf. Subj.)*
ich mag	möge	möchte
du magst	mögest	möchtest
er mag	möge	möchte
wir mögen	mögen	möchten
ihr mögt	möget	möchtet
sie mögen	mögen	möchten

Imperfect
ich mochte
du mochtest
er mochte
wir mochten
ihr mochtet
sie mochten

		Past Time	
Perfect	*(Perf. Subj.)*	*(Pluperf. Subj.)*
ich habe gemocht	habe gemocht	hätte gemocht
du hast gemocht	habest gemocht	hättest gemocht
er hat gemocht	habe gemocht	hätte gemocht
wir haben gemocht	haben gemocht	hätten gemocht
ihr habt gemocht	habet gemocht	hättet gemocht
sie haben gemocht	haben gemocht	hätten gemocht

Pluperfect
ich hatte gemocht
du hattest gemocht
er hatte gemocht
wir hatten gemocht
ihr hattet gemocht
sie hatten gemocht

	Future Time	
Future	*(Fut. Subj.)*	*(Pres. Conditional)*
ich werde mögen	werde mögen	würde mögen
du wirst mögen	werdest mögen	würdest mögen
er wird mögen	werde mögen	würde mögen
wir werden mögen	werden mögen	würden mögen
ihr werdet mögen	werdet mögen	würdet mögen
sie werden mögen	werden mögen	würden mögen

	Future Perfect Time	
Future Perfect	*(Fut. Perf. Subj.)*	*(Past Conditional)*
ich werde gemocht haben	werde gemocht haben	würde gemocht haben
du wirst gemocht haben	werdest gemocht haben	würdest gemocht haben
er wird gemocht haben	werde gemocht haben	würde gemocht haben
wir werden gemocht haben	werden gemocht haben	würden gemocht haben
ihr werdet gemocht haben	werdet gemocht haben	würdet gemocht haben
sie werden gemocht haben	werden gemocht haben	würden gemocht haben

151

müssen

to have to, must

PRINC. PARTS: müssen, mußte, gemußt (müssen when immediately preceded by an infinitive; see sprechen dürfen), muß

IMPERATIVE: not used

	INDICATIVE		SUBJUNCTIVE	
			PRIMARY	SECONDARY
			Present Time	
	Present		*(Pres. Subj.)*	*(Imperf. Subj.)*
ich	muß		müsse	müßte
du	mußt		müssest	müßtest
er	muß		müsse	müßte
wir	müssen		müssen	müßten
ihr	müßt		müsset	müßtet
sie	müssen		müssen	müßten

	Imperfect
ich	mußte
du	mußtest
er	mußte
wir	mußten
ihr	mußtet
sie	mußten

	Perfect		*(Perf. Subj.)*	*Past Time* *(Pluperf. Subj.)*
ich	habe gemußt		habe gemußt	hätte gemußt
du	hast gemußt		habest gemußt	hättest gemußt
er	hat gemußt		habe gemußt	hätte gemußt
wir	haben gemußt		haben gemußt	hätten gemußt
ihr	habt gemußt		habet gemußt	hättet gemußt
sie	haben gemußt		haben gemußt	hätten gemußt

	Pluperfect
ich	hatte gemußt
du	hattest gemußt
er	hatte gemußt
wir	hatten gemußt
ihr	hattet gemußt
sie	hatten gemußt

	Future		*(Fut. Subj.)*	*Future Time* *(Pres. Conditional)*
ich	werde müssen		werde müssen	würde müssen
du	wirst müssen		werdest müssen	würdest müssen
er	wird müssen		werde müssen	würde müssen
wir	werden müssen		werden müssen	würden müssen
ihr	werdet müssen		werdet müssen	würdet müssen
sie	werden müssen		werden müssen	würden müssen

	Future Perfect		*(Fut. Perf. Subj.)*	*Future Perfect Time* *(Past Conditional)*
ich	werde gemußt haben		werde gemußt haben	würde gemußt haben
du	wirst gemußt haben		werdest gemußt haben	würdest gemußt haben
er	wird gemußt haben		werde gemußt haben	würde gemußt haben
wir	werden gemußt haben		werden gemußt haben	würden gemußt haben
ihr	werdet gemußt haben		werdet gemußt haben	würdet gemußt haben
sie	werden gemußt haben		werden gemußt haben	würden gemußt haben

nagen

PRINC. PARTS: nagen, nagte, genagt, nagt
IMPERATIVE: nage!, nagt!, nagen Sie!

to gnaw, nibble

INDICATIVE	SUBJUNCTIVE	
	PRIMARY	SECONDARY
	Present Time	
Present	*(Pres. Subj.)*	*(Imperf. Subj.)*
ich nage	nage	nagte
du nagst	nagest	nagtest
er nagt	nage	nagte
wir nagen	nagen	nagten
ihr nagt	naget	nagtet
sie nagen	nagen	nagten

Imperfect

ich	nagte
du	nagtest
er	nagte
wir	nagten
ihr	nagtet
sie	nagten

Past Time

Perfect	*(Perf. Subj.)*	*(Pluperf. Subj.)*
ich habe genagt	habe genagt	hätte genagt
du hast genagt	habest genagt	hättest genagt
er hat genagt	habe genagt	hätte genagt
wir haben genagt	haben genagt	hätten genagt
ihr habt genagt	habet genagt	hättet genagt
sie haben genagt	haben genagt	hätten genagt

Pluperfect

ich	hatte genagt
du	hattest genagt
er	hatte genagt
wir	hatten genagt
ihr	hattet genagt
sie	hatten genagt

Future Time

Future	*(Fut. Subj.)*	*(Pres. Conditional)*
ich werde nagen	werde nagen	würde nagen
du wirst nagen	werdest nagen	würdest nagen
er wird nagen	werde nagen	würde nagen
wir werden nagen	werden nagen	würden nagen
ihr werdet nagen	werdet nagen	würdet nagen
sie werden nagen	werden nagen	würden nagen

Future Perfect Time

Future Perfect	*(Fut. Perf. Subj.)*	*(Past Conditional)*
ich werde genagt haben	werde genagt haben	würde genagt haben
du wirst genagt haben	werdest genagt haben	würdest genagt haben
er wird genagt haben	werde genagt haben	würde genagt haben
wir werden genagt haben	werden genagt haben	würden genagt haben
ihr werdet genagt haben	werdet genagt haben	würdet genagt haben
sie werden genagt haben	werden genagt haben	würden genagt haben

nähren

to nourish; suckle

PRINC. PARTS: nähren, nährte, genährt, nährt
IMPERATIVE: nähre!, nährt!, nähren Sie!

INDICATIVE	SUBJUNCTIVE	
	PRIMARY	SECONDARY
	Present Time	
Present	*(Pres. Subj.)*	*(Imperf. Subj.)*
ich nähre	nähre	nährte
du nährst	nährest	nährtest
er nährt	nähre	nährte
wir nähren	nähren	nährten
ihr nährt	nähret	nährtet
sie nähren	nähren	nährten

Imperfect
ich nährte
du nährtest
er nährte
wir nährten
ihr nährtet
sie nährten

	Past Time	
Perfect	*(Perf. Subj.)*	*(Pluperf. Subj.)*
ich habe genährt	habe genährt	hätte genährt
du hast genährt	habest genährt	hättest genährt
er hat genährt	habe genährt	hätte genährt
wir haben genährt	haben genährt	hätten genährt
ihr habt genährt	habet genährt	hättet genährt
sie haben genährt	haben genährt	hätten genährt

Pluperfect
ich hatte genährt
du hattest genährt
er hatte genährt
wir hatten genährt
ihr hattet genährt
sie hatten genährt

	Future Time	
Future	*(Fut. Subj.)*	*(Pres. Conditional)*
ich werde nähren	werde nähren	würde nähren
du wirst nähren	werdest nähren	würdest nähren
er wird nähren	werde nähren	würde nähren
wir werden nähren	werden nähren	würden nähren
ihr werdet nähren	werdet nähren	würdet nähren
sie werden nähren	werden nähren	würden nähren

	Future Perfect Time	
Future Perfect	*(Fut. Perf. Subj.)*	*(Past Conditional)*
ich werde genährt haben	werde genährt haben	würde genährt haben
du wirst genährt haben	werdest genährt haben	würdest genährt haben
er wird genährt haben	werde genährt haben	würde genährt haben
wir werden genährt haben	werden genährt haben	würden genährt haben
ihr werdet genährt haben	werdet genährt haben	würdet genährt haben
sie werden genährt haben	werden genährt haben	würden genährt haben

154

naschen

PRINC. PARTS: naschen, naschte, genascht, nascht
IMPERATIVE: nasche!, nascht!, naschen Sie!

*to nibble, eat sweets
(on the sly), "nosh"*

INDICATIVE	SUBJUNCTIVE	
	PRIMARY	SECONDARY
	Present Time	
Present	*(Pres. Subj.)*	*(Imperf. Subj.)*
ich nasche	nasche	naschte
du naschst	naschest	naschtest
er nascht	nasche	naschte
wir naschen	naschen	naschten
ihr nascht	naschet	naschtet
sie naschen	naschen	naschten

Imperfect
ich naschte
du naschtest
er naschte
wir naschten
ihr naschtet
sie naschten

		Past Time	
Perfect		*(Perf. Subj.)*	*(Pluperf. Subj.)*
ich habe genascht	habe genascht	hätte genascht
du hast genascht	habest genascht	hättest genascht
er hat genascht	habe genascht	hätte genascht
wir haben genascht	haben genascht	hätten genascht
ihr habt genascht	habet genascht	hättet genascht
sie haben genascht	haben genascht	hätten genascht

Pluperfect
ich hatte genascht
du hattest genascht
er hatte genascht
wir hatten genascht
ihr hattet genascht
sie hatten genascht

	Future Time	
Future	*(Fut. Subj.)*	*(Pres. Conditional)*
ich werde naschen	werde naschen	würde naschen
du wirst naschen	werdest naschen	würdest naschen
er wird naschen	werde naschen	würde naschen
wir werden naschen	werden naschen	würden naschen
ihr werdet naschen	werdet naschen	würdet naschen
sie werden naschen	werden naschen	würden naschen

	Future Perfect Time	
Future Perfect	*(Fut. Perf. Subj.)*	*(Past Conditional)*
ich werde genascht haben	werde genascht haben	würde genascht haben
du wirst genascht haben	werdest genascht haben	würdest genascht haben
er wird genascht haben	werde genascht haben	würde genascht haben
wir werden genascht haben	werden genascht haben	würden genascht haben
hr werdet genascht haben	werdet genascht haben	würdet genascht haben
ie werden genascht haben	werden genascht haben	würden genascht haben

155

necken

to tease

PRINC. PARTS: necken, neckte, geneckt, neckt
IMPERATIVE: necke!, neckt!, necken Sie!

	INDICATIVE		SUBJUNCTIVE	
		PRIMARY		SECONDARY
			Present Time	
	Present	*(Pres. Subj.)*		*(Imperf. Subj.)*
ich	necke	necke		neckte
du	neckst	neckest		necktest
er	neckt	necke		neckte
wir	necken	necken		neckten
ihr	neckt	necket		necktet
sie	necken	necken		neckten

	Imperfect
ich	neckte
du	necktest
er	neckte
wir	neckten
ihr	necktet
sie	neckten

			Past Time	
	Perfect	*(Perf. Subj.)*		*(Pluperf. Subj.)*
ich	habe geneckt	habe geneckt		hätte geneckt
du	hast geneckt	habest geneckt		hättest geneckt
er	hat geneckt	habe geneckt		hätte geneckt
wir	haben geneckt	haben geneckt		hätten geneckt
ihr	habt geneckt	habet geneckt		hättet geneckt
sie	haben geneckt	haben geneckt		hätten geneckt

	Pluperfect
ich	hatte geneckt
du	hattest geneckt
er	hatte geneckt
wir	hatten geneckt
ihr	hattet geneckt
sie	hatten geneckt

			Future Time	
	Future	*(Fut. Subj.)*		*(Pres. Conditional)*
ich	werde necken	werde necken		würde necken
du	wirst necken	werdest necken		würdest necken
er	wird necken	werde necken		würde necken
wir	werden necken	werden necken		würden necken
ihr	werdet necken	werdet necken		würdet necken
sie	werden necken	werden necken		würden necken

			Future Perfect Time	
	Future Perfect	*(Fut. Perf. Subj.)*		*(Past Conditional)*
ich	werde geneckt haben	werde geneckt haben		würde geneckt haben
du	wirst geneckt haben	werdest geneckt haben		würdest geneckt haben
er	wird geneckt haben	werde geneckt haben		würde geneckt haben
wir	werden geneckt haben	werden geneckt haben		würden geneckt haben
ihr	werdet geneckt haben	werdet geneckt haben		würdet geneckt haben
sie	werden geneckt haben	werden geneckt haben		würden geneckt haben

156

PRINC. PARTS: nehmen, nahm, genommen, nimmt
IMPERATIVE: nimm!, nehmt!, nehmen Sie!

INDICATIVE	SUBJUNCTIVE	
	PRIMARY	SECONDARY

Present Time

Present	*(Pres. Subj.)*	*(Imperf. Subj.)*
ich nehme	nehme	nähme
du nimmst	nehmest	nähmest
er nimmt	nehme	nähme
wir nehmen	nehmen	nähmen
ihr nehmt	nehmet	nähmet
sie nehmen	nehmen	nähmen

Imperfect
ich nahm
du nahmst
er nahm
wir nahmen
ihr nahmt
sie nahmen

Past Time

Perfect	*(Perf. Subj.)*	*(Pluperf. Subj.)*
ich habe genommen	habe genommen	hätte genommen
du hast genommen	habest genommen	hättest genommen
er hat genommen	habe genommen	hätte genommen
wir haben genommen	haben genommen	hätten genommen
ihr habt genommen	habet genommen	hättet genommen
sie haben genommen	haben genommen	hätten genommen

Pluperfect
ich hatte genommen
du hattest genommen
er hatte genommen
wir hatten genommen
ihr hattet genommen
sie hatten genommen

Future Time

Future	*(Fut. Subj.)*	*(Pres. Conditional)*
ich werde nehmen	werde nehmen	würde nehmen
du wirst nehmen	werdest nehmen	würdest nehmen
er wird nehmen	werde nehmen	würde nehmen
wir werden nehmen	werden nehmen	würden nehmen
ihr werdet nehmen	werdet nehmen	würdet nehmen
sie werden nehmen	werden nehmen	würden nehmen

Future Perfect Time

Future Perfect	*(Fut. Perf. Subj.)*	*(Past Conditional)*
ich werde genommen haben	werde genommen haben	würde genommen haben
du wirst genommen haben	werdest genommen haben	würdest genommen haben
er wird genommen haben	werde genommen haben	würde genommen haben
wir werden genommen haben	werden genommen haben	würden genommen haben
ihr werdet genommen haben	werdet genommen haben	würdet genommen haben
sie werden genommen haben	werden genommen haben	würden genommen haben

nennen

to name, call

PRINC. PARTS: nennen, nannte, genannt, nennt
IMPERATIVE: nenne!, nennt!, nennen Sie!

INDICATIVE	SUBJUNCTIVE	
	PRIMARY	SECONDARY
	Present Time	
Present	*(Pres. Subj.)*	*(Imperf. Subj.)*
ich nenne	nenne	nennte
du nennst	nennest	nenntest
er nennt	nenne	nennte
wir nennen	nennen	nennten
ihr nennt	nennet	nenntet
sie nennen	nennen	nennten

Imperfect
ich nannte
du nanntest
er nannte
wir nannten
ihr nanntet
sie nannten

	Past Time	
Perfect	*(Perf. Subj.)*	*(Pluperf. Subj.)*
ich habe genannt	habe gennant	hätte genannt
du hast genannt	habest genannt	hättest genannt
er hat genannt	habe genannt	hätte genannt
wir haben genannt	haben genannt	hätten genannt
ihr habt genannt	habet genannt	hättet genannt
sie haben genannt	haben genannt	hätten genannt

Pluperfect
ich hatte genannt
du hattest genannt
er hatte genannt
wir hatten genannt
ihr hattet genannt
sie hatten genannt

	Future Time	
Future	*(Fut. Subj.)*	*(Pres. Conditional)*
ich werde nennen	werde nennen	würde nennen
du wirst nennen	werdest nennen	würdest nennen
er wird nennen	werde nennen	würde nennen
wir werden nennen	werden nennen	würden nennen
ihr werdet nennen	werdet nennen	würdet nennen
sie werden nennen	werden nennen	würden nennen

	Future Perfect Time	
Future Perfect	*(Fut. Perf. Subj.)*	*(Past Conditional)*
ich werde genannt haben	werde genannt haben	würde genannt haben
du wirst genannt haben	werdest genannt haben	würdest genannt haben
er wird genannt haben	werde genannt haben	würde genannt haben
wir werden genannt haben	werden genannt haben	würden genannt haben
ihr werdet genannt haben	werdet genannt haben	würdet genannt haben
sie werden genannt haben	werden genannt haben	würden genannt haben

nützen

PRINC. PARTS: nützen,* nützte, genützt, nützt
IMPERATIVE: nütze!, nützt!, nützen Sie!

to use, be profitable

INDICATIVE	SUBJUNCTIVE	
	PRIMARY	SECONDARY
	Present Time	
Present	*(Pres. Subj.)*	*(Imperf. Subj.)*
ich nütze	nütze	nützte
du nützt	nützest	nütztest
er nützt	nütze	nützte
wir nützen	nützen	nützten
ihr nützt	nützet	nütztet
sie nützen	nützen	nützten

Imperfect

ich nützte
du nütztest
er nützte
wir nützten
ihr nütztet
sie nützten

	Past Time	
Perfect	*(Perf. Subj.)*	*(Pluperf. Subj.)*
ich habe genützt	habe genützt	hätte genützt
du hast genützt	habest genützt	hättest genützt
er hat genützt	habe genützt	hätte genützt
wir haben genützt	haben genützt	hätten genützt
ihr habt genützt	habet genützt	hättet genützt
sie haben genützt	haben genützt	hätten genützt

Pluperfect

ich hatte genützt
du hattest genützt
er hatte genützt
wir hatten genützt
ihr hattet genützt
sie hatten genützt

	Future Time	
Future	*(Fut. Subj.)*	*(Pres. Conditional)*
ich werde nützen	werde nützen	würde nützen
du wirst nützen	werdest nützen	würdest nützen
er wird nützen	werde nützen	würde nützen
wir werden nützen	werden nützen	würden nützen
ihr werdet nützen	werdet nützen	würdet nützen
sie werden nützen	werden nützen	würden nützen

	Future Perfect Time	
Future Perfect	*(Fut. Perf. Subj.)*	*(Past Conditional)*
ich werde genützt haben	werde genützt haben	würde genützt haben
du wirst genützt haben	werdest genützt haben	würdest genützt haben
er wird genützt haben	werde genützt haben	würde genützt haben
wir werden genützt haben	werden genützt haben	würden genützt haben
ihr werdet genützt haben	werdet genützt haben	würdet genützt haben
sie werden genützt haben	werden genützt haben	würden genützt haben

* the unumlauted forms *nutzen, nutzte, genutzt, nutzt* are also found.

öffnen

to open

PRINC. PARTS: öffnen, öffnete, geöffnet, öffnet
IMPERATIVE: öffne!, öffnet!, öffnen Sie!

INDICATIVE	SUBJUNCTIVE	
	PRIMARY	SECONDARY

Present Time

	Present	*(Pres. Subj.)*	*(Imperf. Subj.)*
ich	öffne	öffne	öffnete
du	öffnest	öffnest	öffnetest
er	öffnet	öffne	öffnete
wir	öffnen	öffnen	öffneten
ihr	öffnet	öffnet	öffnetet
sie	öffnen	öffnen	öffneten

	Imperfect
ich	öffnete
du	öffnetest
er	öffnete
wir	öffneten
ihr	öffnetet
sie	öffneten

Past Time

	Perfect	*(Perf. Subj.)*	*(Pluperf. Subj.)*
ich	habe geöffnet	habe geöffnet	hätte geöffnet
du	hast geöffnet	habest geöffnet	hättest geöffnet
er	hat geöffnet	habe geöffnet	hätte geöffnet
wir	haben geöffnet	haben geöffnet	hätten geöffnet
ihr	habt geöffnet	habet geöffnet	hättet geöffnet
sie	haben geöffnet	haben geöffnet	hätten geöffnet

	Pluperfect
ich	hatte geöffnet
du	hattest geöffnet
er	hatte geöffnet
wir	hatten geöffnet
ihr	hattet geöffnet
sie	hatten geöffnet

Future Time

	Future	*(Fut. Subj.)*	*(Pres. Conditional)*
ich	werde öffnen	werde öffnen	würde öffnen
du	wirst öffnen	werdest öffnen	würdest öffnen
er	wird öffnen	werde öffnen	würde öffnen
wir	werden öffnen	werden öffnen	würden öffnen
ihr	werdet öffnen	werdet öffnen	würdet öffnen
sie	werden öffnen	werden öffnen	würden öffnen

Future Perfect Time

	Future Perfect	*(Fut. Perf. Subj.)*	*(Past Conditional)*
ich	werde geöffnet haben	werde geöffnet haben	würde geöffnet haben
du	wirst geöffnet haben	werdest geöffnet haben	würdest geöffnet haben
er	wird geöffnet haben	werde geöffnet haben	würde geöffnet haben
wir	werden geöffnet haben	werden geöffnet haben	würden geöffnet haben
ihr	werdet geöffnet haben	werdet geöffnet haben	würdet geöffnet haben
sie	werden geöffnet haben	werden geöffnet haben	würden geöffnet haben

PRINC. PARTS: packen, packte, gepackt, packt
IMPERATIVE: packe!, packt!, packen Sie!

to pack; seize, grab

INDICATIVE	SUBJUNCTIVE	
	PRIMARY	SECONDARY

Present Time

	Present	(Pres. Subj.)	(Imperf. Subj.)
ich	packe	packe	packte
du	packst	packest	packtest
er	packt	packe	packte
wir	packen	packen	packten
ihr	packt	packet	packtet
sie	packen	packen	packten

	Imperfect
ich	packte
du	packtest
er	packte
wir	packten
ihr	packtet
sie	packten

Past Time

	Perfect	(Perf. Subj.)	(Pluperf. Subj.)
ich	habe gepackt	habe gepackt	hätte gepackt
du	hast gepackt	habest gepackt	hättest gepackt
er	hat gepackt	habe gepackt	hätte gepackt
wir	haben gepackt	haben gepackt	hätten gepackt
ihr	habt gepackt	habet gepackt	hättet gepackt
sie	haben gepackt	haben gepackt	hätten gepackt

	Pluperfect
ich	hatte gepackt
du	hattest gepackt
er	hatte gepackt
wir	hatten gepackt
ihr	hattet gepackt
sie	hatten gepackt

Future Time

	Future	(Fut. Subj.)	(Pres. Conditional)
ich	werde packen	werde packen	würde packen
du	wirst packen	werdest packen	würdest packen
er	wird packen	werde packen	würde packen
wir	werden packen	werden packen	würden packen
ihr	werdet packen	werdet packen	würdet packen
sie	werden packen	werden packen	würden packen

Future Perfect Time

	Future Perfect	(Fut. Perf. Subj.)	(Past Conditional)
ich	werde gepackt haben	werde gepackt haben	würde gepackt haben
du	wirst gepackt haben	werdest gepackt haben	würdest gepackt haben
er	wird gepackt haben	werde gepackt haben	würde gepackt haben
wir	werden gepackt haben	werden gepackt haben	würden gepackt haben
ihr	werdet gepackt haben	werdet gepackt haben	würdet gepackt haben
sie	werden gepackt haben	werden gepackt haben	würden gepackt haben

passen

to fit, be suitable

PRINC. PARTS: passen, paßte, gepaßt, paßt
IMPERATIVE: passe!, paßt!, passen Sie!

INDICATIVE		SUBJUNCTIVE	
		PRIMARY	SECONDARY
		Present Time	
Present		(Pres. Subj.)	(Imperf. Subj.)
ich	passe	passe	paßte
du	paßt	passest	paßtest
er	paßt	passe	paßte
wir	passen	passen	paßten
ihr	paßt	passet	paßtet
sie	passen	passen	paßten

Imperfect	
ich	paßte
du	paßtest
er	paßte
wir	paßten
ihr	paßtet
sie	paßten

		Past Time	
Perfect		(Perf. Subj.)	(Pluperf. Subj.)
ich	habe gepaßt	habe gepaßt	hätte gepaßt
du	hast gepaßt	habest gepaßt	hättest gepaßt
er	hat gepaßt	habe gepaßt	hätte gepaßt
wir	haben gepaßt	haben gepaßt	hätten gepaßt
ihr	habt gepaßt	habet gepaßt	hättet gepaßt
sie	haben gepaßt	haben gepaßt	hätten gepaßt

Pluperfect	
ich	hatte gepaßt
du	hattest gepaßt
er	hatte gepaßt
wir	hatten gepaßt
ihr	hattet gepaßt
sie	hatten gepaßt

		Future Time	
Future		(Fut. Subj.)	(Pres. Conditional)
ich	werde passen	werde passen	würde passen
du	wirst passen	werdest passen	würdest passen
er	wird passen	werde passen	würde passen
wir	werden passen	werden passen	würden passen
ihr	werdet passen	werdet passen	würdet passen
sie	werden passen	werden passen	würden passen

		Future Perfect Time	
Future Perfect		(Fut. Perf. Subj.)	(Past Conditional)
ich	werde gepaßt haben	werde gepaßt haben	würde gepaßt haben
du	wirst gepaßt haben	werdest gepaßt haben	würdest gepaßt haben
er	wird gepaßt haben	werde gepaßt haben	würde gepaßt haben
wir	werden gepaßt haben	werden gepaßt haben	würden gepaßt haben
ihr	werdet gepaßt haben	werdet gepaßt haben	würdet gepaßt haben
sie	werden gepaßt haben	werden gepaßt haben	würden gepaßt haben

PRINC. PARTS: pfeifen, pfiff, gepfiffen, pfeift
IMPERATIVE: pfeife!, pfeift!, pfeifen Sie!

pfeifen

to whistle

INDICATIVE	SUBJUNCTIVE	
	PRIMARY	SECONDARY

Present Time

Present	*(Pres. Subj.)*	*(Imperf. Subj.)*
ich pfeife	pfeife	pfiffe
du pfeifst	pfeifest	pfiffest
er pfeift	pfeife	pfiffe
wir pfeifen	pfeifen	pfiffen
ihr pfeift	pfeifet	pfiffet
sie pfeifen	pfeifen	pfiffen

Imperfect

ich pfiff
du pfiffst
er pfiff
wir pfiffen
ihr pfifft
sie pfiffen

Past Time

Perfect	*(Perf. Subj.)*	*(Pluperf. Subj.)*
ich habe gepfiffen	habe gepfiffen	hätte gepfiffen
du hast gepfiffen	habest gepfiffen	hättest gepfiffen
er hat gepfiffen	habe gepfiffen	hätte gepfiffen
wir haben gepfiffen	haben gepfiffen	hätten gepfiffen
ihr habt gepfiffen	habet gepfiffen	hättet gepfiffen
sie haben gepfiffen	haben gepfiffen	hätten gepfiffen

Pluperfect

ich hatte gepfiffen
du hattest gepfiffen
er hatte gepfiffen
wir hatten gepfiffen
ihr hattet gepfiffen
sie hatten gepfiffen

Future Time

Future	*(Fut. Subj.)*	*(Pres. Conditional)*
ich werde pfeifen	werde pfeifen	würde pfeifen
du wirst pfeifen	werdest pfeifen	würdest pfeifen
er wird pfeifen	werde pfeifen	würde pfeifen
wir werden pfeifen	werden pfeifen	würden pfeifen
ihr werdet pfeifen	werdet pfeifen	würdet pfeifen
sie werden pfeifen	werden pfeifen	würden pfeifen

Future Perfect Time

Future Perfect	*(Fut. Perf. Subj.)*	*(Past Conditional)*
ich werde gepfiffen haben	werde gepfiffen haben	würde gepfiffen haben
du wirst gepfiffen haben	werdest gepfiffen haben	würdest gepfiffen haben
er wird gepfiffen haben	werde gepfiffen haben	würde gepfiffen haben
wir werden gepfiffen haben	werden gepfiffen haben	würden gepfiffen haben
ihr werdet gepfiffen haben	werdet gepfiffen haben	würdet gepfiffen haben
sie werden gepfiffen haben	werden gepfiffen haben	würden gepfiffen haben

pflanzen

to plant

PRINC. PARTS: pflanzen, pflanzte, gepflanzt, pflanzt
IMPERATIVE: pflanze!, pflanzt!, pflanzen Sie!

INDICATIVE	SUBJUNCTIVE	
	PRIMARY	SECONDARY

Present Time

	Present	*(Pres. Subj.)*	*(Imperf. Subj.)*
ich	pflanze	pflanze	pflanzte
du	pflanzt	pflanzest	pflanztest
er	pflanzt	pflanze	pflanzte
wir	pflanzen	pflanzen	pflanzten
ihr	pflanzt	pflanzet	pflanztet
sie	pflanzen	pflanzen	pflanzten

	Imperfect
ich	pflanzte
du	pflanztest
er	pflanzte
wir	pflanzten
ihr	pflanztet
sie	pflanzten

Past Time

	Perfect	*(Perf. Subj.)*	*(Pluperf. Subj.)*
ich	habe gepflanzt	habe gepflanzt	hätte gepflanzt
du	hast gepflanzt	habest gepflanzt	hättest gepflanzt
er	hat gepflanzt	habe gepflanzt	hätte gepflanzt
wir	haben gepflanzt	haben gepflanzt	hätten gepflanzt
ihr	habt gepflanzt	habet gepflanzt	hättet gepflanzt
sie	haben gepflanzt	haben gepflanzt	hätten gepflanzt

	Pluperfect
ich	hatte gepflanzt
du	hattest gepflanzt
er	hatte gepflanzt
wir	hatten gepflanzt
ihr	hattet gepflanzt
sie	hatten gepflanzt

Future Time

	Future	*(Fut. Subj.)*	*(Pres. Conditional)*
ich	werde pflanzen	werde pflanzen	würde pflanzen
du	wirst pflanzen	werdest pflanzen	würdest pflanzen
er	wird pflanzen	werde pflanzen	würde pflanzen
wir	werden pflanzen	werden pflanzen	würden pflanzen
ihr	werdet pflanzen	werdet pflanzen	würdet pflanzen
sie	werden pflanzen	werden pflanzen	würden pflanzen

Future Perfect Time

	Future Perfect	*(Fut. Perf. Subj.)*	*(Past Conditional)*
ich	werde gepflanzt haben	werde gepflanzt haben	würde gepflanzt haben
du	wirst gepflanzt haben	werdest gepflanzt haben	würdest gepflanzt haben
er	wird gepflanzt haben	werde gepflanzt haben	würde gepflanzt haben
wir	werden gepflanzt haben	werden gepflanzt haben	würden gepflanzt haben
ihr	werdet gepflanzt haben	werdet gepflanzt haben	würdet gepflanzt haben
sie	werden gepflanzt haben	werden gepflanzt haben	würden gepflanzt haben

PRINC. PARTS: rächen, rächte, gerächt, rächt
IMPERATIVE: räche!, rächt!, rächen Sie!

INDICATIVE	SUBJUNCTIVE	
	PRIMARY	SECONDARY

Present Time

Present	(Pres. Subj.)	(Imperf. Subj.)
ich räche	räche	rächte
du rächst	rächest	rächtest
er rächt	räche	rächte
wir rächen	rächen	rächten
ihr rächt	rächet	rächtet
sie rächen	rächen	rächten

Imperfect
ich rächte
du rächtest
er rächte
wir rächten
ihr rächtet
sie rächten

Past Time

Perfect	(Perf. Subj.)	(Pluperf. Subj.)
ich habe gerächt	habe gerächt	hätte gerächt
du hast gerächt	habest gerächt	hättest gerächt
er hat gerächt	habe gerächt	hätte gerächt
wir haben gerächt	haben gerächt	hätten gerächt
ihr habt gerächt	habet gerächt	hättet gerächt
sie haben gerächt	haben gerächt	hätten gerächt

Pluperfect
ich hatte gerächt
du hattest gerächt
er hatte gerächt
wir hatten gerächt
ihr hattet gerächt
sie hatten gerächt

Future Time

Future	(Fut. Subj.)	(Pres. Conditional)
ich werde rächen	werde rächen	würde rächen
du wirst rächen	werdest rächen	würdest rächen
er wird rächen	werde rächen	würde rächen
wir werden rächen	werden rächen	würden rächen
ihr werdet rächen	werdet rächen	würdet rächen
sie werden rächen	werden rächen	würden rächen

Future Perfect Time

Future Perfect	(Fut. Perf. Subj.)	(Past Conditional)
ich werde gerächt haben	werde gerächt haben	würde gerächt haben
du wirst gerächt haben	werdest gerächt haben	würdest gerächt haben
er wird gerächt haben	werde gerächt haben	würde gerächt haben
wir werden gerächt haben	werden gerächt haben	würden gerächt haben
ihr werdet gerächt haben	werdet gerächt haben	würdet gerächt haben
sie werden gerächt haben	werden gerächt haben	würden gerächt haben

raten

to advise, guess

PRINC. PARTS: raten, riet, geraten, rät
IMPERATIVE: rate!, ratet!, raten Sie!

INDICATIVE	SUBJUNCTIVE	
	PRIMARY	SECONDARY
	Present Time	
Present	*(Pres. Subj.)*	*(Imperf. Subj.)*
ich rate	rate	riete
du rätst	ratest	rietest
er rät	rate	riete
wir raten	raten	rieten
ihr ratet	ratet	rietet
sie raten	raten	rieten

Imperfect
ich riet
du rietest
er riet
wir rieten
ihr rietet
sie rieten

		Past Time	
Perfect	*(Perf. Subj.)*	*(Pluperf. Subj.)*
ich habe geraten	habe geraten	hätte geraten
du hast geraten	habest geraten	hättest geraten
er hat geraten	habe geraten	hätte geraten
wir haben geraten	haben geraten	hätten geraten
ihr habt geraten	habet geraten	hättet geraten
sie haben geraten	haben geraten	hätten geraten

Pluperfect
ich hatte geraten
du hattest geraten
er hatte geraten
wir hatten geraten
ihr hattet geraten
sie hatten geraten

	Future Time	
Future	*(Fut. Subj.)*	*(Pres. Conditional)*
ich werde raten	werde raten	würde raten
du wirst raten	werdest raten	würdest raten
er wird raten	werde raten	würde raten
wir werden raten	werden raten	würden raten
ihr werdet raten	werdet raten	würdet raten
sie werden raten	werden raten	würden raten

	Future Perfect Time	
Future Perfect	*(Fut. Perf. Subj.)*	*(Past Conditional)*
ich werde geraten haben	werde geraten haben	würde geraten haben
du wirst geraten haben	werdest geraten haben	würdest geraten haben
er wird geraten haben	werde geraten haben	würde geraten haben
wir werden geraten haben	werden geraten haben	würden geraten haben
ihr werdet geraten haben	werdet geraten haben	würdet geraten haben
sie werden geraten haben	werden geraten haben	würden geraten haben

166

PRINC. PARTS: rauchen, rauchte, geraucht, raucht
IMPERATIVE: rauche!, raucht!, rauchen Sie!

to smoke

INDICATIVE	SUBJUNCTIVE	
	PRIMARY	SECONDARY
		Present Time
Present	*(Pres. Subj.)*	*(Imperf. Subj.)*
ich rauche	rauche	rauchte
du rauchst	rauchest	rauchtest
er raucht	rauche	rauchte
wir rauchen	rauchen	rauchten
ihr raucht	rauchet	rauchtet
sie rauchen	rauchen	rauchten

Imperfect

ich rauchte
du rauchtest
er rauchte
wir rauchten
ihr rauchtet
sie rauchten

		Past Time
Perfect	*(Perf. Subj.)*	*(Pluperf. Subj.)*
ich habe geraucht	habe geraucht	hätte geraucht
du hast geraucht	habest geraucht	hättest geraucht
er hat geraucht	habe geraucht	hätte geraucht
wir haben geraucht	haben geraucht	hätten geraucht
ihr habt geraucht	habet geraucht	hättet geraucht
sie haben geraucht	haben geraucht	hätten geraucht

Pluperfect

ich hatte geraucht
du hattest geraucht
er hatte geraucht
wir hatten geraucht
ihr hattet geraucht
sie hatten geraucht

		Future Time
Future	*(Fut. Subj.)*	*(Pres. Conditional)*
ich werde rauchen	werde rauchen	würde rauchen
du wirst rauchen	werdest rauchen	würdest rauchen
er wird rauchen	werde rauchen	würde rauchen
wir werden rauchen	werden rauchen	würden rauchen
ihr werdet rauchen	werdet rauchen	würdet rauchen
sie werden rauchen	werden rauchen	würden rauchen

		Future Perfect Time
Future Perfect	*(Fut. Perf. Subj.)*	*(Past Conditional)*
ich werde geraucht haben	werde geraucht haben	würde geraucht haben
du wirst geraucht haben	werdest geraucht haben	würdest geraucht haben
er wird geraucht haben	werde geraucht haben	würde geraucht haben
wir werden geraucht haben	werden geraucht haben	würden geraucht haben
ihr werdet geraucht haben	werdet geraucht haben	würdet geraucht haben
sie werden geraucht haben	werden geraucht haben	würden geraucht haben

rechnen

to count, calculate, reckon

PRINC. PARTS: rechnen, rechnete, gerechnet, rechnet
IMPERATIVE: rechne!, rechnet!, rechnen Sie!

INDICATIVE	SUBJUNCTIVE	
	PRIMARY	SECONDARY
	Present Time	
Present	*(Pres. Subj.)*	*(Imperf. Subj.)*
ich rechne	rechne	rechnete
du rechnest	rechnest	rechnetest
er rechnet	rechne	rechnete
wir rechnen	rechnen	rechneten
ihr rechnet	rechnet	rechnetet
sie rechnen	rechnen	rechneten
Imperfect		
ich rechnete		
du rechnetest		
er rechnete		
wir rechneten		
ihr rechnetet		
sie rechneten	*Past Time*	
Perfect	*(Perf. Subj.)*	*(Pluperf. Subj.)*
ich habe gerechnet	habe gerechnet	hätte gerechnet
du hast gerechnet	habest gerechnet	hättest gerechnet
er hat gerechnet	habe gerechnet	hätte gerechnet
wir haben gerechnet	haben gerechnet	hätten gerechnet
ihr habt gerechnet	habet gerechnet	hättet gerechnet
sie haben gerechnet	haben gerechnet	hätten gerechnet
Pluperfect		
ich hatte gerechnet		
du hattest gerechnet		
er hatte gerechnet		
wir hatten gerechnet		
ihr hattet gerechnet		
sie hatten gerechnet	*Future Time*	
Future	*(Fut. Subj.)*	*(Pres. Conditional)*
ich werde rechnen	werde rechnen	würde rechnen
du wirst rechnen	werdest rechnen	würdest rechnen
er wird rechnen	werde rechnen	würde rechnen
wir werden rechnen	werden rechnen	würden rechnen
ihr werdet rechnen	werdet rechnen	würdet rechnen
sie werden rechnen	werden rechnen	würden rechnen
	Future Perfect Time	
Future Perfect	*(Fut. Perf. Subj.)*	*(Past Conditional)*
ich werde gerechnet haben	werde gerechnet haben	würde gerechnet haben
du wirst gerechnet haben	werdest gerechnet haben	würdest gerechnet haben
er wird gerechnet haben	werde gerechnet haben	würde gerechnet haben
wir werden gerechnet haben	werden gerechnet haben	würden gerechnet haben
ihr werdet gerechnet haben	werdet gerechnet haben	würdet gerechnet haben
sie werden gerechnet haben	werden gerechnet haben	würden gerechnet haben

PRINC. PARTS: regnen,* regnete, geregnet, regnet
IMPERATIVE: regne!, regnet!, regnen Sie! **

regnen
to rain

	INDICATIVE	SUBJUNCTIVE	
		PRIMARY	SECONDARY
		Present Time	
	Present	*(Pres. Subj.)*	*(Imperf. Subj.)*
ich			
du			
es	regnet	regne	regnete
wir			
ihr			
sie			
	Imperfect		
ich			
du			
es	regnete		
wir			
ihr			
sie			
		Past Time	
	Perfect	*(Perf. Subj.)*	*(Pluperf. Subj.)*
ich			
du			
es	hat geregnet	habe geregnet	hätte geregnet
wir			
ihr			
sie			
	Pluperfect		
ich			
du			
es	hatte geregnet		
wir			
ihr			
sie			
		Future Time	
	Future	*(Fut. Subj.)*	*(Pres. Conditional)*
ich			
du			
es	wird regnen	werde regnen	würde regnen
wir			
ihr			
sie			
		Future Perfect Time	
	Future Perfect	*(Fut. Perf. Subj.)*	*(Past Conditional)*
ich			
du			
es	wird geregnet haben	werde geregnet haben	würde geregnet haben
wir			
ihr			
sie			

* Impersonal verb. Forms other than the third person singular will not be found, except perhaps in poetry.
The same is true of the Eng. verb 'to rain.'
** The imperative of this verb is as unusual as in English.

reiben

to rub

PRINC. PARTS: reiben, rieb, gerieben, reibt
IMPERATIVE: reibe!, reibt!, reiben Sie!

	INDICATIVE	SUBJUNCTIVE	
		PRIMARY	SECONDARY
		Present Time	
	Present	*(Pres. Subj.)*	*(Imperf. Subj.)*
ich	reibe	reibe	riebe
du	reibst	reibest	riebest
er	reibt	reibe	riebe
wir	reiben	reiben	rieben
ihr	reibt	reibet	riebet
sie	reiben	reiben	rieben

	Imperfect
ich	rieb
du	riebst
er	rieb
wir	rieben
ihr	riebt
sie	rieben

			Past Time	
	Perfect	*(Perf. Subj.)*	*(Pluperf. Subj.)*
ich	habe gerieben	habe gerieben	hätte gerieben
du	hast gerieben	habest gerieben	hättest gerieben
er	hat gerieben	habe gerieben	hätte gerieben
wir	haben gerieben	haben gerieben	hätten gerieben
ihr	habt gerieben	habet gerieben	hättet gerieben
sie	haben gerieben	haben gerieben	hätten gerieben

	Pluperfect
ich	hatte gerieben
du	hattest gerieben
er	hatte gerieben
wir	hatten gerieben
ihr	hattet gerieben
sie	hatten gerieben

			Future Time	
	Future	*(Fut. Subj.)*	*(Pres. Conditional)*
ich	werde reiben	werde reiben	würde reiben
du	wirst reiben	werdest reiben	würdest reiben
er	wird reiben	werde reiben	würde reiben
wir	werden reiben	werden reiben	würden reiben
ihr	werdet reiben	werdet reiben	würdet reiben
sie	werden reiben	werden reiben	würden reiben

			Future Perfect Time	
	Future Perfect	*(Fut. Perf. Subj.)*	*(Past Conditional)*
ich	werde gerieben haben	werde gerieben haben	würde gerieben haben
du	wirst gerieben haben	werdest gerieben haben	würdest gerieben haben
er	wird gerieben haben	werde gerieben haben	würde gerieben haben
wir	werden gerieben haben	werden gerieben haben	würden gerieben haben
ihr	werdet gerieben haben	werdet gerieben haben	würdet gerieben haben
sie	werden gerieben haben	werden gerieben haben	würden gerieben haben

PRINC. PARTS: reisen, reiste, ist gereist, reist
IMPERATIVE: reise!, reist!, reisen Sie!

	INDICATIVE		SUBJUNCTIVE	
			PRIMARY	SECONDARY
				Present Time
	Present		*(Pres. Subj.)*	*(Imperf. Subj.)*
ich	reise		reise	reiste
du	reist		reisest	reistest
er	reist		reise	reiste
wir	reisen		reisen	reisten
ihr	reist		reiset	reistet
sie	reisen		reisen	reisten

	Imperfect
ich	reiste
du	reistest
er	reiste
wir	reisten
ihr	reistet
sie	reisten

				Past Time
	Perfect		*(Perf. Subj.)*	*(Pluperf. Subj.)*
ich	bin gereist		sei gereist	wäre gereist
du	bist gereist		seiest gereist	wärest gereist
er	ist gereist		sei gereist	wäre gereist
wir	sind gereist		seien gereist	wären gereist
ihr	seid gereist		seiet gereist	wäret gereist
sie	sind gereist		seien gereist	wären gereist

	Pluperfect
ich	war gereist
du	warst gereist
er	war gereist
wir	waren gereist
ihr	wart gereist
sie	waren gereist

				Future Time
	Future		*(Fut. Subj.)*	*(Pres. Conditional)*
ich	werde reisen		werde reisen	würde reisen
du	wirst reisen		werdest reisen	würdest reisen
er	wird reisen		werde reisen	würde reisen
wir	werden reisen		werden reisen	würden reisen
ihr	werdet reisen		werdet reisen	würdet reisen
sie	werden reisen		werden reisen	würden reisen

				Future Perfect Time
	Future Perfect		*(Fut. Perf. Subj.)*	*(Past Conditional)*
ich	werde gereist sein		werde gereist sein	würde gereist sein
du	wirst gereist sein		werdest gereist sein	würdest gereist sein
er	wird gereist sein		werde gereist sein	würde gereist sein
wir	werden gereist sein		werden gereist sein	würden gereist sein
ihr	werdet gereist sein		werdet gereist sein	würdet gereist sein
sie	werden gereist sein		werden gereist sein	würden gereist sein

reißen

to tear, rip

INDICATIVE	SUBJUNCTIVE	
	PRIMARY	SECONDARY

		Present Time	
	Present	*(Pres. Subj.)*	*(Imperf. Subj.)*
ich	reiße	reiße	risse
du	reißt	reißest	rissest
er	reißt	reiße	risse
wir	reißen	reißen	rissen
ihr	reißt	reißet	risset
sie	reißen	reißen	rissen

	Imperfect
ich	riß
du	rissest
er	riß
wir	rissen
ihr	rißt
sie	rissen

		Past Time	
	Perfect	*(Perf. Subj.)*	*(Pluperf. Subj.)*
ich	habe gerissen	habe gerissen	hätte gerissen
du	hast gerissen	habest gerissen	hättest gerissen
er	hat gerissen	habe gerissen	hätte gerissen
wir	haben gerissen	haben gerissen	hätten gerissen
ihr	habt gerissen	habet gerissen	hättet gerissen
sie	haben gerissen	haben gerissen	hätten gerissen

	Pluperfect
ich	hatte gerissen
du	hattest gerissen
er	hatte gerissen
wir	hatten gerissen
ihr	hattet gerissen
sie	hatten gerissen

		Future Time	
	Future	*(Fut. Subj.)*	*(Pres. Conditional)*
ich	werde reißen	werde reißen	würde reißen
du	wirst reißen	werdest reißen	würdest reißen
er	wird reißen	werde reißen	würde reißen
wir	werden reißen	werden reißen	würden reißen
ihr	werdet reißen	werdet reißen	würdet reißen
sie	werden reißen	werden reißen	würden reißen

		Future Perfect Time	
	Future Perfect	*(Fut. Perf. Subj.)*	*(Past Conditional)*
ich	werde gerissen haben	werde gerissen haben	würde gerissen haben
du	wirst gerissen haben	werdest gerissen haben	würdest gerissen haben
er	wird gerissen haben	werde gerissen haben	würde gerissen haben
wir	werden gerissen haben	werden gerissen haben	würden gerissen haben
ihr	werdet gerissen haben	werdet gerissen haben	würdet gerissen haben
sie	werden gerissen haben	werden gerissen haben	würden gerissen haben

PRINC. PARTS: reiten, ritt, ist geritten, reitet
IMPERATIVE: reite!, reitet!, reiten Sie!

to ride (on horse)

INDICATIVE	SUBJUNCTIVE	
	PRIMARY	SECONDARY
	Present Time	
Present	*(Pres. Subj.)*	*(Imperf. Subj.)*
ich reite	reite	ritte
du reitest	reitest	rittest
er reitet	reite	ritte
wir reiten	reiten	ritten
ihr reitet	reitet	rittet
sie reiten	reiten	ritten

Imperfect
ich ritt
du rittest
er ritt
wir ritten
ihr rittet
sie ritten

		Past Time	
Perfect	*(Perf. Subj.)*	*(Pluperf. Subj.)*
ich bin geritten	sei geritten	wäre geritten
du bist geritten	seiest geritten	wärest geritten
er ist geritten	sei geritten	wäre geritten
wir sind geritten	seien geritten	wären geritten
ihr seid geritten	seiet geritten	wäret geritten
sie sind geritten	seien geritten	wären geritten

Pluperfect
ich war geritten
du warst geritten
er war geritten
wir waren geritten
ihr wart geritten
sie waren geritten

	Future Time	
Future	*(Fut. Subj.)*	*(Pres. Conditional)*
ich werde reiten	werde reiten	würde reiten
du wirst reiten	werdest reiten	würdest reiten
er wird reiten	werde reiten	würde reiten
wir werden reiten	werden reiten	würden reiten
ihr werdet reiten	werdet reiten	würdet reiten
sie werden reiten	werden reiten	würden reiten

	Future Perfect Time	
Future Perfect	*(Fut. Perf. Subj.)*	*(Past Conditional)*
ich werde geritten sein	werde geritten sein	würde geritten sein
du wirst geritten sein	werdest geritten sein	würdest geritten sein
er wird geritten sein	werde geritten sein	würde geritten sein
wir werden geritten sein	werden geritten sein	würden geritten sein
ihr werdet geritten sein	werdet geritten sein	würdet geritten sein
sie werden geritten sein	werden geritten sein	würden geritten sein

reizen

to excite, irritate, charm

PRINC. PARTS: reizen, reizte, gereizt, reizt
IMPERATIVE: reize!, reizt!, reizen Sie!

	INDICATIVE	SUBJUNCTIVE	
		PRIMARY	SECONDARY
		Present Time	
	Present	*(Pres. Subj.)*	*(Imperf. Subj.)*
ich	reize	reize	reizte
du	reizt	reizest	reiztest
er	reizt	reize	reizte
wir	reizen	reizen	reizten
ihr	reizt	reizet	reiztet
sie	reizen	reizen	reizten

	Imperfect
ich	reizte
du	reiztest
er	reizte
wir	reizten
ihr	reiztet
sie	reizten

			Past Time	
	Perfect		*(Perf. Subj.)*	*(Pluperf. Subj.)*
ich	habe gereizt		habe gereizt	hätte gereizt
du	hast gereizt		habest gereizt	hättest gereizt
er	hat gereizt		habe gereizt	hätte gereizt
wir	haben gereizt		haben gereizt	hätten gereizt
ihr	habt gereizt		habet gereizt	hättet gereizt
sie	haben gereizt		haben gereizt	hätten gereizt

	Pluperfect
ich	hatte gereizt
du	hattest gereizt
er	hatte gereizt
wir	hatten gereizt
ihr	hattet gereizt
sie	hatten gereizt

			Future Time	
	Future		*(Fut. Subj.)*	*(Pres. Conditional)*
ich	werde reizen		werde reizen	würde reizen
du	wirst reizen		werdest reizen	würdest reizen
er	wird reizen		werde reizen	würde reizen
wir	werden reizen		werden reizen	würden reizen
ihr	werdet reizen		werdet reizen	würdet reizen
sie	werden reizen		werden reizen	würden reizen

			Future Perfect Time	
	Future Perfect		*(Fut. Perf. Subj.)*	*(Past Conditional)*
ich	werde gereizt haben		werde gereizt haben	würde gereizt haben
du	wirst gereizt haben		werdest gereizt haben	würdest gereizt haben
er	wird gereizt haben		werde gereizt haben	würde gereizt haben
wir	werden gereizt haben		werden gereizt haben	würden gereizt haben
ihr	werdet gereizt haben		werdet gereizt haben	würdet gereizt haben
sie	werden gereizt haben		werden gereizt haben	würden gereizt haben

PRINC. PARTS: rennen, rannte, ist gerannt, rennt
IMPERATIVE: renne!, rennt!, rennen Sie!

INDICATIVE	SUBJUNCTIVE	
	PRIMARY	SECONDARY

Present Time

	Present	*(Pres. Subj.)*	*(Imperf. Subj.)*
ich	renne	renne	rennte
du	rennst	rennest	renntest
er	rennt	renne	rennte
wir	rennen	rennen	rennten
ihr	rennt	rennet	renntet
sie	rennen	rennen	rennten

	Imperfect
ich	rannte
du	ranntest
er	rannte
wir	rannten
ihr	ranntet
sie	rannten

Past Time

	Perfect	*(Perf. Subj.)*	*(Pluperf. Subj.)*
ich	bin gerannt	sei gerannt	wäre gerannt
du	bist gerannt	seiest gerannt	wärest gerannt
er	ist gerannt	sei gerannt	wäre gerannt
wir	sind gerannt	seien gerannt	wären gerannt
ihr	seid gerannt	seiet gerannt	wäret gerannt
sie	sind gerannt	seien gerannt	wären gerannt

	Pluperfect
ich	war gerannt
du	warst gerannt
er	war gerannt
wir	waren gerannt
ihr	wart gerannt
sie	waren gerannt

Future Time

	Future	*(Fut. Subj.)*	*(Pres. Conditional)*
ich	werde rennen	werde rennen	würde rennen
du	wirst rennen	werdest rennen	würdest rennen
er	wird rennen	werde rennen	würde rennen
wir	werden rennen	werden rennen	würden rennen
ihr	werdet rennen	werdet rennen	würdet rennen
sie	werden rennen	werden rennen	würden rennen

Future Perfect Time

	Future Perfect	*(Fut. Perf. Subj.)*	*(Past Conditional)*
ich	werde gerannt sein	werde gerannt sein	würde gerannt sein
du	wirst gerannt sein	werdest gerannt sein	würdest gerannt sein
er	wird gerannt sein	werde gerannt sein	würde gerannt sein
wir	werden gerannt sein	werden gerannt sein	würden gerannt sein
ihr	werdet gerannt sein	werdet gerannt sein	würdet gerannt sein
sie	werden gerannt sein	werden gerannt sein	würden gerannt sein

retten

to save, rescue

PRINC. PARTS: retten, rettete, gerettet, rettet
IMPERATIVE: rette!, rettet!, retten Sie!

INDICATIVE	SUBJUNCTIVE	
	PRIMARY	SECONDARY

	Present	(*Pres. Subj.*)	(*Imperf. Subj.*)
			Present Time
ich	rette	rette	rettete
du	rettest	rettest	rettetest
er	rettet	rette	rettete
wir	retten	retten	retteten
ihr	rettet	rettet	rettetet
sie	retten	retten	retteten

	Imperfect
ich	rettete
du	rettetest
er	rettete
wir	retteten
ihr	rettetet
sie	retteten

Past Time

	Perfect	(*Perf. Subj.*)	(*Pluperf. Subj.*)
ich	habe gerettet	habe gerettet	hätte gerettet
du	hast gerettet	habest gerettet	hättest gerettet
er	hat gerettet	habe gerettet	hätte gerettet
wir	haben gerettet	haben gerettet	hätten gerettet
ihr	habt gerettet	habet gerettet	hättet gerettet
sie	haben gerettet	haben gerettet	hätten gerettet

	Pluperfect
ich	hatte gerettet
du	hattest gerettet
er	hatte gerettet
wir	hatten gerettet
ihr	hattet gerettet
sie	hatten gerettet

Future Time

	Future	(*Fut. Subj.*)	(*Pres. Conditional*)
ich	werde retten	werde retten	würde retten
du	wirst retten	werdest retten	würdest retten
er	wird retten	werde retten	würde retten
wir	werden retten	werden retten	würden retten
ihr	werdet retten	werdet retten	würdet retten
sie	werden retten	werden retten	würden retten

Future Perfect Time

	Future Perfect	(*Fut. Perf. Subj.*)	(*Past Conditional*)
ich	werde gerettet haben	werde gerettet haben	würde gerettet haben
du	wirst gerettet haben	werdest gerettet haben	würdest gerettet haben
er	wird gerettet haben	werde gerettet haben	würde gerettet haben
wir	werden gerettet haben	werden gerettet haben	würden gerettet haben
ihr	werdet gerettet haben	werdet gerettet haben	würdet gerettet haben
sie	werden gerettet haben	werden gerettet haben	würden gerettet haben

richten

PRINC. PARTS: richten, richtete, gerichtet,
richtet
IMPERATIVE: richte!, richtet!, richten Sie!

to set right, adjust; prepare
(meals, etc.), point, judge

INDICATIVE	SUBJUNCTIVE	
	PRIMARY	SECONDARY

Present Time

	Present	*(Pres. Subj.)*	*(Imperf. Subj.)*
ich	richte	richte	richtete
du	richtest	richtest	richtetest
er	richtet	richte	richtete
wir	richten	richten	richteten
ihr	richtet	richtet	richtetet
sie	richten	richten	richteten

	Imperfect
ich	richtete
du	richtetest
er	richtete
wir	richteten
ihr	richtetet
sie	richteten

Past Time

	Perfect	*(Perf. Subj.)*	*(Pluperf. Subj.)*
ich	habe gerichtet	habe gerichtet	hätte gerichtet
du	hast gerichtet	habest gerichtet	hättest gerichtet
er	hat gerichtet	habe gerichtet	hätte gerichtet
wir	haben gerichtet	haben gerichtet	hätten gerichtet
ihr	habt gerichtet	habet gerichtet	hättet gerichtet
sie	haben gerichtet	haben gerichtet	hätten gerichtet

	Pluperfect
ich	hatte gerichtet
du	hattest gerichtet
er	hatte gerichtet
wir	hatten gerichtet
ihr	hattet gerichtet
sie	hatten gerichtet

Future Time

	Future	*(Fut. Subj.)*	*(Pres. Conditional)*
ich	werde richten	werde richten	würde richten
du	wirst richten	werdest richten	würdest richten
er	wird richten	werde richten	würde richten
wir	werden richten	werden richten	würden richten
ihr	werdet richten	werdet richten	würdet richten
sie	werden richten	werden richten	würden richten

Future Perfect Time

	Future Perfect	*(Fut. Perf. Subj.)*	*(Past Conditional)*
ich	werde gerichtet haben	werde gerichtet haben	würde gerichtet haben
du	wirst gerichtet haben	werdest gerichtet haben	würdest gerichtet haben
er	wird gerichtet haben	werde gerichtet haben	würde gerichtet haben
wir	werden gerichtet haben	werden gerichtet haben	würden gerichtet haben
ihr	werdet gerichtet haben	werdet gerichtet haben	würdet gerichtet haben
sie	werden gerichtet haben	werden gerichtet haben	würden gerichtet haben

riechen
to smell

PRINC. PARTS: riechen, roch, gerochen, riecht
IMPERATIVE: rieche!, riecht!, riechen Sie!

INDICATIVE		SUBJUNCTIVE	
		PRIMARY	SECONDARY
		Present Time	
	Present	*(Pres. Subj.)*	*(Imperf. Subj.)*
ich	rieche	rieche	röche
du	riechst	riechest	röchest
er	riecht	rieche	röche
wir	riechen	riechen	röchen
ihr	riecht	riechet	röchet
sie	riechen	riechen	röchen

	Imperfect
ich	roch
du	rochst
er	roch
wir	rochen
ihr	rocht
sie	rochen

			Past Time	
	Perfect	*(Perf. Subj.)*	*(Pluperf. Subj.)*
ich	habe gerochen	habe gerochen	hätte gerochen
du	hast gerochen	habest gerochen	hättest gerochen
er	hat gerochen	habe gerochen	hätte gerochen
wir	haben gerochen	haben gerochen	hätten gerochen
ihr	habt gerochen	habet gerochen	hättet gerochen
sie	haben gerochen	haben gerochen	hätten gerochen

	Pluperfect
ich	hatte gerochen
du	hattest gerochen
er	hatte gerochen
wir	hatten gerochen
ihr	hattet gerochen
sie	hatten gerochen

			Future Time	
	Future	*(Fut. Subj.)*	*(Pres. Conditional)*
ich	werde riechen	werde riechen	würde riechen
du	wirst riechen	werdest riechen	würdest riechen
er	wird riechen	werde riechen	würde riechen
wir	werden riechen	werden riechen	würden riechen
ihr	werdet riechen	werdet riechen	würdet riechen
sie	werden riechen	werden riechen	würden riechen

			Future Perfect Time	
	Future Perfect	*(Fut. Perf. Subj.)*	*(Past Conditional)*
ich	werde gerochen haben	werde gerochen haben	würde gerochen haben
du	wirst gerochen haben	werdest gerochen haben	würdest gerochen haben
er	wird gerochen haben	werde gerochen haben	würde gerochen haben
wir	werden gerochen haben	werden gerochen haben	würden gerochen haben
ihr	werdet gerochen haben	werdet gerochen haben	würdet gerochen haben
sie	werden gerochen haben	werden gerochen haben	würden gerochen haben

PRINC. PARTS: ringen, rang, gerungen, ringt
IMPERATIVE: ringe!, ringt!, ringen Sie!

to struggle, wrestle, wring

INDICATIVE	SUBJUNCTIVE	
	PRIMARY	SECONDARY
	Present Time	
Present	(*Pres. Subj.*)	(*Imperf. Subj.*)
ich ringe	ringe	ränge
du ringst	ringest	rängest
er ringt	ringe	ränge
wir ringen	ringen	rängen
ihr ringt	ringet	ränget
sie ringen	ringen	rängen

Imperfect
ich rang
du rangst
er rang
wir rangen
ihr rangt
sie rangen

	Past Time	
Perfect	(*Perf. Subj.*)	(*Pluperf. Subj.*)
ich habe gerungen	habe gerungen	hätte gerungen
du hast gerungen	habest gerungen	hättest gerungen
er hat gerungen	habe gerungen	hätte gerungen
wir haben gerungen	haben gerungen	hätten gerungen
ihr habt gerungen	habet gerungen	hättet gerungen
sie haben gerungen	haben gerungen	hätten gerungen

Pluperfect
ich hatte gerungen
du hattest gerungen
er hatte gerungen
wir hatten gerungen
ihr hattet gerungen
sie hatten gerungen

	Future Time	
Future	(*Fut. Subj.*)	(*Pres. Conditional*)
ich werde ringen	werde ringen	würde ringen
du wirst ringen	werdest ringen	würdest ringen
er wird ringen	werde ringen	würde ringen
wir werden ringen	werden ringen	würden ringen
ihr werdet ringen	werdet ringen	würdet ringen
sie werden ringen	werden ringen	würden ringen

	Future Perfect Time	
Future Perfect	(*Fut. Perf. Subj.*)	(*Past Conditional*)
ich werde gerungen haben	werde gerungen haben	würde gerungen haben
du wirst gerungen haben	werdest gerungen haben	würdest gerungen haben
er wird gerungen haben	werde gerungen haben	würde gerungen haben
wir werden gerungen haben	werden gerungen haben	würden gerungen haben
ihr werdet gerungen haben	werdet gerungen haben	würdet gerungen haben
sie werden gerungen haben	werden gerungen haben	würden gerungen haben

rollen

to roll

PRINC. PARTS: rollen, rollte, gerollt, rollt
IMPERATIVE: rolle!, rollt!, rollen Sie!

INDICATIVE	SUBJUNCTIVE	
	PRIMARY	SECONDARY

Present Time

Present	*(Pres. Subj.)*	*(Imperf. Subj.)*
ich rolle	rolle	rollte
du rollst	rollest	rolltest
er rollt	rolle	rollte
wir rollen	rollen	rollten
ihr rollt	rollet	rolltet
sie rollen	rollen	rollten

Imperfect
ich rollte
du rolltest
er rollte
wir rollten
ihr rolltet
sie rollten

Past Time

Perfect	*(Perf. Subj.)*	*(Pluperf. Subj.)*
ich habe gerollt	habe gerollt	hätte gerollt
du hast gerollt	habest gerollt	hättest gerollt
er hat gerollt	habe gerollt	hätte gerollt
wir haben gerollt	haben gerollt	hätten gerollt
ihr habt gerollt	habet gerollt	hättet gerollt
sie haben gerollt	haben gerollt	hätten gerollt

Pluperfect
ich hatte gerollt
du hattest gerollt
er hatte gerollt
wir hatten gerollt
ihr hattet gerollt
sie hatten gerollt

Future Time

Future	*(Fut. Subj.)*	*(Pres. Conditional)*
ich werde rollen	werde rollen	würde rollen
du wirst rollen	werdest rollen	würdest rollen
er wird rollen	werde rollen	würde rollen
wir werden rollen	werden rollen	würden rollen
ihr werdet rollen	werdet rollen	würdet rollen
sie werden rollen	werden rollen	würden rollen

Future Perfect Time

Future Perfect	*(Fut. Perf. Subj.)*	*(Past Conditional)*
ich werde gerollt haben	werde gerollt haben	würde gerollt haben
du wirst gerollt haben	werdest gerollt haben	würdest gerollt haben
er wird gerollt haben	werde gerollt haben	würde gerollt haben
wir werden gerollt haben	werden gerollt haben	würden gerollt haben
ihr werdet gerollt haben	werdet gerollt haben	würdet gerollt haben
sie werden gerollt haben	werden gerollt haben	würden gerollt haben

PRINC. PARTS: rufen, rief, gerufen, ruft
IMPERATIVE: rufe!, ruft!, rufen Sie!

INDICATIVE	SUBJUNCTIVE	
	PRIMARY	SECONDARY

Present Time

	Present	(Pres. Subj.)	(Imperf. Subj.)
ich	rufe	rufe	riefe
du	rufst	rufest	riefest
er	ruft	rufe	riefe
wir	rufen	rufen	riefen
ihr	ruft	rufet	riefet
sie	rufen	rufen	riefen

	Imperfect
ich	rief
du	riefst
er	rief
wir	riefen
ihr	rieft
sie	riefen

Past Time

	Perfect	(Perf. Subj.)	(Pluperf. Subj.)
ich	habe gerufen	habe gerufen	hätte gerufen
du	hast gerufen	habest gerufen	hättest gerufen
er	hat gerufen	habe gerufen	hätte gerufen
wir	haben gerufen	haben gerufen	hätten gerufen
ihr	habt gerufen	habet gerufen	hättet gerufen
sie	haben gerufen	haben gerufen	hätten gerufen

	Pluperfect
ich	hatte gerufen
du	hattest gerufen
er	hatte gerufen
wir	hatten gerufen
ihr	hattet gerufen
sie	hatten gerufen

Future Time

	Future	(Fut. Subj.)	(Pres. Conditional)
ich	werde rufen	werde rufen	würde rufen
du	wirst rufen	werdest rufen	würdest rufen
er	wird rufen	werde rufen	würde rufen
wir	werden rufen	werden rufen	würden rufen
ihr	werdet rufen	werdet rufen	würdet rufen
sie	werden rufen	werden rufen	würden rufen

Future Perfect Time

	Future Perfect	(Fut. Perf. Subj.)	(Past Conditional)
ich	werde gerufen haben	werde gerufen haben	würde gerufen haben
du	wirst gerufen haben	werdest gerufen haben	würdest gerufen haben
er	wird gerufen haben	werde gerufen haben	würde gerufen haben
wir	werden gerufen haben	werden gerufen haben	würden gerufen haben
ihr	werdet gerufen haben	werdet gerufen haben	würdet gerufen haben
sie	werden gerufen haben	werden gerufen haben	würden gerufen haben

ruhen

to rest

PRINC. PARTS: ruhen, ruhte, geruht, ruht
IMPERATIVE: ruhe!, ruht!, ruhen Sie!

INDICATIVE	SUBJUNCTIVE	
	PRIMARY	SECONDARY
	Present Time	
Present	*(Pres. Subj.)*	*(Imperf. Subj.)*
ich ruhe	ruhe	ruhte
du ruhst	ruhest	ruhtest
er ruht	ruhe	ruhte
wir ruhen	ruhen	ruhten
ihr ruht	ruhet	ruhtet
sie ruhen	ruhen	ruhten

Imperfect

ich ruhte
du ruhtest
er ruhte
wir ruhten
ihr ruhtet
sie ruhten

	Past Time	
Perfect	*(Perf. Subj.)*	*(Pluperf. Subj.)*
ich habe geruht	habe geruht	hätte geruht
du hast geruht	habest geruht	hättest geruht
er hat geruht	habe geruht	hätte geruht
wir haben geruht	haben geruht	hätten geruht
ihr habt geruht	habet geruht	hättet geruht
sie haben geruht	haben geruht	hätten geruht

Pluperfect

ich hatte geruht
du hattest geruht
er hatte geruht
wir hatten geruht
ihr hattet geruht
sie hatten geruht

	Future Time	
Future	*(Fut. Subj.)*	*(Pres. Conditional)*
ich werde ruhen	werde ruhen	würde ruhen
du wirst ruhen	werdest ruhen	würdest ruhen
er wird ruhen	werde ruhen	würde ruhen
wir werden ruhen	werden ruhen	würden ruhen
ihr werdet ruhen	werdet ruhen	würdet ruhen
sie werden ruhen	werden ruhen	würden ruhen

	Future Perfect Time	
Future Perfect	*(Fut. Perf. Subj.)*	*(Past Conditional)*
ich werde geruht haben	werde geruht haben	würde geruht haben
du wirst geruht haben	werdest geruht haben	würdest geruht haben
er wird geruht haben	werde geruht haben	würde geruht haben
wir werden geruht haben	werden geruht haben	würden geruht haben
ihr werdet geruht haben	werdet geruht haben	würdet geruht haben
sie werden geruht haben	werden geruht haben	würden geruht haben

PRINC. PARTS: rühmen, rühmte, gerühmt, rühmt
IMPERATIVE: rühme!, rühmt!, rühmen Sie!

to praise, glorify

INDICATIVE	SUBJUNCTIVE	
	PRIMARY	SECONDARY

Present Time

	Present	*(Pres. Subj.)*	*(Imperf. Subj.)*
ich	rühme	rühme	rühmte
du	rühmst	rühmest	rühmtest
er	rühmt	rühme	rühmte
wir	rühmen	rühmen	rühmten
ihr	rühmt	rühmet	rühmtet
sie	rühmen	rühmen	rühmten

	Imperfect
ich	rühmte
du	rühmtest
er	rühmte
wir	rühmten
ihr	rühmtet
sie	rühmten

Past Time

	Perfect	*(Perf. Subj.)*	*(Pluperf. Subj.)*
ich	habe gerühmt	habe gerühmt	hätte gerühmt
du	hast gerühmt	habest gerühmt	hättest gerühmt
er	hat gerühmt	habe gerühmt	hätte gerühmt
wir	haben gerühmt	haben gerühmt	hätten gerühmt
ihr	habt gerühmt	habet gerühmt	hättet gerühmt
sie	haben gerühmt	haben gerühmt	hätten gerühmt

	Pluperfect
ich	hatte gerühmt
du	hattest gerühmt
er	hatte gerühmt
wir	hatten gerühmt
ihr	hattet gerühmt
sie	hatten gerühmt

Future Time

	Future	*(Fut. Subj.)*	*(Pres. Conditional)*
ich	werde rühmen	werde rühmen	würde rühmen
du	wirst rühmen	werdest rühmen	würdest rühmen
er	wird rühmen	werde rühmen	würde rühmen
wir	werden rühmen	werden rühmen	würden rühmen
ihr	werdet rühmen	werdet rühmen	würdet rühmen
sie	werden rühmen	werden rühmen	würden rühmen

Future Perfect Time

	Future Perfect	*(Fut. Perf. Subj.)*	*(Past Conditional)*
ich	werde gerühmt haben	werde gerühmt haben	würde gerühmt haben
du	wirst gerühmt haben	werdest gerühmt haben	würdest gerühmt haben
er	wird gerühmt haben	werde gerühmt haben	würde gerühmt haben
wir	werden gerühmt haben	werden gerühmt haben	würden gerühmt haben
ihr	werdet gerühmt haben	werdet gerühmt haben	würdet gerühmt haben
sie	werden gerühmt haben	werden gerühmt haben	würden gerühmt haben

rühren

to stir, touch

PRINC. PARTS: rühren, rührte, gerührt, rührt
IMPERATIVE: rühre!, rührt!, rühren Sie!

	INDICATIVE	SUBJUNCTIVE	
		PRIMARY	SECONDARY
		Present Time	
	Present	*(Pres. Subj.)*	*(Imperf. Subj.)*
ich	rühre	rühre	rührte
du	rührst	rührest	rührtest
er	rührt	rühre	rührte
wir	rühren	rühren	rührten
ihr	rührt	rühret	rührtet
sie	rühren	rühren	rührten

	Imperfect
ich	rührte
du	rührtest
er	rührte
wir	rührten
ihr	rührtet
sie	rührten

			Past Time	
	Perfect	*(Perf. Subj.)*	*(Pluperf. Subj.)*
ich	habe gerührt	habe gerührt	hätte gerührt
du	hast gerührt	habest gerührt	hättest gerührt
er	hat gerührt	habe gerührt	hätte gerührt
wir	haben gerührt	haben gerührt	hätten gerührt
ihr	habt gerührt	habet gerührt	hättet gerührt
sie	haben gerührt	haben gerührt	hätten gerührt

	Pluperfect
ich	hatte gerührt
du	hattest gerührt
er	hatte gerührt
wir	hatten gerührt
ihr	hattet gerührt
sie	hatten gerührt

			Future Time	
	Future	*(Fut. Subj.)*	*(Pres. Conditional)*
ich	werde rühren	werde rühren	würde rühren
du	wirst rühren	werdest rühren	würdest rühren
er	wird rühren	werde rühren	würde rühren
wir	werden rühren	werden rühren	würden rühren
ihr	werdet rühren	werdet rühren	würdet rühren
sie	werden rühren	werden rühren	würden rühren

			Future Perfect Time	
	Future Perfect	*(Fut. Perf. Subj.)*	*(Past Conditional)*
ich	werde gerührt haben	werde gerührt haben	würde gerührt haben
du	wirst gerührt haben	werdest gerührt haben	würdest gerührt haben
er	wird gerührt haben	werde gerührt haben	würde gerührt haben
wir	werden gerührt haben	werden gerührt haben	würden gerührt haben
ihr	werdet gerührt haben	werdet gerührt haben	würdet gerührt haben
sie	werden gerührt haben	werden gerührt haben	würden gerührt haben

PRINC. PARTS: rüsten, rüstete, gerüstet, rüstet
IMPERATIVE: rüste!, rüstet!, rüsten Sie!

to arm, mobilize, prepare

	INDICATIVE		SUBJUNCTIVE	
			PRIMARY	SECONDARY
			Present Time	
	Present		*(Pres. Subj.)*	*(Imperf. Subj.)*
ich	rüste		rüste	rüstete
du	rüstest		rüstest	rüstetest
er	rüstet		rüste	rüstete
wir	rüsten		rüsten	rüsteten
ihr	rüstet		rüstet	rüstetet
sie	rüsten		rüsten	rüsteten

	Imperfect
ich	rüstete
du	rüstetest
er	rüstete
wir	rüsteten
ihr	rüstetet
sie	rüsteten

			Past Time	
	Perfect		*(Perf. Subj.)*	*(Pluperf. Subj.)*
ich	habe gerüstet		habe gerüstet	hätte gerüstet
du	hast gerüstet		habest gerüstet	hättest gerüstet
er	hat gerüstet		habe gerüstet	hätte gerüstet
wir	haben gerüstet		haben gerüstet	hätten gerüstet
ihr	habt gerüstet		habet gerüstet	hättet gerüstet
sie	haben gerüstet		haben gerüstet	hätten gerüstet

	Pluperfect
ich	hatte gerüstet
du	hattest gerüstet
er	hatte gerüstet
wir	hatten gerüstet
ihr	hattet gerüstet
sie	hatten gerüstet

			Future Time	
	Future		*(Fut. Subj.)*	*(Pres. Conditional)*
ich	werde rüsten		werde rüsten	würde rüsten
du	wirst rüsten		werdest rüsten	würdest rüsten
er	wird rüsten		werde rüsten	würde rüsten
wir	werden rüsten		werden rüsten	würden rüsten
ihr	werdet rüsten		werdet rüsten	würdet rüsten
sie	werden rüsten		werden rüsten	würden rüsten

			Future Perfect Time	
	Future Perfect		*(Fut. Perf. Subj.)*	*(Past Conditional)*
ich	werde gerüstet haben		werde gerüstet haben	würde gerüstet haben
du	wirst gerüstet haben		werdest gerüstet haben	würdest gerüstet haben
er	wird gerüstet haben		werde gerüstet haben	würde gerüstet haben
wir	werden gerüstet haben		werden gerüstet haben	würden gerüstet haben
ihr	werdet gerüstet haben		werdet gerüstet haben	würdet gerüstet haben
sie	werden gerüstet haben		werden gerüstet haben	würden gerüstet haben

sagen

to say, tell, speak

PRINC. PARTS: sagen, sagte, gesagt, sagt
IMPERATIVE: sage!, sagt!, sagen Sie!

INDICATIVE	SUBJUNCTIVE	
	PRIMARY	SECONDARY
	Present Time	
Present	*(Pres. Subj.)*	*(Imperf. Subj.)*
ich sage	sage	sagte
du sagst	sagest	sagtest
er sagt	sage	sagte
wir sagen	sagen	sagten
ihr sagt	saget	sagtet
sie sagen	sagen	sagten

Imperfect
ich sagte
du sagtest
er sagte
wir sagten
ihr sagtet
sie sagten

		Past Time	
Perfect	*(Perf. Subj.)*	*(Pluperf. Subj.)*
ich habe gesagt	habe gesagt	hätte gesagt
du hast gesagt	habest gesagt	hättest gesagt
er hat gesagt	habe gesagt	hätte gesagt
wir haben gesagt	haben gesagt	hätten gesagt
ihr habt gesagt	habet gesagt	hättet gesagt
sie haben gesagt	haben gesagt	hätten gesagt

Pluperfect
ich hatte gesagt
du hattest gesagt
er hatte gesagt
wir hatten gesagt
ihr hattet gesagt
sie hatten gesagt

		Future Time	
Future	*(Fut. Subj.)*	*(Pres. Conditional)*
ich werde sagen	werde sagen	würde sagen
du wirst sagen	werdest sagen	würdest sagen
er wird sagen	werde sagen	würde sagen
wir werden sagen	werden sagen	würden sagen
ihr werdet sagen	werdet sagen	würdet sagen
sie werden sagen	werden sagen	würden sagen

		Future Perfect Time	
Future Perfect	*(Fut. Perf. Subj.)*	*(Past Conditional)*
ich werde gesagt haben	werde gesagt haben	würde gesagt haben
du wirst gesagt haben	werdest gesagt haben	würdest gesagt haben
er wird gesagt haben	werde gesagt haben	würde gesagt haben
wir werden gesagt haben	werden gesagt haben	würden gesagt haben
ihr werdet gesagt haben	werdet gesagt haben	würdet gesagt haben
sie werden gesagt haben	werden gesagt haben	würden gesagt haben

186

saufen

PRINC. PARTS: saufen, soff, gesoffen, säuft
IMPERATIVE: saufe!, sauft!, saufen Sie!

to drink (of animals),
drink to excess

INDICATIVE	SUBJUNCTIVE	
	PRIMARY	SECONDARY
	Present Time	
Present	*(Pres. Subj.)*	*(Imperf. Subj.)*
ich saufe	saufe	söffe
du säufst	saufest	söffest
er säuft	saufe	söffe
wir saufen	saufen	söffen
ihr sauft	saufet	söffet
sie saufen	saufen	söffen

Imperfect		
ich soff		
du soffst		
er soff		
wir soffen		
ihr sofft		
sie soffen		

	Past Time	
Perfect	*(Perf. Subj.)*	*(Pluperf. Subj.)*
ich habe gesoffen	habe gesoffen	hätte gesoffen
du hast gesoffen	habest gesoffen	hättest gesoffen
er hat gesoffen	habe gesoffen	hätte gesoffen
wir haben gesoffen	haben gesoffen	hätten gesoffen
ihr habt gesoffen	habet gesoffen	hättet gesoffen
sie haben gesoffen	haben gesoffen	hätten gesoffen

Pluperfect		
ich hatte gesoffen		
du hattest gesoffen		
er hatte gesoffen		
wir hatten gesoffen		
ihr hattet gesoffen		
sie hatten gesoffen		

	Future Time	
Future	*(Fut. Subj.)*	*(Pres. Conditional)*
ich werde saufen	werde saufen	würde saufen
du wirst saufen	werdest saufen	würdest saufen
er wird saufen	werde saufen	würde saufen
wir werden saufen	werden saufen	würden saufen
ihr werdet saufen	werdet saufen	würdet saufen
sie werden saufen	werden saufen	würden saufen

	Future Perfect Time	
Future Perfect	*(Fut. Perf. Subj.)*	*(Past Conditional)*
ich werde gesoffen haben	werde gesoffen haben	würde gesoffen haben
du wirst gesoffen haben	werdest gesoffen haben	würdest gesoffen haben
er wird gesoffen haben	werde gesoffen haben	würde gesoffen haben
wir werden gesoffen haben	werden gesoffen haben	würden gesoffen haben
ihr werdet gesoffen haben	werdet gesoffen haben	würdet gesoffen haben
sie werden gesoffen haben	werden gesoffen haben	würden gesoffen haben

säumen

to delay, hesitate

PRINC. PARTS: säumen, säumte, gesäumt, säumt
IMPERATIVE: säume!, säumt!, säumen Sie!

INDICATIVE	SUBJUNCTIVE	
	PRIMARY	SECONDARY

Present Time

	Present	*(Pres. Subj.)*	*(Imperf. Subj.)*
ich	säume	säume	säumte
du	säumst	säumest	säumtest
er	säumt	säume	säumte
wir	säumen	säumen	säumten
ihr	säumt	säumet	säumtet
sie	säumen	säumen	säumten

	Imperfect
ich	säumte
du	säumtest
er	säumte
wir	säumten
ihr	säumtet
sie	säumten

Past Time

	Perfect	*(Perf. Subj.)*	*(Pluperf. Subj.)*
ich	habe gesäumt	habe gesäumt	hätte gesäumt
du	hast gesäumt	habest gesäumt	hättest gesäumt
er	hat gesäumt	habe gesäumt	hätte gesäumt
wir	haben gesäumt	haben gesäumt	hätten gesäumt
ihr	habt gesäumt	habet gesäumt	hättet gesäumt
sie	haben gesäumt	haben gesäumt	hätten gesäumt

	Pluperfect
ich	hatte gesäumt
du	hattest gesäumt
er	hatte gesäumt
wir	hatten gesäumt
ihr	hattet gesäumt
sie	hatten gesäumt

Future Time

	Future	*(Fut. Subj.)*	*(Pres. Conditional)*
ich	werde säumen	werde säumen	würde säumen
du	wirst säumen	werdest säumen	würdest säumen
er	wird säumen	werde säumen	würde säumen
wir	werden säumen	werden säumen	würden säumen
ihr	werdet säumen	werdet säumen	würdet säumen
sie	werden säumen	werden säumen	würden säumen

Future Perfect Time

	Future Perfect	*(Fut. Perf. Subj.)*	*(Past Conditional)*
ich	werde gesäumt haben	werde gesäumt haben	würde gesäumt haben
du	wirst gesäumt haben	werdest gesäumt haben	würdest gesäumt haben
er	wird gesäumt haben	werde gesäumt haben	würde gesäumt haben
wir	werden gesäumt haben	werden gesäumt haben	würden gesäumt haben
ihr	werdet gesäumt haben	werdet gesäumt haben	würdet gesäumt haben
sie	werden gesäumt haben	werden gesäumt haben	würden gesäumt haben

schätzen

to value, estimate, reckon, respect

	INDICATIVE		SUBJUNCTIVE	
			PRIMARY	SECONDARY
			Present Time	
	Present		*(Pres. Subj.)*	*(Imperf. Subj.)*
ich	schätze		schätze	schätzte
du	schätzt		schätzest	schätztest
er	schätzt		schätze	schätzte
wir	schätzen		schätzen	schätzten
ihr	schätzt		schätzet	schätztet
sie	schätzen		schätzen	schätzten
	Imperfect			
ich	schätzte			
du	schätztest			
er	schätzte			
wir	schätzten			
ihr	schätztet			
sie	schätzten		*Past Time*	
	Perfect		*(Perf. Subj.)*	*(Pluperf. Subj.)*
ich	habe geschätzt		habe geschätzt	hätte geschätzt
du	hast geschätzt		habest geschätzt	hättest geschätzt
er	hat geschätzt		habe geschätzt	hätte geschätzt
wir	haben geschätzt		haben geschätzt	hätten geschätzt
ihr	habt geschätzt		habet geschätzt	hättet geschätzt
sie	haben geschätzt		haben geschätzt	hätten geschätzt
	Pluperfect			
ich	hatte geschätzt			
du	hattest geschätzt			
er	hatte geschätzt			
wir	hatten geschätzt			
ihr	hattet geschätzt			
sie	hatten geschätzt		*Future Time*	
	Future		*(Fut. Subj.)*	*(Pres. Conditional)*
ich	werde schätzen		werde schätzen	würde schätzen
du	wirst schätzen		werdest schätzen	würdest schätzen
er	wird schätzen		werde schätzen	würde schätzen
wir	werden schätzen		werden schätzen	würden schätzen
ihr	werdet schätzen		werdet schätzen	würdet schätzen
sie	werden schätzen		werden schätzen	würden schätzen
			Future Perfect Time	
	Future Perfect		*(Fut. Perf. Subj.)*	*(Past Conditional)*
ich	werde geschätzt haben		werde geschätzt haben	würde geschätzt haben
du	wirst geschätzt haben		werdest geschätzt haben	würdest geschätzt haben
er	wird geschätzt haben		werde geschätzt haben	würde geschätzt haben
wir	werden geschätzt haben		werden geschätzt haben	würden geschätzt haben
ihr	werdet geschätzt haben		werdet geschätzt haben	würdet geschätzt haben
sie	werden geschätzt haben		werden geschätzt haben	würden geschätzt haben

189

schauen

to see, look, gaze

PRINC. PARTS: schauen, schaute, geschaut, schaut
IMPERATIVE: schaue!, schaut!, schauen Sie!

	INDICATIVE	SUBJUNCTIVE	
		PRIMARY	SECONDARY
		Present Time	
	Present	*(Pres. Subj.)*	*(Imperf. Subj.)*
ich	schaue	schaue	schaute
du	schaust	schauest	schautest
er	schaut	schaue	schaute
wir	schauen	schauen	schauten
ihr	schaut	schauet	schautet
sie	schauen	schauen	schauten

	Imperfect
ich	schaute
du	schautest
er	schaute
wir	schauten
ihr	schautet
sie	schauten

		Past Time	
	Perfect	*(Perf. Subj.)*	*(Pluperf. Subj.)*
ich	habe geschaut	habe geschaut	hätte geschaut
du	hast geschaut	habest geschaut	hättest geschaut
er	hat geschaut	habe geschaut	hätte geschaut
wir	haben geschaut	haben geschaut	hätten geschaut
ihr	habt geschaut	habet geschaut	hättet geschaut
sie	haben geschaut	haben geschaut	hätten geschaut

	Pluperfect
ich	hatte geschaut
du	hattest geschaut
er	hatte geschaut
wir	hatten geschaut
ihr	hattet geschaut
sie	hatten geschaut

		Future Time	
	Present	*(Fut. Subj.)*	*(Pres. Conditional)*
ich	werde schauen	werde schauen	würde schauen
du	wirst schauen	werdest schauen	würdest schauen
er	wird schauen	werde schauen	würde schauen
wir	werden schauen	werden schauen	würden schauen
ihr	werdet schauen	werdet schauen	würdet schauen
sie	werden schauen	werden schauen	würden schauen

		Future Perfect Time	
	Future Perfect	*(Fut. Perf. Subj.)*	*(Past Conditional)*
ich	werde geschaut haben	werde geschaut haben	würde geschaut haben
du	wirst geschaut haben	werdest geschaut haben	würdest geschaut haben
er	wird geschaut haben	werde geschaut haben	würde geschaut haben
wir	werden geschaut haben	werden geschaut haben	würden geschaut haben
ihr	werdet geschaut haben	werdet geschaut haben	würdet geschaut haben
sie	werden geschaut haben	werden geschaut haben	würden geschaut haben

190

schäumen

to foam, sparkle

INDICATIVE	SUBJUNCTIVE	
	PRIMARY	SECONDARY
	Present Time	
Present	*(Pres. Subj.)*	*(Imperf. Subj.)*
ich schäume	schäume	schäumte
du schäumst	schäumest	schäumtest
er schäumt	schäume	schäumte
wir schäumen	schäumen	schäumten
ihr schäumt	schäumet	schäumtet
sie schäumen	schäumen	schäumten

Imperfect
ich schäumte
du schäumtest
er schäumte
wir schäumten
ihr schäumtet
sie schäumten

	Past Time	
Perfect	*(Perf. Subj.)*	*(Pluperf. Subj.)*
ich habe geschäumt	habe geschäumt	hätte geschäumt
du hast geschäumt	habest geschäumt	hättest geschäumt
er hat geschäumt	habe geschäumt	hätte geschäumt
wir haben geschäumt	haben geschäumt	hätten geschäumt
ihr habt geschäumt	habet geschäumt	hättet geschäumt
sie haben geschäumt	haben geschäumt	hätten geschäumt

Pluperfect
ich hatte geschäumt
du hattest geschäumt
er hatte geschäumt
wir hatten geschäumt
ihr hattet geschäumt
sie hatten geschäumt

	Future Time	
Future	*(Fut. Subj.)*	*(Pres. Conditional)*
ich werde schäumen	werde schäumen	würde schäumen
du wirst schäumen	werdest schäumen	würdest schäumen
er wird schäumen	werde schäumen	würde schäumen
wir werden schäumen	werden schäumen	würden schäumen
ihr werdet schäumen	werdet schäumen	würdet schäumen
sie werden schäumen	werden schäumen	würden schäumen

	Future Perfect Time	
Future Perfect	*(Fut. Perf. Subj.)*	*(Past Conditional)*
ich werde geschäumt haben	werde geschäumt haben	würde geschäumt haben
du wirst geschäumt haben	werdest geschäumt haben	würdest geschäumt haben
er wird geschäumt haben	werde geschäumt haben	würde geschäumt haben
wir werden geschäumt haben	werden geschäumt haben	würden geschäumt haben
ihr werdet geschäumt haben	werdet geschäumt haben	würdet geschäumt haben
sie werden geschäumt haben	werden geschäumt haben	würden geschäumt haben

scheiden

to separate, part,
divide, go away

PRINC. PARTS: scheiden, schied, geschieden, scheidet
IMPERATIVE: scheide!, scheidet!, scheiden Sie!

INDICATIVE	SUBJUNCTIVE	
	PRIMARY	SECONDARY

	Present	(*Pres. Subj.*) *Present Time*	(*Imperf. Subj.*)
ich	scheide	scheide	schiede
du	scheidest	scheidest	schiedest
er	scheidet	scheide	schiede
wir	scheiden	scheiden	schieden
ihr	scheidet	scheidet	schiedet
sie	scheiden	scheiden	schieden

	Imperfect
ich	schied
du	schiedest
er	schied
wir	schieden
ihr	schiedet
sie	schieden

	Perfect	(*Perf. Subj.*) *Past Time*	(*Pluperf. Subj.*)
ich	habe geschieden	habe geschieden	hätte geschieden
du	hast geschieden	habest geschieden	hättest geschieden
er	hat geschieden	habe geschieden	hätte geschieden
wir	haben geschieden	haben geschieden	hätten geschieden
ihr	habt geschieden	habet geschieden	hättet geschieden
sie	haben geschieden	haben geschieden	hätten geschieden

	Pluperfect
ich	hatte geschieden
du	hattest geschieden
er	hatte geschieden
wir	hatten geschieden
ihr	hattet geschieden
sie	hatten geschieden

	Future	(*Fut. Subj.*) *Future Time*	(*Pres. Conditional*)
ich	werde scheiden	werde scheiden	würde scheiden
du	wirst scheiden	werdest scheiden	würdest scheiden
er	wird scheiden	werde scheiden	würde scheiden
wir	werden scheiden	werden scheiden	würden scheiden
ihr	werdet scheiden	werdet scheiden	würdet scheiden
sie	werden scheiden	werden scheiden	würden scheiden

	Future Perfect	(*Fut. Perf. Subj.*) *Future Perfect Time*	(*Past Conditional*)
ich	werde geschieden haben	werde geschieden haben	würde geschieden haben
du	wirst geschieden haben	werdest geschieden haben	würdest geschieden haben
er	wird geschieden haben	werde geschieden haben	würde geschieden haben
wir	werden geschieden haben	werden geschieden haben	würden geschieden haben
ihr	werdet geschieden haben	werdet geschieden haben	würdet geschieden haben
sie	werden geschieden haben	werden geschieden haben	würden geschieden haben

PRINC. PARTS: scheinen, schien, geschienen, scheint
IMPERATIVE: scheine!, scheint!, scheinen Sie!

to shine, seem

INDICATIVE	SUBJUNCTIVE	
	PRIMARY	SECONDARY

Present Time

	Present	(*Pres. Subj.*)	(*Imperf. Subj.*)
ich	scheine	scheine	schiene
du	scheinst	scheinest	schienest
er	scheint	scheine	schiene
wir	scheinen	scheinen	schienen
ihr	scheint	scheinet	schienet
sie	scheinen	scheinen	schienen

	Imperfect
ich	schien
du	schienst
er	schien
wir	schienen
ihr	schient
sie	schienen

Past Time

	Perfect	(*Perf. Subj.*)	(*Pluperf. Subj.*)
ich	habe geschienen	habe geschienen	hätte geschienen
du	hast geschienen	habest geschienen	hättest geschienen
er	hat geschienen	habe geschienen	hätte geschienen
wir	haben geschienen	haben geschienen	hätten geschienen
ihr	habt geschienen	habet geschienen	hättet geschienen
sie	haben geschienen	haben geschienen	hätten geschienen

	Pluperfect
ich	hatte geschienen
du	hattest geschienen
er	hatte geschienen
wir	hatten geschienen
ihr	hattet geschienen
sie	hatten geschienen

Future Time

	Future	(*Fut. Subj.*)	(*Pres. Conditional*)
ich	werde scheinen	werde scheinen	würde scheinen
du	wirst scheinen	werdest scheinen	würdest scheinen
er	wird scheinen	werde scheinen	würde scheinen
wir	werden scheinen	werden scheinen	würden scheinen
ihr	werdet scheinen	werdet scheinen	würdet scheinen
sie	werden scheinen	werden scheinen	würden scheinen

Future Perfect Time

	Future Perfect	(*Fut. Perf. Subj.*)	(*Past Conditional*)
ich	werde geschienen haben	werde geschienen haben	würde geschienen haben
du	wirst geschienen haben	werdest geschienen haben	würdest geschienen haben
er	wird geschienen haben	werde geschienen haben	würde geschienen haben
wir	werden geschienen haben	werden geschienen haben	würden geschienen haben
ihr	werdet geschienen haben	werdet geschienen haben	würdet geschienen haben
sie	werden geschienen haben	werden geschienen haben	würden geschienen haben

scherzen

to joke, make fun

PRINC. PARTS: scherzen, scherzte, gescherzt, scherzt
IMPERATIVE: scherze!, scherzt!, scherzen Sie!

INDICATIVE	SUBJUNCTIVE	
	PRIMARY	SECONDARY
	Present Time	
Present	*(Pres. Subj.)*	*(Imperf. Subj.)*
ich scherze	scherze	scherzte
du scherzt	scherzest	scherztest
er scherzt	scherze	scherzte
wir scherzen	scherzen	scherzten
ihr scherzt	scherzet	scherztet
sie scherzen	scherzen	scherzten

Imperfect
ich scherzte
du scherztest
er scherzte
wir scherzten
ihr scherztet
sie scherzten

		Past Time	
Perfect	*(Perf. Subj.)*	*(Pluperf. Subj.)*
ich habe gescherzt	habe gescherzt	hätte gescherzt
du hast gescherzt	habest gescherzt	hättest gescherzt
er hat gescherzt	habe gescherzt	hätte gescherzt
wir haben gescherzt	haben gescherzt	hätten gescherzt
ihr habt gescherzt	habet gescherzt	hättet gescherzt
sie haben gescherzt	haben gescherzt	hätten gescherzt

Pluperfect
ich hatte gescherzt
du hattest gescherzt
er hatte gescherzt
wir hatten gescherzt
ihr hattet gescherzt
sie hatten gescherzt

		Future Time	
Future	*(Fut. Subj.)*	*(Pres. Conditional)*
ich werde scherzen	werde scherzen	würde scherzen
du wirst scherzen	werdest scherzen	würdest scherzen
er wird scherzen	werde scherzen	würde scherzen
wir werden scherzen	werden scherzen	würden scherzen
ihr werdet scherzen	werdet scherzen	würdet scherzen
sie werden scherzen	werden scherzen	würden scherzen

		Future Perfect Time	
Future Perfect	*(Fut. Perf. Subj.)*	*(Past Conditional)*
ich werde gescherzt haben	werde gescherzt haben	würde gescherzt haben
du wirst gescherzt haben	werdest gescherzt haben	würdest gescherzt haben
er wird gescherzt haben	werde gescherzt haben	würde gescherzt haben
wir werden gescherzt haben	werden gescherzt haben	würden gescherzt haben
ihr werdet gescherzt haben	werdet gescherzt haben	würdet gescherzt haben
sie werden gescherzt haben	werden gescherzt haben	würden gescherzt haben

INDICATIVE	SUBJUNCTIVE	
	PRIMARY	SECONDARY

Present Time

	Present	*(Pres. Subj.)*	*(Imperf. Subj.)*
ich	schichte	schichte	schichtete
du	schichtest	schichtest	schichtetest
er	schichtet	schichte	schichtete
wir	schichten	schichten	schichteten
ihr	schichtet	schichtet	schichtetet
sie	schichten	schichten	schichteten

	Imperfect
ich	schichtete
du	schichtetest
er	schichtete
wir	schichteten
ihr	schichtetet
sie	schichteten

Past Time

	Perfect	*(Perf. Subj.)*	*(Pluperf. Subj.)*
ich	habe geschichtet	habe geschichtet	hätte geschichtet
du	hast geschichtet	habest geschichtet	hättest geschichtet
er	hat geschichtet	habe geschichtet	hätte geschichtet
wir	haben geschichtet	haben geschichtet	hätten geschichtet
ihr	habt geschichtet	habet geschichtet	hättet geschichtet
sie	haben geschichtet	haben geschichtet	hätten geschichtet

	Pluperfect
ich	hatte geschichtet
du	hattest geschichtet
er	hatte geschichtet
wir	hatten geschichtet
ihr	hattet geschichtet
sie	hatten geschichtet

Future Time

	Future	*(Fut. Subj.)*	*(Pres. Conditional)*
ich	werde schichten	werde schichten	würde schichten
du	wirst schichten	werdest schichten	würdest schichten
er	wird schichten	werde schichten	würde schichten
wir	werden schichten	werden schichten	würden schichten
ihr	werdet schichten	werdet schichten	würdet schichten
sie	werden schichten	werden schichten	würden schichten

Future Perfect Time

	Future Perfect	*(Fut. Perf. Subj.)*	*(Past Conditional)*
ich	werde geschichtet haben	werde geschichtet haben	würde geschichtet haben
du	wirst geschichtet haben	werdest geschichtet haben	würdest geschichtet haben
er	wird geschichtet haben	werde geschichtet haben	würde geschichtet haben
wir	werden geschichtet haben	werden geschichtet haben	würden geschichtet haben
ihr	werdet geschichtet haben	werdet geschichtet haben	würdet geschichtet haben
sie	werden geschichtet haben	werden geschichtet haben	würden geschichtet haben

schicken

to send, dispatch

PRINC. PARTS: schicken, schickte, geschickt, schickt
IMPERATIVE: schicke!, schickt!, schicken Sie!

INDICATIVE	SUBJUNCTIVE	
	PRIMARY	SECONDARY

	Present	*(Pres. Subj.)*	*(Imperf. Subj.)*
			Present Time
ich	schicke	schicke	schickte
du	schickst	schickest	schicktest
er	schickt	schicke	schickte
wir	schicken	schicken	schickten
ihr	schickt	schicket	schicktet
sie	schicken	schicken	schickten

	Imperfect
ich	schickte
du	schicktest
er	schickte
wir	schickten
ihr	schicktet
sie	schickten

Past Time

	Perfect	*(Perf. Subj.)*	*(Pluperf. Subj.)*
ich	habe geschickt	habe geschickt	hätte geschickt
du	hast geschickt	habest geschickt	hättest geschickt
er	hat geschickt	habe geschickt	hätte geschickt
wir	haben geschickt	haben geschickt	hätten geschickt
ihr	habt geschickt	habet geschickt	hättet geschickt
sie	haben geschickt	haben geschickt	hätten geschickt

	Pluperfect
ich	hatte geschickt
du	hattest geschickt
er	hatte geschickt
wir	hatten geschickt
ihr	hattet geschickt
sie	hatten geschickt

Future Time

	Future	*(Fut. Subj.)*	*(Pres. Conditional)*
ich	werde schicken	werde schicken	würde schicken
du	wirst schicken	werdest schicken	würdest schicken
er	wird schicken	werde schicken	würde schicken
wir	werden schicken	werden schicken	würden schicken
ihr	werdet schicken	werdet schicken	würdet schicken
sie	werden schicken	werden schicken	würden schicken

Future Perfect Time

	Future Perfect	*(Fut. Perf. Subj.)*	*(Past Conditional)*
ich	werde geschickt haben	werde geschickt haben	würde geschickt haben
du	wirst geschickt haben	werdest geschickt haben	würdest geschickt haben
er	wird geschickt haben	werde geschickt haben	würde geschickt haben
wir	werden geschickt haben	werden geschickt haben	würden geschickt haben
ihr	werdet geschickt haben	werdet geschickt haben	würdet geschickt haben
sie	werden geschickt haben	werden geschickt haben	würden geschickt haben

PRINC. PARTS: schießen, schoß, geschossen, schießt
IMPERATIVE: schieße!, schießt!, schießen Sie!

INDICATIVE	SUBJUNCTIVE	
	PRIMARY	SECONDARY

	Present	*(Pres. Subj.)*	*(Imperf. Subj.)*
ich	schieße	schieße	schösse
du	schießt	schießest	schössest
er	schießt	schieße	schösse
wir	schießen	schießen	schössen
ihr	schießt	schießet	schösset
sie	schießen	schießen	schössen

	Imperfect
ich	schoß
du	schossest
er	schoß
wir	schossen
ihr	schoßt
sie	schossen

	Perfect	*(Perf. Subj.)*	*(Pluperf. Subj.)*
ich	habe geschossen	habe geschossen	hätte geschossen
du	hast geschossen	habest geschossen	hättest geschossen
er	hat geschossen	habe geschossen	hätte geschossen
wir	haben geschossen	haben geschossen	hätten geschossen
ihr	habt geschossen	habet geschossen	hättet geschossen
sie	haben geschossen	haben geschossen	hätten geschossen

	Pluperfect
ich	hatte geschossen
du	hattest geschossen
er	hatte geschossen
wir	hatten geschossen
ihr	hattet geschossen
sie	hatten geschossen

Future Time

	Future	*(Fut. Subj.)*	*(Pres. Conditional)*
ich	werde schießen	werde schießen	würde schießen
du	wirst schießen	werdest schießen	würdest schießen
er	wird schießen	werde schießen	würde schießen
wir	werden schießen	werden schießen	würden schießen
ihr	werdet schießen	werdet schießen	würdet schießen
sie	werden schießen	werden schießen	würden schießen

Future Perfect Time

	Future Perfect	*(Fut. Perf. Subj.)*	*(Past Conditional)*
ich	werde geschossen haben	werde geschossen haben	würde geschossen haben
du	wirst geschossen haben	werdest geschossen haben	würdest geschossen haben
er	wird geschossen haben	werde geschossen haben	würde geschossen haben
wir	werden geschossen haben	werden geschossen haben	würden geschossen haben
ihr	werdet geschossen haben	werdet geschossen haben	würdet geschossen haben
sie	werden geschossen haben	werden geschossen haben	würden geschossen haben

schlachten

to slaughter, butcher;
massacre

PRINC. PARTS: schlachten, schlachtete, geschlachtet, schlachtet
IMPERATIVE: schlachte!, schlachtet!, schlachten Sie!

INDICATIVE	SUBJUNCTIVE	
	PRIMARY	SECONDARY
	Present Time	
Present	*(Pres. Subj.)*	*(Imperf. Subj.)*
ich schlachte	schlachte	schlachtete
du schlachtest	schlachtest	schlachtetest
er schlachtet	schlachte	schlachtete
wir schlachten	schlachten	schlachteten
ihr schlachtet	schlachtet	schlachtetet
sie schlachten	schlachten	schlachteten
Imperfect		
ich schlachtete		
du schlachtetest		
er schlachtete		
wir schlachteten		
ihr schlachtetet		
sie schlachteten	*Past Time*	
Perfect	*(Perf. Subj.)*	*(Pluperf. Subj.)*
ich habe geschlachtet	habe geschlachtet	hätte geschlachtet
du hast geschlachtet	habest geschlachtet	hättest geschlachtet
er hat geschlachtet	habe geschlachtet	hätte geschlachtet
wir haben geschlachtet	haben geschlachtet	hätten geschlachtet
ihr habt geschlachtet	habet geschlachtet	hättet geschlachtet
sie haben geschlachtet	haben geschlachtet	hätten geschlachtet
Pluperfect		
ich hatte geschlachtet		
du hattest geschlachtet		
er hatte geschlachtet		
wir hatten geschlachtet		
ihr hattet geschlachtet		
sie hatten geschlachtet	*Future Time*	
Future	*(Fut. Subj.)*	*(Pres. Conditional)*
ich werde schlachten	werde schlachten	würde schlachten
du wirst schlachten	werdest schlachten	würdest schlachten
er wird schlachten	werde schlachten	würde schlachten
wir werden schlachten	werden schlachten	würden schlachten
ihr werdet schlachten	werdet schlachten	würdet schlachten
sie werden schlachten	werden schlachten	würden schlachten
	Future Perfect Time	
Future Perfect	*(Fut. Perf. Subj.)*	*(Past Conditional)*
ich werde geschlachtet haben	werde geschlachtet haben	würde geschlachtet haben
du wirst geschlachtet haben	werdest geschlachtet haben	würdest geschlachtet haben
er wird geschlachtet haben	werde geschlachtet haben	würde geschlachtet haben
wir werden geschlachtet haben	werden geschlachtet haben	würden geschlachtet haben
ihr werdet geschlachtet haben	werdet geschlachtet haben	würdet geschlachtet haben
sie werden geschlachtet haben	werden geschlachtet haben	würden geschlachtet haben

PRINC. PARTS: schlafen, schlief, geschlafen, schläft
IMPERATIVE: schlafe!, schlaft!, schlafen Sie!

to sleep

INDICATIVE	SUBJUNCTIVE	
	PRIMARY	SECONDARY

Present Time

Present	*(Pres. Subj.)*	*(Imperf. Subj.)*
ich schlafe	schlafe	schliefe
du schläfst	schlafest	schliefest
er schläft	schlafe	schliefe
wir schlafen	schlafen	schliefen
ihr schlaft	schlafet	schliefet
sie schlafen	schlafen	schliefen

Imperfect
ich schlief
du schliefst
er schlief
wir schliefen
ihr schlieft
sie schliefen

Past Time

Perfect	*(Perf. Subj.)*	*(Pluperf. Subj.)*
ich habe geschlafen	habe geschlafen	hätte geschlafen
du hast geschlafen	habest geschlafen	hättest geschlafen
er hat geschlafen	habe geschlafen	hätte geschlafen
wir haben geschlafen	haben geschlafen	hätten geschlafen
ihr habt geschlafen	habet geschlafen	hättet geschlafen
sie haben geschlafen	haben geschlafen	hätten geschlafen

Pluperfect
ich hatte geschlafen
du hattest geschlafen
er hatte geschlafen
wir hatten geschlafen
ihr hattet geschlafen
sie hatten geschlafen

Future Time

Future	*(Fut. Subj.)*	*(Pres. Conditional)*
ich werde schlafen	werde schlafen	würde schlafen
du wirst schlafen	werdest schlafen	würdest schlafen
er wird schlafen	werde schlafen	würde schlafen
wir werden schlafen	werden schlafen	würden schlafen
ihr werdet schlafen	werdet schlafen	würdet schlafen
sie werden schlafen	werden schlafen	würden schlafen

Future Perfect Time

Future Perfect	*(Fut. Perf. Subj.)*	*(Past Conditional)*
ich werde geschlafen haben	werde geschlafen haben	würde geschlafen haben
du wirst geschlafen haben	werdest geschlafen haben	würdest geschlafen haben
er wird geschlafen haben	werde geschlafen haben	würde geschlafen haben
wir werden geschlafen haben	werden geschlafen haben	würden geschlafen haben
ihr werdet geschlafen haben	werdet geschlafen haben	würdet geschlafen haben
sie werden geschlafen haben	werden geschlafen haben	würden geschlafen haben

199

schlagen

to hit, beat, strike

PRINC. PARTS: schlagen, schlug, geschlagen, schlägt
IMPERATIVE: schlage!, schlagt!, schlagen Sie!

INDICATIVE	SUBJUNCTIVE	
	PRIMARY	SECONDARY

	Present	*(Pres. Subj.)*	*(Imperf. Subj.)*
		Present Time	
ich	schlage	schlage	schlüge
du	schlägst	schlagest	schlügest
er	schlägt	schlage	schlüge
wir	schlagen	schlagen	schlügen
ihr	schlagt	schlaget	schlüget
sie	schlagen	schlagen	schlügen

	Imperfect
ich	schlug
du	schlugst
er	schlug
wir	schlugen
ihr	schlugt
sie	schlugen

	Perfect	*(Perf. Subj.)*	*(Pluperf. Subj.)*
		Past Time	
ich	habe geschlagen	habe geschlagen	hätte geschlagen
du	hast geschlagen	habest geschlagen	hättest geschlagen
er	hat geschlagen	habe geschlagen	hätte geschlagen
wir	haben geschlagen	haben geschlagen	hätten geschlagen
ihr	habt geschlagen	habet geschlagen	hättet geschlagen
sie	haben geschlagen	haben geschlagen	hätten geschlagen

	Pluperfect
ich	hatte geschlagen
du	hattest geschlagen
er	hatte geschlagen
wir	hatten geschlagen
ihr	hattet geschlagen
sie	hatten geschlagen

	Future	*(Fut. Subj.)*	*(Pres. Conditional)*
		Future Time	
ich	werde schlagen	werde schlagen	würde schlagen
du	wirst schlagen	werdest schlagen	würdest schlagen
er	wird schlagen	werde schlagen	würde schlagen
wir	werden schlagen	werden schlagen	würden schlagen
ihr	werdet schlagen	werdet schlagen	würdet schlagen
sie	werden schlagen	werden schlagen	würden schlagen

	Future Perfect	*(Fut. Perf. Subj.)*	*(Past Conditional)*
		Future Perfect Time	
ich	werde geschlagen haben	werde geschlagen haben	würde geschlagen haben
du	wirst geschlagen haben	werdest geschlagen haben	würdest geschlagen haben
er	wird geschlagen haben	werde geschlagen haben	würde geschlagen haben
wir	werden geschlagen haben	werden geschlagen haben	würden geschlagen haben
ihr	werdet geschlagen haben	werdet geschlagen haben	würdet geschlagen haben
sie	werden geschlagen haben	werden geschlagen haben	würden geschlagen haben

PRINC. PARTS: schließen, schloß, geschlossen, **schließen**
schließt
IMPERATIVE: schließe!. schließt!. schließen Sie! *to close, conclude, shut, lock*

INDICATIVE	SUBJUNCTIVE	
	PRIMARY	SECONDARY
	Present Time	
Present	(*Pres. Subj.*)	(*Imperf. Subj.*)
ich schließe	schließe	schlösse
du schließt	schließest	schlössest
er schließt	schließe	schlösse
wir schließen	schließen	schlössen
ihr schließt	schließet	schlösset
sie schließen	schließen	schlössen

Imperfect
ich schloß
du schlossest
er schloß
wir schlossen
ihr schloßt
sie schlossen

Perfect	*Past Time*	
	(*Perf. Subj.*)	(*Pluperf. Subj.*)
ich habe geschlossen	habe geschlossen	hätte geschlossen
du hast geschlossen	habest geschlossen	hättest geschlossen
er hat geschlossen	habe geschlossen	hätte geschlossen
wir haben geschlossen	haben geschlossen	hätten geschlossen
ihr habt geschlossen	habet geschlossen	hättet geschlossen
sie haben geschlossen	haben geschlossen	hätten geschlossen

Pluperfect
ich hatte geschlossen
du hattest geschlossen
er hatte geschlossen
wir hatten geschlossen
ihr hattet geschlossen
sie hatten geschlossen

Future	*Future Time*	
	(*Fut. Subj.*)	(*Pres. Conditional*)
ich werde schließen	werde schließen	würde schließen
du wirst schließen	werdest schließen	würdest schließen
er wird schließen	werde schließen	würde schließen
wir werden schließen	werden schließen	würden schließen
ihr werdet schließen	werdet schließen	würdet schließen
sie werden schließen	werden schließen	würden schließen

Future Perfect	*Future Perfect Time*	
	(*Fut. Perf. Subj.*)	(*Past Conditional*)
ich werde geschlossen haben	werde geschlossen haben	würde geschlossen haben
du wirst geschlossen haben	werdest geschlossen haben	würdest geschlossen haben
er wird geschlossen haben	werde geschlossen haben	würde geschlossen haben
wir werden geschlossen haben	werden geschlossen haben	würden geschlossen haben
ihr werdet geschlossen haben	werdet geschlossen haben	würdet geschlossen haben
sie werden geschlossen haben	werden geschlossen haben	würden geschlossen haben

schlüpfen

to slip, glide

PRINC. PARTS: schlüpfen, schlüpfte, ist geschlüpft, schlüpft
IMPERATIVE: schlüpfe!, schlüpft!, schlüpfen Sie!

INDICATIVE		SUBJUNCTIVE	
		PRIMARY	SECONDARY
		Present Time	
	Present	*(Pres. Subj.)*	*(Imperf. Subj.)*
ich	schlüpfe	schlüpfe	schlüpfte
du	schlüpfst	schlüpfest	schlüpftest
er	schlüpft	schlüpfe	schlüpfte
wir	schlüpfen	schlüpfen	schlüpften
ihr	schlüpft	schlüpfet	schlüpftet
sie	schlüpfen	schlüpfen	schlüpften
	Imperfect		
ich	schlüpfte		
du	schlüpftest		
er	schlüpfte		
wir	schlüpften		
ihr	schlüpftet		
sie	schlüpften		
		Past Time	
	Perfect	*(Perf. Subj.)*	*(Pluperf. Subj.)*
ich	bin geschlüpft	sei geschlüpft	wäre geschlüpft
du	bist geschlüpft	seiest geschlüpft	wärest geschlüpft
er	ist geschlüpft	sei geschlüpft	wäre geschlüpft
wir	sind geschlüpft	seien geschlüpft	wären geschlüpft
ihr	seid geschlüpft	seiet geschlüpft	wäret geschlüpft
sie	sind geschlüpft	seien geschlüpft	wären geschlüpft
	Pluperfect		
ich	war geschlüpft		
du	warst geschlüpft		
er	war geschlüpft		
wir	waren geschlüpft		
ihr	wart geschlüpft		
sie	waren geschlüpft		
		Future Time	
	Future	*(Fut. Subj.)*	*(Pres. Conditional)*
ich	werde schlüpfen	werde schlüpfen	würde schlüpfen
du	wirst schlüpfen	werdest schlüpfen	würdest schlüpfen
er	wird schlüpfen	werde schlüpfen	würde schlüpfen
wir	werden schlüpfen	werden schlüpfen	würden schlüpfen
ihr	werdet schlüpfen	werdet schlüpfen	würdet schlüpfen
sie	werden schlüpfen	werden schlüpfen	würden schlüpfen
		Future Perfect Time	
	Future Perfect	*(Fut. Perf. Subj.)*	*(Past Conditional)*
ich	werde geschlüpft sein	werde geschlüpft sein	würde geschlüpft sein
du	wirst geschlüpft sein	werdest geschlüpft sein	würdest geschlüpft sein
er	wird geschlüpft sein	werde geschlüpft sein	würde geschlüpft sein
wir	werden geschlüpft sein	werden geschlüpft sein	würden geschlüpft sein
ihr	werdet geschlüpft sein	werdet geschlüpft sein	würdet geschlüpft sein
sie	werden geschlüpft sein	werden geschlüpft sein	würden geschlüpft sein

INDICATIVE	SUBJUNCTIVE	
	PRIMARY	SECONDARY

Present Time

Present	(*Pres. Subj.*)	(*Imperf. Subj.*)
ich schmachte	schmachte	schmachtete
du schmachtest	schmachtest	schmachtetest
er schmachtet	schmachte	schmachtete
wir schmachten	schmachten	schmachteten
ihr schmachtet	schmachtet	schmachtetet
sie schmachten	schmachten	schmachteten

Imperfect
ich schmachtete
du schmachtetest
er schmachtete
wir schmachteten
ihr schmachtetet
sie schmachteten

Past Time

Perfect	(*Perf. Subj.*)	(*Pluperf. Subj.*)
ich habe geschmachtet	habe geschmachtet	hätte geschmachtet
du hast geschmachtet	habest geschmachtet	hättest geschmachtet
er hat geschmachtet	habe geschmachtet	hätte geschmachtet
wir haben geschmachtet	haben geschmachtet	hätten geschmachtet
ihr habt geschmachtet	habet geschmachtet	hättet geschmachtet
sie haben geschmachtet	haben geschmachtet	hätten geschmachtet

Pluperfect
ich hatte geschmachtet
du hattest geschmachtet
er hatte geschmachtet
wir hatten geschmachtet
ihr hattet geschmachtet
sie hatten geschmachtet

Future Time

Future	(*Fut. Subj.*)	(*Pres. Conditional*)
ich werde schmachten	werde schmachten	würde schmachten
du wirst schmachten	werdest schmachten	würdest schmachten
er wird schmachten	werde schmachten	würde schmachten
wir werden schmachten	werden schmachten	würden schmachten
ihr werdet schmachten	werdet schmachten	würdet schmachten
sie werden schmachten	werden schmachten	würden schmachten

Future Perfect Time

Future Perfect	(*Fut. Perf. Subj.*)	(*Past Conditional*)
ich werde geschmachtet haben	werde geschmachtet haben	würde geschmachtet haben
du wirst geschmachtet haben	werdest geschmachtet haben	würdest geschmachtet haben
er wird geschmachtet haben	werde geschmachtet haben	würde geschmachtet haben
wir werden geschmachtet haben	werden geschmachtet haben	würden geschmachtet haben
ihr werdet geschmachtet haben	werdet geschmachtet haben	würdet geschmachtet haben
sie werden geschmachtet haben	werden geschmachtet haben	würden geschmachtet haben

schmecken

to taste, taste good

PRINC. PARTS: schmecken, schmeckte, geschmeckt, schmeckt
IMPERATIVE: schmecke!, schmeckt!, schmecken Sie!

	INDICATIVE		SUBJUNCTIVE	
			PRIMARY	SECONDARY
			Present Time	
	Present		(*Pres. Subj.*)	(*Imperf. Subj.*)
ich	schmecke		schmecke	schmeckte
du	schmeckst		schmeckest	schmecktest
er	schmeckt		schmecke	schmeckte
wir	schmecken		schmecken	schmeckten
ihr	schmeckt		schmecket	schmecktet
sie	schmecken		schmecken	schmeckten
	Imperfect			
ich	schmeckte			
du	schmecktest			
er	schmeckte			
wir	schmeckten			
ihr	schmecktet			
sie	schmeckten		*Past Time*	
	Perfect		(*Perf. Subj.*)	(*Pluperf. Subj.*)
ich	habe geschmeckt		habe geschmeckt	hätte geschmeckt
du	hast geschmeckt		habest geschmeckt	hättest geschmeckt
er	hat geschmeckt		habe geschmeckt	hätte geschmeckt
wir	haben geschmeckt		haben geschmeckt	hätten geschmeckt
ihr	habt geschmeckt		habet geschmeckt	hättet geschmeckt
sie	haben geschmeckt		haben geschmeckt	hätten geschmeckt
	Pluperfect			
ich	hatte geschmeckt			
du	hattest geschmeckt			
er	hatte geschmeckt			
wir	hatten geschmeckt			
ihr	hattet geschmeckt			
sie	hatten geschmeckt		*Future Time*	
	Future		(*Fut. Subj.*)	(*Pres. Conditional*)
ich	werde schmecken		werde schmecken	würde schmecken
du	wirst schmecken		werdest schmecken	würdest schmecken
er	wird schmecken		werde schmecken	würde schmecken
wir	werden schmecken		werden schmecken	würden schmecken
ihr	werdet schmecken		werdet schmecken	würdet schmecken
sie	werden schmecken		werden schmecken	würden schmecken
			Future Perfect Time	
	Future Perfect		(*Fut. Perf. Subj.*)	(*Past Conditional*)
ich	werde geschmeckt haben		werde geschmeckt haben	würde geschmeckt haben
du	wirst geschmeckt haben		werdest geschmeckt haben	würdest geschmeckt haben
er	wird geschmeckt haben		werde geschmeckt haben	würde geschmeckt haben
wir	werden geschmeckt haben		werden geschmeckt haben	würden geschmeckt haben
ihr	werdet geschmeckt haben		werdet geschmeckt haben	würdet geschmeckt haben
sie	werden geschmeckt haben		werden geschmeckt haben	würden geschmeckt haben

PRINC. PARTS: schmeißen, schmiß, geschmissen, schmeißt
IMPERATIVE: schmeiße!, schmeißt!, schmeißen Sie!

to fling, hurl, throw

	INDICATIVE	SUBJUNCTIVE	
		PRIMARY	SECONDARY
		Present Time	
	Present	(*Pres. Subj.*)	(*Imperf. Subj.*)
ich	schmeiße	schmeiße	schmisse
du	schmeißt	schmeißest	schmissest
er	schmeißt	schmeiße	schmisse
wir	schmeißen	schmeißen	schmissen
ihr	schmeißt	schmeißet	schmisset
sie	schmeißen	schmeißen	schmissen

	Imperfect
ich	schmiß
du	schmissest
er	schmiß
wir	schmissen
ihr	schmißt
sie	schmissen

	Perfect	*Past Time*	
		(*Perf. Subj.*)	(*Pluperf. Subj.*)
ich	habe geschmissen	habe geschmissen	hätte geschmissen
du	hast geschmissen	habest geschmissen	hättest geschmissen
er	hat geschmissen	habe geschmissen	hätte geschmissen
wir	haben geschmissen	haben geschmissen	hätten geschmissen
ihr	habt geschmissen	habet geschmissen	hättet geschmissen
sie	haben geschmissen	haben geschmissen	hätten geschmissen

	Pluperfect
ich	hatte geschmissen
du	hattest geschmissen
er	hatte geschmissen
wir	hatten geschmissen
ihr	hattet geschmissen
sie	hatten geschmissen

	Future	*Future Time*	
		(*Fut. Subj.*)	(*Pres. Conditional*)
ich	werde schmeißen	werde schmeißen	würde schmeißen
du	wirst schmeißen	werdest schmeißen	würdest schmeißen
er	wird schmeißen	werde schmeißen	würde schmeißen
wir	werden schmeißen	werden schmeißen	würden schmeißen
ihr	werdet schmeißen	werdet schmeißen	würdet schmeißen
sie	werden schmeißen	werden schmeißen	würden schmeißen

	Future Perfect	*Future Perfect Time*	
		(*Fut. Perf. Subj.*)	(*Past Conditional*)
ich	werde geschmissen haben	werde geschmissen haben	würde geschmissen haben
du	wirst geschmissen haben	werdest geschmissen haben	würdest geschmissen haben
er	wird geschmissen haben	werde geschmissen haben	würde geschmissen haben
wir	werden geschmissen haben	werden geschmissen haben	würden geschmissen haben
ihr	werdet geschmissen haben	werdet geschmissen haben	würdet geschmissen haben
sie	werden geschmissen haben	werden geschmissen haben	würden geschmissen haben

schneiden

to cut

PRINC. PARTS: schneiden, schnitt, geschnitten, schneidet
IMPERATIVE: schneide!, schneidet!, schneiden Sie!

	INDICATIVE	SUBJUNCTIVE	
		PRIMARY	SECONDARY

Present Time

	Present	*(Pres. Subj.)*	*(Imperf. Subj.)*
ich	schneide	schneide	schnitte
du	schneidest	schneidest	schnittest
er	schneidet	schneide	schnitte
wir	schneiden	schneiden	schnitten
ihr	schneidet	schneidet	schnittet
sie	schneiden	schneiden	schnitten

	Imperfect
ich	schnitt
du	schnittst
er	schnitt
wir	schnitten
ihr	schnittet
sie	schnitten

Past Time

	Perfect	*(Perf. Subj.)*	*(Pluperf. Subj.)*
ich	habe geschnitten	habe geschnitten	hätte geschnitten
du	hast geschnitten	habest geschnitten	hättest geschnitten
er	hat geschnitten	habe geschnitten	hätte geschnitten
wir	haben geschnitten	haben geschnitten	hätten geschnitten
ihr	habt geschnitten	habet geschnitten	hättet geschnitten
sie	haben geschnitten	haben geschnitten	hätten geschnitten

	Pluperfect
ich	hatte geschnitten
du	hattest geschnitten
er	hatte geschnitten
wir	hatten geschnitten
ihr	hattet geschnitten
sie	hatten geschnitten

Future Time

	Future	*(Fut. Subj.)*	*(Pres. Conditional)*
ich	werde schneiden	werde schneiden	würde schneiden
du	wirst schneiden	werdest schneiden	würdest schneiden
er	wird schneiden	werde schneiden	würde schneiden
wir	werden schneiden	werden schneiden	würden schneiden
ihr	werdet schneiden	werdet schneiden	würdet schneiden
sie	werden schneiden	werden schneiden	würden schneiden

Future Perfect Time

	Future Perfect	*(Fut. Perf. Subj.)*	*(Past Conditional)*
ich	werde geschnitten haben	werde geschnitten haben	würde geschnitten haben
du	wirst geschnitten haben	werdest geschnitten haben	würdest geschnitten haben
er	wird geschnitten haben	werde geschnitten haben	würde geschnitten haben
wir	werden geschnitten haben	werden geschnitten haben	würden geschnitten haben
ihr	werdet geschnitten haben	werdet geschnitten haben	würdet geschnitten haben
sie	werden geschnitten haben	werden geschnitten haben	würden geschnitten haben

PRINC. PARTS: schreiben, schrieb, geschrieben, schreibt
IMPERATIVE: schreibe!, schreibt!, schreiben Sie!

to write

INDICATIVE	SUBJUNCTIVE	
	PRIMARY	SECONDARY

Present Time

Present	*(Pres. Subj.)*	*(Imperf. Subj.)*
ich schreibe	schreibe	schriebe
du schreibst	schreibest	schriebest
er schreibt	schreibe	schriebe
wir schreiben	schreiben	schrieben
ihr schreibt	schreibet	schriebet
sie schreiben	schreiben	schrieben

Imperfect

ich schrieb
du schriebst
er schrieb
wir schrieben
ihr schriebt
sie schrieben

Past Time

Perfect	*(Perf. Subj.)*	*(Pluperf. Subj.)*
ich habe geschrieben	habe geschrieben	hätte geschrieben
du hast geschrieben	habest geschrieben	hättest geschrieben
er hat geschrieben	habe geschrieben	hätte geschrieben
wir haben geschrieben	haben geschrieben	hätten geschrieben
ihr habt geschrieben	habet geschrieben	hättet geschrieben
sie haben geschrieben	haben geschrieben	hätten geschrieben

Pluperfect

ich hatte geschrieben
du hattest geschrieben
er hatte geschrieben
wir hatten geschrieben
ihr hattet geschrieben
sie hatten geschrieben

Future Time

Future	*(Fut. Subj.)*	*(Pres. Conditional)*
ich werde schreiben	werde schreiben	würde schreiben
du wirst schreiben	werdest schreiben	würdest schreiben
er wird schreiben	werde schreiben	würde schreiben
wir werden schreiben	werden schreiben	würden schreiben
ihr werdet schreiben	werdet schreiben	würdet schreiben
sie werden schreiben	werden schreiben	würden schreiben

Future Perfect Time

Future Perfect	*(Fut. Perf. Subj.)*	*(Past Conditional)*
ich werde geschrieben haben	werde geschrieben haben	würde geschrieben haben
du wirst geschrieben haben	werdest geschrieben haben	würdest geschrieben haben
er wird geschrieben haben	werde geschrieben haben	würde geschrieben haben
wir werden geschrieben haben	werden geschrieben haben	würden geschrieben haben
ihr werdet geschrieben haben	werdet geschrieben haben	würdet geschrieben haben
sie werden geschrieben haben	werden geschrieben haben	wurden geschrieben haben

schreien

to shout, scream, shriek, cry

PRINC. PARTS: schreien, schrie, geschrieen, schreit
IMPERATIVE: schreie!, schreit!, schreien Sie!

	INDICATIVE	PRIMARY	SECONDARY
		SUBJUNCTIVE	
		Present Time	
	Present	*(Pres. Subj.)*	*(Imperf. Subj.)*
ich	schreie	schreie	schriee
du	schreist	schreiest	schrieest
er	schreit	schreie	schriee
wir	schreien	schreien	schrieen
ihr	schreit	schreiet	schrieet
sie	schreien	schreien	schrieen

	Imperfect
ich	schrie
du	schriest
er	schrie
wir	schrieen
ihr	schriet
sie	schrieen

	Perfect	*Past Time*	
		(Perf. Subj.)	*(Pluperf. Subj.)*
ich	habe geschrieen	habe geschrieen	hätte geschrieen
du	hast geschrieen	habest geschrieen	hättest geschrieen
er	hat geschrieen	habe geschrieen	hätte geschrieen
wir	haben geschrieen	haben geschrieen	hätten geschrieen
ihr	habt geschrieen	habet geschrieen	hättet geschrieen
sie	haben geschrieen	haben geschrieen	hätten geschrieen

	Pluperfect
ich	hatte geschrieen
du	hattest geschrieen
er	hatte geschrieen
wir	hatten geschrieen
ihr	hattet geschrieen
sie	hatten geschrieen

	Future	*Future Time*	
		(Fut. Subj.)	*(Pres. Conditional)*
ich	werde schreien	werde schreien	würde schreien
du	wirst schreien	werdest schreien	würdest schreien
er	wird schreien	werde schreien	würde schreien
wir	werden schreien	werden schreien	würden schreien
ihr	werdet schreien	werdet schreien	würdet schreien
sie	werden schreien	werden schreien	würden schreien

	Future Perfect	*Future Perfect Time*	
		(Fut. Perf. Subj.)	*(Past Conditional)*
ich	werde geschrieen haben	werde geschrieen haben	würde geschrieen haben
du	wirst geschrieen haben	werdest geschrieen haben	würdest geschrieen haben
er	wird geschrieen haben	werde geschrieen haben	würde geschrieen haben
wir	werden geschrieen haben	werden geschrieen haben	würden geschrieen haben
ihr	werdet geschrieen haben	werdet geschrieen haben	würdet geschrieen haben
sie	werden geschrieen haben	werden geschrieen haben	würden geschrieen haben

schreiten

PRINC. PARTS: schreiten, schritt, ist geschritten, schreitet
IMPERATIVE: schreite!, schreitet!, schreiten Sie!

to stride, step, walk

	INDICATIVE		SUBJUNCTIVE	
			PRIMARY	SECONDARY
			Present Time	
	Present		*(Pres. Subj.)*	*(Imperf. Subj.)*
ich	schreite		schreite	schritte
du	schreitest		schreitest	schrittest
er	schreitet		schreite	schritte
wir	schreiten		schreiten	schritten
ihr	schreitet		schreitet	schrittet
sie	schreiten		schreiten	schritten

	Imperfect
ich	schritt
du	schrittest
er	schritt
wir	schritten
ihr	schrittet
sie	schritten

			Past Time	
	Perfect		*(Perf. Subj.)*	*(Pluperf. Subj.)*
ich	bin geschritten		sei geschritten	wäre geschritten
du	bist geschritten		seiest geschritten	wärest geschritten
er	ist geschritten		sei geschritten	wäre geschritten
wir	sind geschritten		seien geschritten	wären geschritten
ihr	seid geschritten		seiet geschritten	wäret geschritten
sie	sind geschritten		seien geschritten	wären geschritten

	Pluperfect
ich	war geschritten
du	warst geschritten
er	war geschritten
wir	waren geschritten
ihr	wart geschritten
sie	waren geschritten

			Future Time	
	Future		*(Fut. Subj.)*	*(Pres. Conditional)*
ich	werde schreiten		werde schreiten	würde schreiten
du	wirst schreiten		werdest schreiten	würdest schreiten
er	wird schreiten		werde schreiten	würde schreiten
wir	werden schreiten		werden schreiten	würden schreiten
ihr	werdet schreiten		werdet schreiten	würdet schreiten
sie	werden schreiten		werden schreiten	würden schreiten

			Future Perfect Time	
	Future Perfect		*(Fut. Perf. Subj.)*	*(Past Conditional)*
ich	werde geschritten sein		werde geschritten sein	würde geschritten sein
du	wirst geschritten sein		werdest geschritten sein	würdest geschritten sein
er	wird geschritten sein		werde geschritten sein	würde geschritten sein
wir	werden geschritten sein		werden geschritten sein	würden geschritten sein
ihr	werdet geschritten sein		werdet geschritten sein	würdet geschritten sein
sie	werden geschritten sein		werden geschritten sein	würden geschritten sein

schwanken

to sway, rock;
fluctuate

PRINC. PARTS: schwanken, schwankte, geschwankt, schwankt
IMPERATIVE: schwanke!, schwankt!, schwanken Sie!

INDICATIVE	SUBJUNCTIVE	
	PRIMARY	SECONDARY
	Present Time	
Present	*(Pres. Subj.)*	*(Imperf. Subj.)*
ich schwanke	schwanke	schwankte
du schwankst	schwankest	schwanktest
er schwankt	schwanke	schwankte
wir schwanken	schwanken	schwankten
ihr schwankt	schwanket	schwanktet
sie schwanken	schwanken	schwankten
Imperfect		
ich schwankte		
du schwanktest		
er schwankte		
wir schwankten		
ihr schwanktet		
sie schwankten		
	Past Time	
Perfect	*(Perf. Subj.)*	*(Pluperf. Subj.)*
ich habe geschwankt	habe geschwankt	hätte geschwankt
du hast geschwankt	habest geschwankt	hättest geschwankt
er hat geschwankt	habe geschwankt	hätte geschwankt
wir haben geschwankt	haben geschwankt	hätten geschwankt
ihr habt geschwankt	habet geschwankt	hättet geschwankt
sie haben geschwankt	haben geschwankt	hätten geschwankt
Pluperfect		
ich hatte geschwankt		
du hattest geschwankt		
er hatte geschwankt		
wir hatten geschwankt		
ihr hattet geschwankt		
sie hatten geschwankt		
	Future Time	
Future	*(Fut. Subj.)*	*(Pres. Conditional)*
ich werde schwanken	werde schwanken	würde schwanken
du wirst schwanken	werdest schwanken	würdest schwanken
er wird schwanken	werde schwanken	würde schwanken
wir werden schwanken	werden schwanken	würden schwanken
ihr werdet schwanken	werdet schwanken	würdet schwanken
sie werden schwanken	werden schwanken	würden schwanken
	Future Perfect Time	
Future Perfect	*(Fut. Perf. Subj.)*	*(Past Conditional)*
ich werde geschwankt haben	werde geschwankt haben	würde geschwankt haben
du wirst geschwankt haben	werdest geschwankt haben	würdest geschwankt haben
er wird geschwankt haben	werde geschwankt haben	würde geschwankt haben
wir werden geschwankt haben	werden geschwankt haben	würden geschwankt haben
ihr werdet geschwankt haben	werdet geschwankt haben	würdet geschwankt haben
sie werden geschwankt haben	werden geschwankt haben	würden geschwankt haben

schwatzen

to chatter, prattle

INDICATIVE	SUBJUNCTIVE	
	PRIMARY	SECONDARY
	Present Time	
Present	*(Pres. Subj.)*	*(Imperf. Subj.)*
ich schwatze	schwatze	schwatzte
du schwatzt	schwatzest	schwatztest
er schwatzt	schwatze	schwatzte
wir schwatzen	schwatzen	schwatzten
ihr schwatzt	schwatzet	schwatztet
sie schwatzen	schwatzen	schwatzten
Imperfect		
ich schwatzte		
du schwatztest		
er schwatzte		
wir schwatzten		
ihr schwatztet		
sie schwatzten	*Past Time*	
Perfect	*(Perf. Subj.)*	*(Pluperf. Subj.)*
ich habe geschwatzt	habe geschwatzt	hätte geschwatzt
du hast geschwatzt	habest geschwatzt	hättest geschwatzt
er hat geschwatzt	habe geschwatzt	hätte geschwatzt
wir haben geschwatzt	haben geschwatzt	hätten geschwatzt
ihr habt geschwatzt	habet geschwatzt	hättet geschwatzt
sie haben geschwatzt	haben geschwatzt	hätten geschwatzt
Pluperfect		
ich hatte geschwatzt		
du hattest geschwatzt		
er hatte geschwatzt		
wir hatten geschwatzt		
ihr hattet geschwatzt		
sie hatten geschwatzt	*Future Time*	
Future	*(Fut. Subj.)*	*(Pres. Conditional)*
ich werde schwatzen	werde schwatzen	würde schwatzen
du wirst schwatzen	werdest schwatzen	würdest schwatzen
er wird schwatzen	werde schwatzen	würde schwatzen
wir werden schwatzen	werden schwatzen	würden schwatzen
ihr werdet schwatzen	werdet schwatzen	würdet schwatzen
sie werden schwatzen	werden schwatzen	würden schwatzen
	Future Perfect Time	
Future Perfect	*(Fut. Perf. Subj.)*	*(Past Conditional)*
ich werde geschwatzt haben	werde geschwatzt haben	würde geschwatzt haben
du wirst geschwatzt haben	werdest geschwatzt haben	würdest geschwatzt haben
er wird geschwatzt haben	werde geschwatzt haben	würde geschwatzt haben
wir werden geschwatzt haben	werden geschwatzt haben	würden geschwatzt haben
ihr werdet geschwatzt haben	werdet geschwatzt haben	würdet geschwatzt haben
sie werden geschwatzt haben	werden geschwatzt haben	würden geschwatzt haben

schweben

to soar, hover,
be pending

PRINC. PARTS: schweben, schwebte, geschwebt, schwebt
IMPERATIVE: schwebe!, schwebt!, schweben Sie!

INDICATIVE		SUBJUNCTIVE	
		PRIMARY	SECONDARY
		Present Time	
	Present	*(Pres. Subj.)*	*(Imperf. Subj.)*
ich	schwebe	schwebe	schwebte
du	schwebst	schwebest	schwebtest
er	schwebt	schwebe	schwebte
wir	schweben	schweben	schwebten
ihr	schwebt	schwebet	schwebtet
sie	schweben	schweben	schwebten
	Imperfect		
ich	schwebte		
du	schwebtest		
er	schwebte		
wir	schwebten		
ihr	schwebtet		
sie	schwebten		
		Past Time	
	Perfect	*(Perf. Subj.)*	*(Pluperf. Subj.)*
ich	habe geschwebt	habe geschwebt	hätte geschwebt
du	hast geschwebt	habest geschwebt	hättest geschwebt
er	hat geschwebt	habe geschwebt	hätte geschwebt
wir	haben geschwebt	haben geschwebt	hätten geschwebt
ihr	habt geschwebt	habet geschwebt	hättet geschwebt
sie	haben geschwebt	haben geschwebt	hätten geschwebt
	Pluperfect		
ich	hatte geschwebt		
du	hattest geschwebt		
er	hatte geschwebt		
wir	hatten geschwebt		
ihr	hattet schwebt		
sie	hatten geschwebt		
		Future Time	
	Future	*(Fut. Subj.)*	*(Pres. Conditional)*
ich	werde schweben	werde schweben	würde schweben
du	wirst schweben	werdest schweben	würdest schweben
er	wird schweben	werde schweben	würde schweben
wir	werden schweben	werden schweben	würden schweben
ihr	werdet schweben	werdet schweben	würdet schweben
sie	werden schweben	werden schweben	würden schweben
		Future Perfect Time	
	Future Perfect	*(Fut. Perf. Subj.)*	*(Past Conditional)*
ich	werde geschwebt haben	werde geschwebt haben	würde geschwebt haben
du	wirst geschwebt haben	werdest geschwebt haben	würdest geschwebt haben
er	wird geschwebt haben	werde geschwebt haben	würde geschwebt haben
wir	werden geschwebt haben	werden geschwebt haben	würden geschwebt haben
ihr	werdet geschwebt haben	werdet geschwebt haben	würdet geschwebt haben
sie	werden geschwebt haben	werden geschwebt haben	würden geschwebt haben

212

PRINC. PARTS: schweigen, schwieg, geschwiegen, schweigt
IMPERATIVE: schweige!, schweigt!, schweigen Sie!

schweigen
to be silent

INDICATIVE	SUBJUNCTIVE	
	PRIMARY	SECONDARY

		Present Time	
Present		*(Pres. Subj.)*	*(Imperf. Subj.)*
ich schweige		schweige	schwiege
du schweigst		schweigest	schwiegest
er schweigt		schweige	schwiege
wir schweigen		schweigen	schwiegen
ihr schweigt		schweiget	schwieget
sie schweigen		schweigen	schwiegen

Imperfect

ich schwieg
du schwiegst
er schwieg
wir schwiegen
ihr schwiegt
sie schwiegen

		Past Time	
Perfect		*(Perf. Subj.)*	*(Pluperf. Subj.)*
ich habe geschwiegen		habe geschwiegen	hätte geschwiegen
du hast geschwiegen		habest geschwiegen	hättest geschwiegen
er hat geschwiegen		habe geschwiegen	hätte geschwiegen
wir haben geschwiegen		haben geschwiegen	hätten geschwiegen
ihr habt geschwiegen		habet geschwiegen	hättet geschwiegen
sie haben geschwiegen		haben geschwiegen	hätten geschwiegen

Pluperfect

ich hatte geschwiegen
du hattest geschwiegen
er hatte geschwiegen
wir hatten geschwiegen
ihr hattet geschwiegen
sie hatten geschwiegen

		Future Time	
Future		*(Fut. Subj.)*	*(Pres. Conditional)*
ich werde schweigen		werde schweigen	würde schweigen
du wirst schweigen		werdest schweigen	würdest schweigen
er wird schweigen		werde schweigen	würde schweigen
wir werden schweigen		werden schweigen	würden schweigen
ihr werdet schweigen		werdet schweigen	würdet schweigen
sie werden schweigen		werden schweigen	würden schweigen

		Future Perfect Time	
Future Perfect		*(Fut. Perf. Subj.)*	*(Past Conditional)*
ich werde geschwiegen haben		werde geschwiegen haben	würde geschwiegen haben
du wirst geschwiegen haben		werdest geschwiegen haben	würdest geschwiegen haben
er wird geschwiegen haben		werde geschwiegen haben	würde geschwiegen haben
wir werden geschwiegen haben		werden geschwiegen haben	würden geschwiegen haben
ihr werdet geschwiegen haben		werdet geschwiegen haben	würdet geschwiegen haben
sie werden geschwiegen haben		werden geschwiegen haben	würden geschwiegen haben

213

schwellen

to swell, rise,
increase in size

PRINC. PARTS: schwellen, schwoll, ist geschwollen, schwillt
IMPERATIVE: schwill!, schwellt!, schwellen Sie!

	INDICATIVE	PRIMARY	SECONDARY
		SUBJUNCTIVE	
		Present Time	
	Present	*(Pres. Subj.)*	*(Imperf. Subj.)*
ich	schwelle	schwelle	schwölle
du	schwillst	schwellest	schwöllest
er	schwillt	schwelle	schwölle
wir	schwellen	schwellen	schwöllen
ihr	schwellt	schwellet	schwöllet
sie	schwellen	schwellen	schwöllen

	Imperfect
ich	schwoll
du	schwollst
er	schwoll
wir	schwollen
ihr	schwollt
sie	schwollen

			Past Time	
	Perfect	*(Perf. Subj.)*	*(Pluperf. Subj.)*
ich	bin geschwollen	sei geschwollen	wäre geschwollen
du	bist geschwollen	seiest geschwollen	wärest geschwollen
er	ist geschwollen	sei geschwollen	wäre geschwollen
wir	sind geschwollen	seien geschwollen	wären geschwollen
ihr	seid geschwollen	seiet geschwollen	wäret geschwollen
sie	sind geschwollen	seien geschwollen	wären geschwollen

	Pluperfect
ich	war geschwollen
du	warst geschwollen
er	war geschwollen
wir	waren geschwollen
ihr	wart geschwollen
sie	waren geschwollen

			Future Time	
	Future	*(Fut. Subj.)*	*(Pres. Conditional)*
ich	werde schwellen	werde schwellen	würde schwellen
du	wirst schwellen	werdest schwellen	würdest schwellen
er	wird schwellen	werde schwellen	würde schwellen
wir	werden schwellen	werden schwellen	würden schwellen
ihr	werdet schwellen	werdet schwellen	würdet schwellen
sie	werden schwellen	werden schwellen	würden schwellen

			Future Perfect Time	
	Future Perfect	*(Fut. Perf. Subj.)*	*(Past Conditional)*
ich	werde geschwollen sein	werde geschwollen sein	würde geschwollen sein
du	wirst geschwollen sein	werdest geschwollen sein	würdest geschwollen sein
er	wird geschwollen sein	werde geschwollen sein	würde geschwollen sein
wir	werden geschwollen sein	werden geschwollen sein	würden geschwollen sein
ihr	werdet geschwollen sein	werdet geschwollen sein	würdet geschwollen sein
sie	werden geschwollen sein	werden geschwollen sein	würden geschwollen sein

214

PRINC. PARTS: schwimmen, schwamm, ist geschwommen, **schwimmen**
schwimmt
IMPERATIVE: schwimme!, schwimmt!, schwimmen Sie! *to swim, float*

	INDICATIVE	SUBJUNCTIVE	
		PRIMARY	SECONDARY
	Present	*Present Time*	
		(Pres. Subj.)	*(Imperf. Subj.)*
ich	schwimme	schwimme	schwömme
du	schwimmst	schwimmest	schwömmest
er	schwimmt	schwimme	schwömme
wir	schwimmen	schwimmen	schwömmen
ihr	schwimmt	schwimmet	schwömmet
sie	schwimmen	schwimmen	schwömmen
	Imperfect		
ich	schwamm		
du	schwammst		
er	schwamm		
wir	schwammen		
ihr	schwammt		
sie	schwammen		
	Perfect	*Past Time*	
		(Perf. Subj.)	*(Pluperf. Subj.)*
ich	bin geschwommen	sei geschwommen	wäre geschwommen
du	bist geschwommen	seiest geschwommen	wärest geschwommen
er	ist geschwommen	sei geschwommen	wäre geschwommen
wir	sind geschwommen	seien geschwommen	wären geschwommen
ihr	seid geschwommen	seiet geschwommen	wäret geschwommen
sie	sind geschwommen	seien geschwommen	wären geschwommen
	Pluperfect		
ich	war geschwommen		
du	warst geschwommen		
er	war geschwommen		
wir	waren geschwommen		
ihr	wart geschwommen		
sie	waren geschwommen		
	Future	*Future Time*	
		(Fut. Subj.)	*(Pres. Conditional)*
ich	werde schwimmen	werde schwimmen	würde schwimmen
du	wirst schwimmen	werdest schwimmen	würdest schwimmen
er	wird schwimmen	werde schwimmen	würde schwimmen
wir	werden schwimmen	werden schwimmen	würden schwimmen
ihr	werdet schwimmen	werdet schwimmen	würdet schwimmen
sie	werden schwimmen	werden schwimmen	würden schwimmen
	Future Perfect	*Future Perfect Time*	
		(Fut. Perf. Subj.)	*(Past Conditional)*
ich	werde geschwommen sein	werde geschwommen sein	würde geschwommen sein
du	wirst geschwommen sein	werdest geschwommen sein	würdest geschwommen sein
er	wird geschwommen sein	werde geschwommen sein	würde geschwommen sein
wir	werden geschwommen sein	werden geschwommen sein	würden geschwommen sein
ihr	werdet geschwommen sein	werdet geschwommen sein	würdet geschwommen sein
sie	werden geschwommen sein	werden geschwommen sein	würden geschwommen sein

215

schwingen

to swing

PRINC. PARTS: schwingen, schwang, geschwungen, schwingt
IMPERATIVE: schwinge!, schwingt!, schwingen Sie!

INDICATIVE		SUBJUNCTIVE	
		PRIMARY	SECONDARY

		Present Time	
	Present	*(Pres. Subj.)*	*(Imperf. Subj.)*
ich	schwinge	schwinge	schwänge
du	schwingst	schwingest	schwängest
er	schwingt	schwinge	schwänge
wir	schwingen	schwingen	schwängen
ihr	schwingt	schwinget	schwänget
sie	schwingen	schwingen	schwängen

	Imperfect
ich	schwang
du	schwangst
er	schwang
wir	schwangen
ihr	schwangt
sie	schwangen

		Past Time	
	Perfect	*(Perf. Subj.)*	*(Pluperf. Subj.)*
ich	habe geschwungen	habe geschwungen	hätte geschwungen
du	hast geschwungen	habest geschwungen	hättest geschwungen
er	hat geschwungen	habe geschwungen	hätte geschwungen
wir	haben geschwungen	haben geschwungen	hätten geschwungen
ihr	habt geschwungen	habet geschwungen	hättet geschwungen
sie	haben geschwungen	haben geschwungen	hätten geschwungen

	Pluperfect
ich	hatte geschwungen
du	hattest geschwungen
er	hatte geschwungen
wir	hatten geschwungen
ihr	hattet geschwungen
sie	hatten geschwungen

		Future Time	
	Future	*(Fut. Subj.)*	*(Pres. Conditional)*
ich	werde schwingen	werde schwingen	würde schwingen
du	wirst schwingen	werdest schwingen	würdest schwingen
er	wird schwingen	werde schwingen	würde schwingen
wir	werden schwingen	werden schwingen	würden schwingen
ihr	werdet schwingen	werdet schwingen	würdet schwingen
sie	werden schwingen	werden schwingen	würden schwingen

		Future Perfect Time	
	Future Perfect	*(Fut. Perf. Subj.)*	*(Past Conditional)*
ich	werde geschwungen haben	werde geschwungen haben	würde geschwungen haben
du	wirst geschwungen haben	werdest geschwungen haben	würdest geschwungen haben
er	wird geschwungen haben	werde geschwungen haben	würde geschwungen haben
wir	werden geschwungen haben	werden geschwungen haben	würden geschwungen haben
ihr	werdet geschwungen haben	werdet geschwungen haben	würdet geschwungen haben
sie	werden geschwungen haben	werden geschwungen haben	würden geschwungen haben

PRINC. PARTS: schwören, schwur, geschworen, schwört
IMPERATIVE: schwöre!, schwört!, schwören Sie!

INDICATIVE	SUBJUNCTIVE	
	PRIMARY	SECONDARY
	Present Time	
Present	*(Pres. Subj.)*	*(Imperf. Subj.)*
ich schwöre	schwöre	schwüre
du schwörst	schwörest	schwürest
er schwört	schwöre	schwüre
wir schwören	schwören	schwüren
ihr schwört	schwöret	schwüret
sie schwören	schwören	schwüren

Imperfect	
ich schwur	schwor
du schwurst	schworst
er schwur	schwor
wir schwuren *or*	schworen
ihr schwurt	schwort
sie schwuren	schworen

Perfect	*(Perf. Subj.)*	*(Pluperf. Subj.)*
		Past Time
ich habe geschworen	habe geschworen	hätte geschworen
du hast geschworen	habest geschworen	hättest geschworen
er hat geschworen	habe geschworen	hätte geschworen
wir haben geschworen	haben geschworen	hätten geschworen
ihr habt geschworen	habet geschworen	hättet geschworen
sie haben geschworen	haben geschworen	hätten geschworen

Pluperfect
ich hatte geschworen
du hattest geschworen
er hatte geschworen
wir hatten geschworen
ihr hattet geschworen
sie hatten geschworen

		Future Time
Future	*(Fut. Subj.)*	*(Pres. Conditional)*
ich werde schwören	werde schwören	würde schwören
du wirst schwören	werdest schwören	würdest schwören
er wird schwören	werde schwören	würde schwören
wir werden schwören	werden schwören	würden schwören
ihr werdet schwören	werdet schwören	würdet schwören
sie werden schwören	werden schwören	würden schwören

		Future Perfect Time
Future Perfect	*(Fut. Perf. Subj.)*	*(Past Conditional)*
ich werde geschworen haben	werde geschworen haben	würde geschworen haben
du wirst geschworen haben	werdest geschworen haben	würdest geschworen haben
er wird geschworen haben	werde geschworen haben	würde geschworen haben
wir werden geschworen haben	werden geschworen haben	würden geschworen haben
ihr werdet geschworen haben	werdet geschworen haben	würdet geschworen haben
sie werden geschworen haben	werden geschworen haben	würden geschworen haben

segnen

to bless

PRINC. PARTS: segnen, segnete, gesegnet, segnet
IMPERATIVE: segne!, segnet!, segnen Sie!

	INDICATIVE	SUBJUNCTIVE	
		PRIMARY	SECONDARY
		Present Time	
	Present	*(Pres. Subj.)*	*(Imperf. Subj.)*
ich	segne	segne	segnete
du	segnest	segnest	segnetest
er	segnet	segne	segnete
wir	segnen	segnen	segneten
ihr	segnet	segnet	segnetet
sie	segnen	segnen	segneten

	Imperfect
ich	segnete
du	segnetest
er	segnete
wir	segneten
ihr	segnetet
sie	segneten

			Past Time	
	Perfect	*(Perf. Subj.)*		*(Pluperf. Subj.)*
ich	habe gesegnet	habe gesegnet	hätte gesegnet
du	hast gesegnet	habest gesegnet	hättest gesegnet
er	hat gesegnet	habe gesegnet	hätte gesegnet
wir	haben gesegnet	haben gesegnet	hätten gesegnet
ihr	habt gesegnet	habet gesegnet	hättet gesegnet
sie	haben gesegnet	haben gesegnet	hätten gesegnet

	Pluperfect
ich	hatte gesegnet
du	hattest gesegnet
er	hatte gesegnet
wir	hatten gesegnet
ihr	hattet gesegnet
sie	hatten gesegnet

			Future Time	
	Future	*(Fut. Subj.)*		*(Pres. Conditional)*
ich	werde segnen	werde segnen	würde segnen
du	wirst segnen	werdest segnen	würdest segnen
er	wird segnen	werde segnen	würde segnen
wir	werden segnen	werden segnen	würden segnen
ihr	werdet segnen	werdet segnen	würdet segnen
sie	werden segnen	werden segnen	würden segnen

			Future Perfect Time	
	Future Perfect	*(Fut. Perf. Subj.)*		*(Past Conditional)*
ich	werde gesegnet haben	werde gesegnet haben	würde gesegnet haben
du	wirst gesegnet haben	werdest gesegnet haben	würdest gesegnet haben
er	wird gesegnet haben	werde gesegnet haben	würde gesegnet haben
wir	werden gesegnet haben	werden gesegnet haben	würden gesegnet haben
ihr	werdet gesegnet haben	werdet gesegnet haben	würdet gesegnet haben
sie	werden gesegnet haben	werden gesegnet haben	würden gesegnet haben

218

PRINC. PARTS: sehen, sah, gesehen, sieht
IMPERATIVE: sieh!, seht!, sehen Sie!

to see, realize

INDICATIVE		SUBJUNCTIVE	
		PRIMARY	SECONDARY

Present Time

	Present	*(Pres. Subj.)*	*(Imperf. Subj.)*
ich	sehe	sehe	sähe
du	siehst	sehest	sähest
er	sieht	sehe	sähe
wir	sehen	sehen	sähen
ihr	seht	sehet	sähet
sie	sehen	sehen	sähen

	Imperfect
ich	sah
du	sahst
er	sah
wir	sahen
ihr	saht
sie	sahen

Past Time

	Perfect	*(Perf. Subj.)*	*(Pluperf. Subj.)*
ich	habe gesehen	habe gesehen	hätte gesehen
du	hast gesehen	habest gesehen	hättest gesehen
er	hat gesehen	habe gesehen	hätte gesehen
wir	haben gesehen	haben gesehen	hätten gesehen
ihr	habt gesehen	habet gesehen	hättet gesehen
sie	haben gesehen	haben gesehen	hätten gesehen

	Pluperfect
ich	hatte gesehen
du	hattest gesehen
er	hatte gesehen
wir	hatten gesehen
ihr	hattet gesehen
sie	hatten gesehen

Future Time

	Future	*(Fut. Subj.)*	*(Pres. Conditional)*
ich	werde sehen	werde sehen	würde sehen
du	wirst sehen	werdest sehen	würdest sehen
er	wird sehen	werde sehen	würde sehen
wir	werden sehen	werden sehen	würden sehen
ihr	werdet sehen	werdet sehen	würdet sehen
sie	werden sehen	werden sehen	würden sehen

Future Perfect Time

	Future Perfect	*(Fut. Perf. Subj.)*	*(Past Conditional)*
ich	werde gesehen haben	werde gesehen haben	würde gesehen haben
du	wirst gesehen haben	werdest gesehen haben	würdest gesehen haben
er	wird gesehen haben	werde gesehen haben	würde gesehen haben
wir	werden gesehen haben	werden gesehen haben	würden gesehen haben
ihr	werdet gesehen haben	werdet gesehen haben	würdet gesehen haben
sie	werden gesehen haben	werden gesehen haben	würden gesehen haben

sein

*to be, have**

PRINC. PARTS: sein, war, ist gewesen, ist
IMPERATIVE: sei!, seid!, seien Sie!

INDICATIVE	SUBJUNCTIVE	
	PRIMARY	SECONDARY
	Present Time	
Present	*(Pres. Subj.)*	*(Imperf. Subj.)*
ich bin	sei	wäre
du bist	seist	wärest
er ist	sei	wäre
wir sind	seien	wären
ihr seid	seiet	wäret
sie sind	seien	wären

Imperfect
ich war
du warst
er war
wir waren
ihr wart
sie waren

	Past Time	
Perfect	*(Perf. Subj.)*	*(Pluperf. Subj.)*
ich bin gewesen	sei gewesen	wäre gewesen
du bist gewesen	seiest gewesen	wärest gewesen
er ist gewesen	sei gewesen	wäre gewesen
wir sind gewesen	seien gewesen	wären gewesen
ihr seid gewesen	seiet gewesen	wäret gewesen
sie sind gewesen	seien gewesen	wären gewesen

Pluperfect
ich war gewesen
du warst gewesen
er war gewesen
wir waren gewesen
ihr wart gewesen
sie waren gewesen

	Future Time	
Future	*(Fut. Subj.)*	*(Pres. Conditional)*
ich werde sein	werde sein	würde sein
du wirst sein	werdest sein	würdest sein
er wird sein	werde sein	würde sein
wir werden sein	werden sein	würden sein
ihr werdet sein	werdet sein	würdet sein
sie werden sein	werden sein	würden sein

	Future Perfect Time	
Future Perfect	*(Fut. Perf. Subj.)*	*(Past Conditional)*
ich werde gewesen sein	werde gewesen sein	würde gewesen sein
du wirst gewesen sein	werdest gewesen sein	würdest gewesen sein
er wird gewesen sein	werde gewesen sein	würde gewesen sein
wir werden gewesen sein	werden gewesen sein	würden gewesen sein
ihr werdet gewesen sein	werdet gewesen sein	würdet gewesen sein
sie werden gewesen sein	werden gewesen sein	würden gewesen sein

* When used as auxiliary verb in compound tenses with verbs that do not take a direct object, i.e.
sein verbs.

PRINC. PARTS: senden*, sandte, gesandt, sendet
IMPERATIVE: sende!, sendet!, senden Sie!

to send, transmit

	INDICATIVE	SUBJUNCTIVE	
		PRIMARY	SECONDARY
		Present Time	
	Present	*(Pres. Subj.)*	*(Imperf. Subj.)*
ich	sende	sende	sendete
du	sendest	sendest	sendetest
er	sendet	sende	sendete
wir	senden	senden	sendeten
ihr	sendet	sendet	sendetet
sie	senden	senden	sendeten
	Imperfect		
ich	sandte		
du	sandtest		
er	sandte		
wir	sandten		
ihr	sandtet		
sie	sandten		
		Past Time	
	Perfect	*(Perf. Subj.)*	*(Pluperf. Subj.)*
ich	habe gesandt	habe gesandt	hätte gesandt
du	hast gesandt	habest gesandt	hättest gesandt
er	hat gesandt	habe gesandt	hätte gesandt
wir	haben gesandt	haben gesandt	hätten gesandt
ihr	habt gesandt	habet gesandt	hättet gesandt
sie	haben gesandt	haben gesandt	hätten gesandt
	Pluperfect		
ich	hatte gesandt		
du	hattest gesandt		
er	hatte gesandt		
wir	hatten gesandt		
ihr	hattet gesandt		
sie	hatten gesandt		
		Future Time	
	Future	*(Fut. Subj.)*	*(Pres. Conditional)*
ich	werde senden	werde senden	würde senden
du	wirst senden	werdest senden	würdest senden
er	wird senden	werde senden	würde senden
wir	werden senden	werden senden	würden senden
ihr	werdet senden	werdet senden	würdet senden
sie	werden senden	werden senden	würden senden
		Future Perfect Time	
	Future Perfect	*(Fut. Perf. Subj.)*	*(Past Conditional)*
ich	werde gesandt haben	werde gesandt haben	würde gesandt haben
du	wirst gesandt haben	werdest gesandt haben	würdest gesandt haben
er	wird gesandt haben	werde gesandt haben	würde gesandt haben
wir	werden gesandt haben	werden gesandt haben	würden gesandt haben
ihr	werdet gesandt haben	werdet gesandt haben	würdet gesandt haben
sie	werden gesandt haben	werden gesandt haben	würden gesandt haben

*The weak forms of the past tense **sendete**, etc. and of the past participle **gesendet** are also found, and must be used in the meaning "to broadcast, transmit."

sich setzen

to sit down

PRINC. PARTS: sich setzen, setzte sich, hat sich gesetzt, setzt sich
IMPERATIVE: setze dich!, setzt euch!, setzen Sie sich!

INDICATIVE	SUBJUNCTIVE	
	PRIMARY	SECONDARY

Present Time

	Present	*(Pres. Subj.)*	*(Imperf. Subj.)*
ich	setze mich	setze mich	setzte mich
du	setzt dich	setzest dich	setztest dich
er	setzt sich	setze sich	setzte sich
wir	setzen uns	setzen uns	setzten uns
ihr	setzt euch	setzet euch	setztet euch
sie	setzen sich	setzen sich	setzten sich

	Imperfect
ich	setzte mich
du	setztest dich
er	setzte sich
wir	setzten uns
ihr	setztet euch
sie	setzten sich

Past Time

	Perfect	*(Perf. Subj.)*	*(Pluperf. Subj.)*
ich	habe mich gesetzt	habe mich gesetzt	hätte mich gesetzt
du	hast dich gesetzt	habest dich gesetzt	hättest dich gesetzt
er	hat sich gesetzt	habe sich gesetzt	hätte sich gesetzt
wir	haben uns gesetzt	haben uns gesetzt	hätten uns gesetzt
ihr	habt euch gesetzt	habet euch gesetzt	hättet euch gesetzt
sie	haben sich gesetzt	haben sich gesetzt	hätten sich gesetzt

	Pluperfect
ich	hatte mich gesetzt
du	hattest dich gesetzt
er	hatte sich gesetzt
wir	hatten uns gesetzt
ihr	hattet euch gesetzt
sie	hatten sich gesetzt

Future Time

	Future	*(Fut. Subj.)*	*(Pres. Conditional)*
ich	werde mich setzen	werde mich setzen	würde mich setzen
du	wirst dich setzen	werdest dich setzen	würdest dich setzen
er	wird sich setzen	werde sich setzen	würde sich setzen
wir	werden uns setzen	werden uns setzen	würden uns setzen
ihr	werdet euch setzen	werdet euch setzen	würdet euch setzen
sie	werden sich setzen	werden sich setzen	würden sich setzen

Future Perfect Time

	Future Perfect	*(Fut. Perf. Subj.)*	*(Past Conditional)*
ich	werde mich gesetzt haben	werde mich gesetzt haben	würde mich gesetzt haben
du	wirst dich gesetzt haben	werdest dich gesetzt haben	würdest dich gesetzt haben
er	wird sich gesetzt haben	werde sich gesetzt haben	würde sich gesetzt haben
wir	werden uns gesetzt haben	werden uns gesetzt haben	würden uns gesetzt haben
ihr	werdet euch gesetzt haben	werdet euch gesetzt haben	würdet euch gesetzt haben
sie	werden sich gesetzt haben	werden sich gesetzt haben	würden sich gesetzt haben

siegen

PRINC. PARTS: siegen, siegte, gesiegt, siegt
IMPERATIVE: siege!, siegt!, siegen Sie!

to conquer, triumph,
be victorious

INDICATIVE	SUBJUNCTIVE	
	PRIMARY	SECONDARY
	Present Time	
Present	*(Pres. Subj.)*	*(Imperf. Subj.)*
ich siege	siege	siegte
du siegst	siegest	siegtest
er siegt	siege	siegte
wir siegen	siegen	siegten
ihr siegt	sieget	siegtet
sie siegen	siegen	siegten

Imperfect

ich siegte
du siegtest
er siegte
wir siegten
ihr siegtet
sie siegten

	Past Time	
Perfect	*(Perf. Subj.)*	*(Pluperf. Subj.)*
ich habe gesiegt	habe gesiegt	hätte gesiegt
du hast gesiegt	habest gesiegt	hättest gesiegt
er hat gesiegt	habe gesiegt	hätte gesiegt
wir haben gesiegt	haben gesiegt	hätten gesiegt
ihr habt gesiegt	habet gesiegt	hättet gesiegt
sie haben gesiegt	haben gesiegt	hätten gesiegt

Pluperfect

ich hatte gesiegt
du hattest gesiegt
er hatte gesiegt
wir hatten gesiegt
ihr hattet gesiegt
sie hatten gesiegt

	Future Time	
Future	*(Fut. Subj.)*	*(Pres. Conditional)*
ich werde siegen	werde siegen	würde siegen
du wirst siegen	werdest siegen	würdest siegen
er wird siegen	werde siegen	würde siegen
wir werden siegen	werden siegen	würden siegen
ihr werdet siegen	werdet siegen	würdet siegen
sie werden siegen	werden siegen	würden siegen

	Future Perfect Time	
Future Perfect	*(Fut. Perf. Subj.)*	*(Past Conditional)*
ich werde gesiegt haben	werde gesiegt haben	würde gesiegt haben
du wirst gesiegt haben	werdest gesiegt haben	würdest gesiegt haben
er wird gesiegt haben	werde gesiegt haben	würde gesiegt haben
wir werden gesiegt haben	werden gesiegt haben	würden gesiegt haben
ihr werdet gesiegt haben	werdet gesiegt haben	würdet gesiegt haben
sie werden gesiegt haben	werden gesiegt haben	würden gesiegt haben

singen

to sing

PRINC. PARTS: singen, sang, gesungen singt
IMPERATIVE: singe!, singt!, singen Sie!

INDICATIVE	SUBJUNCTIVE	
	PRIMARY	SECONDARY

Present Time

	Present	*(Pres. Subj.)*	*(Imperf. Subj)*
ich	singe	singe	sänge
du	singst	singest	sängest
er	singt	singe	sänge
wir	singen	singen	sängen
ihr	singt	singet	sänget
sie	singen	singen	sängen

	Imperfect
ich	sang
du	sangst
er	sang
wir	sangen
ihr	sangt
sie	sangen

Past Time

	Perfect	*(Perf Subj.)*	*(Pluperf. Subj.)*
ich	habe gesungen	habe gesungen	hätte gesungen
du	hast gesungen	habest gesungen	hättest gesungen
er	hat gesungen	habe gesungen	hätte gesungen
wir	haben gesungen	haben gesungen	hätten gesungen
ihr	habt gesungen	habet gesungen	hättet gesungen
sie	haben gesungen	haben gesungen	hätten gesungen

	Pluperfect
ich	hatte gesungen
du	hattest gesungen
er	hatte gesungen
wir	hatten gesungen
ihr	hattet gesungen
sie	hatten gesungen

Future Time

	Future	*(Fut. Subj.)*	*(Pres. Conditional)*
ich	werde singen	werde singen	würde singen
du	wirst singen	werdest singen	würdest singen
er	wird singen	werde singen	würde singen
wir	werden singen	werden singen	würden singen
ihr	werdet singen	werdet singen	würdet singen
sie	werden singen	werden singen	würden singen

Future Perfect Time

	Future Perfect	*(Fut. Perf. Subj.)*	*(Past Conditional)*
ich	werde gesungen haben	werde gesungen haben	würde gesungen haben
du	wirst gesungen haben	werdest gesungen haben	würdest gesungen haben
er	wird gesungen haben	werde gesungen haben	würde gesungen haben
wir	werden gesungen haben	werden gesungen haben	würden gesungen haben
ihr	werdet gesungen haben	werdet gesungen haben	würdet gesungen haben
sie	werden gesungen haben	werden gesungen haben	würden gesungen haben

224

PRINC. PARTS: sinken, sank, ist gesunken, sinkt
IMPERATIVE: sinke!, sinkt!, sinken Sie!

sinken
to sink

INDICATIVE	SUBJUNCTIVE	
	PRIMARY	SECONDARY

Present Time

	Present	*(Pres. Subj.)*	*(Imperf. Subj.)*
ich	sinke	sinke	sänke
du	sinkst	sinkest	sänkest
er	sinkt	sinke	sänke
wir	sinken	sinken	sänken
ihr	sinkt	sinket	sänket
sie	sinken	sinken	sänken

	Imperfect
ich	sank
du	sankst
er	sank
wir	sanken
ihr	sankt
sie	sanken

Past Time

	Perfect	*(Perf. Subj.)*	*(Pluperf. Subj.)*
ich	bin gesunken	sei gesunken	wäre gesunken
du	bist gesunken	seiest gesunken	wärest gesunken
er	ist gesunken	sei gesunken	wäre gesunken
wir	sind gesunken	seien gesunken	wären gesunken
ihr	seid gesunken	seiet gesunken	wäret gesunken
sie	sind gesunken	seien gesunken	wären gesunken

	Pluperfect
ich	war gesunken
du	warst gesunken
er	war gesunken
wir	waren gesunken
ihr	wart gesunken
sie	waren gesunken

Future Time

	Future	*(Fut. Subj.)*	*(Pres. Conditional)*
ich	werde sinken	werde sinken	würde sinken
du	wirst sinken	werdest sinken	würdest sinken
er	wird sinken	werde sinken	würde sinken
wir	werden sinken	werden sinken	würden sinken
ihr	werdet sinken	werdet sinken	würdet sinken
sie	werden sinken	werden sinken	würden sinken

Future Perfect Time

	Future Perfect	*(Fut. Perf. Subj.)*	*(Past Conditional)*
ich	werde gesunken sein	werde gesunken sein	würde gesunken sein
du	wirst gesunken sein	werdest gesunken sein	würdest gesunken sein
er	wird gesunken sein	werde gesunken sein	würde gesunken sein
wir	werden gesunken sein	werden gesunken sein	würden gesunken sein
ihr	werdet gesunken sein	werdet gesunken sein	würdet gesunken sein
sie	werden gesunken sein	werden gesunken sein	würden gesunken sein

sitzen

to sit

PRINC. PARTS: sitzen, saß, gesessen, sitzt
IMPERATIVE: sitze!. sitzt!, sitzen Sie!

INDICATIVE	SUBJUNCTIVE	
	PRIMARY	SECONDARY
	Present Time	
Present	*(Pres. Subj.)*	*(Imperf. Subj.)*
ich sitze	sitze	säße
du sitzt	sitzest	säßest
er sitzt	sitze	säße
wir sitzen	sitzen	säßen
ihr sitzt	sitzet	säßet
sie sitzen	sitzen	säßen

Imperfect		
ich saß		
du saßest		
er saß		
wir saßen		
ihr saßt		
sie saßen		

	Past Time	
Perfect	*(Perf. Subj.)*	*(Pluperf. Subj.)*
ich habe gesessen	habe gesessen	hätte gesessen
du hast gesessen	habest gesessen	hättest gesessen
er hat gesessen	habe gesessen	hätte gesessen
wir haben gesessen	haben gesessen	hätten gesessen
ihr habt gesessen	habet gesessen	hättet gesessen
sie haben gesessen	haben gesessen	hätten gesessen

Pluperfect		
ich hatte gesessen		
du hattest gesessen		
er hatte gesessen		
wir hatten gesessen		
ihr hattet gesessen		
sie hatten gesessen		

	Future Time	
Future	*(Fut. Subj.)*	*(Pres. Conditional)*
ich werde sitzen	werde sitzen	würde sitzen
du wirst sitzen	werdest sitzen	würdest sitzen
er wird sitzen	werde sitzen	würde sitzen
wir werden sitzen	werden sitzen	würden sitzen
ihr werdet sitzen	werdet sitzen	würdet sitzen
sie werden sitzen	werden sitzen	würden sitzen

	Future Perfect Time	
Future Perfect	*(Fut. Perf. Subj.)*	*(Past Conditional)*
ich werde gesessen haben	werde gesessen haben	würde gesessen haben
du wirst gesessen haben	werdest gesessen haben	würdest gesessen haben
er wird gesessen haben	werde gesessen haben	würde gesessen haben
wir werden gesessen haben	werden gesessen haben	würden gesessen haben
ih, werdet gesessen haben	werdet gesessen haben	würdet gesessen haben
sie werden gesessen haben	werden gesessen haben	würden gesessen haben

when immediately preceded by
another infinitive; see sprechen
dürfen), soll

sollen

IMPERATIVE: not used

*to be, be supposed to, ought,
be said to, be expected to*

INDICATIVE	SUBJUNCTIVE	
	PRIMARY	SECONDARY
	Present Time	
Present	(*Pres. Subj.*)	(*Imperf. Subj.*)
ich soll	solle	sollte
du sollst	sollest	solltest
er soll	solle	sollte
wir sollen	sollen	sollten
ihr sollt	sollet	solltet
sie sollen	sollen	sollten

Imperfect
ich sollte
du solltest
er sollte
wir sollten
ihr solltet
sie sollten

	Past Time	
Perfect	(*Perf. Subj.*)	(*Pluperf. Subj.*)
ich habe gesollt	habe gesollt	hätte gesollt
du hast gesollt	habest gesollt	hättest gesollt
er hat gesollt	habe gesollt	hätte gesollt
wir haben gesollt	haben gesollt	hätten gesollt
ihr habt gesollt	habet gesollt	hättet gesollt
sie haben gesollt	haben gesollt	hätten gesollt

Pluperfect
ich hatte gesollt
du hattest gesollt
er hatte gesollt
wir hatten gesollt
ihr hattet gesollt
sie hatten gesollt

	Future Time	
Future	(*Fut. Subj.*)	(*Pres. Conditional*)
ich werde sollen	werde sollen	würde sollen
du wirst sollen	werdest sollen	würdest sollen
er wird sollen	werde sollen	würde sollen
wir werden sollen	werden sollen	würden sollen
ihr werdet sollen	werdet sollen	würdet sollen
sie werden sollen	werden sollen	würden sollen

	Future Perfect Time	
Future Perfect	(*Fut. Perf. Subj.*)	(*Past Conditional*)
ich werde gesollt haben	werde gesollt haben	würde gesoilt haben
du wirst gesollt haben	werdest gesollt haben	würdest gesollt haben
er wird gesollt haben	werde gesollt haben	würde gesollt haben
wir werden gesollt haben	werden gesollt haben	würden gesollt haben
ihr werdet gesollt haben	werdet gesollt haben	würdet gesollt haben
sie werden gesollt haben	werden gesollt haben	würden gesollt haben

227

sparen

to save (money), economize

PRINC. PARTS: sparen, sparte, gespart, spart
IMPERATIVE: spare!, spart!, sparen Sie!

INDICATIVE	SUBJUNCTIVE	
	PRIMARY	SECONDARY

Present Time

	Present	*(Pres. Subj.)*	*(Imperf. Subj.)*
ich	spare	spare	sparte
du	sparst	sparest	spartest
er	spart	spare	sparte
wir	sparen	sparen	sparten
ihr	spart	sparet	spartet
sie	sparen	sparen	sparten

	Imperfect
ich	sparte
du	spartest
er	sparte
wir	sparten
ihr	spartet
sie	sparten

Past Time

	Perfect	*(Perf. Subj.)*	*(Pluperf. Subj.)*
ich	habe gespart	habe gespart	hätte gespart
du	hast gespart	habest gespart	hättest gespart
er	hat gespart	habe gespart	hätte gespart
wir	haben gespart	haben gespart	hätten gespart
ihr	habt gespart	habet gespart	hättet gespart
sie	haben gespart	haben gespart	hätten gespart

	Pluperfect
ich	hatte gespart
du	hattest gespart
er	hatte gespart
wir	hatten gespart
ihr	hattet gespart
sie	hatten gespart

Future Time

	Future	*(Fut. Subj.)*	*(Pres. Conditional)*
ich	werde sparen	werde sparen	würde sparen
du	wirst sparen	werdest sparen	würdest sparen
er	wird sparen	werde sparen	würde sparen
wir	werden sparen	werden sparen	würden sparen
ihr	werdet sparen	werdet sparen	würdet sparen
sie	werden sparen	werden sparen	würden sparen

Future Perfect Time

	Future Perfect	*(Fut. Perf. Subj.)*	*(Past Conditional)*
ich	werde gespart haben	werde gespart haben	würde gespart haben
du	wirst gespart haben	werdest gespart haben	würdest gespart haben
er	wird gespart haben	werde gespart haben	würde gespart haben
wir	werden gespart haben	werden gespart haben	würden gespart haben
ihr	werdet gespart haben	werdet gespart haben	würdet gespart haben
sie	werden gespart haben	werden gespart haben	würden gespart haben

PRINC. PARTS: spazieren, spaziert, ist spaziert, spaziert
IMPERATIVE: spaziere!, spaziert!, spazieren Sie!

to walk, stroll

	INDICATIVE		SUBJUNCTIVE	
			PRIMARY	SECONDARY
			Present Time	
	Present		*(Pres. Subj.)*	*(Imperf. Subj.)*
ich	spaziere		spaziere	spazierte
du	spazierst		spazierest	spaziertest
er	spaziert		spaziere	spazierte
wir	spazieren		spazieren	spazierten
ihr	spaziert		spazieret	spaziertet
sie	spazieren		spazieren	spazierten

	Imperfect
ich	spazierte
du	spaziertest
er	spazierte
wir	spazierten
ihr	spaziertet
sie	spazierten

			Past Time	
	Perfect		*(Perf. Subj.)*	*(Pluperf. Subj.)*
ich	bin spaziert		sei spaziert	wäre spaziert
du	bist spaziert		seiest spaziert	wärest spaziert
er	ist spaziert		sei spaziert	wäre spaziert
wir	sind spaziert		seien spaziert	wären spaziert
ihr	seid spaziert		seiet spaziert	wäret spaziert
sie	sind spaziert		seien spaziert	wären spaziert

	Pluperfect
ich	war spaziert
du	warst spaziert
er	war spaziert
wir	waren spaziert
ihr	wart spaziert
sie	waren spaziert

			Future Time	
	Future		*(Fut. Subj.)*	*(Pres. Conditional)*
ich	werde spazieren		werde spazieren	würde spazieren
du	wirst spazieren		werdest spazieren	würdest spazieren
er	wird spazieren		werde spazieren	würde spazieren
wir	werden spazieren		werden spazieren	würden spazieren
ihr	werdet spazieren		werdet spazieren	würdet spazieren
sie	werden spazieren		werden spazieren	würden spazieren

			Future Perfect Time	
	Future Perfect		*(Fut. Perf. Subj.)*	*(Past Conditional)*
ich	werde spaziert sein		werde spaziert sein	würde spaziert sein
du	wirst spaziert sein		werdest spaziert sein	würdest spaziert sein
er	wird spaziert sein		werde spaziert sein	würde spaziert sein
wir	werden spaziert sein		werden spaziert sein	würden spaziert sein
ihr	werdet spaziert sein		werdet spaziert sein	würdet spaziert sein
sie	werden spaziert sein		werden spaziert sein	würden spaziert sein

spielen

to play

PRINC. PARTS: spielen, spielte, gespielt, spielt
IMPERATIVE: spiele!, spielt!, spielen Sie!

INDICATIVE	SUBJUNCTIVE	
	PRIMARY	SECONDARY

Present Time

	Present	(Pres. Subj.)	(Imperf. Subj.)
ich	spiele	spiele	spielte
du	spielst	spielest	spieltest
er	spielt	spiele	spielte
wir	spielen	spielen	spielten
ihr	spielt	spielet	spieltet
sie	spielen	spielen	spielten

	Imperfect
ich	spielte
du	spieltest
er	spielte
wir	spielten
ihr	spieltet
sie	spielten

Past Time

	Perfect	(Perf. Subj.)	(Pluperf. Subj.)
ich	habe gespielt	habe gespielt	hätte gespielt
du	hast gespielt	habest gespielt	hättest gespielt
er	hat gespielt	habe gespielt	hätte gespielt
wir	haben gespielt	haben gespielt	hätten gespielt
ihr	habt gespielt	habet gespielt	hättet gespielt
sie	haben gespielt	haben gespielt	hätten gespielt

	Pluperfect
ich	hatte gespielt
du	hattest gespielt
er	hatte gespielt
wir	hatten gespielt
ihr	hattet gespielt
sie	hatten gespielt

Future Time

	Future	(Fut. Subj.)	(Pres. Conditional)
ich	werde spielen	werde spielen	würde spielen
du	wirst spielen	werdest spielen	würdest spielen
er	wird spielen	werde spielen	würde spielen
wir	werden spielen	werden spielen	würden spielen
ihr	werdet spielen	werdet spielen	würdet spielen
sie	werden spielen	werden spielen	würden spielen

Future Perfect Time

	Future Perfect	(Fut. Perf. Subj.)	(Past Conditional)
ich	werde gespielt haben	werde gespielt haben	würde gespielt haben
du	wirst gespielt haben	werdest gespielt haben	würdest gespielt haben
er	wird gespielt haben	werde gespielt haben	würde gespielt haben
wir	werden gespielt haben	werden gespielt haben	würden gespielt haben
ihr	werdet gespielt haben	werdet gespielt haben	würdet gespielt haben
sie	werden gespielt haben	werden gespielt haben	würden gespielt haben

230

PRINC. PARTS: spinnen, spann, gesponnen, spinnt
IMPERATIVE: spinne!, spinnt!, spinnen Sie!

INDICATIVE	SUBJUNCTIVE	
	PRIMARY	SECONDARY

Present Time

	Present	*(Pres. Subj.)*	*(Imperf. Subj.)*
ich	spinne	spinne	spönne
du	spinnst	spinnest	spönnest
er	spinnt	spinne	spönne
wir	spinnen	spinnen	spönnen
ihr	spinnt	spinnet	spönnet
sie	spinnen	spinnen	spönnen

	Imperfect
ich	spann
du	spannst
er	spann
wir	spannen
ihr	spannt
sie	spannen

Past Time

	Perfect	*(Perf. Subj.)*	*(Pluperf. Subj.)*
ich	habe gesponnen	habe gesponnen	hätte gesponnen
du	hast gesponnen	habest gesponnen	hättest gesponnen
er	hat gesponnen	habe gesponnen	hätte gesponnen
wir	haben gesponnen	haben gesponnen	hätten gesponnen
ihr	habt gesponnen	habet gesponnen	hättet gesponnen
sie	haben gesponnen	haben gesponnen	hätten gesponnen

	Pluperfect
ich	hatte gesponnen
du	hattest gesponnen
er	hatte gesponnen
wir	hatten gesponnen
ihr	hattet gesponnen
sie	hatten gesponnen

Future Time

	Future	*(Fut. Subj.)*	*(Pres. Conditional)*
ich	werde spinnen	werde spinnen	würde spinnen
du	wirst spinnen	werdest spinnen	würdest spinnen
er	wird spinnen	werde spinnen	würde spinnen
wir	werden spinnen	werden spinnen	würden spinnen
ihr	werdet spinnen	werdet spinnen	würdet spinnen
sie	werden spinnen	werden spinnen	würden spinnen

Future Perfect Time

	Future Perfect	*(Fut. Perf. Subj.)*	*(Past Conditional)*
ich	werde gesponnen haben	werde gesponnen haben	würde gesponnen haben
du	wirst gesponnen haben	werdest gesponnen haben	würdest gesponnen haben
er	wird gesponnen haben	werde gesponnen haben	würde gesponnen haben
wir	werden gesponnen haben	werden gesponnen haben	würden gesponnen haben
ihr	werdet gesponnen haben	werdet gesponnen haben	würdet gesponnen haben
sie	werden gesponnen haben	werden gesponnen haben	würden gesponnen haben

springen

to jump, leap, spring; explode

PRINC. PARTS: springen, sprang, ist gesprungen, springt
IMPERATIVE: springe!, springt!, springen Sie!

INDICATIVE	SUBJUNCTIVE	
	PRIMARY	SECONDARY

Present / Present Time

	Present	*(Pres. Subj.)*	*(Imperf. Subj.)*
ich	springe	springe	spränge
du	springst	springest	sprängest
er	springt	springe	spränge
wir	springen	springen	sprängen
ihr	springt	springet	spränget
sie	springen	springen	sprängen

Imperfect

ich	sprang
du	sprangst
er	sprang
wir	sprangen
ihr	sprangt
sie	sprangen

Perfect / Past Time

	Perfect	*(Perf. Subj.)*	*(Pluperf. Subj.)*
ich	bin gesprungen	sei gesprungen	wäre gesprungen
du	bist gesprungen	seiest gesprungen	wärest gesprungen
er	ist gesprungen	sei gesprungen	wäre gesprungen
wir	sind gesprungen	seien gesprungen	wären gesprungen
ihr	seid gesprungen	seiet gesprungen	wäret gesprungen
sie	sind gesprungen	seien gesprungen	wären gesprungen

Pluperfect

ich	war gesprungen
du	warst gesprungen
er	war gesprungen
wir	waren gesprungen
ihr	wart gesprungen
sie	waren gesprungen

Future / Future Time

	Future	*(Fut. Subj.)*	*(Pres. Conditional)*
ich	werde springen	werde springen	würde springen
du	wirst springen	werdest springen	würdest springen
er	wird springen	werde springen	würde springen
wir	werden springen	werden springen	würden springen
ihr	werdet springen	werdet springen	würdet springen
sie	werden springen	werden springen	würden springen

Future Perfect / Future Perfect Time

	Future Perfect	*(Fut. Perf. Subj.)*	*(Past Conditional)*
ich	werde gesprungen sein	werde gesprungen sein	würde gesprungen sein
du	wirst gesprungen sein	werdest gesprungen sein	würdest gesprungen sein
er	wird gesprungen sein	werde gesprungen sein	würde gesprungen sein
wir	werden gesprungen sein	werden gesprungen sein	würden gesprungen sein
ihr	werdet gesprungen sein	werdet gesprungen sein	würdet gesprungen sein
sie	werden gesprungen sein	werden gesprungen sein	würden gesprungen sein

spüren

PRINC. PARTS: spüren, spürte, gespürt, spürt
IMPERATIVE: spüre!, spürt!, spüren Sie!

to feel, perceive; trace,
scent out

INDICATIVE	SUBJUNCTIVE	
	PRIMARY	SECONDARY

Present Time

	Present	*(Pres. Subj.)*	*(Imperf. Subj.)*
ich	spüre	spüre	spürte
du	spürst	spürest	spürtest
er	spürt	spüre	spürte
wir	spüren	spüren	spürten
ihr	spürt	spüret	spürtet
sie	spüren	spüren	spürten

	Imperfect
ich	spürte
du	spürtest
er	spürte
wir	spürten
ihr	spürtet
sie	spürten

Past Time

	Perfect	*(Perf. Subj.)*	*(Pluperf. Subj.)*
ich	habe gespürt	habe gespürt	hätte gespürt
du	hast gespürt	habest gespürt	hättest gespürt
er	hat gespürt	habe gespürt	hätte gespürt
wir	haben gespürt	haben gespürt	hätten gespürt
ihr	habt gespürt	habet gespürt	hättet gespürt
sie	haben gespürt	haben gespürt	hätten gespürt

	Pluperfect
ich	hatte gespürt
du	hattest gespürt
er	hatte gespürt
wir	hatten gespürt
ihr	hattet gespürt
sie	hatten gespürt

Future Time

	Future	*(Fut. Subj.)*	*(Pres. Conditional)*
ich	werde spüren	werde spüren	würde spüren
du	wirst spüren	werdest spüren	würdest spüren
er	wird spüren	werde spüren	würde spüren
wir	werden spüren	werden spüren	würden spüren
ihr	werdet spüren	werdet spüren	würdet spüren
sie	werden spüren	werden spüren	würden spüren

Future Perfect Time

	Future Perfect	*(Fut. Perf. Subj.)*	*(Past Conditional)*
ich	werde gespürt haben	werde gespürt haben	würde gespürt haben
du	wirst gespürt haben	werdest gespürt haben	würdest gespürt haben
er	wird gespürt haben	werde gespürt haben	würde gespürt haben
wir	werden gespürt haben	werden gespürt haben	würden gespürt haben
ihr	werdet gespürt haben	werdet gespürt haben	würdet gespürt haben
sie	werden gespürt haben	werden gespürt haben	würden gespürt haben

stechen

to sting, prick, stab

PRINC. PARTS: stechen, stach, gestochen, sticht
IMPERATIVE: stich!, stecht!, stechen Sie!

	INDICATIVE	SUBJUNCTIVE	
		PRIMARY	SECONDARY
		Present Time	
	Present	*(Pres. Subj.)*	*(Imperf. Subj.)*
ich	steche	steche	stäche
du	stichst	stechest	stächest
er	sticht	steche	stäche
wir	stechen	stechen	stächen
ihr	stecht	stechet	stächet
sie	stechen	stechen	stächen

	Imperfect
ich	stach
du	stachst
er	stach
wir	stachen
ihr	stacht
sie	stachen

		Past Time	
	Perfect	*(Perf. Subj.)*	*(Pluperf. Subj.)*
ich	habe gestochen	habe gestochen	hätte gestochen
du	hast gestochen	habest gestochen	hättest gestochen
er	hat gestochen	habe gestochen	hätte gestochen
wir	haben gestochen	haben gestochen	hätten gestochen
ihr	habt gestochen	habet gestochen	hättet gestochen
sie	haben gestochen	haben gestochen	hätten gestochen

	Pluperfect
ich	hatte gestochen
du	hattest gestochen
er	hatte gestochen
wir	hatten gestochen
ihr	hattet gestochen
sie	hatten gestochen

		Future Time	
	Future	*(Fut. Subj.)*	*(Pres. Conditional)*
ich	werde stechen	werde stechen	würde stechen
du	wirst stechen	werdest stechen	würdest stechen
er	wird stechen	werde stechen	würde stechen
wir	werden stechen	werden stechen	würden stechen
ihr	werdet stechen	werdet stechen	würdet stechen
sie	werden stechen	werden stechen	würden stechen

		Future Perfect Time	
	Future Perfect	*(Fut. Perf. Subj.)*	*(Past Conditional)*
ich	werde gestochen haben	werde gestochen haben	würde gestochen haben
du	wirst gestochen haben	werdest gestochen haben	würdest gestochen haben
er	wird gestochen haben	werde gestochen haben	würde gestochen haben
wir	werden gestochen haben	werden gestochen haben	würden gestochen haben
ihr	werdet gestochen haben	werdet gestochen haben	würdet gestochen haben
sie	werden gestochen haben	werden gestochen haben	würden gestochen haben

PRINC. PARTS: stehen, stand, gestanden, steht
IMPERATIVE: stehe!, steht!, stehen Sie!

to stand, be located

INDICATIVE	SUBJUNCTIVE		
	PRIMARY	SECONDARY	

Present Time

Present	*(Pres. Subj.)*	*(Imperf. Subj.)*	
ich stehe	stehe	stände	stünde
du stehst	stehest	ständest	stündest
er steht	stehe	ständе *or*	stünde
wir stehen	stehen	ständen	stünden
ihr steht	stehet	ständet	stündet
sie stehen	stehen	ständen	stünden

Imperfect
ich stand
du standst
er stand
wir standen
ihr standet
sie standen

Past Time

Perfect	*(Perf. Subj.)*	*(Pluperf. Subj.)*
ich habe gestanden	habe gestanden	hätte gestanden
du hast gestanden	habest gestanden	hättest gestanden
er hat gestanden	habe gestanden	hätte gestanden
wir haben gestanden	haben gestanden	hätten gestanden
ihr habt gestanden	habet gestanden	hättet gestanden
sie haben gestanden	haben gestanden	hätten gestanden

Pluperfect
ich hatte gestanden
du hattest gestanden
er hatte gestanden
wir hatten gestanden
ihr hattet gestanden
sie hatten gestanden

Future Time

Future	*(Fut. Subj.)*	*(Pres. Conditional)*
ich werde stehen	werde stehen	würde stehen
du wirst stehen	werdest stehen	würdest stehen
er wird stehen	werde stehen	würde stehen
wir werden stehen	werden stehen	würden stehen
ihr werdet stehen	werdet stehen	würdet stehen
sie werden stehen	werden stehen	würden stehen

Future Perfect Time

Future Perfect	*(Fut. Perf. Subj.)*	*(Past Conditional)*
ich werde gestanden haben	werde gestanden haben	würde gestanden haben
du wirst gestanden haben	werdest gestanden haben	würdest gestanden haben
er wird gestanden haben	werde gestanden haben	würde gestanden haben
wir werden gestanden haben	werden gestanden haben	würden gestanden haben
ihr werdet gestanden haben	werdet gestanden haben	würdet gestanden haben
sie werden gestanden haben	werden gestanden haben	würden gestanden haben

steigen

to climb, increase, rise

PRINC. PARTS: steigen, stieg, ist gestiegen, steigt
IMPERATIVE: steige!, steigt!, steigen Sie!

	INDICATIVE	SUBJUNCTIVE	
		PRIMARY	SECONDARY
		Present Time	
	Present	*(Pres. Subj.)*	*(Imperf. Subj.)*
ich	steige	steige	stiege
du	steigst	steigest	stiegest
er	steigt	steige	stiege
wir	steigen	steigen	stiegen
ihr	steigt	steiget	stieget
sie	steigen	steigen	stiegen
	Imperfect		
ich	stieg		
du	stiegst		
er	stieg		
wir	stiegen		
ihr	stiegt		
sie	stiegen		
		Past Time	
	Perfect	*(Perf. Subj.)*	*(Pluperf. Subj.)*
ich	bin gestiegen	sei gestiegen	wäre gestiegen
du	bist gestiegen	seiest gestiegen	wärest gestiegen
er	ist gestiegen	sei gestiegen	wäre gestiegen
wir	sind gestiegen	seien gestiegen	wären gestiegen
ihr	seid gestiegen	seiet gestiegen	wäret gestiegen
sie	sind gestiegen	seien gestiegen	wären gestiegen
	Pluperfect		
ich	war gestiegen		
du	warst gestiegen		
er	war gestiegen		
wir	waren gestiegen		
ihr	wart gestiegen		
sie	waren gestiegen		
		Future Time	
	Future	*(Fut. Subj.)*	*(Pres. Conditional)*
ich	werde steigen	werde steigen	würde steigen
du	wirst steigen	werdest steigen	würdest steigen
er	wird steigen	werde steigen	würde steigen
wir	werden steigen	werden steigen	würden steigen
ihr	werdet steigen	werdet steigen	würdet steigen
sie	werden steigen	werden steigen	würden steigen
		Future Perfect Time	
	Future Perfect	*(Fut. Perf. Subj.)*	*(Past Conditional)*
ich	werde gestiegen sein	werde gestiegen sein	würde gestiegen sein
du	wirst gestiegen sein	werdest gestiegen sein	würdest gestiegen sein
er	wird gestiegen sein	werde gestiegen sein	würde gestiegen sein
wir	werden gestiegen sein	werden gestiegen sein	würden gestiegen sein
ihr	werdet gestiegen sein	werdet gestiegen sein	würdet gestiegen sein
sie	werden gestiegen sein	werden gestiegen sein	würden gestiegen sein

stellen

PRINC. PARTS: stellen, stellte, gestellt, stellt
IMPERATIVE: stelle!, stellt!, stellen Sie!

to put, place

INDICATIVE	SUBJUNCTIVE	
	PRIMARY	SECONDARY

Present Time

	Present	*(Pres. Subj.)*	*(Imperf. Subj.)*
ich	stelle	stelle	stellte
du	stellst	stellest	stelltest
er	stellt	stelle	stellte
wir	stellen	stellen	stellten
ihr	stellt	stellet	stelltet
sie	stellen	stellen	stellten

	Imperfect
ich	stellte
du	stelltest
er	stellte
wir	stellten
ihr	stelltet
sie	stellten

Past Time

	Perfect	*(Perf. Subj.)*	*(Pluperf. Subj.)*
ich	habe gestellt	habe gestellt	hätte gestellt
du	hast gestellt	habest gestellt	hättest gestellt
er	hat gestellt	habe gestellt	hätte gestellt
wir	haben gestellt	haben gestellt	hätten gestellt
ihr	habt gestellt	habet gestellt	hättet gestellt
sie	haben gestellt	haben gestellt	hätten gestellt

	Pluperfect
ich	hatte gestellt
du	hattest gestellt
er	hatte gestellt
wir	hatten gestellt
ihr	hattet gestellt
sie	hatten gestellt

Future Time

	Future	*(Fut. Subj.)*	*(Pres. Conditional)*
ich	werde stellen	werde stellen	würde stellen
du	wirst stellen	werdest stellen	würdest stellen
er	wird stellen	werde stellen	würde stellen
wir	werden stellen	werden stellen	würden stellen
ihr	werdet stellen	werdet stellen	würdet stellen
sie	werden stellen	werden stellen	würden stellen

Future Perfect Time

	Future Perfect	*(Fut. Perf. Subj.)*	*(Past Conditional)*
ich	werde gestellt haben	werde gestellt haben	würde gestellt haben
du	wirst gestellt haben	werdest gestellt haben	würdest gestellt haben
er	wird gestellt haben	werde gestellt haben	würde gestellt haben
wir	werden gestellt haben	werden gestellt haben	würden gestellt haben
ihr	werdet gestellt haben	werdet gestellt haben	würdet gestellt haben
sie	werden gestellt haben	werden gestellt haben	würden gestellt haben

sterben

to die

PRINC. PARTS: sterben, starb, ist gestorben, stirbt
IMPERATIVE: stirb!, sterbt!, sterben Sie!

INDICATIVE	SUBJUNCTIVE	
	PRIMARY	SECONDARY
	Present Time	
Present	*(Pres. Subj.)*	*(Imperf. Subj.)*
ich sterbe	sterbe	stürbe
du stirbst	sterbest	stürbest
er stirbt	sterbe	stürbe
wir sterben	sterben	stürben
ihr sterbt	sterbet	stürbet
sie sterben	sterben	stürben

Imperfect
ich starb
du starbst
er starb
wir starben
ihr starbt
sie starben

	Past Time	
Perfect	*(Perf. Subj.)*	*(Pluperf. Subj.)*
ich bin gestorben	sei gestorben	wäre gestorben
du bist gestorben	seiest gestorben	wärest gestorben
er ist gestorben	sei gestorben	wäre gestorben
wir sind gestorben	seien gestorben	wären gestorben
ihr seid gestorben	seiet gestorben	wäret gestorben
sie sind gestorben	seien gestorben	wären gestorben

Pluperfect
ich war gestorben
du warst gestorben
er war gestorben
wir waren gestorben
ihr wart gestorben
sie waren gestorben

	Future Time	
Future	*(Fut. Subj.)*	*(Pres. Conditional)*
ich werde sterben	werde sterben	würde sterben
du wirst sterben	werdest sterben	würdest sterben
er wird sterben	werde sterben	würde sterben
wir werden sterben	werden sterben	würden sterben
ihr werdet sterben	werdet sterben	würdet sterben
sie werden sterben	werden sterben	würden sterben

	Future Perfect Time	
Future Perfect	*(Fut. Perf. Subj.)*	*(Past Conditional)*
ich werde gestorben sein	werde gestorben sein	würde gestorben sein
du wirst gestorben sein	werdest gestorben sein	würdest gestorben sein
er wird gestorben sein	werde gestorben sein	würde gestorben sein
wir werden gestorben sein	werden gestorben sein	würden gestorben sein
ihr werdet gestorben sein	werdet gestorben sein	würdet gestorben sein
sie werden gestorben sein	werden gestorben sein	würden gestorben sein

stören

PRINC. PARTS: stören, störte, gestört, stört
IMPERATIVE: störe!, stört!, stören Sie!

to disturb, trouble, upset

INDICATIVE	SUBJUNCTIVE	
	PRIMARY	SECONDARY

Present Time

	Present	(*Pres. Subj.*)	(*Imperf. Subj.*)
ich	störe	störe	störte
du	störst	störest	störtest
er	stört	störe	störte
wir	stören	stören	störten
ihr	stört	störet	störtet
sie	stören	stören	störten

	Imperfect
ich	störte
du	störtest
er	störte
wir	störten
ihr	störtet
sie	störten

Past Time

	Perfect	(*Perf. Subj.*)	(*Pluperf. Subj.*)
ich	habe gestört	habe gestört	hätte gestört
du	hast gestört	habest gestört	hättest gestört
er	hat gestört	habe gestört	hätte gestört
wir	haben gestört	haben gestört	hätten gestört
ihr	habt gestört	habet gestört	hättet gestört
sie	haben gestört	haben gestört	hätten gestört

	Pluperfect
ich	hatte gestört
du	hattest gestört
er	hatte gestört
wir	hatten gestört
ihr	hattet gestört
sie	hatten gestört

Future Time

	Future	(*Fut. Subj.*)	(*Pres. Conditional*)
ich	werde stören	werde stören	würde stören
du	wirst stören	werdest stören	würdest stören
er	wird stören	werde stören	würde stören
wir	werden stören	werden stören	würden stören
ihr	werdet stören	werdet stören	würdet stören
sie	werden stören	werden stören	würden stören

Future Perfect Time

	Future Perfect	(*Fut. Perf. Subj.*)	(*Past Conditional*)
ich	werde gestört haben	werde gestört haben	würde gestört haben
du	wirst gestört haben	werdest gestört haben	würdest gestört haben
er	wird gestört haben	werde gestört haben	würde gestört haben
wir	werden gestört haben	werden gestört haben	würden gestört haben
ihr	werdet gestört haben	werdet gestört haben	würdet gestört haben
sie	werden gestört haben	werden gestört haben	würden gestört haben

streben

to strive

PRINC. PARTS: streben, strebte, gestrebt, strebt
IMPERATIVE: strebe!, strebt!, streben Sie!

	INDICATIVE	SUBJUNCTIVE	
		PRIMARY	SECONDARY

Present Time

	Present	*(Pres. Subj.)*	*(Imperf. Subj.)*
ich	strebe	strebe	strebte
du	strebst	strebest	strebtest
er	strebt	strebe	strebte
wir	streben	streben	strebten
ihr	strebt	strebet	strebtet
sie	streben	streben	strebten

	Imperfect
ich	strebte
du	strebtest
er	strebte
wir	strebten
ihr	strebtet
sie	strebten

Past Time

	Perfect	*(Perf. Subj.)*	*(Pluperf. Subj.)*
ich	habe gestrebt	habe gestrebt	hätte gestrebt
du	hast gestrebt	habest gestrebt	hättest gestrebt
er	hat gestrebt	habe gestrebt	hätte gestrebt
wir	haben gestrebt	haben gestrebt	hätten gestrebt
ihr	habt gestrebt	habet gestrebt	hättet gestrebt
sie	haben gestrebt	haben gestrebt	hätten gestrebt

	Pluperfect
ich	hatte gestrebt
du	hattest gestrebt
er	hatte gestrebt
wir	hatten gestrebt
ihr	hattet gestrebt
sie	hatten gestrebt

Future Time

	Future	*(Fut. Subj.)*	*(Pres. Conditional)*
ich	werde streben	werde streben	würde streben
du	wirst streben	werdest streben	würdest streben
er	wird streben	werde streben	würde streben
wir	werden streben	werden streben	würden streben
ihr	werdet streben	werdet streben	würdet streben
sie	werden streben	werden streben	würden streben

Future Perfect Time

	Future Perfect	*(Fut. Perf. Subj.)*	*(Past Conditional)*
ich	werde gestrebt haben	werde gestrebt haben	würde gestrebt haben
du	wirst gestrebt haben	werdest gestrebt haben	würdest gestrebt haben
er	wird gestrebt haben	werde gestrebt haben	würde gestrebt haben
wir	werden gestrebt haben	werden gestrebt haben	würden gestrebt haben
ihr	werdet gestrebt haben	werdet gestrebt haben	würdet gestrebt haben
sie	werden gestrebt haben	werden gestrebt haben	würden gestrebt haben

PRINC. PARTS: streiten, stritt, gestritten, streitet
IMPERATIVE: streite!, streitet!, streiten Sie!

to quarrel, dispute

	INDICATIVE	SUBJUNCTIVE	
		PRIMARY	SECONDARY
		Present Time	
	Present	*(Pres. Subj.)*	*(Imperf. Subj.)*
ich	streite	streite	stritte
du	streitest	streitest	strittest
er	streitet	streite	stritte
wir	streiten	streiten	stritten
ihr	streitet	streitet	strittet
sie	streiten	streiten	stritten

	Imperfect
ich	stritt
du	strittest
er	stritt
wir	stritten
ihr	strittet
sie	stritten

		Past Time	
		(Perf. Subj.)	*(Pluperf. Subj.)*
	Perfect	habe gestritten	hätte gestritten
ich	habe gestritten	habest gestritten	hättest gestritten
du	hast gestritten	habe gestritten	hätte gestritten
er	hat gestritten	haben gestritten	hätten gestritten
wir	haben gestritten	habet gestritten	hättet gestritten
ihr	habt gestritten	haben gestritten	hätten gestritten
sie	haben gestritten		

	Pluperfect
ich	hatte gestritten
du	hattest gestritten
er	hatte gestritten
wir	hatten gestritten
ihr	hattet gestritten
sie	hatten gestritten

		Future Time	
		(Fut. Subj.)	*(Pres. Conditional)*
	Future	werde streiten	würde streiten
ich	werde streiten	werdest streiten	würdest streiten
du	wirst streiten	werde streiten	würde streiten
er	wird streiten	werden streiten	würden streiten
wir	werden streiten	werdet streiten	würdet streiten
ihr	werdet streiten	werden streiten	würden streiten
sie	werden streiten		

		Future Perfect Time	
		(Fut. Perf. Subj.)	*(Past Conditional)*
	Future Perfect	werde gestritten haben	würde gestritten haben
ich	werde gestritten haben	werdest gestritten haben	würdest gestritten haben
du	wirst gestritten haben	werde gestritten haben	würde gestritten haben
er	wird gestritten haben	werden gestritten haben	würden gestritten haben
wir	werden gestritten haben	werdet gestritten haben	würdet gestritten haben
ihr	werdet gestritten haben	werden gestritten haben	würden gestritten haben
sie	werden gestritten haben		

studieren

to study, be at college

PRINC. PARTS: studieren, studierte, studiert, studiert

IMPERATIVE: studiere!, studiert!, studieren Sie!

INDICATIVE	SUBJUNCTIVE	
	PRIMARY	SECONDARY
	Present Time	
Present	*(Pres. Subj.)*	*(Imperf. Subj.)*
ich studiere	studiere	studierte
du studierst	studierest	studiertest
er studiert	studiere	studierte
wir studieren	studieren	studierten
ihr studiert	studieret	studiertet
sie studieren	studieren	studierten

Imperfect
ich studierte
du studiertest
er studierte
wir studierten
ihr studiertet
sie studierten

	Past Time	
Perfect	*(Perf. Subj.)*	*(Pluperf. Subj.)*
ich habe studiert	habe studiert	hätte studiert
du hast studiert	habest studiert	hättest studiert
er hat studiert	habe studiert	hätte studiert
wir haben studiert	haben studiert	hätten studiert
ihr habt studiert	habet studiert	hättet studiert
sie haben studiert	haben studiert	hätten studiert

Pluperfect
ich hatte studiert
du hattest studiert
er hatte studiert
wir hatten studiert
ihr hattet studiert
sie hatten studiert

	Future Time	
Future	*(Fut. Subj.)*	*(Pres. Conditional)*
ich werde studieren	werde studieren	würde studieren
du wirst studieren	werdest studieren	würdest studieren
er wird studieren	werde studieren	würde studieren
wir werden studieren	werden studieren	würden studieren
ihr werdet studieren	werdet studieren	würdet studieren
sie werden studieren	werden studieren	würden studieren

	Future Perfect Time	
Future Perfect	*(Fut. Perf. Subj.)*	*(Past Conditional)*
ich werde studiert haben	werde studiert haben	würde studiert haben
du wirst studiert haben	werdest studiert haben	würdest studiert haben
er wird studiert haben	werde studiert haben	würde studiert haben
wir werden studiert haben	werden studiert haben	würden studiert haben
ihr werdet studiert haben	werdet studiert haben	würdet studiert haben
sie werden studiert haben	werden studiert haben	würden studiert haben

PRINC. PARTS: stürzen, stürzte, ist gestürzt,
stürzt
IMPERATIVE: stürze!, stürzt!, stürzen Sie!

INDICATIVE	SUBJUNCTIVE	
	PRIMARY	SECONDARY

Present Time

	Present	*(Pres. Subj.)*	*(Imperf. Subj.)*
ich	stürze	stürze	stürzte
du	stürzt	stürzest	stürztest
er	stürzt	stürze	stürzte
wir	stürzen	stürzen	stürzten
ihr	stürzt	stürzet	stürztet
sie	stürzen	stürzen	stürzten

	Imperfect
ich	stürzte
du	stürztest
er	stürzte
wir	stürzten
ihr	stürztet
sie	stürzten

Past Time

	Perfect	*(Perf. Subj.)*	*(Pluperf. Subj.)*
ich	bin gestürzt	sei gestürzt	wäre gestürzt
du	bist gestürzt	seiest gestürzt	wärest gestürzt
er	ist gestürzt	sei gestürzt	wäre gestürzt
wir	sind gestürzt	seien gestürzt	wären gestürzt
ihr	seid gestürzt	seiet gestürzt	wäret gestürzt
sie	sind gestürzt	seien gestürzt	wären gestürzt

	Pluperfect
ich	war gestürzt
du	warst gestürzt
er	war gestürzt
wir	waren gestürzt
ihr	wart gestürzt
sie	waren gestürzt

Future Time

	Future	*(Fut. Subj.)*	*(Pres. Conditional)*
ich	werde stürzen	werde stürzen	würde stürzen
du	wirst stürzen	werdest stürzen	würdest stürzen
er	wird stürzen	werde stürzen	würde stürzen
wir	werden stürzen	werden stürzen	würden stürzen
ihr	werdet stürzen	werdet stürzen	würdet stürzen
sie	werden stürzen	werden stürzen	würden stürzen

Future Perfect Time

	Future Perfect	*(Fut. Perf. Subj.)*	*(Past Conditional)*
ich	werde gestürzt sein	werde gestürzt sein	würde gestürzt sein
du	wirst gestürzt sein	werdest gestürzt sein	würdest gestürzt sein
er	wird gestürzt sein	werde gestürzt sein	würde gestürzt sein
wir	werden gestürzt sein	werden gestürzt sein	würden gestürzt sein
ihr	werdet gestürzt sein	werdet gestürzt sein	würdet gestürzt sein
sie	werden gestürzt sein	werden gestürzt sein	würden gestürzt sein

suchen

to seek, *look for*

PRINC. PARTS: suchen, suchte, gesucht, sucht
IMPERATIVE: suche!, sucht!, suchen Sie!

	INDICATIVE		SUBJUNCTIVE	
			PRIMARY	SECONDARY
			Present Time	
	Present		*(Pres. Subj.)*	*(Imperf. Subj.)*
ich	suche		suche	suchte
du	suchst		suchest	suchtest
er	sucht		suche	suchte
wir	suchen		suchen	suchten
ihr	sucht		suchet	suchtet
sie	suchen		suchen	suchten

	Imperfect
ich	suchte
du	suchtest
er	suchte
wir	suchten
ihr	suchtet
sie	suchten

			Past Time	
	Perfect		*(Perf. Subj.)*	*(Pluperf. Subj.)*
ich	habe gesucht		habe gesucht	hätte gesucht
du	hast gesucht		habest gesucht	hättest gesucht
er	hat gesucht		habe gesucht	hätte gesucht
wir	haben gesucht		haben gesucht	hätten gesucht
ihr	habt gesucht		habet gesucht	hättet gesucht
sie	haben gesucht		haben gesucht	hätten gesucht

	Pluperfect
ich	hatte gesucht
du	hattest gesucht
er	hatte gesucht
wir	hatten gesucht
ihr	hattet gesucht
sie	hatten gesucht

			Future Time	
	Future		*(Fut. Subj.)*	*(Pres. Conditional)*
ich	werde suchen		werde suchen	würde suchen
du	wirst suchen		werdest suchen	würdest suchen
er	wird suchen		werde suchen	würde suchen
wir	werden suchen		werden suchen	würden suchen
ihr	werdet suchen		werdet suchen	würdet suchen
sie	werden suchen		werden suchen	würden suchen

			Future Perfect Time	
	Future Perfect		*(Fut. Perf. Subj.)*	*(Past Conditional)*
ich	werde gesucht haben		werde gesucht haben	würde gesucht haben
du	wirst gesucht haben		werdest gesucht haben	würdest gesucht haben
er	wird gesucht haben		werde gesucht haben	würde gesucht haben
wir	werden gesucht haben		werden gesucht haben	würden gesucht haben
ihr	werdet gesucht haben		werdet gesucht haben	würdet gesucht haben
sie	werden gesucht haben		werden gesucht haben	würden gesucht haben

PRINC. PARTS: tanzen, tanzte, getanzt, tanzt
IMPERATIVE: tanze!, tanzt!, tanzen Sie!

	INDICATIVE	SUBJUNCTIVE	
		PRIMARY	SECONDARY

Present Time

	Present	*(Pres. Subj.)*	*(Imperf. Subj.)*
ich	tanze	tanze	tanzte
du	tanzt	tanzest	tanztest
er	tanzt	tanze	tanzte
wir	tanzen	tanzen	tanzten
ihr	tanzt	tanzet	tanztet
sie	tanzen	tanzen	tanzten

	Imperfect
ich	tanzte
du	tanztest
er	tanzte
wir	tanzten
ihr	tanztet
sie	tanzten

Past Time

	Perfect	*(Perf. Subj.)*	*(Pluperf. Subj.)*
ich	habe getanzt	habe getanzt	hätte getanzt
du	hast getanzt	habest getanzt	hättest getanzt
er	hat getanzt	habe getanzt	hätte getanzt
wir	haben getanzt	haben getanzt	hätten getanzt
ihr	habt getanzt	habet getanzt	hättet getanzt
sie	haben getanzt	haben getanzt	hätten getanzt

	Pluperfect
ich	hatte getanzt
du	hattest getanzt
er	hatte getanzt
wir	hatten getanzt
ihr	hattet getanzt
sie	hatten getanzt

Future Time

	Future	*(Fut. Subj.)*	*(Pres. Conditional)*
ich	werde tanzen	werde tanzen	würde tanzen
du	wirst tanzen	werdest tanzen	würdest tanzen
er	wird tanzen	werde tanzen	würde tanzen
wir	werden tanzen	werden tanzen	würden tanzen
ihr	werdet tanzen	werdet tanzen	würdet tanzen
sie	werden tanzen	werden tanzen	würden tanzen

Future Perfect Time

	Future Perfect	*(Fut. Perf. Subj.)*	*(Past Conditional)*
ich	werde getanzt haben	werde getanzt haben	würde getanzt haben
du	wirst getanzt haben	werdest getanzt haben	würdest getanzt haben
er	wird getanzt haben	werde getanzt haben	würde getanzt haben
wir	werden getanzt haben	werden getanzt haben	würden getanzt haben
ihr	werdet getanzt haben	werdet getanzt haben	würdet getanzt haben
sie	werden getanzt haben	werden getanzt haben	würden getanzt haben

taugen

to be of use or value, be worth; be good or fit for

PRINC. PARTS: taugen, taugte, getaugt, taugt
IMPERATIVE: tauge!, taugt!, taugen Sie!

	INDICATIVE	SUBJUNCTIVE	
		PRIMARY	SECONDARY
		Present Time	
	Present	*(Pres. Subj.)*	*(Imperf. Subj.)*
ich	tauge	tauge	taugte
du	taugst	taugest	taugtest
er	taugt	tauge	taugte
wir	taugen	taugen	taugten
ihr	taugt	tauget	taugtet
sie	taugen	taugen	taugten
	Imperfect		
ich	taugte		
du	taugtest		
er	taugte		
wir	taugten		
ihr	taugtet		
sie	taugten		
		Past Time	
	Perfect	*(Perf. Subj.)*	*(Pluperf. Subj.)*
ich	habe getaugt	habe getaugt	hätte getaugt
du	hast getaugt	habest getaugt	hättest getaugt
er	hat getaugt	habe getaugt	hätte getaugt
wir	haben getaugt	haben getaugt	hätten getaugt
ihr	habt getaugt	habet getaugt	hättet getaugt
sie	haben getaugt	haben getaugt	hätten getaugt
	Pluperfect		
ich	hatte getaugt		
du	hattest getaugt		
er	hatte getaugt		
wir	hatten getaugt		
ihr	hattet getaugt		
sie	hatten getaugt		
		Future Time	
	Future	*(Fut. Subj.)*	*(Pres. Conditional)*
ich	werde taugen	werde taugen	würde taugen
du	wirst taugen	werdest taugen	würdest taugen
er	wird taugen	werde taugen	würde taugen
wir	werden taugen	werden taugen	würden taugen
ihr	werdet taugen	werdet taugen	würdet taugen
sie	werden taugen	werden taugen	würden taugen
		Future Perfect Time	
	Future Perfect	*(Fut. Perf. Subj.)*	*(Past Conditional)*
ich	werde getaugt haben	werde getaugt haben	würde getaugt haben
du	wirst getaugt haben	werdest getaugt haben	würdest getaugt haben
er	wird getaugt haben	werde getaugt haben	würde getaugt haben
wir	werden getaugt haben	werden getaugt haben	würden getaugt haben
ihr	werdet getaugt haben	werdet getaugt haben	würdet getaugt haben
sie	werden getaugt haben	werden getaugt haben	würden getaugt haben

PRINC. PARTS: töten, tötete, getötet, tötet
IMPERATIVE: töte!, tötet!, töten Sie!

to kill, slay, deaden

INDICATIVE	SUBJUNCTIVE	
	PRIMARY	SECONDARY
	Present Time	
Present	*(Pres. Subj.)*	*(Imperf. Subj.)*
ich töte	töte	tötete
du tötest	tötest	tötetest
er tötet	töte	tötete
wir töten	töten	töteten
ihr tötet	tötet	tötetet
sie töten	töten	töteten

Imperfect

ich	tötete
du	tötetest
er	tötete
wir	töteten
ihr	tötetet
sie	töteten

	Past Time	
Perfect	*(Perf. Subj.)*	*(Pluperf. Subj.)*
ich habe getötet	habe getötet	hätte getötet
du hast getötet	habest getötet	hättest getötet
er hat getötet	habe getötet	hätte getötet
wir haben getötet	haben getötet	hätten getötet
ihr habt getötet	habet getötet	hättet getötet
sie haben getötet	haben getötet	hätten getötet

Pluperfect

ich	hatte getötet
du	hattest getötet
er	hatte getötet
wir	hatten getötet
ihr	hattet getötet
sie	hatten getötet

	Future Time	
Future	*(Fut. Subj.)*	*(Pres. Conditional)*
ich werde töten	werde töten	würde töten
du wirst töten	werdest töten	würdest töten
er wird töten	werde töten	würde töten
wir werden töten	werden töten	würden töten
ihr werdet töten	werdet töten	würdet töten
sie werden töten	werden töten	würden töten

	Future Perfect Time	
Future Perfect	*(Fut. Perf. Subj.)*	*(Past Conditional)*
ich werde getötet haben	werde getötet haben	würde getötet haben
du wirst getötet haben	werdest getötet haben	würdest getötet haben
er wird getötet haben	werde getötet haben	würde getötet haben
wir werden getötet haben	werden getötet haben	würden getötet haben
ihr werdet getötet haben	werdet getötet haben	würdet getötet haben
sie werden getötet haben	werden getötet haben	würden getötet haben

trachten

*to endeavor, aspire to,
strive for*

PRINC. PARTS: trachten, trachtete, getrachtet,
trachtet
IMPERATIVE: trachte!, trachtet!, trachten Sie!

	INDICATIVE	SUBJUNCTIVE	
		PRIMARY	SECONDARY
	Present	*(Pres. Subj.)*	*Present Time* *(Imperf. Subj.)*
ich	trachte	trachte	trachtete
du	trachtest	trachtest	trachtetest
er	trachtet	trachte	trachtete
wir	trachten	trachten	trachteten
ihr	trachtet	trachtet	trachtetet
sie	trachten	trachten	trachteten
	Imperfect		
ich	trachtete		
du	trachtetest		
er	trachtete		
wir	trachteten		
ihr	trachtetet		
sie	trachteten		*Past Time*
	Perfect	*(Perf. Subj.)*	*(Pluperf. Subj.)*
ich	habe getrachtet	habe getrachtet	hätte getrachtet
du	hast getrachtet	habest getrachtet	hättest getrachtet
er	hat getrachtet	habe getrachtet	hätte getrachtet
wir	haben getrachtet	haben getrachtet	hätten getrachtet
ihr	habt getrachtet	habet getrachtet	hättet getrachtet
sie	haben getrachtet	haben getrachtet	hätten getrachtet
	Pluperfect		
ich	hatte getrachtet		
du	hattest getrachtet		
er	hatte getrachtet		
wir	hatten getrachtet		
ihr	hattet getrachtet		
sie	hatten getrachtet		*Future Time*
	Future	*(Fut. Subj.)*	*(Pres. Conditional)*
ich	werde trachten	werde trachten	würde trachten
du	wirst trachten	werdest trachten	würdest trachten
er	wird trachten	werde trachten	würde trachten
wir	werden trachten	werden trachten	würden trachten
ihr	werdet trachten	werdet trachten	würdet trachten
sie	werden trachten	werden trachten	würden trachten
			Future Perfect Time
	Future Perfect	*(Fut. Perf. Subj.)*	*(Past Conditional)*
ich	werde getrachtet haben	werde getrachtet haben	würde getrachtet haben
du	wirst getrachtet haben	werdest getrachtet haben	würdest getrachtet haben
er	wird getrachtet haben	werde getrachtet haben	würde getrachtet haben
wir	werden getrachtet haben	werden getrachtet haben	würden getrachtet haben
ihr	werdet getrachtet haben	werdet getrachtet haben	würdet getrachtet haben
sie	werden getrachtet haben	werden getrachtet haben	würden getrachtet haben

PRINC. PARTS: tragen, trug, getragen, trägt
IMPERATIVE: trage!, tragt!, tragen Sie!

to carry, bear, wear

INDICATIVE	SUBJUNCTIVE	
	PRIMARY	SECONDARY

Present Time

	Present	*(Pres. Subj.)*	*(Imperf. Subj.)*
ich	trage	trage	trüge
du	trägst	tragest	trügest
er	trägt	trage	trüge
wir	tragen	tragen	trügen
ihr	tragt	traget	trüget
sie	tragen	tragen	trügen

	Imperfect
ich	trug
du	trugst
er	trug
wir	trugen
ihr	trugt
sie	trugen

Past Time

	Perfect	*(Perf. Subj.)*	*(Pluperf. Subj.)*
ich	habe getragen	habe getragen	hätte getragen
du	hast getragen	habest getragen	hättest getragen
er	hat getragen	habe getragen	hätte getragen
wir	haben getragen	haben getragen	hätten getragen
ihr	habt getragen	habet getragen	hättet getragen
sie	haben getragen	haben getragen	hätten getragen

	Pluperfect
ich	hatte getragen
du	hattest getragen
er	hatte getragen
wir	hatten getragen
ihr	hattet getragen
sie	hatten getragen

Future Time

	Future	*(Fut. Subj.)*	*(Pres. Conditional)*
ich	werde tragen	werde tragen	würde tragen
du	wirst tragen	werdest tragen	würdest tragen
er	wird tragen	werde tragen	würde tragen
wir	werden tragen	werden tragen	würden tragen
ihr	werdet tragen	werdet tragen	würdet tragen
sie	werden tragen	werden tragen	würden tragen

Future Perfect Time

	Future Perfect	*(Fut. Perf. Subj.)*	*(Past Conditional)*
ich	werde getragen haben	werde getragen haben	würde getragen haben
du	wirst getragen haben	werdest getragen haben	würdest getragen haben
er	wird getragen haben	werde getragen haben	würde getragen haben
wir	werden getragen haben	werden getragen haben	würden getragen haben
ihr	werdet getragen haben	werdet getragen haben	würdet getragen haben
sie	werden getragen haben	werden getragen haben	würden getragen haben

trauen

to trust, believe in; venture,
dare; marry

PRINC. PARTS: trauen, traute, getraut, traut
IMPERATIVE: traue!, traut!, trauen Sie!

| | INDICATIVE | SUBJUNCTIVE | |
| | | PRIMARY | SECONDARY |

	Present	(*Pres. Subj.*)	*Present Time* (*Imperf. Subj.*)
ich	traue	traue	traute
du	traust	trauest	trautest
er	traut	traue	traute
wir	trauen	trauen	trauten
ihr	traut	trauet	trautet
sie	trauen	trauen	trauten

	Imperfect
ich	traute
du	trautest
er	traute
wir	trauten
ihr	trautet
sie	trauten

	Perfect	(*Perf. Subj.*)	*Past Time* (*Pluperf. Subj.*)
ich	habe getraut	habe getraut	hätte getraut
du	hast getraut	habest getraut	hättest getraut
er	hat getraut	habe getraut	hätte getraut
wir	haben getraut	haben getraut	hätten getraut
ihr	habt getraut	habet getraut	hättet getraut
sie	haben getraut	haben getraut	hätten getraut

	Pluperfect
ich	hatte getraut
du	hattest getraut
er	hatte getraut
wir	hatten getraut
ihr	hattet getraut
sie	hatten getraut

	Future	(*Fut. Subj.*)	*Future Time* (*Pres. Conditional*)
ich	werde trauen	werde trauen	würde trauen
du	wirst trauen	werdest trauen	würdest trauen
er	wird trauen	werde trauen	würde trauen
wir	werden trauen	werden trauen	würden trauen
ihr	werdet trauen	werdet trauen	würdet trauen
sie	werden trauen	werden trauen	würden trauen

	Future Perfect	(*Fut. Perf. Subj.*)	*Future Perfect Time* (*Past Conditional*)
ich	werde getraut haben	werde getraut haben	würde getraut haben
du	wirst getraut haben	werdest getraut haben	würdest getraut haben
er	wird getraut haben	werde getraut haben	würde getraut haben
wir	werden getraut haben	werden getraut haben	würden getraut haben
ihr	werdet getraut haben	werdet getraut haben	würdet getraut haben
sie	werden getraut haben	werden getraut haben	würden getraut haben

PRINC. PARTS: träumen, träumte, geträumt, träumt
IMPERATIVE: träume!, träumt!, träumen Sie!

INDICATIVE	SUBJUNCTIVE	
	PRIMARY	SECONDARY
	Present Time	
Present	*(Pres. Subj.)*	*(Imperf. Subj.)*
ich träume	träume	träumte
du träumst	träumest	träumtest
er träumt	träume	träumte
wir träumen	träumen	träumten
ihr träumt	träumet	träumtet
sie träumen	träumen	träumten

Imperfect
ich träumte
du träumtest
er träumte
wir träumten
ihr träumtet
sie träumten

	Past Time	
Perfect	*(Perf. Subj.)*	*(Pluperf. Subj.)*
ich habe geträumt	habe geträumt	hätte geträumt
du hast geträumt	habest geträumt	hättest geträumt
er hat geträumt	habe geträumt	hätte geträumt
wir haben geträumt	haben geträumt	hätten geträumt
ihr habt geträumt	habet geträumt	hättet geträumt
sie haben geträumt	haben geträumt	hätten geträumt

Pluperfect
ich hatte geträumt
du hattest geträumt
er hatte geträumt
wir hatten geträumt
ihr hattet geträumt
sie hatten geträumt

	Future Time	
Future	*(Fut. Subj.)*	*(Pres. Conditional)*
ich werde träumen	werde träumen	würde träumen
du wirst träumen	werdest träumen	würdest träumen
er wird träumen	werde träumen	würde träumen
wir werden träumen	werden träumen	würden träumen
ihr werdet träumen	werdet träumen	würdet träumen
sie werden träumen	werden träumen	würden träumen

	Future Perfect Time	
Future Perfect	*(Fut. Perf. Subj.)*	*(Past Conditional)*
ich werde geträumt haben	werde geträumt haben	würde geträumt haben
du wirst geträumt haben	werdest geträumt haben	würdest geträumt haben
er wird geträumt haben	werde geträumt haben	würde geträumt haben
wir werden geträumt haben	werden geträumt haben	würden geträumt haben
ihr werdet geträumt haben	werdet geträumt haben	würdet geträumt haben
sie werden geträumt haben	werden geträumt haben	würden geträumt haben

treffen

to meet, hit

PRINC. PARTS: treffen, traf, getroffen, trifft
IMPERATIVE: triff!, trefft!, treffen Sie!

INDICATIVE	SUBJUNCTIVE	
	PRIMARY	SECONDARY
	Present Time	
Present	*(Pres. Subj.)*	*(Imperf. Subj.)*
ich treffe	treffe	träfe
du triffst	treffest	träfest
er trifft	treffe	träfe
wir treffen	treffen	träfen
ihr trefft	treffet	träfet
sie treffen	treffen	träfen

Imperfect
ich traf
du trafst
er traf
wir trafen
ihr traft
sie trafen

	Past Time	
Perfect	*(Perf. Subj.)*	*(Pluperf. Subj.)*
ich habe getroffen	habe getroffen	hätte getroffen
du hast getroffen	habest getroffen	hättest getroffen
er hat getroffen	habe getroffen	hätte getroffen
wir haben getroffen	haben getroffen	hätten getroffen
ihr habt getroffen	habet getroffen	hättet getroffen
sie haben getroffen	haben getroffen	hätten getroffen

Pluperfect
ich hatte getroffen
du hattest getroffen
er hatte getroffen
wir hatten getroffen
ihr hattet getroffen
sie hatten getroffen

	Future Time	
Future	*(Fut. Subj.)*	*(Pres. Conditional)*
ich werde treffen	werde treffen	würde treffen
du wirst treffen	werdest treffen	würdest treffen
er wird treffen	werde treffen	würde treffen
wir werden treffen	werden treffen	würden treffen
ihr werdet treffen	werdet treffen	würdet treffen
sie werden treffen	werden treffen	würden treffen

	Future Perfect Time	
Future Perfect	*(Fut. Perf. Subj.)*	*(Past Conditional)*
ich werde getroffen haben	werde getroffen haben	würde getroffen haben
du wirst getroffen haben	werdest getroffen haben	würdest getroffen haben
er wird getroffen haben	werde getroffen haben	würde getroffen haben
wir werden getroffen haben	werden getroffen haben	würden getroffen haben
ihr werdet getroffen haben	werdet getroffen haben	würdet getroffen haben
sie werden getroffen haben	werden getroffen haben	würden getroffen haben

PRINC. PARTS: treiben, trieb, getrieben, treibt
IMPERATIVE: treibe!, treibt!, treiben Sie!

INDICATIVE	SUBJUNCTIVE	
	PRIMARY	SECONDARY
	Present Time	
Present	(*Pres. Subj.*)	(*Imperf. Subj.*)
ich treibe	treibe	triebe
du treibst	treibest	triebest
er treibt	treibe	triebe
wir treiben	treiben	trieben
ihr treibt	treibet	triebet
sie treiben	treiben	trieben

Imperfect
ich trieb
du triebst
er trieb
wir trieben
ihr triebt
sie trieben

	Past Time	
Perfect	(*Perf. Subj.*)	(*Pluperf. Subj.*)
ich habe getrieben	habe getrieben	hätte getrieben
du hast getrieben	habest getrieben	hättest getrieben
er hat getrieben	habe getrieben	hätte getrieben
wir haben getrieben	haben getrieben	hätten getrieben
ihr habt getrieben	habet getrieben	hättet getrieben
sie haben getrieben	haben getrieben	hätten getrieben

Pluperfect
ich hatte getrieben
du hattest getrieben
er hatte getrieben
wir hatten getrieben
ihr hattet getrieben
sie hatten getrieben

	Future Time	
Future	(*Fut. Subj.*)	(*Pres. Conditional*)
ich werde treiben	werde treiben	würde treiben
du wirst treiben	werdest treiben	würdest treiben
er wird treiben	werde treiben	würde treiben
wir werden treiben	werden treiben	würden treiben
ihr werdet treiben	werdet treiben	würdet treiben
sie werden treiben	werden treiben	würden treiben

	Future Perfect Time	
Future Perfect	(*Fut. Perf. Subj.*)	(*Past Conditional*)
ich werde getrieben haben	werde getrieben haben	würde getrieben haben
du wirst getrieben haben	werdest getrieben haben	würdest getrieben haben
er wird getrieben haben	werde getrieben haben	würde getrieben haben
wir werden getrieben haben	werden getrieben haben	würden getrieben haben
ihr werdet getrieben haben	werdet getrieben haben	würdet getrieben haben
sie werden getrieben haben	werden getrieben haben	würden getrieben haben

treten

to step, walk, tread, go

PRINC. PARTS: treten, trat, ist getreten, tritt
IMPERATIVE: tritt!, tretet!, treten Sie!

	INDICATIVE		SUBJUNCTIVE	
			PRIMARY	SECONDARY
			Present Time	
	Present		*(Pres. Subj.)*	*(Imperf. Subj.)*
ich	trete		trete	träte
du	trittst		tretest	trätest
er	tritt		trete	träte
wir	treten		treten	träten
ihr	tretet		tretet	trätet
sie	treten		treten	träten

	Imperfect
ich	trat
du	tratest
er	trat
wir	traten
ihr	tratet
sie	traten

			Past Time	
	Perfect		*(Perf. Subj.)*	*(Pluperf. Subj.)*
ich	bin getreten		sei getreten	wäre getreten
du	bist getreten		seiest getreten	wärest getreten
er	ist getreten		sei getreten	wäre getreten
wir	sind getreten		seien getreten	wären getreten
ihr	seid getreten		seiet getreten	wäret getreten
sie	sind getreten		seien getreten	wären getreten

	Pluperfect
ich	war getreten
du	warst getreten
er	war getreten
wir	waren getreten
ihr	wart getreten
sie	waren getreten

			Future Time	
	Future		*(Fut. Subj.)*	*(Pres. Conditional)*
ich	werde treten		werde treten	würde treten
du	wirst treten		werdest treten	würdest treten
er	wird treten		werde treten	würde treten
wir	werden treten		werden treten	würden treten
ihr	werdet treten		werdet treten	würdet treten
sie	werden treten		werden treten	würden treten

			Future Perfect Time	
	Future Perfect		*(Fut. Perf. Subj.)*	*(Past Conditional)*
ich	werde getreten sein		werde getreten sein	würde getreten sein
du	wirst getreten sein		werdest getreten sein	würdest getreten sein
er	wird getreten sein		werde getreten sein	würde getreten sein
wir	werden getreten sein		werden getreten sein	würden getreten sein
ihr	werdet getreten sein		werdet getreten sein	würdet getreten sein
sie	werden getreten sein		werden getreten sein	würden getreten sein

PRINC. PARTS: trinken, trank, getrunken, trinkt
IMPERATIVE: trinke!, trinkt!, trinken Sie!

INDICATIVE	SUBJUNCTIVE	
	PRIMARY	SECONDARY
	Present Time	
Present	*(Pres. Subj.)*	*(Imperf. Subj.)*
ich trinke	trinke	tränke
du trinkst	trinkest	tränkest
er trinkt	trinke	tränke
wir trinken	trinken	tränken
ihr trinkt	trinket	tränket
sie trinken	trinken	tränken

Imperfect
ich trank
du trankst
er trank
wir tranken
ihr trankt
sie tranken

	Past Time	
Perfect	*(Perf. Subj.)*	*(Pluperf. Subj.)*
ich habe getrunken	habe getrunken	hätte getrunken
du hast getrunken	habest getrunken	hättest getrunken
er hat getrunken	habe getrunken	hätte getrunken
wir haben getrunken	haben getrunken	hätten getrunken
ihr habt getrunken	habet getrunken	hättet getrunken
sie haben getrunken	haben getrunken	hätten getrunken

Pluperfect
ich hatte getrunken
du hattest getrunken
er hatte getrunken
wir hatten getrunken
ihr hattet getrunken
sie hatten getrunken

	Future Time	
Future	*(Fut. Subj.)*	*(Pres. Conditional)*
ich werde trinken	werde trinken	würde trinken
du wirst trinken	werdest trinken	würdest trinken
er wird trinken	werde trinken	würde trinken
wir werden trinken	werden trinken	würden trinken
ihr werdet trinken	werdet trinken	würdet trinken
sie werden trinken	werden trinken	würden trinken

	Future Perfect Time	
Future Perfect	*(Fut. Perf. Subj.)*	*(Past Conditional)*
ich werde getrunken haben	werde getrunken haben	würde getrunken haben
du wirst getrunken haben	werdest getrunken haben	würdest getrunken haben
er wird getrunken haben	werde getrunken haben	würde getrunken haben
wir werden getrunken haben	werden getrunken haben	würden getrunken haben
ihr werdet getrunken haben	werdet getrunken haben	würdet getrunken haben
sie werden getrunken haben	werden getrunken haben	würden getrunken haben

255

trocknen

to dry

PRINC. PARTS: trocknen, trocknete, getrocknet, trocknet
IMPERATIVE: trockne!, trocknet!, trocknen Sie!

	INDICATIVE	SUBJUNCTIVE	
		PRIMARY	SECONDARY

			Present Time	
	Present	*(Pres. Subj.)*	*(Imperf. Subj.)*
ich	trockne	trockne	trocknete
du	trocknest	trocknest	trocknetest
er	trocknet	trockne	trocknete
wir	trocknen	trocknen	trockneten
ihr	trocknet	trocknet	trocknetet
sie	trocknen	trocknen	trockneten

	Imperfect
ich	trocknete
du	trocknetest
er	trocknete
wir	trockneten
ihr	trocknetet
sie	trockneten

			Past Time	
	Perfect	*(Perf. Subj.)*	*(Pluperf. Subj.)*
ich	habe getrocknet	habe getrocknet	hätte getrocknet
du	hast getrocknet	habest getrocknet	hättest getrocknet
er	hat getrocknet	habe getrocknet	hätte getrocknet
wir	haben getrocknet	haben getrocknet	hätten getrocknet
ihr	habt getrocknet	habet getrocknet	hättet getrocknet
sie	haben getrocknet	haben getrocknet	hätten getrocknet

	Pluperfect
ich	hatte getrocknet
du	hattest getrocknet
er	hatte getrocknet
wir	hatten getrocknet
ihr	hattet getrocknet
sie	hatten getrocknet

			Future Time	
	Future	*(Fut. Subj.)*	*(Pres. Conditional)*
ich	werde trocknen	werde trocknen	würde trocknen
du	wirst trocknen	werdest trocknen	würdest trocknen
er	wird trocknen	werde trocknen	würde trocknen
wir	werden trocknen	werden trocknen	würden trocknen
ihr	werdet trocknen	werdet trocknen	würdet trocknen
sie	werden trocknen	werden trocknen	würden trocknen

			Future Perfect Time	
	Future Perfect	*(Fut. Perf. Subj.)*	*(Past Conditional)*
ich	werde getrocknet haben	werde getrocknet haben	würde getrocknet haben
du	wirst getrocknet haben	werdest getrocknet haben	würdest getrocknet haben
er	wird getrocknet haben	werde getrocknet haben	würde getrocknet haben
wir	werden getrocknet haben	werden getrocknet haben	würden getrocknet haben
ihr	werdet getrocknet haben	werdet getrocknet haben	würdet getrocknet haben
sie	werden getrocknet haben	werden getrocknet haben	würden getrocknet haben

256

PRINC. PARTS: trösten, tröstete, getröstet, tröstet
IMPERATIVE: tröste!, tröstet!, trösten Sie!

INDICATIVE	SUBJUNCTIVE	
	PRIMARY	SECONDARY
		Present Time
Present	*(Pres. Subj.)*	*(Imperf. Subj.)*
ich tröste	tröste	tröstete
du tröstest	tröstest	tröstetest
er tröstet	tröste	tröstete
wir trösten	trösten	trösteten
ihr tröstet	tröstet	tröstetet
sie trösten	trösten	trösteten

Imperfect
ich tröstete
du tröstetest
er tröstete
wir trösteten
ihr tröstetet
sie trösteten

		Past Time
Perfect	*(Perf. Subj.)*	*(Pluperf. Subj.)*
ich habe getröstet	habe getröstet	hätte getröstet
du hast getröstet	habest getröstet	hättest getröstet
er hat getröstet	habe getröstet	hätte getröstet
wir haben getröstet	haben getröstet	hätten getröstet
ihr habt getröstet	habet getröstet	hättet getröstet
sie haben getröstet	haben getröstet	hätten getröstet

Pluperfect
ich hatte getröstet
du hattest getröstet
er hatte getröstet
wir hatten getröstet
ihr hattet getröstet
sie hatten getröstet

		Future Time
Future	*(Fut. Subj.)*	*(Pres. Conditional)*
ich werde trösten	werde trösten	würde trösten
du wirst trösten	werdest trösten	würdest trösten
er wird trösten	werde trösten	würde trösten
wir werden trösten	werden trösten	würden trösten
ihr werdet trösten	werdet trösten	würdet trösten
sie werden trösten	werden trösten	würden trösten

		Future Perfect Time
Future Perfect	*(Fut. Perf. Subj.)*	*(Past Conditional)*
ich werde getröstet haben	werde getröstet haben	würde getröstet haben
du wirst getröstet haben	werdest getröstet haben	würdest getröstet haben
er wird getröstet haben	werde getröstet haben	würde getröstet haben
wir werden getröstet haben	werden getröstet haben	würden getröstet haben
ihr werdet getröstet haben	werdet getröstet haben	würdet getröstet haben
sie werden getröstet haben	werden getröstet haben	würden getröstet haben

257

trotzen

to defy

PRINC. PARTS: trotzen, trotzte, getrotzt, trotzt
IMPERATIVE: trotze!, trotzt!, trotzen Sie!

INDICATIVE	SUBJUNCTIVE	
	PRIMARY	SECONDARY
	Present Time	
Present	*(Pres. Subj.)*	*(Imperf. Subj.)*
ich trotze	trotze	trotzte
du trotzt	trotzest	trotztest
er trotzt	trotze	trotzte
wir trotzen	trotzen	trotzten
ihr trotzt	trotzet	trotztet
sie trotzen	trotzen	trotzten

Imperfect
ich trotzte
du trotztest
er trotzte
wir trotzten
ihr trotztet
sie trotzten

	Past Time	
Perfect	*(Perf. Subj.)*	*(Pluperf. Subj.)*
ich habe getrotzt	habe getrotzt	hätte getrotzt
du hast getrotzt	habest getrotzt	hättest getrotzt
er hat getrotzt	habe getrotzt	hätte getrotzt
wir haben getrotzt	haben getrotzt	hätten getrotzt
ihr habt getrotzt	habet getrotzt	hättet getrotzt
sie haben getrotzt	haben getrotzt	hätten getrotzt

Pluperfect
ich hatte getrotzt
du hattest getrotzt
er hatte getrotzt
wir hatten getrotzt
ihr hattet getrotzt
sie hatten getrotzt

	Future Time	
Future	*(Fut. Subj.)*	*(Pres. Conditional)*
ich werde trotzen	werde trotzen	würde trotzen
du wirst trotzen	werdest trotzen	würdest trotzen
er wird trotzen	werde trotzen	würde trotzen
wir werden trotzen	werden trotzen	würden trotzen
ihr werdet trotzen	werdet trotzen	würdet trotzen
sie werden trotzen	werden trotzen	würden trotzen

	Future Perfect Time	
Future Perfect	*(Fut. Perf. Subj.)*	*(Past Conditional)*
ich werde getrotzt haben	werde getrotzt haben	würde getrotzt haben
du wirst getrotzt haben	werdest getrotzt haben	würdest getrotzt haben
er wird getrotzt haben	werde getrotzt haben	würde getrotzt haben
wir werden getrotzt haben	werden getrotzt haben	würden getrotzt haben
ihr werdet getrotzt haben	werdet getrotzt haben	würdet getrotzt haben
sie werden getrotzt haben	werden getrotzt haben	würden getrotzt haben

to darken, sadden, make muddy

INDICATIVE	SUBJUNCTIVE	
	PRIMARY	SECONDARY
	Present Time	
Present	*(Pres. Subj.)*	*(Imperf. Subj.)*
ich trübe	trübe	trübte
du trübst	trübest	trübtest
er trübt	trübe	trübte
wir trüben	trüben	trübten
ihr trübt	trübet	trübtet
sie trüben	trüben	trübten

Imperfect
ich trübte
du trübtest
er trübte
wir trübten
ihr trübtet
sie trübten

Past Time

Perfect	*(Perf. Subj.)*	*(Pluperf. Subj.)*
ich habe getrübt	habe getrübt	hätte getrübt
du hast getrübt	habest getrübt	hättest getrübt
er hat getrübt	habe getrübt	hätte getrübt
wir haben getrübt	haben getrübt	hätten getrübt
ihr habt getrübt	habet getrübt	hättet getrübt
sie haben getrübt	haben getrübt	hätten getrübt

Pluperfect
ich hatte getrübt
du hattest getrübt
er hatte getrübt
wir hatten getrübt
ihr hattet getrübt
sie hatten getrübt

Future Time

Future	*(Fut. Subj.)*	*(Pres. Conditional)*
ich werde trüben	werde trüben	würde trüben
du wirst trüben	werdest trüben	würdest trüben
er wird trüben	werde trüben	würde trüben
wir werden trüben	werden trüben	würden trüben
ihr werdet trüben	werdet trüben	würdet trüben
sie werden trüben	werden trüben	würden trüben

Future Perfect Time

Future Perfect	*(Fut. Perf. Subj.)*	*(Past Conditional)*
ich werde getrübt haben	werde getrübt haben	würde getrübt haben
du wirst getrübt haben	werdest getrübt haben	würdest getrübt haben
er wird getrübt haben	werde getrübt haben	würde getrübt haben
wir werden getrübt haben	werden getrübt haben	würden getrübt haben
ihr werdet getrübt haben	werdet getrübt haben	würdet getrübt haben
sie werden getrübt haben	werden getrübt haben	würden getrübt haben

tun

to do, make, put

	INDICATIVE	SUBJUNCTIVE	
		PRIMARY	SECONDARY
		Present Time	
	Present	*(Pres. Subj.)*	*(Imperf. Subj.)*
ich	tue	tue	täte
du	tust	tuest	tätest
er	tut	tue	täte
wir	tun	tuen	täten
ihr	tut	tuet	tätet
sie	tun	tuen	täten

	Imperfect
ich	tat
du	tatest
er	tat
wir	taten
ihr	tatet
sie	taten

			Past Time	
	Perfect	*(Perf. Subj.)*	*(Pluperf. Subj.)*
ich	habe getan	habe getan	hätte getan
du	hast getan	habest getan	hättest getan
er	hat getan	habe getan	hätte getan
wir	haben getan	haben getan	hätten getan
ihr	habt getan	habet getan	hättet getan
sie	haben getan	haben getan	hätten getan

	Pluperfect
ich	hatte getan
du	hattest getan
er	hatte getan
wir	hatten getan
ihr	hattet getan
sie	hatten getan

			Future Time	
	Future	*(Fut. Subj.)*	*(Pres. Conditional)*
ich	werde tun	werde tun	würde tun
du	wirst tun	werdest tun	würdest tun
er	wird tun	werde tun	würde tun
wir	werden tun	werden tun	würden tun
ihr	werdet tun	werdet tun	würdet tun
sie	werden tun	werden tun	würden tun

			Future Perfect Time	
	Future Perfect	*(Fut. Perf. Subj.)*	*(Past Conditional)*
ich	werde getan haben	werde getan haben	würde getan haben
du	wirst getan haben	werdest getan haben	würdest getan haben
er	wird getan haben	werde getan haben	würde getan haben
wir	werden getan haben	werden getan haben	würden getan haben
ihr	werdet getan haben	werdet getan haben	würdet getan haben
sie	werden getan haben	werden getan haben	würden getan haben

üben

to exercise, practice

INDICATIVE	SUBJUNCTIVE	
	PRIMARY	SECONDARY

Present Time

	Present	*(Pres. Subj.)*	*(Imperf. Subj.)*
ich	übe	übe	übte
du	übst	übest	übtest
er	übt	übe	übte
wir	üben	üben	übten
ihr	übt	übet	übtet
sie	üben	üben	übten

	Imperfect
ich	übte
du	übtest
er	übte
wir	übten
ihr	übtet
sie	übten

Past Time

	Perfect	*(Perf. Subj.)*	*(Pluperf. Subj.)*
ich	habe geübt	habe geübt	hätte geübt
du	hast geübt	habest geübt	hättest geübt
er	hat geübt	habe geübt	hätte geübt
wir	haben geübt	haben geübt	hätten geübt
ihr	habt geübt	habet geübt	hättet geübt
sie	haben geübt	haben geübt	hätten geübt

	Pluperfect
ich	hatte geübt
du	hattest geübt
er	hatte geübt
wir	hatten geübt
ihr	hattet geübt
sie	hatten geübt

Future Time

	Future	*(Fut. Subj.)*	*(Pres. Conditional)*
ich	werde üben	werde üben	würde üben
du	wirst üben	werdest üben	würdest üben
er	wird üben	werde üben	würde üben
wir	werden üben	werden üben	würden üben
ihr	werdet üben	werdet üben	würdet üben
sie	werden üben	werden üben	würden üben

Future Perfect Time

	Future Perfect	*(Fut. Perf. Subj.)*	*(Past Conditional)*
ich	werde geübt haben	werde geübt haben	würde geübt haben
du	wirst geübt haben	werdest geübt haben	würdest geübt haben
er	wird geübt haben	werde geübt haben	würde geübt haben
wir	werden geübt haben	werden geübt haben	würden geübt haben
ihr	werdet geübt haben	werdet geübt haben	würdet geübt haben
sie	werden geübt haben	werden geübt haben	würden geübt haben

261

überraschen

to surprise

PRINC. PARTS: überraschen, überraschte, überrascht, überrascht

IMPERATIVE: überrasche!, überrascht!, überraschen Sie!

INDICATIVE	SUBJUNCTIVE	
	PRIMARY	SECONDARY

Present Time

	Present	*(Pres. Subj.)*	*(Imperf. Subj.)*
ich	überrasche	überrasche	überraschte
du	überraschst	überraschest	überraschtest
er	überrascht	überrasche	überraschte
wir	überraschen	überraschen	überraschten
ihr	überrascht	überraschet	überraschtet
sie	überraschen	überraschen	überraschten

	Imperfect
ich	überraschte
du	überraschtest
er	überraschte
wir	überraschten
ihr	überraschtet
sie	überraschten

Past Time

	Perfect	*(Perf. Subj.)*	*(Pluperf. Subj.)*
ich	habe überrascht	habe überrascht	hätte überrascht
du	hast überrascht	habest überrascht	hättest überrascht
er	hat überrascht	habe überrascht	hätte überrascht
wir	haben überrascht	haben überrascht	hätten überrascht
ihr	habt überrascht	habet überrascht	hättet überrascht
sie	haben überrascht	haben überrascht	hätten überrascht

	Pluperfect
ich	hatte überrascht
du	hattest überrascht
er	hatte überrascht
wir	hatten überrascht
ihr	hattet überrascht
sie	hatten überrascht

Future Time

	Future	*(Fut. Subj.)*	*(Pres. Conditional)*
ich	werde überraschen	werde überraschen	würde überraschen
du	wirst überraschen	werdest überraschen	würdest überraschen
er	wird überraschen	werde überraschen	würde überraschen
wir	werden überraschen	werden überraschen	würden überraschen
ihr	werdet überraschen	werdet überraschen	würdet überraschen
sie	werden überraschen	werden überraschen	würden überraschen

Future Perfect Time

	Future Perfect	*(Fut. Perf. Subj.)*	*(Past Conditional)*
ich	werde überrascht haben	werde überrascht haben	würde überrascht haben
du	wirst überrascht haben	werdest überrascht haben	würdest überrascht haben
er	wird überrascht haben	werde überrascht haben	würde überrascht haben
wir	werden überrascht haben	werden überrascht haben	würden überrascht haben
ihr	werdet überrascht haben	werdet überrascht haben	würdet überrascht haben
sie	werden überrascht haben	werden überrascht haben	würden überrascht haben

262

INDICATIVE	SUBJUNCTIVE	
	PRIMARY	SECONDARY
	Present Time	
Present	*(Pres. Subj.)*	*(Imperf. Subj.)*
ich überwinde	überwinde	überwände
du überwindest	überwindest	überwändest
er überwindet	überwinde	überwände
wir überwinden	überwinden	überwänden
ihr überwindet	überwindet	überwändet
sie überwinden	überwinden	überwänden
Imperfect		
ich überwand		
du überwandest		
er überwand		
wir überwanden		
ihr überwandet		
sie überwanden		
	Past Time	
Perfect	*(Perf. Subj.)*	*(Pluperf. Subj.)*
ich habe überwunden	habe überwunden	hätte überwunden
du hast überwunden	habest überwunden	hättest überwunden
er hat überwunden	habe überwunden	hätte überwunden
wir haben überwunden	haben überwunden	hätten überwunden
ihr habt überwunden	habet überwunden	hättet überwunden
sie haben überwunden	haben überwunden	hätten überwunden
Pluperfect		
ich hatte überwunden		
du hattest überwunden		
er hatte überwunden		
wir hatten überwunden		
ihr hattet überwunden		
sie hatten überwunden		
	Future Time	
Future	*(Fut. Subj.)*	*(Pres. Conditional)*
ich werde überwinden	werde überwinden	würde überwinden
du wirst überwinden	werdest überwinden	würdest überwinden
er wird überwinden	werde überwinden	würde überwinden
wir werden überwinden	werden überwinden	würden überwinden
ihr werdet überwinden	werdet überwinden	würdet überwinden
sie werden überwinden	werden überwinden	würden überwinden
	Future Perfect Time	
Future Perfect	*(Fut. Perf. Subj.)*	*(Past Conditional)*
ich werde überwunden haben	werde überwunden haben	würde überwunden haben
du wirst überwunden haben	werdest überwunden haben	würdest überwunden haben
er wird überwunden haben	werde überwunden haben	würde überwunden haben
wir werden überwunden haben	werden überwunden haben	würden überwunden haben
ihr werdet überwunden haben	werdet überwunden haben	würdet überwunden haben
sie werden überwunden haben	werden überwunden haben	würden überwunden haben

unterbrechen

to interrupt

INDICATIVE	SUBJUNCTIVE	
	PRIMARY	SECONDARY
Present	*Present Time*	
	(*Pres. Subj.*)	(*Imperf. Subj.*)
ich unterbreche	unterbreche	unterbräche
du unterbrichst	unterbrechest	unterbrächest
er unterbricht	unterbreche	unterbräche
wir unterbrechen	unterbrechen	unterbrächen
ihr unterbrecht	unterbrechet	unterbrächet
sie unterbrechen	unterbrechen	unterbrächen
Imperfect		
ich unterbrach		
du unterbrachst		
er unterbrach		
wir unterbrachen		
ihr unterbracht		
sie unterbrachen		
	Past Time	
Perfect	(*Perf. Subj.*)	(*Pluperf. Subj.*)
ich habe unterbrochen	habe unterbrochen	hätte unterbrochen
du hast unterbrochen	habest unterbrochen	hättest unterbrochen
er hat unterbrochen	habe unterbrochen	hätte unterbrochen
wir haben unterbrochen	haben unterbrochen	hätten unterbrochen
ihr habt unterbrochen	habet unterbrochen	hättet unterbrochen
sie haben unterbrochen	haben unterbrochen	hätten unterbrochen
Pluperfect		
ich hatte unterbrochen		
du hattest unterbrochen		
er hatte unterbrochen		
wir hatten unterbrochen		
ihr hattet unterbrochen		
sie hatten unterbrochen		
	Future Time	
Future	(*Fut. Subj.*)	(*Pres. Conditional*)
ich werde unterbrechen	werde unterbrechen	würde unterbrechen
du wirst unterbrechen	werdest unterbrechen	würdest unterbrechen
er wird unterbrechen	werde unterbrechen	würde unterbrechen
wir werden unterbrechen	werden unterbrechen	würden unterbrechen
ihr werdet unterbrechen	werdet unterbrechen	würdet unterbrechen
sie werden unterbrechen	werden unterbrechen	würden unterbrechen
	Future Perfect Time	
Future Perfect	(*Fut. Perf. Subj.*)	(*Past Conditional*)
ich werde unterbrochen haben	werde unterbrochen haben	würde unterbrochen haben
du wirst unterbrochen haben	werdest unterbrochen haben	würdest unterbrochen haben
er wird unterbrochen haben	werde unterbrochen haben	würde unterbrochen haben
wir werden unterbrochen haben	werden unterbrochen haben	würden unterbrochen haben
ihr werdet unterbrochen haben	werdet unterbrochen haben	würdet unterbrochen haben
sie werden unterbrochen haben	werden unterbrochen haben	würden unterbrochen haben

PRINC. PARTS: sich unterhalten, unterhielt sich,
hat sich unterhalten, unterhält sich
IMPERATIVE: unterhalte dich!, unterhaltet euch!,
unterhalten Sie sich!

sich unterhalten

to converse,
amuse one's self

INDICATIVE	SUBJUNCTIVE	
	PRIMARY	SECONDARY
	Present Time	
Present	*(Pres. Subj.)*	*(Imperf. Subj.)*
ich unterhalte mich	unterhalte mich	unterhielte mich
du unterhältst dich	unterhaltest dich	unterhieltest dich
er unterhält sich	unterhalte sich	unterhielte sich
wir unterhalten uns	unterhalten uns	unterhielten uns
ihr unterhaltet euch	unterhaltet euch	unterhieltet euch
sie unterhalten sich	unterhalten sich	unterhielten sich

Imperfect
ich unterhielt mich
du unterhieltest dich
er unterhielt sich
wir unterhielten uns
ihr unterhieltet euch
sie unterhielten sich

	Past Time	
Perfect	*(Perf. Subj.)*	*(Pluperf. Subj.)*
ich habe mich unterhalten	habe mich unterhalten	hätte mich unterhalten
du hast dich unterhalten	habest dich unterhalten	hättest dich unterhalten
er hat sich unterhalten	habe sich unterhalten	hätte sich unterhalten
wir haben uns unterhalten	haben uns unterhalten	hätten uns unterhalten
ihr habt euch unterhalten	habet euch unterhalten	hättet euch unterhalten
sie haben sich unterhalten	haben sich unterhalten	hätten sich unterhalten

Pluperfect
ich hatte mich unterhalten
du hattest dich unterhalten
er hatte sich unterhalten
wir hatten uns unterhalten
ihr hattet euch unterhalten
sie hatten sich unterhalten

	Future Time	
Future	*(Fut. Subj.)*	*(Pres. Conditional)*
ich werde mich unterhalten	werde mich unterhalten	würde mich unterhalten
du wirst dich unterhalten	werdest dich unterhalten	würdest dich unterhalten
er wird sich unterhalten	werde sich unterhalten	würde sich unterhalten
wir werden uns unterhalten	werden uns unterhalten	würden uns unterhalten
ihr werdet euch unterhalten	werdet euch unterhalten	würdet euch unterhalten
sie werden sich unterhalten	werden sich unterhalten	würden sich unterhalten

	Future Perfect Time	
Future Perfect	*(Fut. Perf. Subj.)*	*(Past Conditional)*
ich werde mich unterhalten haben	werde mich unterhalten haben	würde mich unterhalten haben
du wirst dich unterhalten haben	werdest dich unterhalten haben	würdest dich unterhalten haben
er wird sich unterhalten haben	werde sich unterhalten haben	würde sich unterhalten haben
wir werden uns unterhalten haben	werden uns unterhalten haben	würden uns unterhalten haben
ihr werdet euch unterhalten haben	werdet euch unterhalten haben	würdet euch unterhalten haben
sie werden sich unterhalten haben	werden sich unterhalten haben	würden sich unterhalten haben

verachten

to despise

PRINC. PARTS: verachten, verachtete, verachtet, verachtet
IMPERATIVE: verachte!, verachtet!, verachten Sie!

INDICATIVE	SUBJUNCTIVE	
	PRIMARY	SECONDARY
	Present Time	
Present	(*Pres. Subj.*)	(*Imperf. Subj.*)
ich verachte	verachte	verachtete
du verachtest	verachtest	verachtetest
er verachtet	verachte	verachtete
wir verachten	verachten	verachteten
ihr verachtet	verachtet	verachtetet
sie verachten	verachten	verachteten
Imperfect		
ich verachtete		
du verachtetest		
er verachtete		
wir verachteten		
ihr verachtetet		
sie verachteten	*Past Time*	
Perfect	(*Perf. Subj.*)	(*Pluperf. Subj.*)
ich habe verachtet	habe verachtet	hätte verachtet
du hast verachtet	habest verachtet	hättest verachtet
er hat verachtet	habe verachtet	hätte verachtet
wir haben verachtet	haben verachtet	hätten verachtet
ihr habt verachtet	habet verachtet	hättet verachtet
sie haben verachtet	haben verachtet	hätten verachtet
Pluperfect		
ich hatte verachtet		
du hattest verachtet		
er hatte verachtet		
wir hatten verachtet		
ihr hattet verachtet		
sie hatten verachtet	*Future Time*	
Future	(*Fut. Subj.*)	(*Pres. Conditional*)
ich werde verachten	werde verachten	würde verachten
du wirst verachten	werdest verachten	würdest verachten
er wird verachten	werde verachten	würde verachten
wir werden verachten	werden verachten	würden verachten
ihr werdet verachten	werdet verachten	würdet verachten
sie werden verachten	werden verachten	würden verachten
	Future Perfect Time	
Future Perfect	(*Fut. Perf. Subj.*)	(*Past Conditional*)
ich werde verachtet haben	werde verachtet haben	würde verachtet haben
du wirst verachtet haben	werdest verachtet haben	würdest verachtet haben
er wird verachtet haben	werde verachtet haben	würde verachtet haben
wir werden verachtet haben	werden verachtet haben	würden verachtet haben
ihr werdet verachtet haben	werdet verachtet haben	würdet verachtet haben
sie werden verachtet haben	werden verachtet haben	würden verachtet haben

verdienen

to earn, deserve

INDICATIVE	SUBJUNCTIVE	
	PRIMARY	SECONDARY
	Present Time	
Present	*(Pres. Subj.)*	*(Imperf. Subj.)*
ich verdiene	verdiene	verdiente
du verdienst	verdienest	verdientest
er verdient	verdiene	verdiente
wir verdienen	verdienen	verdienten
ihr verdient	verdienet	verdientet
sie verdienen	verdienen	verdienten

Imperfect
ich verdiente
du verdientest
er verdiente
wir verdienten
ihr verdientet
sie verdienten

	Past Time	
Perfect	*(Perf. Subj.)*	*(Pluperf. Subj.)*
ich habe verdient	habe verdient	hätte verdient
du hast verdient	habest verdient	hättest verdient
er hat verdient	habe verdient	hätte verdient
wir haben verdient	haben verdient	hätten verdient
ihr habt verdient	habet verdient	hättet verdient
sie haben verdient	haben verdient	hätten verdient

Pluperfect
ich hatte verdient
du hattest verdient
er hatte verdient
wir hatten verdient
ihr hattet verdient
sie hatten verdient

	Future Time	
Future	*(Fut. Subj.)*	*(Pres. Conditional)*
ich werde verdienen	werde verdienen	würde verdienen
du wirst verdienen	werdest verdienen	würdest verdienen
er wird verdienen	werde verdienen	würde verdienen
wir werden verdienen	werden verdienen	würden verdienen
ihr werdet verdienen	werdet verdienen	würdet verdienen
sie werden verdienen	werden verdienen	würden verdienen

	Future Perfect Time	
Future Perfect	*(Fut. Perf. Subj.)*	*(Past Conditional)*
ich werde verdient haben	werde verdient haben	würde verdient haben
du wirst verdient haben	werdest verdient haben	würdest verdient haben
er wird verdient haben	werde verdient haben	würde verdient haben
wir werden verdient haben	werden verdient haben	würden verdient haben
ihr werdet verdient haben	werdet verdient haben	würdet verdient haben
sie werden verdient haben	werden verdient haben	würden verdient haben

verführen

to seduce

PRINC. PARTS: verführen, verführte, verführt, verführt
IMPERATIVE: verführe!, verführt!, verführen Sie!

INDICATIVE	SUBJUNCTIVE	
	PRIMARY	SECONDARY

Present Time

	Present	(*Pres. Subj.*)	(*Imperf. Subj.*)
ich	verführe	verführe	verführte
du	verführst	verführest	verführtest
er	verführt	verführe	verführte
wir	verführen	verführen	verführten
ihr	verführt	verführet	verführtet
sie	verführen	verführen	verführten

	Imperfect
ich	verführte
du	verführtest
er	verführte
wir	verführten
ihr	verführtet
sie	verführten

Past Time

	Perfect	(*Perf. Subj.*)	(*Pluperf. Subj.*)
ich	habe verführt	habe verführt	hätte verführt
du	hast verführt	habest verführt	hättest verführt
er	hat verführt	habe verführt	hätte verführt
wir	haben verführt	haben verführt	hätten verführt
ihr	habt verführt	habet verführt	hättet verführt
sie	haben verführt	haben verführt	hätten verführt

	Pluperfect
ich	hatte verführt
du	hattest verführt
er	hatte verführt
wir	hatten verführt
ihr	hattet verführt
sie	hatten verführt

Future Time

	Future	(*Fut. Subj.*)	(*Pres. Conditional*)
ich	werde verführen	werde verführen	würde verführen
du	wirst verführen	werdest verführen	würdest verführen
er	wird verführen	werde verführen	würde verführen
wir	werden verführen	werden verführen	würden verführen
ihr	werdet verführen	werdet verführen	würdet verführen
sie	werden verführen	werden verführen	würden verführen

Future Perfect Time

	Future Perfect	(*Fut. Perf. Subj.*)	(*Past Conditional*)
ich	werde verführt haben	werde verführt haben	würde verführt haben
du	wirst verführt haben	werdest verführt haben	würdest verführt haben
er	wird verführt haben	werde verführt haben	würde verführt haben
wir	werden verführt haben	werden verführt haben	würden verführt haben
ihr	werdet verführt haben	werdet verführt haben	würdet verführt haben
sie	werden verführt haben	werden verführt haben	würden verführt haben

PRINC. PARTS: vergessen, vergaß, vergessen, vergißt
IMPERATIVE: vergiß!, vergeßt!, vergessen Sie!

vergessen

to forget, neglect

	INDICATIVE	SUBJUNCTIVE	
		PRIMARY	SECONDARY

Present Time

	Present	*(Pres. Subj.)*	*(Imperf. Subj.)*
ich	vergesse	vergesse	vergäße
du	vergißt	vergessest	vergäßest
er	vergißt	vergesse	vergäße
wir	vergessen	vergessen	vergäßen
ihr	vergeßt	vergesset	vergäßet
sie	vergessen	vergessen	vergäßen

	Imperfect
ich	vergaß
du	vergaßest
er	vergaß
wir	vergaßen
ihr	vergaßt
sie	vergaßen

Past Time

	Perfect	*(Perf. Subj.)*	*(Pluperf. Subj.)*
ich	habe vergessen	habe vergessen	hätte vergessen
du	hast vergessen	habest vergessen	hättest vergessen
er	hat vergessen	habe vergessen	hätte vergessen
wir	haben vergessen	haben vergessen	hätten vergessen
ihr	habt vergessen	habet vergessen	hättet vergessen
sie	haben vergessen	haben vergessen	hätten vergessen

	Pluperfect
ich	hatte vergessen
du	hattest vergessen
er	hatte vergessen
wir	hatten vergessen
ihr	hattet vergessen
sie	hatten vergessen

Future Time

	Future	*(Fut. Subj.)*	*(Pres. Conditional)*
ich	werde vergessen	werde vergessen	würde vergessen
du	wirst vergessen	werdest vergessen	würdest vergessen
er	wird vergessen	werde vergessen	würde vergessen
wir	werden vergessen	werden vergessen	würden vergessen
ihr	werdet vergessen	werdet vergessen	würdet vergessen
sie	werden vergessen	werden vergessen	würden vergessen

Future Perfect Time

	Future Perfect	*(Fut. Perf. Subj.)*	*(Past Conditional)*
ich	werde vergessen haben	werde vergessen haben	würde vergessen haben
du	wirst vergessen haben	werdest vergessen haben	würdest vergessen haben
er	wird vergessen haben	werde vergessen haben	würde vergessen haben
wir	werden vergessen haben	werden vergessen haben	würden vergessen haben
ihr	werdet vergessen haben	werdet vergessen haben	würdet vergessen haben
sie	werden vergessen haben	werden vergessen haben	würden vergessen haben

verkaufen

to sell

PRINC. PARTS: verkaufen, verkaufte, verkauft, verkauft
IMPERATIVE: verkaufe!, verkauft!, verkaufen Sie!

INDICATIVE	SUBJUNCTIVE	
	PRIMARY	SECONDARY
	Present Time	
Present	*(Pres. Subj.)*	*(Imperf. Subj.)*
ich verkaufe	verkaufe	verkaufte
du verkaufst	verkaufest	verkauftest
er verkauft	verkaufe	verkaufte
wir verkaufen	verkaufen	verkauften
ihr verkauft	verkaufet	verkauftet
sie verkaufen	verkaufen	verkauften

Imperfect

ich verkaufte
du verkauftest
er verkaufte
wir verkauften
ihr verkauftet
sie verkauften

	Past Time	
Perfect	*(Perf. Subj.)*	*(Pluperf. Subj.)*
ich habe verkauft	habe verkauft	hätte verkauft
du hast verkauft	habest verkauft	hättest verkauft
er hat verkauft	habe verkauft	hätte verkauft
wir haben verkauft	haben verkauft	hätten verkauft
ihr habt verkauft	habet verkauft	hättet verkauft
sie haben verkauft	haben verkauft	hätten verkauft

Pluperfect

ich hatte verkauft
du hattest verkauft
er hatte verkauft
wir hatten verkauft
ihr hattet verkauft
sie hatten verkauft

	Future Time	
Future	*(Fut. Subj.)*	*(Pres. Conditional)*
ich werde verkaufen	werde verkaufen	würde verkaufen
du wirst verkaufen	werdest verkaufen	würdest verkaufen
er wird verkaufen	werde verkaufen	würde verkaufen
wir werden verkaufen	werden verkaufen	würden verkaufen
ihr werdet verkaufen	werdet verkaufen	würdet verkaufen
sie werden verkaufen	werden verkaufen	würden verkaufen

	Future Perfect Time	
Future Perfect	*(Fut. Perf. Subj.)*	*(Past Conditional)*
ich werde verkauft haben	werde verkauft haben	würde verkauft haben
du wirst verkauft haben	werdest verkauft haben	würdest verkauft haben
er wird verkauft haben	werde verkauft haben	würde verkauft haben
wir werden verkauft haben	werden verkauft haben	würden verkauft haben
ihr werdet verkauft haben	werdet verkauft haben	würdet verkauft haben
sie werden verkauft haben	werden verkauft haben	würden verkauft haben

PRINC. PARTS: verlieren, verlor, verloren, verliert
IMPERATIVE: verliere!, verliert!, verlieren Sie!

	INDICATIVE	SUBJUNCTIVE	
		PRIMARY	SECONDARY
		Present Time	
	Present	*(Pres. Subj.)*	*(Imperf. Subj.)*
ich	verliere	verliere	verlöre
du	verlierst	verlierest	verlörest
er	verliert	verliere	verlöre
wir	verlieren	verlieren	verlören
ihr	verliert	verlieret	verlöret
sie	verlieren	verlieren	verlören

	Imperfect
ich	verlor
du	verlorst
er	verlor
wir	verloren
ihr	verlort
sie	verloren

			Past Time	
	Perfect	*(Perf. Subj.)*	*(Pluperf. Subj.)*
ich	habe verloren	habe verloren	hätte verloren
du	hast verloren	habest verloren	hättest verloren
er	hat verloren	habe verloren	hätte verloren
wir	haben verloren	haben verloren	hätten verloren
ihr	habt verloren	habet verloren	hättet verloren
sie	haben verloren	haben verloren	hätten verloren

	Pluperfect
ich	hatte verloren
du	hattest verloren
er	hatte verloren
wir	hatten verloren
ihr	hattet verloren
sie	hatten verloren

			Future Time	
	Future	*(Fut. Subj.)*	*(Pres. Conditional)*
ich	werde verlieren	werde verlieren	würde verlieren
du	wirst verlieren	werdest verlieren	würdest verlieren
er	wird verlieren	werde verlieren	würde verlieren
wir	werden verlieren	werden verlieren	würden verlieren
ihr	werdet verlieren	werdet verlieren	würdet verlieren
sie	werden verlieren	werden verlieren	würden verlieren

			Future Perfect Time	
	Future Perfect	*(Fut. Perf. Subj.)*	*(Past Conditional)*
ich	werde verloren haben	werde verloren haben	würde verloren haben
du	wirst verloren haben	werdest verloren haben	würdest verloren haben
er	wird verloren haben	werde verloren haben	würde verloren haben
wir	werden verloren haben	werden verloren haben	würden verloren haben
ihr	werdet verloren haben	werdet verloren haben	würdet verloren haben
sie	werden verloren haben	werden verloren haben	würden verloren haben

271

verraten

to betray

PRINC. PARTS: verraten, verriet, verraten, verrät
IMPERATIVE: verrate!, verratet!, verraten Sie!

	INDICATIVE	SUBJUNCTIVE	
		PRIMARY	SECONDARY
	Present	*(Pres. Subj.)*	*(Imperf. Subj.)*
ich	verrate	verrate	verriete
du	verrätst	verratest	verrietest
er	verrät	verrate	verriete
wir	verraten	verraten	verrieten
ihr	verratet	verratet	verrietet
sie	verraten	verraten	verrieten
	Imperfect		
ich	verriet		
du	verrietest		
er	verriet		
wir	verrieten		
ihr	verrietet		
sie	verrieten		
		Past Time	
	Perfect	*(Perf. Subj.)*	*(Pluperf. Subj.)*
ich	habe verraten	habe verraten	hätte verraten
du	hast verraten	habest verraten	hättest verraten
er	hat verraten	habe verraten	hätte verraten
wir	haben verraten	haben verraten	hätten verraten
ihr	habt verraten	habet verraten	hättet verraten
sie	haben verraten	haben verraten	hätten verraten
	Pluperfect		
ich	hatte verraten		
du	hattest verraten		
er	hatte verraten		
wir	hatten verraten		
ihr	hattet verraten		
sie	hatten verraten		
		Future Time	
	Future	*(Fut. Subj.)*	*(Pres. Conditional)*
ich	werde verraten	werde verraten	würde verraten
du	wirst verraten	werdest verraten	würdest verraten
er	wird verraten	werde verraten	würde verraten
wir	werden verraten	werden verraten	würden verraten
ihr	werdet verraten	werdet verraten	würdet verraten
sie	werden verraten	werden verraten	würden verraten
		Future Perfect Time	
	Future Perfect	*(Fut. Perf. Subj.)*	*(Past Conditional)*
ich	werde verraten haben	werde verraten haben	würde verraten haben
du	wirst verraten haben	werdest verraten haben	würdest verraten haben
er	wird verraten haben	werde verraten haben	würde verraten haben
wir	werden verraten haben	werden verraten haben	würden verraten haben
ihr	werdet verraten haben	werdet verraten haben	würdet verraten haben
sie	werden verraten haben	werden verraten haben	würden verraten haben

PRINC. PARTS: verstehen, verstand, verstanden, versteht
IMPERATIVE: verstehe!, versteht!, verstehen Sie!

INDICATIVE	SUBJUNCTIVE		
	PRIMARY		SECONDARY
	Present Time		
Present	*(Pres. Subj.)*		*(Imperf. Subj.)*
ich verstehe	verstehe	verstände	verstünde
du verstehst	verstehest	verständest	verstündest
er versteht	verstehe	verstände	*or* verstünde
wir verstehen	verstehen	verständen	verstünden
ihr versteht	verstehet	verständet	verstündet
sie verstehen	verstehen	verständen	verstünden

Imperfect
ich verstand
du verstandest
er verstand
wir verstanden
ihr verstandet
sie verstanden

Perfect	*Past Time*		
	(Perf. Subj.)		*(Pluperf. Subj.)*
ich habe verstanden	habe verstanden		hätte verstanden
du hast verstanden	habest verstanden		hättest verstanden
er hat verstanden	habe verstanden		hätte verstanden
wir haben verstanden	haben verstanden		hätten verstanden
ihr habt verstanden	habet verstanden		hättet verstanden
sie haben verstanden	haben verstanden		hätten verstanden

Pluperfect
ich hatte verstanden
du hattest verstanden
er hatte verstanden
wir hatten verstanden
ihr hattet verstanden
sie hatten verstanden

Future	*Future Time*	
	(Fut. Subj.)	*(Pres. Conditional)*
ich werde verstehen	werde verstehen	würde verstehen
du wirst verstehen	werdest verstehen	würdest verstehen
er wird verstehen	werde verstehen	würde verstehen
wir werden verstehen	werden verstehen	würden verstehen
ihr werdet verstehen	werdet verstehen	würdet verstehen
sie werden verstehen	werden verstehen	würden verstehen

Future Perfect	*Future Perfect Time*	
	(Fut. Perf. Subj.)	*(Past Conditional)*
ich werde verstanden haben	werde verstanden haben	würde verstanden haben
du wirst verstanden haben	werdest verstanden haben	würdest verstanden haben
er wird verstanden haben	werde verstanden haben	würde verstanden haben
wir werden verstanden haben	werden verstanden haben	würden verstanden haben
ihr werdet verstanden haben	werdet verstanden haben	würdet verstanden haben
sie werden verstanden haben	werden verstanden haben	würden verstanden haben

versuchen

to attempt, try; tempt; sample

PRINC. PARTS: versuchen, versuchte, versucht, versucht
IMPERATIVE: versuche!, versucht!, versuchen Sie!

INDICATIVE		SUBJUNCTIVE	
		PRIMARY	SECONDARY
		Present Time	
	Present	*(Pres. Subj.)*	*(Imperf. Subj.)*
ich	versuche	versuche	versuchte
du	versuchst	versuchest	versuchtest
er	versucht	versuche	versuchte
wir	versuchen	versuchen	versuchten
ihr	versucht	versuchet	versuchtet
sie	versuchen	versuchen	versuchten
	Imperfect		
ich	versuchte		
du	versuchtest		
er	versuchte		
wir	versuchten		
ihr	versuchtet		
sie	versuchten		
		Past Time	
	Perfect	*(Perf. Subj.)*	*(Pluperf. Subj.)*
ich	habe versucht	habe versucht	hätte versucht
du	hast versucht	habest versucht	hättest versucht
er	hat versucht	habe versucht	hätte versucht
wir	haben versucht	haben versucht	hätten versucht
ihr	habt versucht	habet versucht	hättet versucht
sie	haben versucht	haben versucht	hätten versucht
	Pluperfect		
ich	hatte versucht		
du	hattest versucht		
er	hatte versucht		
wir	hatten versucht		
ihr	hattet versucht		
sie	hatten versucht		
		Future Time	
	Future	*(Fut. Subj.)*	*(Pres. Conditional)*
ich	werde versuchen	werde versuchen	würde versuchen
du	wirst versuchen	werdest versuchen	würdest versuchen
er	wird versuchen	werde versuchen	würde versuchen
wir	werden versuchen	werden versuchen	würden versuchen
ihr	werdet versuchen	werdet versuchen	würdet versuchen
sie	werden versuchen	werden versuchen	würden versuchen
		Future Perfect Time	
	Future Perfect	*(Fut. Perf. Subj.)*	*(Past Conditional)*
ich	werde versucht haben	werde versucht haben	würde versucht haben
du	wirst versucht haben	werdest versucht haben	würdest versucht haben
er	wird versucht haben	werde versucht haben	würde versucht haben
wir	werden versucht haben	werden versucht haben	würden versucht haben
ihr	werdet versucht haben	werdet versucht haben	würdet versucht haben
sie	werden versucht haben	werden versucht haben	würden versucht haben

274

PRINC. PARTS: verzeihen, verzieh, verziehen,   **verzeihen**
           verzeiht
IMPERATIVE: verzeihe!, verzeiht!, verzeihen Sie!   *to pardon, forgive, excuse*

INDICATIVE	SUBJUNCTIVE	
	PRIMARY	SECONDARY
	Present Time	
Present	*(Pres. Subj.)*	*(Imperf. Subj.)*
ich verzeihe	verzeihe	verziehe
du verzeihst	verzeihest	verziehest
er verzeiht	verzeihe	verziehe
wir verzeihen	verzeihen	verziehen
ihr verzeiht	verzeihet	verziehet
sie verzeihen	verzeihen	verziehen

Imperfect
ich verzieh
du verziehst
er verzieh
wir verziehen
ihr verzieht
sie verziehen

	Past Time	
Perfect	*(Perf. Subj.)*	*(Pluperf. Subj.)*
ich habe verziehen	habe verziehen	hätte verziehen
du hast verziehen	habest verziehen	hättest verziehen
er hat verziehen	habe verziehen	hätte verziehen
wir haben verziehen	haben verziehen	hätten verziehen
ihr habt verziehen	habet verziehen	hättet verziehen
sie haben verziehen	haben verziehen	hätten verziehen

Pluperfect
ich hatte verziehen
du hattest verziehen
er hatte verziehen
wir hatten verziehen
ihr hattet verziehen
sie hatten verziehen

	Future Time	
Future	*(Fut. Subj.)*	*(Pres. Conditional)*
ich werde verzeihen	werde verzeihen	würde verzeihen
du wirst verzeihen	werdest verzeihen	würdest verzeihen
er wird verzeihen	werde verzeihen	würde verzeihen
wir werden verzeihen	werden verzeihen	würden verzeihen
ihr werdet verzeihen	werdet verzeihen	würdet verzeihen
sie werden verzeihen	werden verzeihen	würden verzeihen

	Future Perfect Time	
Future Perfect	*(Fut. Perf. Subj.)*	*(Past Conditional)*
ich werde verziehen haben	werde verziehen haben	würde verziehen haben
du wirst verziehen haben	werdest verziehen haben	würdest verziehen haben
er wird verziehen haben	werde verziehen haben	würde verziehen haben
wir werden verziehen haben	werden verziehen haben	würden verziehen haben
ihr werdet verziehen haben	werdet verziehen haben	würdet verziehen haben
sie werden verziehen haben	werden verziehen haben	würden verziehen haben

vorstellen

to set in front of, introduce

PRINC. PARTS: vorstellen, stellte vor, vorgestellt, stellt vor
IMPERATIVE: stelle vor!, stellt vor!, stellen Sie vor!

	INDICATIVE	SUBJUNCTIVE	
		PRIMARY	SECONDARY
			Present Time
	Present	*(Pres. Subj.)*	*(Imperf. Subj.)*
ich	stelle vor	stelle vor	stellte vor
du	stellst vor	stellest vor	stelltest vor
er	stellt vor	stelle vor	stellte vor
wir	stellen vor	stellen vor	stellten vor
ihr	stellt vor	stellet vor	stelltet vor
sie	stellen vor	stellen vor	stellten vor
	Imperfect		
ich	stellte vor		
du	stelltest vor		
er	stellte vor		
wir	stellten vor		
ihr	stelltet vor		
sie	stellten vor		*Past Time*
	Perfect	*(Perf. Subj.)*	*(Pluperf. Subj.)*
ich	habe vorgestellt	habe vorgestellt	hätte vorgestellt
du	hast vorgestellt	habest vorgestellt	hättest vorgestellt
er	hat vorgestellt	habe vorgestellt	hätte vorgestellt
wir	haben vorgestellt	haben vorgestellt	hätten vorgestellt
ihr	habt vorgestellt	habet vorgestellt	hättet vorgestellt
sie	haben vorgestellt	haben vorgestellt	hätten vorgestellt
	Pluperfect		
ich	hatte vorgestellt		
du	hattest vorgestellt		
er	hatte vorgestellt		
wir	hatten vorgestellt		
ihr	hattet vorgestellt		
sie	hatten vorgestellt		*Future Time*
	Future	*(Fut. Subj.)*	*(Pres. Conditional)*
ich	werde vorstellen	werde vorstellen	würde vorstellen
du	wirst vorstellen	werdest vorstellen	würdest vorstellen
er	wird vorstellen	werde vorstellen	würde vorstellen
wir	werden vorstellen	werden vorstellen	würden vorstellen
ihr	werdet vorstellen	werdet vorstellen	würdet vorstellen
sie	werden vorstellen	werden vorstellen	würden vorstellen
			Future Perfect Time
	Future Perfect	*(Fut. Perf. Subj.)*	*(Past Conditional)*
ich	werde vorgestellt haben	werde vorgestellt haben	würde vorgestellt haben
du	wirst vorgestellt haben	werdest vorgestellt haben	würdest vorgestellt haben
er	wird vorgestellt haben	werde vorgestellt haben	würde vorgestellt haben
wir	werden vorgestellt haben	werden vorgestellt haben	würden vorgestellt haben
ihr	werdet vorgestellt haben	werdet vorgestellt haben	würdet vorgestellt haben
sie	werden vorgestellt haben	werden vorgestellt haben	würden vorgestellt haben

PRINC. PARTS: wachsen, wuchs, ist gewachsen, wächst
IMPERATIVE: wachse!, wachst!, wachsen Sie!

INDICATIVE	SUBJUNCTIVE	
	PRIMARY	SECONDARY
	Present Time	
Present	*(Pres. Subj.)*	*(Imperf. Subj.)*
ich wachse	wachse	wüchse
du wächst	wachsest	wüchsest
er wächst	wachse	wüchse
wir wachsen	wachsen	wüchsen
ihr wachst	wachset	wüchset
sie wachsen	wachsen	wüchsen

Imperfect

ich wuchs
du wuchsest
er wuchs
wir wuchsen
ihr wuchst
sie wuchsen

	Past Time	
Perfect	*(Perf. Subj.)*	*(Pluperf. Subj.)*
ich bin gewachsen	sei gewachsen	wäre gewachsen
du bist gewachsen	seiest gewachsen	wärest gewachsen
er ist gewachsen	sei gewachsen	wäre gewachsen
wir sind gewachsen	seien gewachsen	wären gewachsen
ihr seid gewachsen	seiet gewachsen	wäret gewachsen
sie sind gewachsen	seien gewachsen	wären gewachsen

Pluperfect

ich war gewachsen
du warst gewachsen
er war gewachsen
wir waren gewachsen
ihr wart gewachsen
sie waren gewachsen

	Future Time	
Future	*(Fut. Subj.)*	*(Pres. Conditional)*
ich werde wachsen	werde wachsen	würde wachsen
du wirst wachsen	werdest wachsen	würdest wachsen
er wird wachsen	werde wachsen	würde wachsen
wir werden wachsen	werden wachsen	würden wachsen
ihr werdet wachsen	werdet wachsen	würdet wachsen
sie werden wachsen	werden wachsen	würden wachsen

	Future Perfect Time	
Future Perfect	*(Fut. Perf. Subj.)*	*(Past Conditional)*
ich werde gewachsen sein	werde gewachsen sein	würde gewachsen sein
du wirst gewachsen sein	werdest gewachsen sein	würdest gewachsen sein
er wird gewachsen sein	werde gewachsen sein	würde gewachsen sein
wir werden gewachsen sein	werden gewachsen sein	würden gewachsen sein
ihr werdet gewachsen sein	werdet gewachsen sein	würdet gewachsen sein
sie werden gewachsen sein	werden gewachsen sein	würden gewachsen sein

wagen

to dare

PRINC. PARTS: wagen, wagte, gewagt, wagt
IMPERATIVE: wage!, wagt!, wagen Sie!

	INDICATIVE	SUBJUNCTIVE	
		PRIMARY	SECONDARY
		Present Time	
	Present	*(Pres. Subj.)*	*(Imperf. Subj.)*
ich	wage	wage	wagte
du	wagst	wagest	wagtest
er	wagt	wage	wagte
wir	wagen	wagen	wagten
ihr	wagt	waget	wagtet
sie	wagen	wagen	wagten
	Imperfect		
ich	wagte		
du	wagtest		
er	wagte		
wir	wagten		
ihr	wagtet		
sie	wagten		
		Past Time	
	Perfect	*(Perf. Subj.)*	*(Pluperf. Subj.)*
ich	habe gewagt	habe gewagt	hätte gewagt
du	hast gewagt	habest gewagt	hättest gewagt
er	hat gewagt	habe gewagt	hätte gewagt
wir	haben gewagt	haben gewagt	hätten gewagt
ihr	habt gewagt	habet gewagt	hättet gewagt
sie	haben gewagt	haben gewagt	hätten gewagt
	Pluperfect		
ich	hatte gewagt		
du	hattest gewagt		
er	hatte gewagt		
wir	hatten gewagt		
ihr	hattet gewagt		
sie	hatten gewagt		
		Future Time	
	Future	*(Fut. Subj.)*	*(Pres. Conditional)*
ich	werde wagen	werde wagen	würde wagen
du	wirst wagen	werdest wagen	würdest wagen
er	wird wagen	werde wagen	würde wagen
wir	werden wagen	werden wagen	würden wagen
ihr	werdet wagen	werdet wagen	würdet wagen
sie	werden wagen	werden wagen	würden wagen
		Future Perfect Time	
	Future Perfect	*(Fut. Perf. Subj.)*	*(Past Conditional)*
ich	werde gewagt haben	werde gewagt haben	würde gewagt haben
du	wirst gewagt haben	werdest gewagt haben	würdest gewagt haben
er	wird gewagt haben	werde gewagt haben	würde gewagt haben
wir	werden gewagt haben	werden gewagt haben	würden gewagt haben
ihr	werdet gewagt haben	werdet gewagt haben	würdet gewagt haben
sie	werden gewagt haben	werden gewagt haben	würden gewagt haben

PRINC. PARTS: wählen, wählte, gewählt, wählt
IMPERATIVE: wähle!, wählt!, wählen Sie!

to choose, select, vote

INDICATIVE	SUBJUNCTIVE	
	PRIMARY	SECONDARY
	Present Time	
Present	*(Pres. Subj.)*	*(Imperf. Subj.)*
ich wähle	wähle	wählte
du wählst	wählest	wähltest
er wählt	wähle	wählte
wir wählen	wählen	wählten
ihr wählt	wählet	wähltet
sie wählen	wählen	wählten

Imperfect
ich wählte
du wähltest
er wählte
wir wählten
ihr wähltet
sie wählten

	Past Time	
Perfect	*(Perf. Subj.)*	*(Pluperf. Subj.)*
ich habe gewählt	habe gewählt	hätte gewählt
du hast gewählt	habest gewählt	hättest gewählt
er hat gewählt	habe gewählt	hätte gewählt
wir haben gewählt	haben gewählt	hätten gewählt
ihr habt gewählt	habet gewählt	hättet gewählt
sie haben gewählt	haben gewählt	hätten gewählt

Pluperfect
ich hatte gewählt
du hattest gewählt
er hatte gewählt
wir hatten gewählt
ihr hattet gewählt
sie hatten gewählt

	Future Time	
Future	*(Fut. Subj.)*	*(Pres. Conditional)*
ich werde wählen	werde wählen	würde wählen
du wirst wählen	werdest wählen	würdest wählen
er wird wählen	werde wählen	würde wählen
wir werden wählen	werden wählen	würden wählen
ihr werdet wählen	werdet wählen	würdet wählen
sie werden wählen	werden wählen	würden wählen

	Future Perfect Time	
Future Perfect	*(Fut. Perf. Subj.)*	*(Past Conditional)*
ich werde gewählt haben	werde gewählt haben	würde gewählt haben
du wirst gewählt haben	werdest gewählt haben	würdest gewählt haben
er wird gewählt haben	werde gewählt haben	würde gewählt haben
wir werden gewählt haben	werden gewählt haben	würden gewählt haben
ihr werdet gewählt haben	werdet gewählt haben	würdet gewählt haben
sie werden gewählt haben	werden gewählt haben	würden gewählt haben

wähnen

to fancy, imagine, think

PRINC. PARTS: **wähnen wähnte, gewähnt, wähnt**

IMPERATIVE: **wähne!, wähnt!, wähnen Sie!**

INDICATIVE		SUBJUNCTIVE	
		PRIMARY	SECONDARY
		Present Time	
	Present	*(Pres. Subj.)*	*(Imperf. Subj.)*
ich	wähne	wähne	wähnte
du	wähnst	wähnest	wähntest
er	wähnt	wähne	wähnte
wir	wähnen	wähnen	wähnten
ihr	wähnt	wähnet	wähntet
sie	wähnen	wähnen	wähnten
	Imperfect		
ich	wähnte		
du	wähntest		
er	wähnte		
wir	wähnten		
ihr	wähntet		
sie	wähnten		
		Past Time	
	Perfect	*(Perf. Subj.)*	*(Pluperf. Subj.)*
ich	habe gewähnt	habe gewähnt	hätte gewähnt
du	hast gewähnt	habest gewähnt	hättest gewähnt
er	hat gewähnt	habe gewähnt	hätte gewähnt
wir	haben gewähnt	haben gewähnt	hätten gewähnt
ihr	habt gewähnt	habet gewähnt	hättet gewähnt
sie	haben gewähnt	haben gewähnt	hätten gewähnt
	Pluperfect		
ich	hatte gewähnt		
du	hattest gewähnt		
er	hatte gewähnt		
wir	hatten gewähnt		
ihr	hattet gewähnt		
sie	hatten gewähnt		
		Future Time	
	Future	*(Fut. Subj.)*	*(Pres. Conditional)*
ich	werde wähnen	werde wähnen	würde wähnen
du	wirst wähnen	werdest wähnen	würdest wähnen
er	wird wähnen	werde wähnen	würde wähnen
wir	werden wähnen	werden wähnen	würden wähnen
ihr	werdet wähnen	werdet wähnen	würdet wähnen
sie	werden wähnen	werden wähnen	würden wähnen
		Future Perfect Time	
	Future Perfect	*(Fut. Perf. Subj.)*	*(Past Conditional)*
ich	werde gewähnt haben	werde gewähnt haben	würde gewähnt haben
du	wirst gewähnt haben	werdest gewähnt haben	würdest gewähnt haben
er	wird gewähnt haben	werde gewähnt haben	würde gewähnt haben
wir	werden gewähnt haben	werden gewähnt haben	würden gewähnt haben
ihr	werdet gewähnt haben	werdet gewähnt haben	würdet gewähnt haben
sie	werden gewähnt haben	werden gewähnt haben	würden gewähnt haben

PRINC. PARTS: waschen, wusch, gewaschen, wäscht
IMPERATIVE: wasche!, wascht!, waschen Sie!

INDICATIVE	SUBJUNCTIVE	
	PRIMARY	SECONDARY

Present Time

	Present	*(Pres. Subj.)*	*(Imperf. Subj.)*
ich	wasche	wasche	wüsche
du	wäschst	waschest	wüschest
er	wäscht	wasche	wüsche
wir	waschen	waschen	wüschen
ihr	wascht	waschet	wüschet
sie	waschen	waschen	wüschen

	Imperfect
ich	wusch
du	wuschest
er	wusch
wir	wuschen
ihr	wuscht
sie	wuschen

Past Time

	Perfect	*(Perf. Subj.)*	*(Pluperf. Subj.)*
ich	habe gewaschen	habe gewaschen	hätte gewaschen
du	hast gewaschen	habest gewaschen	hättest gewaschen
er	hat gewaschen	habe gewaschen	hätte gewaschen
wir	haben gewaschen	haben gewaschen	hätten gewaschen
ihr	habt gewaschen	habet gewaschen	hättet gewaschen
sie	haben gewaschen	haben gewaschen	hätten gewaschen

	Pluperfect
ich	hatte gewaschen
du	hattest gewaschen
er	hatte gewaschen
wir	hatten gewaschen
ihr	hattet gewaschen
sie	hatten gewaschen

Future Time

	Future	*(Fut. Subj.)*	*(Pres. Conditional)*
ich	werde waschen	werde waschen	würde waschen
du	wirst waschen	werdest waschen	würdest waschen
er	wird waschen	werde waschen	würde waschen
wir	werden waschen	werden waschen	würden waschen
ihr	werdet waschen	werdet waschen	würdet waschen
sie	werden waschen	werden waschen	würden waschen

Future Perfect Time

	Future Perfect	*(Fut. Perf. Subj.)*	*(Past Conditional)*
ich	werde gewaschen haben	werde gewaschen haben	würde gewaschen haben
du	wirst gewaschen haben	werdest gewaschen haben	würdest gewaschen haben
er	wird gewaschen haben	werde gewaschen haben	würde gewaschen haben
wir	werden gewaschen haben	werden gewaschen haben	würden gewaschen haben
ihr	werdet gewaschen haben	werdet gewaschen haben	würdet gewaschen haben
sie	werden gewaschen haben	werden gewaschen haben	würden gewaschen haben

281

weihen

to consecrate, ordain, devote

PRINC. PARTS: weihen, weihte, geweiht, weiht
IMPERATIVE: weihe!, weiht!, weihen Sie!

	INDICATIVE	SUBJUNCTIVE	
		PRIMARY	SECONDARY
			Present Time
	Present	*(Pres. Subj.)*	*(Imperf. Subj.)*
ich	weihe	weihe	weihte
du	weihst	weihest	weihtest
er	weiht	weihe	weihte
wir	weihen	weihen	weihten
ihr	weiht	weihet	weihtet
sie	weihen	weihen	weihten

	Imperfect
ich	weihte
du	weihtest
er	weihte
wir	weihten
ihr	weihtet
sie	weihten

			Past Time
	Perfect	*(Perf. Subj.)*	*(Pluperf. Subj.)*
ich	habe geweiht	habe geweiht	hätte geweiht
du	hast geweiht	habest geweiht	hättest geweiht
er	hat geweiht	habe geweiht	hätte geweiht
wir	haben geweiht	haben geweiht	hätten geweiht
ihr	habt geweiht	habet geweiht	hättet geweiht
sie	haben geweiht	haben geweiht	hätten geweiht

	Pluperfect
ich	hatte geweiht
du	hattest geweiht
er	hatte geweiht
wir	hatten geweiht
ihr	hattet geweiht
sie	hatten geweiht

			Future Time
	Future	*(Fut. Subj.)*	*(Pres. Conditional)*
ich	werde weihen	werde weihen	würde weihen
du	wirst weihen	werdest weihen	würdest weihen
er	wird weihen	werde weihen	würde weihen
wir	werden weihen	werden weihen	würden weihen
ihr	werdet weihen	werdet weihen	würdet weihen
sie	werden weihen	werden weihen	würden weihen

			Future Perfect Time
	Future Perfect	*(Fut. Perf. Subj.)*	*(Past Conditional*
ich	werde geweiht haben	werde geweiht haben	würde geweiht haben
du	wirst geweiht haben	werdest geweiht haben	würdest geweiht haben
er	wird geweiht haben	werde geweiht haben	würde geweiht haben
wir	werden geweiht haben	werden geweiht haben	würden geweiht haben
ihr	werdet geweiht haben	werdet geweiht haben	würdet geweiht haben
sie	werden geweiht haben	werden geweiht haben	würden geweiht haben

to weep, *cry*

INDICATIVE	SUBJUNCTIVE	
	PRIMARY	SECONDARY

Present Time

	Present	*(Pres. Subj.)*	*(Imperf. Subj.)*
ich	weine	weine	weinte
du	weinst	weinest	weintest
er	weint	weine	weinte
wir	weinen	weinen	weinten
ihr	weint	weinet	weintet
sie	weinen	weinen	weinten

	Imperfect
ich	weinte
du	weintest
er	weinte
wir	weinten
ihr	weintet
sie	weinten

Past Time

	Perfect	*(Perf. Subj.)*	*(Pluperf. Subj.)*
ich	habe geweint	habe geweint	hätte geweint
du	hast geweint	habest geweint	hättest geweint
er	hat geweint	habe geweint	hätte geweint
wir	haben geweint	haben geweint	hätten geweint
ihr	habt geweint	habet geweint	hättet geweint
sie	haben geweint	haben geweint	hätten geweint

	Pluperfect
ich	hatte geweint
du	hattest geweint
er	hatte geweint
wir	hatten geweint
ihr	hattet geweint
sie	hatten geweint

Future Time

	Future	*(Fut. Subj.)*	*(Pres. Conditional)*
ich	werde weinen	werde weinen	würde weinen
du	wirst weinen	werdest weinen	würdest weinen
er	wird weinen	werde weinen	würde weinen
wir	werden weinen	werden weinen	würden weinen
ihr	werdet weinen	werdet weinen	würdet weinen
sie	werden weinen	werden weinen	würden weinen

Future Perfect Time

	Future Perfect	*(Fut. Perf. Subj.)*	*(Past Conditional)*
ich	werde geweint haben	werde geweint haben	würde geweint haben
du	wirst geweint haben	werdest geweint haben	würdest geweint haben
er	wird geweint haben	werde geweint haben	würde geweint haben
wir	werden geweint haben	werden geweint haben	würden geweint haben
ihr	werdet geweint haben	werdet geweint haben	würdet geweint haben
sie	werden geweint haben	werden geweint haben	würden geweint haben

wenden
to turn

PRINC. PARTS: wenden,* wandte, gewandt, wendet
IMPERATIVE: wende!, wendet!, wenden Sie!

INDICATIVE	SUBJUNCTIVE	
	PRIMARY	SECONDARY
	Present Time	
Present	*(Pres. Subj.)*	*(Imperf. Subj.)*
ich wende	wende	wendete
du wendest	wendest	wendetest
er wendet	wende	wendete
wir wenden	wenden	wendeten
ihr wendet	wendet	wendetet
sie wenden	wenden	wendeten
Imperfect		
ich wandte		
du wandtest		
er wandte		
wir wandten		
ihr wandtet		
sie wandten		
	Past Time	
Perfect	*(Perf. Subj.)*	*(Pluperf. Subj.)*
ich habe gewandt	habe gewandt	hätte gewandt
du hast gewandt	habest gewandt	hättest gewandt
er hat gewandt	habe gewandt	hätte gewandt
wir haben gewandt	haben gewandt	hätten gewandt
ihr habt gewandt	habet gewandt	hättet gewandt
sie haben gewandt	haben gewandt	hätten gewandt
Pluperfect		
ich hatte gewandt		
du hattest gewandt		
er hatte gewandt		
wir hatten gewandt		
ihr hattet gewandt		
sie hatten gewandt		
	Future Time	
Future	*(Fut. Subj.)*	*(Pres. Conditional)*
ich werde wenden	werde wenden	würde wenden
du wirst wenden	werdest wenden	würdest wenden
er wird wenden	werde wenden	würde wenden
wir werden wenden	werden wenden	würden wenden
ihr werdet wenden	werdet wenden	würdet wenden
sie werden wenden	werden wenden	würden wenden
	Future Perfect Time	
Future Perfect	*(Fut. Perf. Subj.)*	*(Past Conditional)*
ich werde gewandt haben	werde gewandt haben	würde gewandt haben
du wirst gewandt haben	werdest gewandt haben	würdest gewandt haben
er wird gewandt haben	werde gewandt haben	würde gewandt haben
wir werden gewandt haben	werden gewandt haben	würden gewandt haben
ihr werdet gewandt haben	werdet gewandt haben	würdet gewandt haben
sie werden gewandt haben	werden gewandt haben	würden gewandt haben

* The weak forms of the past tense **wendete**, and of the past participle **gewendet** are also found.

PRINC. PARTS: werden, wurde*, ist
           geworden**, wird
IMPERATIVE: werde!, werdet!, werden Sie!

werden

to become; shall or will†; be††

INDICATIVE	SUBJUNCTIVE	
	PRIMARY	SECONDARY
	Present Time	
Present	*(Pres. Subj.)*	*(Imperf. Subj.)*
ich werde	werde	würde
du wirst	werdest	würdest
er wird	werde	würde
wir werden	werden	würden
ihr werdet	werdet	würdet
sie werden	werden	würden

Imperfect
ich wurde
du wurdest
er wurde
wir wurden
ihr wurdet
sie wurden

	Past Time	
Perfect	*(Perf. Subj.)*	*(Pluperf. Subj.)*
ich bin geworden	sei geworden	wäre geworden
du bist geworden	seiest geworden	wärest geworden
er ist geworden	sei geworden	wäre geworden
wir sind geworden	seien geworden	wären geworden
ihr seid geworden	seiet geworden	wäret geworden
sie sind geworden	seien geworden	wären geworden

Pluperfect
ich war geworden
du warst geworden
er war geworden
wir waren geworden
ihr wart geworden
sie waren geworden

	Future Time	
Future	*(Fut. Subj.)*	*(Pres. Conditional)*
ich werde werden	werde werden	würde werden
du wirst werden	werdest werden	würdest werden
er wird werden	werde werden	würde werden
wir werden werden	werden werden	würden werden
ihr werdet werden	werdet werden	würdet werden
sie werden werden	werden werden	würden werden

	Future Perfect Time	
Future Perfect	*(Fut. Perf. Subj.)*	*(Past Conditional)*
ich werde geworden sein	werde geworden sein	würde geworden sein
du wirst geworden sein	werdest geworden sein	würdest geworden sein
er wird geworden sein	werde geworden sein	würde geworden sein
wir werden geworden sein	werden geworden sein	würden geworden sein
ihr werdet geworden sein	werdet geworden sein	würdet geworden sein
sie werden geworden sein	werden geworden sein	würden geworden sein

* The past tense form **ward** is sometimes found in poetry.
** In the perfect tenses of the passive voice, the past participle is shortened to **worden** after another past participle.
† When present tense is used as auxiliary in the future.
†† When used as the auxiliary in the passive voice.

werfen

throw, hurl, fling

PRINC. PARTS: werfen, warf, geworfen, wirft
IMPERATIVE: wirf!, werft!, werfen Sie!

INDICATIVE		SUBJUNCTIVE	
		PRIMARY	SECONDARY
Present		*Present Time*	
		(*Pres. Subj.*)	(*Imperf. Subj.*)
ich	werfe	werfe	würfe
du	wirfst	werfest	würfest
er	wirft	werfe	würfe
wir	werfen	werfen	würfen
ihr	werft	werfet	würfet
sie	werfen	werfen	würfen

Imperfect	
ich	warf
du	warfst
er	warf
wir	warfen
ihr	warft
sie	warfen

Perfect		*Past Time*	
		(*Perf. Subj.*)	(*Pluperf. Subj.*)
ich	habe geworfen	habe geworfen	hätte geworfen
du	hast geworfen	habest geworfen	hättest geworfen
er	hat geworfen	habe geworfen	hätte geworfen
wir	haben geworfen	haben geworfen	hätten geworfen
ihr	habt geworfen	habet geworfen	hättet geworfen
sie	haben geworfen	haben geworfen	hätten geworfen

Pluperfect	
ich	hatte geworfen
du	hattest geworfen
er	hatte geworfen
wir	hatten geworfen
ihr	hattet geworfen
sie	hatten geworfen

Future		*Future Time*	
		(*Fut. Subj.*)	(*Pres. Conditional*)
ich	werde werfen	werde werfen	würde werfen
du	wirst werfen	werdest werfen	würdest werfen
er	wird werfen	werde werfen	würde werfen
wir	werden werfen	werden werfen	würden werfen
ihr	werdet werfen	werdet werfen	würdet werfen
sie	werden werfen	werden werfen	würden werfen

Future Perfect		*Future Perfect Time*	
		(*Fut. Perf. Subj.*)	(*Past Conditional*)
ich	werde geworfen haben	werde geworfen haben	würde geworfen haben
du	wirst geworfen haben	werdest geworfen haben	würdest geworfen haben
er	wird geworfen haben	werde geworfen haben	würde geworfen haben
wir	werden geworfen haben	werden geworfen haben	würden geworfen haben
ihr	werdet geworfen haben	werdet geworfen haben	würdet geworfen haben
sie	werden geworfen haben	werden geworfen haben	würden geworfen haben

PRINC. PARTS: wetzen, wetzte, gewetzt, wetzt
IMPERATIVE: wetze!, wetzt!, wetzen Sie!

to whet, grind, sharpen

INDICATIVE	SUBJUNCTIVE	
	PRIMARY	SECONDARY
	Present Time	
Present	*(Pres. Subj.)*	*(Imperf. Subj.)*
ich wetze	wetze	wetzte
du wetzt	wetzest	wetztest
er wetzt	wetze	wetzte
wir wetzen	wetzen	wetzten
ihr wetzt	wetzet	wetztet
sie wetzen	wetzen	wetzten

Imperfect
ich wetzte
du wetztest
er wetzte
wir wetzten
ihr wetztet
sie wetzten

	Past Time	
Perfect	*(Perf. Subj.)*	*(Pluperf. Subj.)*
ich habe gewetzt	habe gewetzt	hätte gewetzt
du hast gewetzt	habest gewetzt	hättest gewetzt
er hat gewetzt	habe gewetzt	hätte gewetzt
wir haben gewetzt	haben gewetzt	hätten gewetzt
ihr habt gewetzt	habet gewetzt	hättet gewetzt
sie haben gewetzt	haben gewetzt	hätten gewetzt

Pluperfect
ich hatte gewetzt
du hattest gewetzt
er hatte gewetzt
wir hatten gewetzt
ihr hattet gewetzt
sie hatten gewetzt

	Future Time	
Future	*(Fut. Subj.)*	*(Pres. Conditional)*
ich werde wetzen	werde wetzen	würde wetzen
du wirst wetzen	werdest wetzen	würdest wetzen
er wird wetzen	werde wetzen	würde wetzen
wir werden wetzen	werden wetzen	würden wetzen
ihr werdet wetzen	werdet wetzen	würdet wetzen
sie werden wetzen	werden wetzen	würden wetzen

	Future Perfect Time	
Future Perfect	*(Fut. Perf. Subj.)*	*(Past Conditional)*
ich werde gewetzt haben	werde gewetzt haben	würde gewetzt haben
du wirst gewetzt haben	werdest gewetzt haben	würdest gewetzt haben
er wird gewetzt haben	werde gewetzt haben	würde gewetzt haben
wir werden gewetzt haben	werden gewetzt haben	würden gewetzt haben
ihr werdet gewetzt haben	werdet gewetzt haben	würdet gewetzt haben
sie werden gewetzt haben	werden gewetzt haben	würden gewetzt haben

wiederholen

to repeat

PRINC. PARTS: wiederholen, wiederholte, wiederholt
wiederholt
IMPERATIVE: wiederhole!, wiederholt!, wiederholen Sie!

INDICATIVE	SUBJUNCTIVE	
	PRIMARY	SECONDARY

Present Time

	Present	*(Pres. Subj.)*	*(Imperf. Subj.)*
ich	wiederhole	wiederhole	wiederholte
du	wiederholst	wiederholest	wiederholtest
er	wiederholt	wiederhole	wiederholte
wir	wiederholen	wiederholen	wiederholten
ihr	wiederholt	wiederholet	wiederholtet
sie	wiederholen	wiederholen	wiederholten

	Imperfect
ich	wiederholte
du	wiederholtest
er	wiederholte
wir	wiederholten
ihr	wiederholtet
sie	wiederholten

Past Time

	Perfect	*(Perf. Subj.)*	*(Pluperf. Subj.)*
ich	habe wiederholt	habe wiederholt	hätte wiederholt
du	hast wiederholt	habest wiederholt	hättest wiederholt
er	hat wiederholt	habe wiederholt	hätte wiederholt
wir	haben wiederholt	haben wiederholt	hätten wiederholt
ihr	habt wiederholt	habet wiederholt	hättet wiederholt
sie	haben wiederholt	haben wiederholt	hätten wiederholt

	Pluperfect
ich	hatte wiederholt
du	hattest wiederholt
er	hatte wiederholt
wir	hatten wiederholt
ihr	hattet wiederholt
sie	hatten wiederholt

Future Time

	Future	*(Fut. Subj.)*	*(Pres. Conditional)*
ich	werde wiederholen	werde wiederholen	würde wiederholen
du	wirst wiederholen	werdest wiederholen	würdest wiederholen
er	wird wiederholen	werde wiederholen	würde wiederholen
wir	werden wiederholen	werden wiederholen	würden wiederholen
ihr	werdet wiederholen	werdet wiederholen	würdet wiederholen
sie	werden wiederholen	werden wiederholen	würden wiederholen

Future Perfect Time

	Future Perfect	*(Fut. Perf. Subj.)*	*(Past Conditional)*
ich	werde wiederholt haben	werde wiederholt haben	würde wiederholt haben
du	wirst wiederholt haben	werdest wiederholt haben	würdest wiederholt haben
er	wird wiederholt haben	werde wiederholt haben	würde wiederholt haben
wir	werden wiederholt haben	werden wiederholt haben	würden wiederholt haben
ihr	werdet wiederholt haben	werdet wiederholt haben	würdet wiederholt haben
sie	werden wiederholt haben	werden wiederholt haben	würden wiederholt haben

PRINC. PARTS: wiederholen, holte wieder,
wiedergeholt, holt wieder
IMPERATIVE: hole wieder!, holt wieder!, holen
Sie wieder!

wiederholen

to bring or fetch back

INDICATIVE	SUBJUNCTIVE	
	PRIMARY	SECONDARY

Present Time

Present	*(Pres. Subj.)*	*(Imperf. Subj.)*
ich hole wieder	hole wieder	holte wieder
du holst wieder	holest wieder	holtest wieder
er holt wieder	hole wieder	holte wieder
wir holen wieder	holen wieder	holten wieder
ihr holt wieder	holet wieder	holtet wieder
sie holen wieder	holen wieder	holten wieder

Imperfect
ich	holte wieder
du	holtest wieder
er	holte wieder
wir	holten wieder
ihr	holtet wieder
sie	holten wieder

Past Time

Perfect	*(Perf. Subj.)*	*(Pluperf. Subj.)*
ich habe wiedergeholt	habe wiedergeholt	hätte wiedergeholt
du hast wiedergeholt	habest wiedergeholt	hättest wiedergeholt
er hat wiedergeholt	habe wiedergeholt	hätte wiedergeholt
wir haben wiedergeholt	haben wiedergeholt	hätten wiedergeholt
ihr habt wiedergeholt	habet wiedergeholt	hättet wiedergeholt
sie haben wiedergeholt	haben wiedergeholt	hätten wiedergeholt

Pluperfect
ich	hatte wiedergeholt
du	hattest wiedergeholt
er	hatte wiedergeholt
wir	hatten wiedergeholt
ihr	hattet wiedergeholt
sie	hatten wiedergeholt

Future Time

Future	*(Fut. Subj.)*	*(Pres. Conditional)*
ich werde wiederholen	werde wiederholen	würde wiederholen
du wirst wiederholen	werdest wiederholen	würdest wiederholen
er wird wiederholen	werde wiederholen	würde wiederholen
wir werden wiederholen	werden wiederholen	würden wiederholen
ihr werdet wiederholen	werdet wiederholen	würdet wiederholen
sie werden wiederholen	werden wiederholen	würden wiederholen

Future Perfect Time

Future Perfect	*(Fut. Perf. Subj.)*	*(Past Conditional)*
ich werde wiedergeholt haben	werde wiedergeholt haben	würde wiedergeholt haben
du wirst wiedergeholt haben	werdest wiedergeholt haben	würdest wiedergeholt haben
er wird wiedergeholt haben	werde wiedergeholt haben	würde wiedergeholt haben
wir werden wiedergeholt haben	werden wiedergeholt haben	würden wiedergeholt haben
ihr werdet wiedergeholt haben	werdet wiedergeholt haben	würdet wiedergeholt haben
sie werden wiedergeholt haben	werden wiedergeholt haben	würden wiedergeholt haben

289

wiegen

to weigh

PRINC. PARTS: wiegen*, wog, gewogen, wiegt
IMPERATIVE: wiege!, wiegt!, wiegen Sie!

INDICATIVE	SUBJUNCTIVE	
	PRIMARY	SECONDARY
	Present Time	
Present	*(Pres. Subj.)*	*(Imperf. Subj.)*
ich wiege	wiege	wöge
du wiegst	wiegest	wögest
er wiegt	wiege	wöge
wir wiegen	wiegen	wögen
ihr wiegt	wieget	wöget
sie wiegen	wiegen	wögen

Imperfect		
ich wog		
du wogst		
er wog		
wir wogen		
ihr wogt		
sie wogen		

	Past Time	
Perfect	*(Perf. Subj.)*	*(Pluperf. Subj.)*
ich habe gewogen	habe gewogen	hätte gewogen
du hast gewogen	habest gewogen	hättest gewogen
er hat gewogen	habe gewogen	hätte gewogen
wir haben gewogen	haben gewogen	hätten gewogen
ihr habt gewogen	habet gewogen	hättet gewogen
sie haben gewogen	haben gewogen	hätten gewogen

Pluperfect		
ich hatte gewogen		
du hattest gewogen		
er hatte gewogen		
wir hatten gewogen		
ihr hattet gewogen		
sie hatten gewogen		

	Future Time	
Future	*(Fut. Subj.)*	*(Pres. Conditional)*
ich werde wiegen	werde wiegen	würde wiegen
du wirst wiegen	werdest wiegen	würdest wiegen
er wird wiegen	werde wiegen	würde wiegen
wir werden wiegen	werden wiegen	würden wiegen
ihr werdet wiegen	werdet wiegen	würdet wiegen
sie werden wiegen	werden wiegen	würden wiegen

	Future Perfect Time	
Future Perfect	*(Fut. Perf. Subj.)*	*(Past Conditional)*
ich werde gewogen haben	werde gewogen haben	würde gewogen haben
du wirst gewogen haben	werdest gewogen haben	würdest gewogen haben
er wird gewogen haben	werde gewogen haben	würde gewogen haben
wir werden gewogen haben	werden gewogen haben	würden gewogen haben
ihr werdet gewogen haben	werdet gewogen haben	würdet gewogen haben
sie werden gewogen haben	werden gewogen haben	würden gewogen haben

* **Wiegen** meaning *to rock*, *sway* is weak. PRINC. PARTS: wiegen, wiegte, gewiegt, wiegt.

PRINC. PARTS: wissen, wußte, gewußt, weiß
IMPERATIVE: wisse!, wißt!, wissen Sie!

to know (a fact)

	INDICATIVE	SUBJUNCTIVE	
		PRIMARY	SECONDARY
			Present Time
	Present	*(Pres. Subj.)*	*(Imperf. Subj.)*
ich	weiß	wisse	wüßte
du	weißt	wissest	wüßtest
er	weiß	wisse	wüßte
wir	wissen	wissen	wüßten
ihr	wißt	wisset	wüßtet
sie	wissen	wissen	wüßten

	Imperfect
ich	wußte
du	wußtest
er	wußte
wir	wußten
ihr	wußtet
sie	wußten

		Past Time	
	Perfect	*(Perf. Subj.)*	*(Pluperf. Subj.)*
ich	habe gewußt	habe gewußt	hätte gewußt
du	hast gewußt	habest gewußt	hättest gewußt
er	hat gewußt	habe gewußt	hätte gewußt
wir	haben gewußt	haben gewußt	hätten gewußt
ihr	habt gewußt	habet gewußt	hättet gewußt
sie	haben gewußt	haben gewußt	hätten gewußt

	Pluperfect
ich	hatte gewußt
du	hattest gewußt
er	hatte gewußt
wir	hatten gewußt
ihr	hattet gewußt
sie	hatten gewußt

		Future Time	
	Future	*(Fut. Subj.)*	*(Pres. Conditional)*
ich	werde wissen	werde wissen	würde wissen
du	wirst wissen	werdest wissen	würdest wissen
er	wird wissen	werde wissen	würde wissen
wir	werden wissen	werden wissen	würden wissen
ihr	werdet wissen	werdet wissen	würdet wissen
sie	werden wissen	werden wissen	würden wissen

		Future Perfect Time	
	Future Perfect	*(Fut. Perf. Subj.)*	*(Past Conditional)*
ich	werde gewußt haben	werde gewußt haben	würde gewußt haben
du	wirst gewußt haben	werdest gewußt haben	würdest gewußt haben
er	wird gewußt haben	werde gewußt haben	würde gewußt haben
wir	werden gewußt haben	werden gewußt haben	würden gewußt haben
ihr	werdet gewußt haben	werdet gewußt haben	würdet gewußt haben
sie	werden gewußt haben	werden gewußt haben	würden gewußt haben

wohnen

to reside, live, dwell

PRINC. PARTS: wohnen, wohnte, gewohnt, wohnt
IMPERATIVE: wohne!, wohnt!, wohnen Sie!

	INDICATIVE	SUBJUNCTIVE	
		PRIMARY	SECONDARY

Present Time

	Present	*(Pres. Subj.)*	*(Imperf. Subj.)*
ich	wohne	wohne	wohnte
du	wohnst	wohnest	wohntest
er	wohnt	wohne	wohnte
wir	wohnen	wohnen	wohnten
ihr	wohnt	wohnet	wohntet
sie	wohnen	wohnen	wohnter

	Imperfect
ich	wohnte
du	wohntest
er	wohnte
wir	wohnten
ihr	wohntet
sie	wohnten

Past Time

	Perfect	*(Perf. Subj.)*	*(Pluperf. Subj.)*
ich	habe gewohnt	habe gewohnt	hätte gewohnt
du	hast gewohnt	habest gewohnt	hättest gewohnt
er	hat gewohnt	habe gewohnt	hätte gewohnt
wir	haben gewohnt	haben gewohnt	hätten gewohnt
ihr	habt gewohnt	habet gewohnt	hättet gewohnt
sie	haben gewohnt	haben gewohnt	hätten gewohnt

	Pluperfect
ich	hatte gewohnt
du	hattest gewohnt
er	hatte gewohnt
wir	hatten gewohnt
ihr	hattet gewohnt
sie	hatten gewohnt

Future Time

	Future	*(Fut. Subj.)*	*(Pres. Conditional)*
ich	werde wohnen	werde wohnen	würde wohnen
du	wirst wohnen	werdest wohnen	würdest wohnen
er	wird wohnen	werde wohnen	würde wohnen
wir	werden wohnen	werden wohnen	würden wohnen
ihr	werdet wohnen	werdet wohnen	würdet wohnen
sie	werden wohnen	werden wohnen	würden wohnen

Future Perfect Time

	Future Perfect	*(Fut. Perf. Subj.)*	*(Past Conditional)*
ich	werde gewohnt haben	werde gewohnt haben	würde gewohnt haben
du	wirst gewohnt haben	werdest gewohnt haben	würdest gewohnt haben
er	wird gewohnt haben	werde gewohnt haben	würde gewohnt haben
wir	werden gewohnt haben	werden gewohnt haben	würden gewohnt haben
ihr	werdet gewohnt haben	werdet gewohnt haben	würdet gewohnt haben
sie	werden gewohnt haben	werden gewohnt haben	würden gewohnt haben

PRINC. PARTS: wollen, wollte, gewollt (wollen when
immediately preceded by another
infinitive; see sprechen dürfen), will
IMPERATIVE: wolle!, wollt!, wollen Sie!

wollen
to want, intend

INDICATIVE	SUBJUNCTIVE	
	PRIMARY	SECONDARY
	Present Time	
Present	*(Pres. Subj.)*	*(Imperf. Subj.)*
ich will	wolle	wollte
du willst	wollest	wolltest
er will	wolle	wollte
wir wollen	wollen	wollten
ihr wollt	wollet	wolltet
sie wollen	wollen	wollten

Imperfect

ich wollte
du wolltest
er wollte
wir wollten
ihr wolltet
sie wollten

		Past Time	
Perfect	*(Perf. Subj.)*	*(Pluperf. Subj.)*
ich habe gewollt	habe gewollt	hätte gewollt
du hast gewollt	habest gewollt	hättest gewollt
er hat gewollt	habe gewollt	hätte gewollt
wir haben gewollt	haben gewollt	hätten gewollt
ihr habt gewollt	habet gewollt	hättet gewollt
sie haben gewollt	haben gewollt	hätten gewollt

Pluperfect

ich hatte gewollt
du hattest gewollt
er hatte gewollt
wir hatten gewollt
ihr hattet gewollt
sie hatten gewollt

	Future Time	
Future	*(Fut. Subj.)*	*(Pres. Conditional)*
ich werde wollen	werde wollen	würde wollen
du wirst wollen	werdest wollen	würdest wollen
er wird wollen	werde wollen	würde wollen
wir werden wollen	werden wollen	würden wollen
ihr werdet wollen	werdet wollen	würdet wollen
sie werden wollen	werden wollen	würden wollen

	Future Perfect Time	
Future Perfect	*(Fut. Perf. Subj.)*	*(Past Conditional)*
ich werde gewollt haben	werde gewollt haben	würde gewollt haben
du wirst gewollt haben	werdest gewollt haben	würdest gewollt haben
er wird gewollt haben	werde gewollt haben	würde gewollt haben
wir werden gewollt haben	werden gewollt haben	würden gewollt haben
ihr werdet gewollt haben	werdet gewollt haben	würdet gewollt haben
sie werden gewollt haben	werden gewollt haben	würden gewollt haben

wünschen
to wish, desire

PRINC. PARTS: wünschen, wünschte, gewünscht, wünscht
IMPERATIVE: wünsche!, wünscht!, wünschen Sie!

INDICATIVE	SUBJUNCTIVE	
	PRIMARY	SECONDARY
	Present Time	
Present	*(Pres. Subj.)*	*(Imperf. Subj.)*
ich wünsche	wünsche	wünschte
du wünschst	wünschest	wünschtest
er wünscht	wünsche	wünschte
wir wünschen	wünschen	wünschten
ihr wünscht	wünschet	wünschtet
sie wünschen	wünschen	wünschten
Imperfect		
ich wünschte		
du wünschtest		
er wünschte		
wir wünschten		
ihr wünschtet		
sie wünschten	**Past Time**	
Perfect	*(Perf. Subj.)*	*(Pluperf. Subj.)*
ich habe gewünscht	habe gewünscht	hätte gewünscht
du hast gewünscht	habest gewünscht	hättest gewünscht
er hat gewünscht	habe gewünscht	hätte gewünscht
wir haben gewünscht	haben gewünscht	hätten gewünscht
ihr habt gewünscht	habet gewünscht	hättet gewünscht
sie haben gewünscht	haben gewünscht	hätten gewünscht
Pluperfect		
ich hatte gewünscht		
du hattest gewünscht		
er hatte gewünscht		
wir hatten gewünscht		
ihr hattet gewünscht		
sie hatten gewünscht	**Future Time**	
Future	*(Fut. Subj.)*	*(Pres. Conditional)*
ich werde wünschen	werde wünschen	würde wünschen
du wirst wünschen	werdest wünschen	würdest wünschen
er wird wünschen	werde wünschen	würde wünschen
wir werden wünschen	werden wünschen	würden wünschen
ihr werdet wünschen	werdet wünschen	würdet wünschen
sie werden wünschen	werden wünschen	würden wünschen
	Future Perfect Time	
Future Perfect	*(Fut. Perf. Subj.)*	*(Past Conditional)*
ich werde gewünscht haben	werde gewünscht haben	würde gewünscht haben
du wirst gewünscht haben	werdest gewünscht haben	würdest gewünscht haben
er wird gewünscht haben	werde gewünscht haben	würde gewünscht haben
wir werden gewünscht haben	werden gewünscht haben	würden gewünscht haben
ihr werdet gewünscht haben	werdet gewünscht haben	würdet gewünscht haben
sie werden gewünscht haben	werden gewünscht haben	würden gewünscht haben

PRINC. PARTS: würzen, würzte, gewürzt, würzt
IMPERATIVE: würze!, würzt!, würzen Sie!

to spice, season

INDICATIVE	SUBJUNCTIVE	
	PRIMARY	SECONDARY
	Present Time	
Present	*(Pres. Subj.)*	*(Imperf. Subj.)*
ich würze	würze	würzte
du würzt	würzest	würztest
er würzt	würze	würzte
wir würzen	würzen	würzten
ihr würzt	würzet	würztet
sie würzen	würzen	würzten

Imperfect
ich würzte
du würztest
er würzte
wir würzten
ihr würztet
sie würzten

		Past Time	
Perfect	*(Perf. Subj.)*	*(Pluperf. Subj.)*
ich habe gewürzt	habe gewürzt	hätte gewürzt
du hast gewürzt	habest gewürzt	hättest gewürzt
er hat gewürzt	habe gewürzt	hätte gewürzt
wir haben gewürzt	haben gewürzt	hätten gewürzt
ihr habt gewürzt	habet gewürzt	hättet gewürzt
sie haben gewürzt	haben gewürzt	hätten gewürzt

Pluperfect
ich hatte gewürzt
du hattest gewürzt
er hatte gewürzt
wir hatten gewürzt
ihr hattet gewürzt
sie hatten gewürzt

		Future Time	
Future	*(Fut. Subj.)*	*(Pres. Conditional)*
ich werde würzen	werde würzen	würde würzen
du wirst würzen	werdest würzen	würdest würzen
er wird würzen	werde würzen	würde würzen
wir werden würzen	werden würzen	würden würzen
ihr werdet würzen	werdet würzen	würdet würzen
sie werden würzen	werden würzen	würden würzen

		Future Perfect Time	
Future Perfect	*(Fut. Perf. Subj.)*	*(Past Conditional)*
ich werde gewürzt haben	werde gewürzt haben	würde gewürzt haben
du wirst gewürzt haben	werdest gewürzt haben	würdest gewürzt haben
er wird gewürzt haben	werde gewürzt haben	würde gewürzt haben
wir werden gewürzt haben	werden gewürzt haben	würden gewürzt haben
ihr werdet gewürzt haben	werdet gewürzt haben	würdet gewürzt haben
sie werden gewürzt haben	werden gewürzt haben	würden gewürzt haben

zahlen

to pay

PRINC. PARTS: zahlen, zahlte, gezahlt, zahlt
IMPERATIVE: zahle!, zahlt!, zahlen Sie!

INDICATIVE	SUBJUNCTIVE	
	PRIMARY	SECONDARY

Present Time

	Present	*(Pres. Subj.)*	*(Imperf. Subj.)*
ich	zahle	zahle	zahlte
du	zahlst	zahlest	zahltest
er	zahlt	zahle	zahlte
wir	zahlen	zahlen	zahlten
ihr	zahlt	zahlet	zahltet
sie	zahlen	zahlen	zahlten

	Imperfect
ich	zahlte
du	zahltest
er	zahlte
wir	zahlten
ihr	zahltet
sie	zahlten

Past Time

	Perfect	*(Perf. Subj.)*	*(Pluperf. Subj.)*
ich	habe gezahlt	habe gezahlt	hätte gezahlt
du	hast gezahlt	habest gezahlt	hättest gezahlt
er	hat gezahlt	habe gezahlt	hätte gezahlt
wir	haben gezahlt	haben gezahlt	hätten gezahlt
ihr	habt gezahlt	habet gezahlt	hättet gezahlt
sie	haben gezahlt	haben gezahlt	hätten gezahlt

	Pluperfect
ich	hatte gezahlt
du	hattest gezahlt
er	hatte gezahlt
wir	hatten gezahlt
ihr	hattet gezahlt
sie	hatten gezahlt

Future Time

	Future	*(Fut. Subj.)*	*(Pres. Conditional)*
ich	werde zahlen	werde zahlen	würde zahlen
du	wirst zahlen	werdest zahlen	würdest zahlen
er	wird zahlen	werde zahlen	würde zahlen
wir	werden zahlen	werden zahlen	würden zahlen
ihr	werdet zahlen	werdet zahlen	würdet zahlen
sie	werden zahlen	werden zahlen	würden zahlen

Future Perfect Time

	Future Perfect	*(Fut. Perf. Subj.)*	*(Past Conditional)*
ich	werde gezahlt haben	werde gezahlt haben	würde gezahlt haben
du	wirst gezahlt haben	werdest gezahlt haben	würdest gezahlt haben
er	wird gezahlt haben	werde gezahlt haben	würde gezahlt haben
wir	werden gezahlt haben	werden gezahlt haben	würden gezahlt haben
ihr	werdet gezahlt haben	werdet gezahlt haben	würdet gezahlt haben
sie	werden gezahlt haben	werden gezahlt haben	würden gezahlt haben

PRINC. PARTS: zeichnen, zeichnete, gezeichnet, zeichnet
IMPERATIVE: zeichne!, zeichnet!, zeichnen Sie!

to draw, sign

	INDICATIVE	SUBJUNCTIVE	
		PRIMARY	SECONDARY
		Present Time	
	Present	*(Pres. Subj.)*	*(Imperf. Subj.)*
ich	zeichne	zeichne	zeichnete
du	zeichnest	zeichnest	zeichnetest
er	zeichnet	zeichne	zeichnete
wir	zeichnen	zeichnen	zeichneten
ihr	zeichnet	zeichnet	zeichnetet
sie	zeichnen	zeichnen	zeichneten
	Imperfect		
ich	zeichnete		
du	zeichnetest		
er	zeichnete		
wir	zeichneten		
ihr	zeichnetet		
sie	zeichneten	*Past Time*	
	Perfect	*(Perf. Subj.)*	*(Pluperf. Subj.)*
ich	habe gezeichnet	habe gezeichnet	hätte gezeichnet
du	hast gezeichnet	habest gezeichnet	hättest gezeichnet
er	hat gezeichnet	habe gezeichnet	hätte gezeichnet
wir	haben gezeichnet	haben gezeichnet	hätten gezeichnet
ihr	habt gezeichnet	habet gezeichnet	hättet gezeichnet
sie	haben gezeichnet	haben gezeichnet	hätten gezeichnet
	Pluperfect		
ich	hatte gezeichnet		
du	hattest gezeichnet		
er	hatte gezeichnet		
wir	hatten gezeichnet		
ihr	hattet gezeichnet		
sie	hatten gezeichnet	*Future Time*	
	Future	*(Fut. Subj.)*	*(Pres. Conditional)*
ich	werde zeichnen	werde zeichnen	würde zeichnen
du	wirst zeichnen	werdest zeichnen	würdest zeichnen
er	wird zeichnen	werde zeichnen	würde zeichnen
wir	werden zeichnen	werden zeichnen	würden zeichnen
ihr	werdet zeichnen	werdet zeichnen	würdet zeichnen
sie	werden zeichnen	werden zeichnen	würden zeichnen
		Future Perfect Time	
	Future Perfect	*(Fut. Perf. Subj.)*	*(Past Conditional)*
ich	werde gezeichnet haben	werde gezeichnet haben	würde gezeichnet haben
du	wirst gezeichnet haben	werdest gezeichnet haben	würdest gezeichnet haben
er	wird gezeichnet haben	werde gezeichnet haben	würde gezeichnet haben
wir	werden gezeichnet haben	werden gezeichnet haben	würden gezeichnet haben
ihr	werdet gezeichnet haben	werdet gezeichnet haben	würdet gezeichnet haben
sie	werden gezeichnet haben	werden gezeichnet haben	würden gezeichnet haben

zeigen

to show, indicate, point out

PRINC. PARTS: zeigen, zeigte, gezeigt, zeigt
IMPERATIVE: zeige!, zeigt!, zeigen Sie!

INDICATIVE		SUBJUNCTIVE	
		PRIMARY	SECONDARY
		Present Time	
	Present	(*Pres. Subj.*)	(*Imperf. Subj.*)
ich	zeige	zeige	zeigte
du	zeigst	zeigest	zeigtest
er	zeigt	zeige	zeigte
wir	zeigen	zeigen	zeigten
ihr	zeigt	zeiget	zeigtet
sie	zeigen	zeigen	zeigten
	Imperfect		
ich	zeigte		
du	zeigtest		
er	zeigte		
wir	zeigten		
ihr	zeigtet		
sie	zeigten		
	Perfect	*Past Time*	
		(*Perf. Subj.*)	(*Pluperf. Subj.*)
ich	habe gezeigt	habe gezeigt	hätte gezeigt
du	hast gezeigt	habest gezeigt	hättest gezeigt
er	hat gezeigt	habe gezeigt	hätte gezeigt
wir	haben gezeigt	haben gezeigt	hätten gezeigt
ihr	habt gezeigt	habet gezeigt	hättet gezeigt
sie	haben gezeigt	haben gezeigt	hätten gezeigt
	Pluperfect		
ich	hatte gezeigt		
du	hattest gezeigt		
er	hatte gezeigt		
wir	hatten gezeigt		
ihr	hattet gezeigt		
sie	hatten gezeigt		
	Future	*Future Time*	
		(*Fut. Subj.*)	(*Pres. Conditional*)
ich	werde zeigen	werde zeigen	würde zeigen
du	wirst zeigen	werdest zeigen	würdest zeigen
er	wird zeigen	werde zeigen	würde zeigen
wir	werden zeigen	werden zeigen	würden zeigen
ihr	werdet zeigen	werdet zeigen	würdet zeigen
sie	werden zeigen	werden zeigen	würden zeigen
	Future Perfect	*Future Perfect Time*	
		(*Fut. Perf. Subj.*)	(*Past Conditional*)
ich	werde gezeigt haben	werde gezeigt haben	würde gezeigt haben
du	wirst gezeigt haben	werdest gezeigt haben	würdest gezeigt haben
er	wird gezeigt haben	werde gezeigt haben	würde gezeigt haben
wir	werden gezeigt haben	werden gezeigt haben	würden gezeigt haben
ihr	werdet gezeigt haben	werdet gezeigt haben	würdet gezeigt haben
sie	werden gezeigt haben	werden gezeigt haben	würden gezeigt haben

zerstören

to destroy

INDICATIVE	SUBJUNCTIVE	
	PRIMARY	SECONDARY

Present Time

Present	*(Pres. Subj.)*	*(Imperf. Subj.)*
ich zerstöre	zerstöre	zerstörte
du zerstörst	zerstörest	zerstörtest
er zerstört	zerstöre	zerstörte
wir zerstören	zerstören	zerstörten
ihr zerstört	zerstöret	zerstörtet
sie zerstören	zerstören	zerstörten

Imperfect.

ich	zerstörte
du	zerstörtest
er	zerstörte
wir	zerstörten
ihr	zerstörtet
sie	zerstörten

Past Time

Perfect	*(Perf. Subj.)*	*(Pluperf. Subj.)*
ich habe zerstört	habe zerstört	hätte zerstört
du hast zerstört	habest zerstört	hättest zerstört
er hat zerstört	habe zerstört	hätte zerstört
wir haben zerstört	haben zerstört	hätten zerstört
ihr habt zerstört	habet zerstört	hättet zerstört
sie haben zerstört	haben zerstört	hätten zerstört

Pluperfect

ich	hatte zerstört
du	hattest zerstört
er	hatte zerstört
wir	hatten zerstört
ihr	hattet zerstört
sie	hatten zerstört

Future Time

Future	*(Fut. Subj.)*	*(Pres. Conditional)*
ich werde zerstören	werde zerstören	würde zerstören
du wirst zerstören	werdest zerstören	würdest zerstören
er wird zerstören	werde zerstören	würde zerstören
wir werden zerstören	werden zerstören	würden zerstören
ihr werdet zerstören	werdet zerstören	würdet zerstören
sie werden zerstören	werden zerstören	würden zerstören

Future Perfect Time

Future Perfect	*(Fut. Perf. Subj.)*	*(Past Conditional)*
ich werde zerstört haben	werde zerstört haben	würde zerstört haben
du wirst zerstört haben	werdest zerstört haben	würdest zerstört haben
er wird zerstört haben	werde zerstört haben	würde zerstört haben
wir werden zerstört haben	werden zerstört haben	würden zerstört haben
ihr werdet zerstört haben	werdet zerstört haben	würdet zerstört haben
sie werden zerstört haben	werden zerstört haben	würden zerstört haben

299

ziehen

to draw, pull, tug, extract,
bring up, move, go

PRINC. PARTS: ziehen, zog, gezogen, zieht
IMPERATIVE: ziehe!, zieht!, ziehen Sie!

INDICATIVE	SUBJUNCTIVE	
	PRIMARY	SECONDARY
	Present Time	
Present	*(Pres. Subj.)*	*(Imperf. Subj.)*
ich ziehe	ziehe	zöge
du ziehst	ziehest	zögest
er zieht	ziehe	zöge
wir ziehen	ziehen	zögen
ihr zieht	ziehet	zöget
sie ziehen	ziehen	zögen

Imperfect
ich zog
du zogst
er zog
wir zogen
ihr zogt
sie zogen

	Past Time	
Perfect	*(Perf. Subj.)*	*(Pluperf. Subj.)*
ich habe gezogen	habe gezogen	hätte gezogen
du hast gezogen	habest gezogen	hättest gezogen
er hat gezogen	habe gezogen	hätte gezogen
wir haben gezogen	haben gezogen	hätten gezogen
ihr habt gezogen	habet gezogen	hättet gezogen
sie haben gezogen	haben gezogen	hätten gezogen

Pluperfect
ich hatte gezogen
du hattest gezogen
er hatte gezogen
wir hatten gezogen
ihr hattet gezogen
sie hatten gezogen

	Future Time	
Future	*(Fut. Subj.)*	*(Pres. Conditional)*
ich werde ziehen	werde ziehen	würde ziehen
du wirst ziehen	werdest ziehen	würdest ziehen
er wird ziehen	werde ziehen	würde ziehen
wir werden ziehen	werden ziehen	würden ziehen
ihr werdet ziehen	werdet ziehen	würdet ziehen
sie werden ziehen	werden ziehen	würden ziehen

	Future Perfect Time	
Future Perfect	*(Fut. Perf. Subj.)*	*(Past Conditional)*
ich werde gezogen haben	werde gezogen haben	würde gezogen haben
du wirst gezogen haben	werdest gezogen haben	würdest gezogen haben
er wird gezogen haben	werde gezogen haben	würde gezogen haben
wir werden gezogen haben	werden gezogen haben	würden gezogen haben
ihr werdet gezogen haben	werdet gezogen haben	würdet gezogen haben
sie werden gezogen haben	werden gezogen haben	würden gezogen haben

PRINC. PARTS: zwingen, zwang, gezwungen, zwingt
IMPERATIVE: zwinge!, zwingt!, zwingen Sie!

to force, compel

INDICATIVE	SUBJUNCTIVE	
	PRIMARY	SECONDARY
	Present Time	
Present	(*Pres. Subj.*)	(*Imperf. Subj.*)
ich zwinge	zwinge	zwänge
du zwingst	zwingest	zwängest
er zwingt	zwinge	zwänge
wir zwingen	zwingen	zwängen
ihr zwingt	zwinget	zwänget
sie zwingen	zwingen	zwängen
Imperfect		
ich zwang		
du zwangst		
er zwang		
wir zwangen		
ihr zwangt		
sie zwangen		
	Past Time	
Perfect	(*Perf. Subj.*)	(*Pluperf. Subj.*)
ich habe gezwungen	habe gezwungen	hätte gezwungen
du hast gezwungen	habest gezwungen	hättest gezwungen
er hat gezwungen	habe gezwungen	hätte gezwungen
wir haben gezwungen	haben gezwungen	hätten gezwungen
ihr habt gezwungen	habet gezwungen	hättet gezwungen
sie haben gezwungen	haben gezwungen	hätten gezwungen
Pluperfect		
ich hatte gezwungen		
du hattest gezwungen		
er hatte gezwungen		
wir hatten gezwungen		
ihr hattet gezwungen		
sie hatten gezwungen		
	Future Time	
Future	(*Fut. Subj.*)	(*Pres. Conditional*)
ich werde zwingen	werde zwingen	würde zwingen
du wirst zwingen	werdest zwingen	würdest zwingen
er wird zwingen	werde zwingen	würde zwingen
wir werden zwingen	werden zwingen	würden zwingen
ihr werdet zwingen	werdet zwingen	würdet zwingen
sie werden zwingen	werden zwingen	würden zwingen
	Future Perfect Time	
Future Perfect	(*Fut. Perf. Subj.*)	(*Past Conditional*)
ich werde gezwungen haben	werde gezwungen haben	würde gezwungen haben
du wirst gezwungen haben	werdest gezwungen haben	würdest gezwungen haben
er wird gezwungen haben	werde gezwungen haben	würde gezwungen haben
wir werden gezwungen haben	werden gezwungen haben	würden gezwungen haben
ihr werdet gezwungen haben	werdet gezwungen haben	würdet gezwungen haben
sie werden gezwungen haben	werden gezwungen haben	würden gezwungen haben

INDEX

All the verbs conjugated in this book are listed in this index. In addition, a large number of the many possible prefix verb compounds of basic verbs are also included. Many prefix verbs like *bekommen*—to receive, and *ankommen*—to arrive, have been conjugated in this book and the student may refer to them in their alphabetical order. Those which have not been conjugated are followed by the basic verb in parentheses after it. Thus, *einatmen*—to inhale and *ausatmen*—to exhale, are both followed by *atmen*— to breathe.

To aid the student in identifying them, the pedagogical convention of indicating separable prefix verbs by placing a hyphen (-) between the prefix and the basic verb has been followed. Thus, the infinitive *ankommen*—to arrive, appears in the index as *an-kommen*.

Reflexive verbs have been listed alphabetically under the first letter of the verb itself and not under the reflexive pronoun *sich*.

ENGLISH-GERMAN VERB INDEX

The *to* of the English infinitive has been omitted. In cases of prefix verbs not conjugated in the text, the basic verb has been given in parentheses. Separable prefix verbs have been indicated by a hyphen (-) between the prefix and the basic verb.

A

abandon **verlassen**
abduct **entführen**
(be) able **können**
abound in **strotzen**
accept **an-nehmen** (nehmen)
accompany **begleiten**
accuse **beschuldigen, verklagen**
(become) accustomed **sich gewöhnen**
adjust **richten**
administer **verwalten**
admit **zu-geben** (geben)
advise **raten**
agree **zu-sagen** (sagen)
animate **beseelen**
annihilate **vernichten**
annoy **verdrießen**
answer **antworten, beantworten** (antworten)
appear **erscheinen** (scheinen)
arm **rüsten**
arrive **an-kommen**
ascertain **fest-stellen**
ask (a question) **fragen**
ask for **bitten** (um)
assent **bejahen**
(be) astonished **staunen**
attack **an-greifen** (greifen)

attempt **versuchen**
avenge **rächen**
avoid **meiden, vermeiden** (meiden)
(be) awake **wachen**

B

bake **backen**
bark **bellen**
bathe **baden**
be **sein; sich befinden**
beat **schlagen**
become **werden**
begin **beginnen; an-fangen**
behave **sich betragen** (tragen); **sich benehmen** (nehmen) **sich verhalten**
believe **glauben**
belong **gehören**
bend **biegen**
betray **verraten**
bind **binden**
(give) birth **gebären**
bite **beißen**
blacken **schwärzen**
bleed **bluten**
bless **segnen**
bloom **blühen**
blow **blasen**
boast **sich brüsten**
boil **sieden**

book **buchen**
break **brechen**
(eat) breakfast **frühstücken**
breathe **atmen**
brew **brauen**
bribe **bestechen** (stechen)
bring **bringen**
bring back **wiederholen; zurück-bringen** (bringen)
brush **bürsten**
build **bauen**
burn **brennen**
burst **bersten**
buy **kaufen**

C

calculate **rechnen**
call **rufen**
caress **kosen**
carry **tragen**
carry out **vollziehen** (ziehen); **hin-aus-tragen** (tragen)
catch **fangen**
change **wechseln**
chatter **schwatzen**
cheat **betrügen**
chew **kauen**
choke **ersticken**
choose **wählen**
circumcise **beschneiden** (schneiden)
clean **putzen; reinigen**
clean away **räumen**
climb **steigen**
close **schließen; zu-machen** (machen)
(catch a) cold **sich erkälten**
come **kommen**
come out **aus-kommen**
command **befehlen; gebieten** (bieten)
commit **begehen** (gehen)
commit (a crime) **verbrechen** (brechen)

comprehend **begreifen** (greifen)
conceal **verhehlen; verbergen** (bergen)
confess **gestehen** (stehen); **bekennen** (kennen)
confuse **verwechseln**
conquer **siegen**
consecrate **weihen**
consider **erwägen; bedenken** (denken); **sich überlegen** (legen)
consist (of) **bestehen** (aus) (stehen)
console **trösten**
consume **verzehren**
contain **enthalten**
contradict **widersprechen** (sprechen)
converse **sich unterhalten**
convert **bekehren**
cool **kühlen**
cook **kochen**
cost **kosten**
cover **decken**
create **schaffen**
creep **kriechen**
croak **krächzen**
cross-examine **verhören** (hören)
curse **fluchen**
cut **schneiden**
cut (classes, etc.) **schwänzen**

D

damage **schaden**
dance **tanzen**
dare **wagen**
darken **trüben**
decay **verkommen**
dedicate **widmen**
defy **trotzen**
delay **säumen**
depart **ab-fahren** (fahren)
describe **beschreiben** (schreiben)
designate **bezeichnen**
desire **begehren**

despise **verachten**
destroy **zerstören**
devour **verschlingen** (schlingen)
die **sterben; verrecken**
dig **graben; wühlen**
diminish **ab-nehmen** (nehmen)
disappear **schwinden; verschwinden** (schwinden)
discuss **besprechen** (sprechen)
disfigure **entstellen**
dispute **rechten**
dissolve **lösen**
distinguish **unterscheiden** (scheiden)
disturb **stören**
do **tun**
draw **zeichnen**
dream **träumen**
(get) dressed **sich anziehen**
drink **trinken; saufen**
drive **treiben**
drop **tropfen**
drown **ertrinken** (trinken); **ersaufen**
(saufen)
duck **ducken**

E

earn **verdienen**
eat **essen; fressen**
educate **erziehen** (ziehen)
(feel) embarrassed **sich genieren**
embrace **herzen**
endeavor **trachten**
endure **aus-halten** (halten); **aus-
stehen** (stehen); **ertragen** (tragen)
enjoy **genießen**
enliven **beleben**
entangle **verstricken**
entice **locken**
erect **errichten**
escape **entkommen; entgehen** (gehen); **entfliehen** (fliehen)
estimate **schätzen**

exaggerate **übertreiben** (treiben)
examine **untersuchen**
exclude **aus-schließen** (schließen)
excuse **entschuldigen**
execute (an order) **aus-führen** (führen)
exercise **üben**
exhale **aus-atmen** (atmen)
exhaust **erschöpfen**
exhibit **aus-stellen**
expel **vertreiben** (treiben); **aus-stoßen** (stoßen)
experience **erfahren** (fahren); **erleben** (leben)
explain **erklären**
exploit **aus-nutzen** (nützen)
(become) extinguished **erlöschen**

F

fail **versagen**
fall **fallen**
fear **fürchten**
feel **fühlen**
ferment **gären**
fight **fechten; kämpfen**
fill **füllen**
find **finden**
find out **heraus-finden** (finden); **erfahren** (fahren)
fit **passen**
flash **blitzen**
flee **fliehen**
fling **schmeißen**
flood **fluten**
flow **fließen; rinnen**
fly **fliegen**
foam **schäumen**
fold **falten**
follow **folgen**
forbid **verbieten** (bieten)
force **zwingen**
forget **vergessen**
forgive **vergeben**

freeze **frieren**
(be) frightened **erschrecken**

G

gain **gewinnen; zu-nehmen** (neh-men)
gape **glotzen**
get **kriegen**
get into (a vehicle) **ein-steigen** (steigen)
get out of (a vehicle) **aus-steigen** (steigen)
give **geben**
(be) glad **sich freuen**
glide **gleiten**
glitter **glänzen**
glow **glühen**
gnaw **nagen**
go **gehen**
grasp **fassen**
greet **grüßen**
grind **mahlen**
groan **ächzen; stöhnen**
grow **wachsen**
gulp **schlingen**
gush **quellen**

H

hang **hängen**
happen **geschehen; passieren; vor-kommen; sich zu-tragen** (tragen)
hate **hassen**
have **haben**
have to (must) **müssen**
heap **schichten**
hear **hören**
heat **heizen**
help **helfen**
help one's self **sich bedienen**
hit **hauen; schlagen**
hold **halten**
honor **ehren**

hop **hüpfen**
hope **hoffen**
hurry **sich beeilen**
hurt **schmerzen**

I

imagine **wähnen; sich vor-stellen** (stellen)
incite **hetzen**
include **ein-schließen** (schließen)
increase **vermehren**
indicate **hin-weisen** (weisen); **an-zeigen** (zeigen)
induce **bewegen**
inhale **ein-atmen** (atmen)
insist **bestehen** (auf) (stehen)
insult **beleidigen**
intend **vor-haben** (haben)
(be) interested **sich interessieren**
interpret **interpretieren**
interrupt **unterbrechen**
introduce **vor-stellen** (stellen)
invent **erfinden**
invite **ein-laden**

J

joke **scherzen**
jump **springen**

K

keep **behalten**
kill **töten, um-bringen** (bringen)
kiss **küssen**
knit **stricken**
knock **klopfen**
know **wissen; kennen**

L

lack **entbehren**
lament **klagen**

languish **schmachten**
last **währen**
laugh **lachen**
lay **legen**
lead **führen**
learn **lernen**
lease **pachten**
leave **weg-gehen** (gehen); **ab-fah-ren** (fahren) **lassen**
lend **leihen**
let **lassen**
liberate **befreien**
lick **lecken**
lie (be situated) **liegen**
(tell a) lie **lügen**
lift **heben**
lighten **lichten**
like **gefallen, mögen, gern haben** (haben)
listen to **lauschen**
live **leben**
load **laden; frachten**
long for **lechzen**
look **blicken, gucken**
loosen **lösen**
lose **verlieren**
love **lieben**
(be) loved **geliebt werden** (passive of lieben)
(fall in) love **sich verlieben**

M
make **machen**
make happy **beglücken**
manufacture **her-stellen** (stellen)
marry **heiraten**
(get) married **sich verheiraten** (heiraten)
mean **bedeuten**
measure **messen**
meet **treffen, begegnen, kennen-lernen**
melt **schmelzen**

mention **erwähnen**
move **bewegen, rücken, um-ziehen**
muffle **dämpfen**

N
name **nennen**
(be) named **heißen**
need **brauchen**
negotiate **verhandeln**
nibble **naschen**
nod **nicken**
note **merken**
nourish **nähren**

O
object **ein-wenden** (wenden), **aus-setzen** (setzen)
obtain **erhalten, bekommen**
offer **bieten**
omit **aus-lassen** (lassen); **unterlassen** (lassen)
open **öffnen, auf-machen** (machen), **auf-schließen** (schließen)
operate (a business, etc.) **betreiben** (treiben)
order **befehlen; bestellen** (goods)
originate **entstehen** (stehen)
overcome **überwinden**
owe **verdanken** (danken)

P
pack **packen**
paint **malen**
pardon **verzeihen**
participate **teil-nehmen** (nehmen)
paste **kleben**
pay **zahlen**
penetrate **dringen**
perceive **spüren, vernehmen** (nehmen), **wahrnehmen** (nehmen)

perform **verrichten** (richten); **auf-
führen** (führen)
(be) permitted **dürfen**
(be) permitted to speak **sprechen
dürfen**
pinch **kneifen**
(take) place **statt-finden**
plague **plagen**
plant **pflanzen**
play **spielen**
plunge **stürzen**
point out **weisen**
polish **schleifen**
possess **besitzen**
pour **gießen**
pout **schmollen**
praise **loben, rühmen, preisen**
pray **beten**
prefer **vor-ziehen** (ziehen)
press **drücken**
print **drucken**
promise **versprechen** (sprechen)
pronounce **aus-sprechen** (sprechen)
prove **beweisen** (weisen), **nach-weisen** (weisen)
pull **ziehen**
push **schieben**
put **stellen**

Q
quarrel **streiten**

R
radiate **strahlen**
rage **toben**
rain **regnen**
rape **vergewaltigen**
reach **reichen**
read **lesen**
receive **empfangen, bekommen, erhalten**
recognize **erkennen** (kennen); **anerkennen** (erkennen)
recommend **empfehlen**

recover **genesen**
recruit **werben**
refer to **sich beziehen auf** (ziehen)
refresh **laben**
refuel (get gasoline) **tanken**
refute **widerlegen** (legen)
reject **verwerfen** (werfen); **zurück-
weisen** (weisen)
rejoice **frohlocken**
remain **bleiben**
remove **entfernen**
rent **mieten, vermieten** (mieten)
repair **flicken**
repeat **wiederholen**
reply **entgegnen**
report **berichten**
represent **dar-stellen** (stellen), **ver
treten** (treten)
rescue **retten**
resemble **gleichen**
(be) resentful **grollen**
reside **wohnen**
respect **achten**
rest **ruhen**
restrain **wehren**
reward **lohnen**
ride (a horse) **reiten**
ring **klingen**
rinse **spülen**
roar **brüllen**
roast **rösten, braten**
roll **rollen, wälzen**
rub **reiben**
ruin **verderben**
rule **walten**
run **rennen, laufen**
rustle **rauschen**

S
salvage **bergen**
save **sparen, retten**
say **sagen**
scold **schelten**
scoop **schöpfen**

scratch **kratzen**
season **würzen**
seduce **verführen**
see **sehen, schauen**
seek **suchen**
seem **scheinen**
seize **greifen**
select **aus-suchen** (suchen), **aus-lesen** (lesen)
sell **verkaufen**
send **schicken, senden**
separate **scheiden**
serve **dienen**
set **stecken**
set up **auf-stellen** (stellen)
settle **schlichten**
shift **um-stellen** (stellen)
shine **scheinen, leuchten**
shoot **schießen**
shop **ein-kaufen** (kaufen)
shorten **kürzen**
shout **schreien**
shove **stoßen**
show **zeigen**
sift **sichten**
sigh **seufzen**
(be) silent **schweigen**
sing **singen**
sink **sinken**
sit **sitzen**
sit down **sich setzen**
sketch **entwerfen** (werfen)
slaughter **schlachten**
sleep **schlafen**
slip **schlüpfen**
smear **schmieren**
smell **riechen**
smile **lächeln**
smoke **rauchen**
snatch **haschen**
sneak **schleichen**
snow **schneien**
soar **schweben**
sparkle **sprühen**

speak **sprechen**
spend (money) **aus-geben** (geben)
spend (time) **verbringen** (bringen)
spin **spinnen**
spit **spucken**
split **spalten**
spoil **verwöhnen**
sprout **sprießen**
squirt **spritzen**
stand **stehen**
stand **stehen**
(be) startled **stutzen**
steal **stehlen**
step **treten**
stimulate **reizen**
sting **stechen**
stink **stinken**
stipulate **bedingen**
stir **rühren**
stoop **sich bücken**
stop **auf-halten, stehen-bleiben** (bleiben), **an-halten** (halten), **auf-hören** (hören)
storm **brausen**
stretch **strecken**
stride **schreiten**
strike **streichen**
strive **streben**
struggle **kämpfen, ringen**
study **studieren**
stuff **stopfen**
subjugate **unterwerfen**
succeed **gelingen**
succumb **unterliegen** (liegen)
suck **saugen, lutschen**
suffer **leiden**
suggest **vor-schlagen** (schlagen)
supply **versehen mit** (sehen)
support **stützen, unterstützen** (stützen)
(be) supposed to **sollen**
surprise **überraschen**
survive **überleben** (leben)
swear **schwören**

sweat **schwitzen**
sweep **kehren**
swell **schwellen**
swim **schwimmen**
swing **schwingen**
switch **schalten**

T

take **nehmen**
taste **schmecken, kosten**
teach **lehren, unterrichten** (richten)
tear **reißen**
tease **necken**
tell **erzählen**
thank **danken**
thicken **verdichten**
think **denken, sinnen, meinen**
thirst **dürsten**
thrive **gedeihen**
throw **werfen, schmeißen**
tie **schnüren, knüpfen**
torture **quälen**
trade **handeln**
traffic **verkehren**
transfer **versetzen** (sich setzen)
transfigure **verklären**
translate **übersetzen** (sich setzen), **übertragen** (tragen)
travel **fahren, reisen**
treat **behandeln** (handeln)
tremble **beben**
trust **trauen, vertrauen** (trauen)
turn **wenden**
turn out (well or badly) **geraten**

U

understand **verstehen**
(get) undressed **sich ausziehen**

unite **vereinigen**
use **verwenden** (wenden), **gebrauchen** (brauchen), **nutzen**
(be of) use **taugen**

V

(be) valid **gelten**
visit **besuchen**
vomit **sich erbrechen** (brechen), **kotzen**

W

wake **wecken**
walk **spazieren**
wander **wandern**
want **wollen**
wash **waschen**
weep **weinen**
weigh **wiegen**
wet **netzen**
whet **wetzen**
whisper **raunen**
whistle **pfeifen**
win **gewinnen**
wish **wünschen**
woo **freien, buhlen**
work **arbeiten**
wound **versehren**
write **schreiben**
write poetry **dichten**

Y

yawn **gähnen**
yield **weichen, nach-geben** (geben), **ergeben** (geben)

GERMAN-ENGLISH VERB INDEX

A

ab-fahren (fahren) depart
ab-nehmen (nehmen) diminish
achten respect
ächzen groan
anerkennen (kennen) recognize
an-fangen begin
an-greifen (greifen) attack
an-halten (halten) stop
an-kommen arrive
an-nehmen (nehmen) accept
antworten answer
an-zeigen (zeigen) indicate
sich an-ziehen get dressed
arbeiten work
atmen breathe
auf-führen (führen) perform
auf-halten stop
auf-hören (hören) stop
auf-machen (machen) open
auf-schließen (schließen) open
auf-stellen (stellen) set up
aus-atmen (atmen) exhale
aus-führen (führen) execute (an order
aus-geben (geben) spend (money)
aus-halten (halten) endure
aus-kommen come out, make do
aus-lassen (lassen) omit
aus-lesen (lesen) select
aus-nutzen (nutzen) exploit
aus-schließen (schließen) exclude
aus-sehen (sehen) resemble
aus-setzen (setzen) object
aus-sprechen (sprechen) pronounce
aus-stehen (stehen) endure
aus-steigen (steigen) get out of (a
vehicle
aus-stellen exhibit
aus-stoßen (stoßen) expel
aus-suchen (suchen) select
sich aus-ziehen get undressed

B

backen bake
baden bathe
bauen build
beantworten (antworten) answer
beben tremble
bedenken (denken) consider
bedeuten mean
sich bedienen help one's self
bedingen stipulate
sich beeilen hurry
befehlen order
sich befinden be, feel
befreien liberate
begegnen meet
begehen (gehen) commit
begehren desire
beginnen begin
begleiten accompany
beglücken make happy
begreifen (greifen) comprehend
behalten keep
beißen bite
bejahen assent
bekehren convert
bekennen (kennen) confess
bekommen receive
beleben enliven
beleidigen insult
bellen bark
sich benehmen (nehmen) behave
bergen salvage
berichten report
bersten burst
beschneiden (schneiden) circumcise
beschreiben (schreiben) describe
beschuldigen accuse
beseelen animate
besitzen possess
besprechen (sprechen) discuss
bestechen (stechen) bribe
bestehen (auf) (stehen) insist

bestehen (aus) (stehen) consist of
bestellen order (goods)
besuchen visit
beten pray
sich betragen (tragen) behave
betreiben (treiben) operate
betrügen cheat
bewegen move
bewegen induce
beweisen (weisen) prove
bezeichnen designate
sich beziehen auf (ziehen) refer to
biegen bend
bieten offer
binden bind
bitten (um) ask for
blasen blow
bleiben remain
blicken look
blitzen flash
blühen bloom
bluten bleed
braten roast
brauchen need
brauen brew
brausen storm
brechen break
brennen burn
bringen bring
brüllen roar
sich brüsten boast
buchen book
sich bücken stoop
buhlen woo
bürsten brush

D

dämpfen muffle
danken thank
dar-stellen (stellen) represent
decken cover
denken think
dichten write poetry

diener serve
dringen penetrate
drucken print
drücken press
ducken duck
dürfen (to be) permitted
dürsten thirst

E

ein-atmen (atmen) inhale
ein-laden (laden) invite
ein-schließen (schließen) include
ein-steigen (steigen) get into (a vehicle)
ein-wenden (wenden) object
ehren honor
empfangen receive
empfehlen recommend
entbehren lack
entfernen remove
entfliehen (fliehen) escape
entführen abduct
entgegnen reply
entgehen (gehen) escape
enthalten contain
entkommen escape
entschuldigen excuse
entstehen (stehen) originate
entstellen disfigure
entwerfen (werfen) sketch
erfahren (fahren) experience, find out
erfinden invent
ergeben (geben) yield
erhalten obtain
sich erkälten catch a cold
erkennen (kennen) recognize
erklären explain
erleben (leben) experience
erlöschen to become extinguished
errichten erect
erscheinen (scheinen) appear
erschöpfen exhaust

erschrecken to be frightened
ersticken choke
ertragen (tragen) endure
ertrinken (trinken) drown
erwägen consider
erwähnen mention
erzählen tell
erziehen (ziehen) educate
essen eat

F

fahren travel
fallen fall
falten fold
fangen catch
fassen grasp
fechten fight
fest-stellen ascertain
finden find
flicken repair
fliegen fly
fliehen flee
fließen flow
fluchen curse
fluten flood
folgen follow
frachten load (freight)
fragen ask (a question)
freien woo
fressen eat
sich freuen be glad
frieren freeze
frohlocken rejoice
frühstücken eat breakfast
fühlen feel
führen lead
füllen fill
fürchten fear

G

gähnen yawn
gären ferment

gebären give birth
geben give
gebieten (bieten) command
gebrauchen use
gedeihen thrive
gefallen like
gehen go
gehören (hören) belong
geliebt werden be loved
gelingen succeed
gelten be valid
genesen recover
sich genieren feel embarrassed
genießen enjoy
geraten turn out (well or badly)
geschehen happen
gestehen (stehen) confess
gewinnen gain, win
sich gewöhnen to become accus-
    tomed
gießen pour
glänzen glitter
glauben believe
gleichen resemble
gleiten glide
glotzen gape
glühen glow
graben dig
greifen seize
grollen be resentful
grüßen greet
gucken look

H

haben have
halten hold
handeln trade
hängen hang
haschen snatch
hassen hate
hauen hit
heben lift
heiraten marry

heißen be named
heizen heat
helfen help
heraus-finden (finden) find out
her-stellen (stellen) manufacture
herzen embrace
hetzen incite
hinaus-tragen (tragen) carry out
hin-weisen (weisen) indicate
hoffen hope
hören hear
hüpfen hop

I

sich interessieren (für) be interested (in)
interpretieren interpret

K

kämpfen struggle
kauen chew
kaufen buy
kehren sweep
kennen know (a person), be familiar with
kennen-lernen meet
klagen lament
kleben paste
klingen ring
klopfen knock
kneifen pinch
knüpfen tie
kochen cook
kommen come
können be able
kosen caress
kosten cost, taste
kotzen vomit
krächzen croak, caw
kratzen scratch
kriechen creep
kriegen get

kühlen cool
kürzen shorten

L

laben refresh
lächeln smile
lachen laugh
laden load
lassen let
laufen run
lauschen listen to
leben live
lechzen long for
lecken lick
legen lay
lehren teach
leiden suffer
leihen lend
lernen learn
lesen read
leuchten shine
lichten thin out, lighten
lieben love
liegen lie (be situated)
loben praise
locken entice
lohnen reward
lösen loosen
lügen tell a lie
lutschen suck

M

machen make
mahlen grind
malen paint
meiden avoid
meinen think
merken note
messen measure
mieten rent
mögen like
müssen have to (must)

N

nach-geben (geben) yield
nach-weisen (weisen) prove
nagen gnaw
nähren nourish
naschen nibble
necken tease
nehmen take
nennen name
netzen wet
nicken nod
nutzen use

O

öffnen open

P

pachten lease
packen pack, grab
passen fit
passieren happen
pfeifen whistle
pflanzen plant
plagen plague
preisen praise
putzen clean

Q

quälen torture
quellen gush

R

rächen avenge
raten advise
rauchen smoke
räumen clear away
raunen whisper
rauschen rustle
rechnen calculate
rechten dispute
regnen rain

reiben rub
reißen tear
reiten ride (a horse)
rennen run
retten rescue
reichen reach
reisen travel
reinigen clean
reizen stimulate
richten adjust
riechen smell
ringen struggle
rinnen flow
rollen roll
rösten roast
rücken move
rufen call
ruhen rest
rühmen praise
rühren stir
rüsten arm

S

sagen say
saufen drink
saugen suck
säumen delay
schaden damage
schaffen create
schalten switch
schätzen estimate
schauen see
schäumen foam
scheiden separate
scheinen seem
schelten scold
scherzen joke
schichten heap
schicken send
schieben push
schießen shoot
schlachten slaughter
schlafen sleep

schlagen	beat	sinnen	think
schleichen	sneak	sitzen	sit
schleifen	polish	sollen	be supposed to, should
schlichten	settle	spalten	split
schließen	close	sparen	save (money)
schlingen	gulp	spazieren	walk
schlüpfen	slip	spielen	play
schmachten	languish	spinnen	spin
schmecken	taste	sprechen	speak
schmeißen	fling	sprechen dürfen	be allowed to speak
schmelzen	melt	sprießen	sprout
schmerzen	hurt	springen	jump
schmieren	smear	spritzen	squirt
schmollen	pout	sprühen	sparkle
schneiden	cut	spucken	spit
schneien	snow	spülen	rinse
schnüren	tie	spüren	perceive
schöpfen	scoop	statt-finden	take place
schreiben	write	staunen	be astonished
schreien	scream	stechen	sting
schreiten	stride	stecken	set, stick
schwanken	sway	stehen	stand
schwänzen	cut classes	stehen-bleiben (bleiben)	stop
schwärzen	blacken, slander	stehlen	steal
schwatzen	chatter	steigen	climb
schweben	soar	stellen	put
schweigen	be silent	sterben	die
schwellen	swell	stinken	stink
schwimmen	swim	stöhnen	groan
schwinden	disappear	stopfen	stuff
schwingen	swing	stören	disturb
schwitzen	sweat	stoßen	shove
schwören	swear	strahlen	radiate
segnen	bless	streben	strive
sehen	see	strecken	stretch
sein	be, have (with 'sein' verbs)	streichen	strike
senden	send	streiten	quarrel
sich setzen	sit down	stricken	knit
seufzen	sigh	strotzen	abound in
sichten	sift	studieren	study
sieden	boil	stürzen	plunge
siegen	conquer	stutzen	be startled
singen	sing	stützen	support
sinken	sink	suchen	seek

T

tanken refuel
tanzen dance
taugen be of use
teil-nehmen (nehmen) participate
toben rage
töten kill
trachten endeavor
tragen carry
trauen trust
träumen dream
treffen meet, hit
treiben drive
treten step
trinken drink
trocknen dry
tropfen drip
trösten console
trotzen defy
trüben darken
tun do

U

üben exercise
überleben (leben) survive
sich überlegen (legen) consider
überraschen surprise
übersetzen (sich setzen) translate
übertragen (tragen) translate
übertreiben (treiben) exaggerate
überwinden overcome
um-bringen (bringen) kill
um-stellen shift
um-ziehen move
unterbrechen interrupt
sich unterhalten (halten) converse
unterlassen (lassen) omit
unterliegen (liegen) succumb
unterscheiden (scheiden) distinguish
unterstützen (stützen) support
untersuchen (suchen) examine
unterwerfen (werfen) subjugate

V

verachten despise
verbieten (bieten) forbid
verbrechen (brechen) commit a
  crime
verbringen (bringen) spend (time)
verdanken (danken) owe
verderben ruin
verdichten thicken
verdienen earn
verdrießen annoy
vereinigen unite
verführen seduce
vergeben forgive
vergessen forget
vergewaltigen rape
sich verhalten behave
verhandeln negotiate
verhehlen conceal
sich verheiraten (heiraten) get married
verhören (hören) cross-examine
verkaufen sell
verkehren traffic
verklagen accuse
verklären transfigure
verkommen decay
verlassen abandon
sich verlieben fall in love
verlieren lose
vermehren increase
vermeiden (meiden) avoid
vernehmen (nehmen) perceive
vernichten annihilate
verraten betray
verrecken die
verrichten perform
versagen fail
verschlingen (schlingen) devour
verschwinden (schwinden) disap
  pear
versehen (sehen) supply
versehren wound
versetzen (sich setzen) transfer

versprechen (sprechen) promise
verstehen understand
verstricken entangle
versuchen attempt
vertreiben (treiben) expell
vertreten (treten) represent
verwalten administer
verwechseln confuse
verweilen linger
verwenden (wenden) use
verwerfen (werfen) reject
verwöhnen (sich gewöhnen) spoil, pamper
verzehren consume
verzeihen pardon
vollziehen (ziehen) carry out
vor-haben (haben) intend
vor-kommen occur
vor-schlagen (schlagen) suggest
vor-stellen (stellen) introduce
sich vor-stellen (stellen) imagine
vor-ziehen (ziehen) prefer

W

wachen be awake
wachsen grow
wagen dare
wählen choose
wähnen imagine
währen last
wahr-nehmen (nehmen) perceive
walten rule
wälzen roll
wandern wander
waschen wash
wechseln change
wecken wake
weg-gehen (gehen) leave
wehren restrain
weichen yield

weihen consecrate
weinen weep
weisen point out
wenden turn
werben recruit
werden become
werfen throw
wetzen whet
widerlegen (legen) refute
widersprechen (sprechen) contra-dict
widmen dedicate
wiederholen repeat
wieder-holen bring back
wiegen weigh
wissen know (a fact)
wohnen reside
wollen want
wühlen dig
wünschen wish
würzen season

Z

zahlen pay
zählen (like zahlen but umlauted) count
zeichnen draw
zeigen show
zerstören destroy
ziehen pull
zu-geben (geben) admit
zu-machen (machen) close
zu-nehmen (nehmen) gain (weight)
zurück-bringen (bringen) bring back
zurück-weisen (weisen) reject
zu-sagen (sagen) agree
zu-sehen (sehen) look on
sich zu-tragen (tragen) happen
zwingen force

INDEX OF VERB FORMS
IDENTIFIED BY INFINITIVES

A

aß **essen**

B

band **binden**
barg **bergen**
barst **bersten**
bat **bitten**
befahl **befehlen**
befiehlt **befehlen**
befohlen **befehlen**
begann **beginnen**
begonnen **beginnen**
betrog **betrügen**
bewog **bewegen**
bin **sein**
birgt **bergen**
birst **bersten**
biß **beißen**
bist **sein**
blies **blasen**
blieb **bleiben**
bog **biegen**
bot **bieten**
brach **brechen**
brachte **bringen**
brannte **brennen**
bricht **brechen**
briet **braten**
buk **backen**

D

dachte **denken**
darf **dürfen**
drang **dringen**

E

empfahl **empfehlen**
empfiehlt **empfehlen**
empfing **empfangen**
empfohlen **empfehlen**
erschrak **erschrecken**
erschrickt **erschrecken**
erschrocken **erschrecken**
erwog **erwägen**

F

fand **finden**
ficht **fechten**
fiel **fallen**
fing **fangen**
flog **fliegen**
floh **fliehen**
floß **fließen**
focht **fechten**
fraß **fressen**
frißt **fressen**
fror **frieren**
fuhr **fahren**

G

galt **gelten**
gab **geben**
gebeten **bitten**
gebiert **gebären**
gebissen **beißen**
geblieben **bleiben**
gebogen **biegen**
geboren **gebären**
geborgen **bergen**

geborsten	**bersten**	geronnen	**rinnen**
geboten	**bieten**	gerungen	**ringen**
gebracht	**bringen**	gerufen	**rufen**
gebrochen	**brechen**	gesandt	**senden**
gebunden	**binden**	geschah	**geschehen**
gedacht	**denken**	geschieden	**scheiden**
gedrungen	**dringen**	geschienen	**scheinen**
geflogen	**fliegen**	geschliffen	**schleifen**
geflohen	**fliehen**	geschlossen	**schließen**
geflossen	**fließen**	geschlungen	**schlingen**
gefochten	**fechten**	geschmissen	**schmeißen**
gefroren	**frieren**	geschmolzen	**schmelzen**
gefunden	**finden**	geschnitten	**schneiden**
gegangen	**gehen**	geschoben	**schieben**
gegoren	**gären**	gescholten	**schelten**
gedieh	**gedeihen**	geschossen	**schießen**
gefiel	**gefallen**	geschrieben	**schreiben**
geglichen	**gleichen**	geschrieen	**schreien**
geglitten	**gleiten**	geschritten	**schreiten**
gegolten	**gelten**	geschwiegen	**schweigen**
gegossen	**gießen**	geschwollen	**schwellen**
gegriffen	**greifen**	geschwommen	**schwimmen**
gehoben	**heben**	geschwunden	**schwinden**
geholfen	**helfen**	geschwungen	**schwingen**
geklungen	**klingen**	gesessen	**sitzen**
gekrochen	**kriechen**	gesoffen	**saufen**
gelang	**gelingen**	gesogen	**saugen**
gelegen	**liegen**	gesonnen	**sinnen**
geliehen	**leihen**	gesotten	**sieden**
gelitten	**leiden**	gesponnen	**spinnen**
gelogen	**lügen**	gesprochen	**sprechen**
gelungen	**gelingen**	gesprossen	**sprießen**
gemieden	**meiden**	gesprungen	**springen**
genannt	**nennen**	gestanden	**stehen**
genas	**genesen**	gestiegen	**steigen**
genommen	**nehmen**	gestochen	**stechen**
genoß	**genießen**	gestohlen	**stehlen**
gepfiffen	**pfeifen**	gestorben	**sterben**
gequollen	**quellen**	gestrichen	**streichen**
gerieben	**reiben**	gestritten	**streiten**
geriet	**geraten**	getroffen	**treffen**
gerissen	**reißen**	gesungen	**singen**
geritten	**reiten**	gesunken	**sinken**
gerochen	**riechen**	getan	**tun**

getrieben   treiben
getrunken   trinken
gewann   gewinnen
gewesen   sein
gewichen   weichen
gewiesen   weisen
gewogen   wiegen
gewonnen   gewinnen
geworben   werben
geworden   werden
geworfen   werfen
gewußt   wissen
gezogen   ziehen
gezwungen   zwingen
gibt   geben
gilt   gelten
ging   gehen
glich   gleichen
glitt   gleiten
griff   greifen
grub   graben
gor   gären
goß   gießen

H
half   helfen
hast   haben
hat   haben
hieb   hauen
hielt   halten
hieß   heißen
hilft   helfen
hing   hängen
hob   heben

I
ist   sein
ißt   essen

K
kam   kommen
kann   können

kannte   kennen
klang   klingen
kroch   kriechen

L
lag   liegen
las   lesen
lief   laufen
lieh   leihen
ließ   lassen
liest   lesen
litt   leiden
log   lügen
lud   laden

M
mag   mögen
maß   messen
mied   meiden
mißt   messen
mochte   mögen

N
nahm   nehmen
nannte   nennen
nimmt   nehmen

P
pfiff   pfeifen
pries   preisen

Q
quillt   quellen
quoll   quellen

R
rang   ringen
rann   rinnen
rannte   rennen

rieb	**reiben**
rief	**rufen**
riet	**raten**
riß	**reißen**
ritt	**reiten**
roch	**riechen**

S

sah	**sehen**
sandte	**senden**
sang	**singen**
sank	**sinken**
sann	**sinnen**
saß	**sitzen**
schalt	**schelten**
schied	**scheiden**
schien	**scheinen**
schilt	**schelten**
schlang	**schlingen**
schlief	**schlafen**
schliff	**schleifen**
schloß	**schließen**
schlug	**schlagen**
schmilzt	**schmelzen**
schmiß	**schmeißen**
schmolz	**schmelzen**
schnitt	**schneiden**
schob	**schieben**
scholt	**schelten**
schoß	**schießen**
schrie	**schreien**
schrieb	**schreiben**
schritt	**schreiten**
schuf	**schaffen**
schwamm	**schwimmen**
schwand	**schwinden**
schwang	**schwingen**
schwieg	**schweigen**
schwillt	**schwellen**
schwoll	**schwellen**
schwur	**schwören**
sieht	**sehen**
sind	**sein**

soff	**saufen**
sog	**saugen**
sott	**sieden**
spann	**spinnen**
sprach	**sprechen**
sprang	**springen**
spricht	**sprechen**
sproß	**sprießen**
stach	**stechen**
stahl	**stehlen**
stak	**stecken**
stand	**stehen**
starb	**sterben**
stieg	**steigen**
sticht	**stechen**
stiehlt	**stehlen**
stieß	**stoßen**
stirbt	**sterben**
strich	**streichen**
stritt	**streiten**

T

tat	**tun**
traf	**treffen**
trank	**trinken**
trat	**treten**
trieb	**treiben**
trifft	**treffen**
tritt	**treten**
trug	**tragen**

U

überwand	**überwinden**
überwunden	**überwinden**
unterbrach	**unterbrechen**
unterbricht	**unterbrechen**
unterbrochen	**unterbrechen**

V

verdarb	**verderben**
verdirbt	**verderben**
verdorben	**verderben**

verdroß **verdrießen**
vergaß **vergessen**
vergißt **vergessen**
verlor **verlieren**
verstand **verstehen**
verzieh **verzeihen**

W

wandte **wenden**
war **sein**
wäre **sein**
warb **werben**
ward **werden**
warf **werfen**
weiß **wissen**

wich **weichen**
wies **weisen**
will **wollen**
wirbt **werben**
wird **werden**
wirft **werfen**
wirst **werden**
wog **wiegen**
wurde **werden**
wusch **waschen**
wußte **wissen**

Z

zog **ziehen**
zwang **zwingen**